O verdadeiro, o belo e o bem

Jean-Pierre Changeux

O verdadeiro, o belo e o bem
Uma nova abordagem neuronal

Tradução de
Edmir Missio

Revisão Técnica de
Jean-Christophe Houzel

1ª edição

CIVILIZAÇÃO BRASILEIRA

Rio de Janeiro
2013

Copyright © Odile Jacob, novembre 2008

Título original francês
Du vrai, du beau, du bien – une nouvelle approche neuronale

CIP-BRASIL. CATALOGAÇÃO NA FONTE
SINDICATO NACIONAL DOS EDITORES DE LIVROS, RJ

Changeux, Jean-Pierre.
C43v   O verdadeiro, o belo e o bem: uma nova abordagem neuronal/ Jean-Pierre Changeux; [tradução Edmir Missio]. – 1ª ed. – Rio de Janeiro: Civilização Brasileira, 2013.

Tradução de: Du vrai, Du beau, Du bien
Inclui bibliografia
ISBN 978-85-200-0966-6

1. Neuropsicologia 2. Neurociências 3. Cérebro I. Título.

13-1402

CDD: 616.8
CDU: 616.8

EDITORA AFILIADA

Todos os direitos reservados. Proibida a reprodução, armazenamento ou transmissão de partes deste livro, através de quaisquer meios, sem prévia autorização por escrito.

Este livro foi revisado segundo o novo Acordo Ortográfico da Língua Portuguesa.

Direitos desta tradução adquiridos pela
EDITORA CIVILIZAÇÃO BRASILEIRA
Um selo da
EDITORA JOSÉ OLYMPIO LTDA.
Rua Argentina, 171 – Rio de Janeiro, RJ – 20921-380 – Tel.: 2585-2000

Seja um leitor preferencial Record.
Cadastre-se e receba informações sobre nossos lançamentos e nossas promoções.

Atendimento e venda direta ao leitor:
mdireto@record.com.br ou (21) 2585-2002

Impresso no Brasil
2013

Sumário

AGRADECIMENTOS 11
PREFÁCIO 13
INTRODUÇÃO: EM DEFESA DA NEUROCIÊNCIA 17

PARTE I Rumo à descoberta de um novo mundo
Para uma neurociência do bem e do belo

PRÓLOGO 25

CAPÍTULO 1 Uma concepção naturalista do mundo 27
Representação e conhecimento: as principais etapas desde a Antiguidade 28
O mundo de modo inteiramente objetivo 35

CAPÍTULO 2 A evolução cultural 39
Modelos de sociedade e teorias éticas 40
A vida social 42
Compreensão social e teoria da mente 43
Modelos da vida social e evolução das teorias morais 53
Os sentimentos morais: da Antiguidade a Nietzsche • O modelo racionalista e o contrato social • O modelo da epigênese e o progresso social • O modelo evolucionista generalizado
Os fundamentos naturais da ética 72

CAPÍTULO 3 A coevolução genes-cultura e o comportamento cooperativo 77
A seleção parental 77
A seleção "toma lá dá cá" 79
A seleção de grupo 81
Regulação dos comportamentos da abelha doméstica na colmeia • A seleção de grupo no laboratório • A tomada de decisão nos grupos de búfalos africanos • Tomadas de decisão coletivas e decisões individuais • A normatividade social pauta as tomadas de decisão coletivas

CAPÍTULO 4 Neurociências e normatividade ética 87
   As competências do cérebro humano 88
      A complexidade do cérebro • Os objetos mentais • A atribuição de estados mentais ao outro • "O inibidor de violência" e a simpatia • A internalização das regras morais e das convenções sociais • O julgamento moral
   A normatividade ética 92
      As origens da necessidade moral • Os níveis sucessivos do processo normativo • Ciência e normatividade ética

CAPÍTULO 5 Neuroestética (1): as artes plásticas 97
   O que é a "neuroestética"? 97
   Como definir o belo? 99
   A luz, da Antiguidade aos nossos dias: introdução às artes plásticas 106
   O olho e os receptores da luz 111
   A luminância e o "valor" do pintor 113
   As células antagonistas de campo concêntrico e o "desenho" 116
   A "conservação" da imagem da retina até o córtex cerebral 117
   A organização paralela e hierárquica das vias visuais 118
   A visão das cores 119
   A importância do contexto colorido 123
   As concepções recentes da biofísica da cor 124
   Empatia e criação artística 125
   Simpatia e "contestação do mundo" 129
   Síntese mental e "capacidade de despertar" da obra de arte 130
   Criação artística e darwinismo mental 132

CAPÍTULO 6 Neuroestética (2): música e pintura 137
   Consensus partium e parcimônia 138
   Sinestesia: a síndrome de Rimbaud 139
   Ouvir a música 142
   As amusias 145
   Consonâncias e dissonâncias 146
   Calafrios musicais e resposta emocional à música 152

CAPÍTULO 7 Fisiologia do colecionador e da coleção 153
   Explorar, colecionar, compreender 155
   A coleção de quadros e as alegrias da contemplação 160
   Charles Le Brun, fundador da neuroestética? 166

SÍNTESE 1 173

SUMÁRIO

PARTE II O "animal vociferador"
Cognição e linguagem

PRÓLOGO	177
CAPÍTULO 1 As bases neurais da consciência	179
Teorias da consciência	180
A neuropsicologia	186
Teorias e debates contemporâneos sobre a consciência	194

Os trabalhos de Llinas: as oscilações talamocorticais • As teorias de Crick, Edelman e Baars: primeiros debates sobre os correlatos neuronais da consciência • As teorias recentes de Searle, Frith, Crick e Koch, Edelman e Tononi: a continuação do debate sobre os correlatos neuronais da consciência • Respostas a Edelman sobre a "especificidade" das redes de neurônios envolvidas nas bases neuronais da consciência • Dehaene e Changeux: o modelo do espaço de trabalho neuronal consciente

CAPÍTULO 2 Consciência e interação social	223
Teorias da comunicação: o modelo do código e o modelo inferencial	223
Os neurônios "espelhos" e a reciprocidade da comunicação das intenções	225
Teoria da mente e capacidade de atribuição: as bases neurais	227
Espaço de trabalho consciente, comunicação inferencial e recompensa partilhada: um modelo neuronal de "normalização social"	228
CAPÍTULO 3 As bases neurais da linguagem	231
Teorias da linguagem	231
Predisposições do cérebro humano para a linguagem	235
Neuropsicologia da linguagem	238
CAPÍTULO 4 Epigênese do signo	247
A aliança entre o significante e o significado	247
Definição do signo linguístico	
Sinaptogênese e efeitos da experiência ao longo do desenvolvimento	251
Teoria da epigênese por estabilização seletiva de sinapses	252
Neurossemântica	257

Os gritos de alarme do cercopiteco • Neuropsicologia do sentido • Compreensão da fala: uma abordagem multilinguística

Palavras e coisas: o imageamento cerebral do sentido	261

Anatomia semântica comum a várias modalidades de acesso • Anatomia semântica diferencial • Afetos associados aos objetos

Do balbucio ao sentido das palavras	264

O recém-nascido vocaliza mas não fala • O balbucio • A socialização do bebê • A aquisição do sentido das palavras

CAPÍTULO 5 As marcas cerebrais da escrita	271
Representar, designar, escrever	271
Etimologia • A palavra e o escrito • O escrito	
Os signos parietais pré-históricos	274
Suméria: a invenção da escrita	275
O período pré-histórico • A escrita pictográfica • O sistema cuneiforme	
A evolução do signo	279
O egípcio • O chinês • O coreano e o japonês	
O nascimento do alfabeto	282
Os circuitos da escrita	284
Variabilidade da organização anatômica do cérebro humano • Neuropsicologia da escrita	
SÍNTESE 2	291

PARTE III Os "átomos psíquicos"
Biologia molecular do cérebro

PRÓLOGO	295
CAPÍTULO 1 Genes e filogênese	297
A questão das origens: criacionismo ou evolucionismo?	297
Anatomia comparada e paleontologia do cérebro	305
Genética evolutiva da hominização	313
A natureza humana *in silico*	315
CAPÍTULO 2 O desenvolvimento da forma do cérebro	323
Pré-formação ou epigênese?	323
Genética da forma do corpo: o exemplo da drosófila	327
Alcance dos resultados obtidos com a drosófila	330
Turing e a evolução do cérebro	332
Crítica da noção de programa genético	335
CAPÍTULO 3 A variação do cérebro	339
Mecanismos genéticos da variação do sistema nervoso	339
Participação da atividade nervosa espontânea no desenvolvimento do sistema nervoso	342
A atividade elétrica espontânea fetal e o sono paradoxal	347
Crítica da posição empirista	350

SUMÁRIO

CAPÍTULO 4 A descoberta dos receptores de neurotransmissores — 353
Breve história dos conceitos de agente farmacológico e de receptor — 353
A contribuição da eletrofisiologia — 359
O receptor da acetilcolina, proteína alostérica? — 361
O órgão elétrico do peixe-elétrico e a identificação do receptor da acetilcolina — 365
Genética molecular do receptor da acetilcolina — 367
Propriedades funcionais do receptor da acetilcolina — 371
Novidades sobre os receptores-canais — 374
Os receptores com sete hélices transmembrana — 376

CAPÍTULO 5 Os mecanismos celulares e moleculares da aprendizagem — 379
A aprendizagem e suas apostas — 379
A evolução das teorias e dos modelos experimentais de aprendizagem — 383
  O nascimento da psicologia experimental • *As origens da psicologia comparada* • *O estudo objetivo do comportamento de aprendizagem* • *A etologia* • *A abordagem "cognitivista"* • *Teorias recentes*
Receptores alostéricos e modelos moleculares de aprendizagem — 391
Um modelo celular de aprendizagem: o caso da lesma-do-mar (aplísia) — 394

CAPÍTULO 6 Química da consciência — 399
Química dos estados de vigília e sono — 399
  Na origem • *Teorias neurobiológicas* • *Os sistemas neuromoduladores*
Os anestésicos gerais — 404
  Da descoberta à prática • *Química dos anestésicos gerais* • *Eletroencefalografia* • *A imagem funcional* • *Os mecanismos de ação na fase membranária* • *Os receptores dos anestésicos gerais* • *Os circuitos neuronais específicos*

CAPÍTULO 7 A significação da morte — 415
O ponto de vista de um neurobiologista evolucionista — 415
A morte não é exclusiva do homem — 416
O cérebro do homem e a consciência da morte — 420
Os mitos da morte — 422

SÍNTESE 3 — 427

PARTE IV Onde estamos hoje?
De O homem neuronal até O homem de verdade: perspectivas

PRÓLOGO	431
O rápido desenvolvimento das ciências do cérebro: um pouco de história	433
O "poder dos genes"	438
As origens genéticas do cérebro humano	441
O proteoma e a morfogênese cerebral: de uma a três dimensões	445
Epigênese por estabilização seletiva das sinapses	447

Papel da atividade espontânea na epigênese por seleção • Epigênese cruzada entre modalidades sensoriais distintas • Compensação sensorial nos sujeitos cegos • Envoltório genético da epigênese conexional • Biologia molecular da epigênese por seleção

"Problemas de consciência"	453
Enriquecer o conhecimento	458
CONCLUSÃO: O BELO, O BEM, O VERDADEIRO	463
BIBLIOGRAFIA	465
ÍNDICE REMISSIVO	473
ÍNDICE DAS ILUSTRAÇÕES	481

Agradecimentos

Este livro deve a sua existência à inspiração e à extraordinária competência de Odile Jacob; sua preocupação constante com a excelência, sua energia e sua inteligência permitiram que fosse editado em curtíssimo prazo.

Também deve muito à dedicação e ao julgamento crítico de Claude Debru, que contribuiu diretamente para a escolha e a lógica de apresentação dos textos, e ainda à experiência editorial de Marie-Lorraine Colas.

Os textos são resultado de trinta anos de ensino no Collège de France, e quero agradecer ao seu diretor, Pierre Corvol, por ter autorizado a publicação.

Prefácio

Este livro de Jean-Pierre Changeux foi escrito a partir de suas aulas no Collège de France, de sua obra intelectual e científica. Muito particularmente, encontram-se aqui suas reflexões mais recentes, que abrem novos domínios para o pensamento, como a neuroética e a neuroestética.

As aulas de Changeux no Collège de France foram ministradas em um determinado número de ciclos, com a retomada e o aprofundamento dos temas que lhe são caros enriquecidos de novos dados, ou com a exploração de novos domínios. Trata-se de um percurso exemplar da mais exigente e mais autêntica pluridisciplinaridade, perfeitamente inscrito na tradição inaugurada por Louis Pasteur, que transitou da química à medicina. Aqui, Changeux inaugura e baliza o novo caminho que vai da neurobiologia à história e à cultura humanas.

Deliberadamente não cronológica, a estrutura escolhida para esta obra não corresponde à apresentação clássica que parte dos fundamentos biológicos neuronais para tratar em seguida das propriedades superiores — o pensamento, a consciência e a cultura. Changeux mistura incessantemente as duas maneiras, partindo dos fundamentos até as propriedades funcionais manifestas, e das propriedades funcionais, dos fenômenos sociais, culturais ou cognitivos até as suas condições biológicas. É no cruzamento desses dois percursos que despontam os fatos mais novos e as ideias mais inovadoras.

Para compor o conjunto, escolheu-se começar com a descrição dos fenômenos humanos — a cultura, a arte, a consciência e a cognição, a linguagem, a memória e a aprendizagem —, para abordar as suas condições neuronais, celulares e moleculares, genéticas e epigenéticas, cuja sofisticação não cessa de surpreender o biologista. É um percurso livre, um percurso criativo através de diferentes domínios nos quais a pertinência da abordagem neurobiológica é cada vez mais manifesta. É necessário esclarecer que esse modo de proceder é tudo menos convencional, consistindo em tratar tanto da cultura e da arte (música e pintura) quanto da vida em sociedade e da normatividade ética; tanto das línguas e da escrita quanto das bases neurais e moleculares da memória e da aprendizagem, ou ainda da significação da morte, e isso segundo o ponto de vista unificador da epigênese neuronal.

Demonstrando uma impressionante capacidade para promover o avanço da pesquisa neurobiológica e, ao mesmo tempo, da reflexão sobre os diversos riscos dessa disciplina, este livro reúne uma quantidade considerável de informações diversas, de discussões e de hipóteses variadas. Ele ancora o material da ciência contemporânea na história da filosofia, a começar pelos materialistas da Antiguidade, e na história plural de ciências como a neurologia, a etologia, a biologia da evolução, a biologia do desenvolvimento e ainda a psicologia experimental.

A reflexão de Jean-Pierre Changeux é fruto de um percurso de grande coerência e de excepcional riqueza, no qual a orientação em um sentido fundamental dos desenvolvimentos registrados pela neurociência ao longo destes últimos anos combinou-se magnificamente a um itinerário científico pessoal e singular. Recordemos os momentos marcantes desse campo: a descoberta da alosteria e a elaboração do modelo alostérico de funcionamento das proteínas com Jacques Monod e Jeffries Wyman; o isolamento e a identificação do primeiro receptor de neurotransmissor, o receptor da acetilcolina — que é uma proteína alostérica —, e posteriormente a elaboração de um modelo de aprendizagem por estabilização seletiva das sinapses; e, mais recentemente, a criação de um modelo da consciência sob a forma de uma teoria do espaço neuronal de trabalho consciente, elaborada com Stanislas Dehaene.

De modo progressivo e metódico, Jean-Pierre Changeux construiu as ferramentas e as abordagens biológicas que lhe permitiram conceber bem cedo, e melhor fundamentar, o programa de uma neurobiologia

PREFÁCIO

da cultura e da consciência. A presente obra trata desse programa, das realizações seminais às quais ele deu lugar, das hipóteses que dele decorreram e que prefiguram o futuro, dos conhecimentos que a neurobiologia contemporânea provê sobre o homem e, por consequência, dos caminhos de ação que ela sugere para um futuro mais fraternal das sociedades humanas. A neurociência modifica profundamente, e nos detalhes, a percepção que o indivíduo humano tem de si mesmo, de sua origem, de sua evolução, de seu desenvolvimento desde a concepção e o nascimento até a morte. Indiscutivelmente, abre as portas para o progresso do homem em seu conjunto. A contribuição desses novos saberes no domínio médico e, talvez ainda mais, sua incidência sobre a educação e sobre a nossa sociedade são consideráveis. No final das contas, a mensagem deixada aqui pelo neurobiologista é profundamente otimista.

Claude Debru

Introdução

Em defesa da neurociência

O cérebro humano é o objeto físico mais complexo do mundo vivo, e permanece como um dos mais difíceis de se conhecer. Não pode ser abordado de frente sem risco de pungentes fracassos. Na selva dos neurônios e das sinapses que o constituem, é indispensável identificar os traços singulares de sua organização e de suas funções; são eles que servem de fio de Ariadne nesse labirinto.

Meus trinta anos de ensino no Collège de France foram um excepcional laboratório de ideias para tentar apanhar esse fio. Eles tiveram profundas consequências para a minha reflexão teórica, com muita frequência refreada pelo trabalho empírico do laboratório, proporcionando-me um magnífico espaço de liberdade, limitado somente pelas críticas severas de um público fiel mas exigente. Os sete primeiros anos já foram reunidos em uma obra inicialmente reservada aos meus ouvintes, *L'Homme neuronal* [O homem neuronal], lançada em 1983. Nela abordei, no capítulo dos "objetos mentais", uma temática inteiramente nova para mim, sobre as funções superiores do cérebro e mesmo a consciência. Os cursos seguintes me deram a oportunidade de analisar de maneira muito mais aprofundada essas funções cognitivas às quais o peixe-elétrico, o camundongo ou o rato, com os quais costumávamos trabalhar, não davam acesso diretamente.

A cada ano — meus ouvintes vão lembrar-se disso —, começava meu curso com uma lembrança essencial: se queremos refletir utilmente e progredir no conhecimento de nosso cérebro, é indispensável levarmos em conta os múltiplos níveis de organização hierárquica e paralela que intervêm em suas funções. De outro modo, corremos o risco de tomar o cérebro humano por uma coleção demasiado simples de genes, neurônios, microcircuitos, ou de resgatar um dualismo totalmente obsoleto.

Ao longo das últimas décadas, as ciências do sistema nervoso mudaram totalmente de feição. Não é mais o caso, como era outrora, de deixar uma marca, encerrado em uma disciplina, entrincheirado em sua própria cultura fisiológica, farmacológica, anatômica ou comportamen-

FIGURA 1 – O Collège de France por Jean-François Chalgrin (1739-1811)

Fundado por Francisco I em 1530, o Collège de "leitores reais" foi inicialmente encarregado de ensinar disciplinas que a Universidade de Paris ignorava ou recusava: o grego, o hebraico e as matemáticas. Tendo desferido um golpe mortal na escolástica, o Collège de France, ao longo dos séculos, abriu-se às disciplinas mais novas e teve entre seus professores nomes como Gassendi, Tournefort, Cuvier, Vauquelin, Thénard, Magendie, Laennec, Claude Bernard, Marey e, mais próximos de nós, François Jacob, Jacques Monod, Jean-Marie Lehn e Jean Dausset.

INTRODUÇÃO

tal. Com a biologia molecular, de um lado, e as ciências cognitivas, de outro, surgiu um *nuovo cimento*, novas sínteses tanto conceituais quanto metodológicas tornaram-se possíveis, congregando diversas abordagens do sistema nervoso. Ao longo da década de 1980, a engenharia genética preparou o terreno para o sequenciamento em grande escala de vários genomas, gerando uma massa de novos dados com múltiplas aplicações, em particular nos domínios da fisiologia, da farmacologia e da patologia. Com o aperfeiçoamento dos métodos de imagem, a física — outra disciplina fundamental — abriu caminho para novas investigações sobre a relação entre os estados mentais e a atividade física do cérebro. Com uma preocupação comum de conceitualização e modelização teórica, essas disciplinas fecundaram um novo campo de pesquisas: a neurociência, nascida em 1971, nos Estados Unidos, com a primeira reunião da Society for Neuroscience. Se a revolução da neurociência certamente aconteceu, ela ainda não colheu todos os seus frutos, longe disso. Precisamos agora transpor, passo a passo, com grande incerteza e mil precauções, a imensa *terra incognita* que ainda separa as ciências biológicas das ciências do homem e da sociedade.

Em minha aula inaugural, de 16 de janeiro de 1976, apresentei uma nova molécula que era, e continua a ser, objeto de pesquisas em meu laboratório: o receptor nicotínico para acetilcolina. Por que essa proteína? É preciso lembrar que, na década de 1960, esse tipo de molécula dependia de uma entidade quase mítica, os "receptores". Naquela época, ainda era preciso fazer com que os eminentes fisiologistas aceitassem a ideia da existência de agentes químicos em nosso sistema nervoso, chamados posteriormente de neurotransmissores, que intervêm como sinais na comunicação entre neurônios no nível de uma estrutura de contato especializada chamada sinapse.

Essa demonstração fora relatada em 1904 por Elliott com suas experiências sobre a adrenalina, e foi retomada pelos primeiros farmacologistas da época, John Newport Langley e sir Henry Dale, graças aos seus trabalhos sobre outro neurotransmissor, a acetilcolina. Em 1905, Langley postulava que esse neurotransmissor se prende a uma "substância receptora", ou "receptor", que "recebe um estímulo" e o "transmite".

Desde então, o termo foi recuperado por gerações de farmacologistas, sendo vivamente criticado por espíritos tão distintos quanto sir Henry Dale, que o julgava demasiado abstrato e inútil. Faltava descobrir a molécula que se escondia atrás desse nome.

Em minha aula inaugural, descrevi, portanto, a descoberta do primeiro receptor, realizada no Instituto Pasteur, com base nas pesquisas com o órgão elétrico do peixe e com a toxina alfa contida no veneno da cobra bungarus listrada. O "mito" cairia com a descoberta de uma proteína que eu havia sugerido — desde 1965, nas conclusões de minha tese de doutorado — pertencer a uma grande categoria de proteínas reguladoras: as proteínas alostéricas, cujo conceito fora elaborado em conjunto com meus mestres Monod e Jacob, e posteriormente Wyman. O trabalho que se seguiu foi consagrado à elucidação da estrutura funcional dessa proteína reguladora membranar de um tipo novo: de início, a captura da proteína a partir de extratos brutos do órgão elétrico; depois, a caracterização de sua estrutura molecular e a identificação química do sítio ativo e do canal iônico; enfim, a demonstração de que seus dois sítios críticos, o sítio de ligação da acetilcolina e o sítio do transporte iônico, estavam mais de 30 Å distantes um do outro. Seu acoplamento funcional era, portanto, indireto ou "alostérico": ele era transmitido por uma mudança conformacional.

Vários grupos de pesquisa ao redor do planeta participaram, com o nosso, dessa aventura excepcional que perdura até hoje. O receptor de acetilcolina, como previsto, é uma autêntica proteína alostérica, mas membranar. Essa conclusão foi progressivamente estendida aos milhares de receptores identificados em seguida, mesmo que estivessem ligados a canais iônicos, proteínas G ou quinases, com profundas consequências na concepção de novos agentes farmacológicos, mas também na compreensão de múltiplas patologias que chamei de "doenças dos receptores" — por exemplo, as que são devidas a mutações, ou a outras modificações, afetando as transmissões alostéricas desses receptores que elas, em particular, tornam espontaneamente ativos (ou "constitutivos") ou espontaneamente inativos.

Outra importante consequência teórica induzida por esses trabalhos: o fato de que esses receptores, que estão presentes nos múltiplos eventos críticos da rede sináptica cerebral e que controlam o tráfego dos sinais que circulam pelo conjunto do cérebro, impõem limitações cinéticas críticas às nossas funções cerebrais. Os tempos de reação de nossos reflexos, bem como os tempos de reação de nossas percepções conscientes, ou ainda a gênese espontânea e o encadeamento dos "objetos" de nossos raciocínios, são assim enquadrados pelas cinéticas das transições alostéricas desses receptores e por aquelas dos canais iônicos presentes em nossos cabos nervosos. Essa primeira identificação de um componente molecular da sinapse, que foi perseguido desde os níveis pré e pós-sinápticos, encorajava, portanto, uma abordagem molecular "de baixo para cima", ou *bottom up*, das funções superiores do cérebro e muito particularmente da aprendizagem.

A obra visionária de Jacques Monod, *O acaso e a necessidade*, publicada em 1970, propunha reflexões sobre a gênese do sistema nervoso central, inspirando-se nos trabalhos então recentes de Hubel e Wiesel sobre o sistema visual. Sentia-me desde então armado o bastante para reagir. Achava a posição de Jacques Monod um pouco inatista demais e, em especial, considerava que ele não levava suficientemente em conta a gênese e a transmissão das culturas nas sociedades humanas. Convidado por Edgar Morin para um encontro sobre o "acontecimento" em 1972, apresentei então uma teoria na qual o estabelecimento da rede sináptica neural ao longo do desenvolvimento não se produz de maneira rígida, como se constrói um computador, mas se faz como um encadeamento de etapas de exuberância e eliminação, de tentativas e erros, por estabilização seletiva de sinapses sob o controle da atividade, espontânea ou evocada, que investe essa rede. Essa concepção foi expressa rapidamente sob uma forma matemática graças à ajuda de Philippe Courrège e Antoine Danchin (1973, 1976).

Do meu ponto de vista, a evolução por variação e seleção aplica-se ao desenvolvimento do cérebro, mas de uma maneira estritamente epigenética, sem acarretar nenhuma modificação do genoma. Essa ideia, retomada e ampliada por Gerald Edelman sob a denominação de "darwinismo neural", tornou-se depois tema de abundantes discussões. Um de seus principais efeitos benéficos terá sido o de orientar a pesquisa sobre os mecanismos moleculares implicados na regulação do desenvolvimento sináptico pela atividade nervosa (química e elétrica) e, desse modo, permitir que se compreenda melhor a variabilidade epigenética de nossa organização cerebral. Podemos assim aceder ao estabelecimento daquilo que chamo de "circuitos culturais" do cérebro, aqueles da leitura, da escrita, mas também dos sistemas simbólicos próprios de cada cultura e que contribuem para o que Pierre Bourdieu chama de *habitus*.

Em 1987, meu curso no Collège de France era consagrado às *bases neurais das funções cognitivas*, à definição de um nível de organização que qualifico de "nível da razão" e que mobiliza seletivamente, "de cima para baixo", ou *top down*, a *regio frontalis*, ou córtex frontal do cérebro humano, cujo crescimento da superfície relativa foi fulgurante ao longo da hominização. Utilizei as bases neurais das funções cognitivas como ponto de partida para uma modelização teórica. Um momento marcante (1989, 1991) foi a construção de um organismo formal que realiza a tarefa cognitiva chamada "de resposta diferida", na sequência de uma aprendizagem por seleção que mobiliza o sistema de recompensa (dopaminérgico) apresentado pela primeira vez sob forma neurocomputacional. Outra etapa crítica foi transposta com o curso de 1992, consagrado às *bases neurais dos estados de consciência e atenção*, que deram lugar ao modelo de "espaço de trabalho neuronal consciente".

Certamente, apesar de todas essas descobertas, de todos esses avanços, não estamos ainda senão nos balbucios de uma neurociência da consciência, que está no entanto bem encaminhada. Os cursos destes últimos anos me permitiram ir mais além e tratar de temas que estão na interface sensível das ciências humanas e da neurociência. Entre aqueles que me são caros, há a estética, a ética e também a epistemologia, cuja "naturalização" está em curso, mas sem dúvida ainda levará anos. Possa esta obra dar ao menos uma ideia da imensidão do campo que se abre graças à neurociência contemporânea por meio de suas interações com as ciências do homem e da sociedade.

PARTE I Rumo à descoberta de um novo mundo

Para uma neurociência do bem e do belo

Prólogo

"O professor do Collège de France", escreve Claude Bernard, "deve considerar a ciência não do ponto de vista do que ela adquiriu e estabeleceu, mas das lacunas que apresenta, para tratar de preenchê-las por meio de novas pesquisas."

A primeira parte desta obra vai talvez ainda mais longe do que a recomendação do ilustre fisiologista, pois trata de questões que não constituem simplesmente lacunas de nosso saber científico, mas são ainda, com bastante frequência, deliberadamente excluídas dele. Uma neurociência do belo tem um sentido? Entretanto, aparentemente não há nada mais inefável que a contemplação da obra de arte... Uma ciência da normatividade ética tem alguma legitimidade? Séculos de filosofia moral e teologia, invocando o pensamento do iminente filósofo do Iluminismo escocês David Hume, separaram entretanto, com vigor, ciência e moral: a ciência estabelece fatos, "o que é", enquanto a moral decide o que "deve ser"...

É legítimo conceber uma neurociência do belo, uma neurociência do bem? E com que objetivo? Não se trata de uma provocação, mas de dar prosseguimento, depois de uma longa pausa, ao percurso do Iluminismo e do Diderot dos *Éléments de physiologie* [Elementos de fisiologia]. Trata-se de compreender melhor o mundo, e o homem em primeiro lugar; de aceder a uma "vida feliz" como já recomendava Aristóteles. E por que não? Essa é a aposta maior das páginas que se seguem.

CAPÍTULO 1 Uma concepção naturalista do mundo*

Como uma concepção integralmente naturalista do mundo foi elaborada, e aperfeiçoou-se ao longo da história?

A filosofia ocidental, nasce no final do século VII antes da nossa era com os primeiros autores gregos, chamados milesianos: Tales (c. 624-548 a.C.), Anaximandro (c. 611-547 a.C.) e Anaxímenes (c. 588-524 a.C.). Como lembrou o historiador inglês Geoffrey Lloyd, trata-se de uma época de desenvolvimentos tecnológicos importantes que marcam o final da Idade do Bronze e o início da Idade do Ferro (metalurgia, tecelagem, cerâmica, agronomia, escrita). Esses progressos técnicos resultam de processos de aquisição metodológicos acompanhados de um trabalho teórico explícito. Elaboram-se classificações, baseadas na observação e na racionalização dessas aquisições. Há uma descoberta progressiva da natureza e uma compreensão, por esses primeiros filósofos, da distinção entre natural e sobrenatural, com omissão deliberada de qualquer recurso ao sobrenatural.

Se, para Tales, "tudo está repleto de deuses", ele "deixa os deuses de fora". Sobre os terremotos, que, de acordo com ele, resultam da agitação da água sobre a qual a terra "flutua", Tales propõe uma tese naturalista.

---
*Parte do curso do ano de 1996.

Mesmo referindo-se a um mito babilônico, ele distingue, ao fazer isso, o universal do acidental e do contingente. Anaximandro, cujos textos são raros, escreve que "as criaturas vivas nasceram do elemento úmido quando foi evaporado pelo sol; no início o homem era semelhante a outro animal, a saber um peixe..."; referência a mitos antigos ou premonição de uma concepção evolucionista? Credita-se igualmente a ele o uso da palavra *apeiron*, "indefinido" (e não infinito), aquilo que é inacabado, para referir-se ao princípio das coisas (*arkué*). Para Anaxímenes, enfim, a substância fundamental é o ar (*aer*), substância de nossa alma.

De modo geral, os primeiros filósofos e sábios gregos esforçam-se por "descobrir a causa material das coisas, buscando aquilo de que o mundo é feito", segundo Aristóteles. Ao se apartarem dos textos sagrados, eles elaboram uma primeira *explicação naturalista* do mundo. Chegam a isso pela busca de objetividade com a prática da discussão, pela comparação direta das teorias a fim de escolher a mais adequada. O debate argumentado e contraditório torna-se condição prévia para todo progresso científico e filosófico. Como escreve Jean-Pierre Vernant, há preeminência da palavra sobre o poder e sobre o ritual sagrado; a razão grega é filha da cidade (*polis*) e opõe-se tanto aos reis quanto à religião.

Representação e conhecimento: as principais etapas desde a Antiguidade

O pitagorismo (final do século VI a.C.) contrasta com a filosofia milesiana ao estabelecer que "os *números* são primordiais por natureza", "os números são os elementos de todas as coisas", e até mesmo "o céu é uma escala musical de números". Os números são concebidos como realidades primeiras, que se conciliam harmoniosamente com a ordem do mundo. Esse mito ainda está presente entre muitos matemáticos e físicos contemporâneos, e o pitagorismo trouxe para a ciência uma "representação matemática" das coisas e dos fenômenos.

Heráclito, Parmênides e Empédocles (século V a.C.) elaboraram uma primeira epistemologia ao se questionarem sobre os fundamentos do saber. Para Heráclito, o mundo está em *perpétua mudança*, dentro de certos limites, devido a tensões subjacentes entre opostos, "como entre o arco e a lira". Heráclito duvida do testemunho apenas dos sentidos, o que Parmênides completa com um apelo ao julgamento das "coisas existentes" por meio da razão. Empédocles, personagem lendário, ultrapassa seus predecessores ao postular que as coisas do mundo são compostas de elementos constituintes (as "raízes" ou *rizomata*): terra, água, ar, fogo misturados uns aos outros em diferentes proporções. Esses elementos se associam e se distanciam pelo jogo entre as forças de atração e repulsão. Desse modo, uma evolução por seleção é produzida por combinação ao "acaso dos encontros" e seleção; os monstros que não conseguem resistir "ao fogo" desaparecem: "assim nasce a raça dos homens". Ademais, Empédocles propõe uma primeira teoria empirista da percepção e do conhecimento que será retomada, na sequência, pelos atomistas. De acordo com ele, os objetos emitem "emanações", que, como tantas partículas microscópicas, se desprendem deles para penetrar pelos "poros" de cada órgão dos sentidos. Percebedor e percebido atraem-se devido à semelhança: "o conhecimento resulta da atração do semelhante pelo semelhante". Uma *isomorfia* manifesta-se entre as "emanações" dos objetos e o elemento existente em nosso corpo.

Os atomistas, com Leucipo de Mileto e, posteriormente, seu aluno Demócrito de Abdera (c. 460-370 a.C.), postulam que só os *átomos* e o *vazio* são reais. As diferenças entre objetos físicos explicam-se em termos de modificações da forma, do arranjo e da posição de átomos, que são indivisíveis, sólidos e plenos (*atomos*) e podem combinar-se de forma ilimitada (*apeiron*). Há um abandono de toda causa final: os atomistas, diz Aristóteles, tomam "como princípio aquilo que vem naturalmente primeiro". Os homens e os animais nasceram da terra. A alma é corporal, "ígnea", composta do mesmo fogo que os corpos celestes; ela é mortal e os átomos que a compõem se desagregam com a morte do corpo. A teoria do conhecimento dos atomistas continua e desenvolve a de Empédocles. As sensações constituem um "tocar a distância". A sensação e o pensamento (*phronesis*) são produzidos por "simulacros" que se desprendem continuamente dos objetos visíveis e penetram em nós: "desse modo, não conhecemos nada de certo, mas somente o que muda segundo a disposição de nosso corpo, e segundo o que nele penetra ou o que lhe resiste". Há um ceticismo geral em relação à "verdade" de todo conhecimento: "a verdade está em um abismo". Ademais, Demócrito propõe a primeira tese cefalocentrista sobre a sede da alma: "o cérebro, guardião do pensamento e da inteligência", contém os "principais laços da alma". Com os atomistas, elabora-se uma autêntica teoria naturalista do conhecimento. Os médicos hipocráticos (séculos V e IV a.C.) fazem da doença um fenômeno natural, com causas naturais, apartada de toda força mágica ou intervenção divina ou demoníaca. A "doença sagrada", a epilepsia, resulta de descargas cerebrais e tem causas materiais: a alteração do cérebro que acarreta uma alteração de suas representações.

Platão "regride" em relação a Demócrito em vários pontos:

O retorno ao mundo pitagórico dos números e à realidade invisível das Ideias (*noetos*), objetos do "verdadeiro" conhecimento (*episteme*);

A crença em um elemento intencional, uma teleologia, uma finalidade na natureza, denunciada mais tarde por Spinoza, Diderot, e depois por Darwin e Freud;

A impossibilidade de acesso a uma explicação do mundo pela experimentação, mas somente pela contemplação das Ideias (*theoria*);

A ausência de aprendizagem: toda ciência é reminiscência e as Ideias são inatas.

Não obstante, Platão retoma, de maneira positiva, a tese de Empédocles dos corpos simples primordiais, acrescentando que estes possuem formas geométricas simples. Nesse sentido, ele antecipa as teorias matemáticas na física e na química. Além disso, sua manifesta preferência pelo raciocínio, pela razão, em detrimento da simples sensação, é uma contribuição fundamental para o desenvolvimento científico.

Aristóteles reabilita a observação e a experimentação com a crítica das ideias platônicas, que qualifica como "palavras vazias de sentido e metáforas poéticas". Ele se interessa pelas *causas*, levando em conta quatro fatores: a matéria, a forma, a causa motora e a causa final. Segundo ele, há "a matéria aspira espontaneamente à forma" e, em seguida, a forma às causas motoras e finais, o que corresponderia, na linguagem de hoje, à *função*. A nosso ver, em outros termos, Aristóteles distingue estrutura e função. Em *História dos animais*, ele estabelece uma classificação dos animais cujas linhas gerais ainda são válidas: desprovidos de sangue vermelho (invertebrados) e com sangue vermelho (vertebrados), e entre os vertebrados, ovíparos (até os répteis e pássaros) e vivíparos (mamíferos, com exceção dos monotremos). Ele distingue gêneros e espécies e propõe uma organização hierárquica das formas e funções animais, do simples ao complexo, uma *scala naturae*, coroada pelo homem. Aristóteles, porém, ignora a evolução. Para ele, o mundo vivo é estático. Há uma fixidez das espécies e de suas formas. Ao contrário de Platão, que concebe a alma como uma realidade separada do corpo, Aristóteles considera a alma e o corpo dois elementos inseparáveis de uma mesma substância. Ele distingue três níveis de faculdades:

A *alma vegetativa*, que todos os seres vivos possuem e que assegura a nutrição e a reprodução;

A *alma sensitiva*, que compreende a sensação, concebida como recepção da "forma" sem a "matéria" que a acompanha no objeto, e a imaginação (*phantasia*), a imagem que persiste, depois que o objeto desapareceu, na memória ou nos sonhos;

A *alma intelectiva* ou *racional*, que só o homem possui e que assegura a formação dos conceitos, dos raciocínios. Aristóteles distingue nela "o intelecto paciente" (*pathetikos*) e receptáculo das imagens, e "o intelecto agente" (*poietikos*), de dignidade superior e que atualiza os inteligíveis. As clivagens hierárquicas que introduz na alma correspondem, *grosso modo*, à *sensação* (pelos órgãos dos sentidos), ao *entendimento* (formação dos conceitos) e à *razão* (desenvolvimento do pensamento). Enfim, com a lógica, Aristóteles introduz um exercício intelectual que confere ao discurso um caráter de necessidade na distinção do verdadeiro e do falso. Estabelecem-se as premissas de um acesso rigoroso ao conhecimento objetivo.

Alguns séculos mais tarde, Nemésio, com base nos trabalhos experimentais de Galeno, faz uma primeira tentativa de relacionar a capacidade de representação com a organização do cérebro. Esse modelo "ventricular" baseia-se na subdivisão da alma nas faculdades motora, sensível e racional e atribui as três "funções" da alma racional, imaginação, razão e memória, aos ventrículos anterior, médio e posterior do encéfalo, respectivamente.

Será preciso esperar René Descartes e seu *O homem* (cuja escrita abandona em 1633, depois da condenação de Galileu) para que o discurso científico sobre as relações da alma e do corpo seja integralmente renovado. Julgado pela posteridade como promotor da clivagem dualista, Descartes antecipa os desenvolvimentos recentes das ciências cognitivas propondo o primeiro modelo conexionista, em rede, do "aparelho de conhecimento". Ele postula que a "máquina" do cérebro do homem compõe-se, no nível microscópico mais elementar, de "pequenos tubos", "pequenos nervos", pelos quais passam os espíritos animais. Ele sugere igualmente uma organização hierárquica dessa "rede", "dessa malha de pequenos tubos": dos músculos e órgãos dos sentidos às "concavidades do cérebro", depois à glândula pineal, e por fim ao córtex cerebral, deixado em branco nos últimos esboços da obra (mas onde poderia muito bem ter alojado a alma).

Descartes distingue igualmente a *sensação*, "movimento do cérebro, como nos animais", que depende dos órgãos corporais; a *percepção*, mistura do espírito com o corpo que estimula a glândula pineal, e o *julgamento*, o raciocínio — próprio da alma.

Na realidade, ao longo de sua obra filosófica, Descartes permanece ambíguo, e até contraditório, no que se refere às relações precisas entre a alma e o corpo (para além do papel decisivo da glândula pineal, logo questionado por Stenon, Willis e outros eminentes anatomistas), sem dúvida por temor das autoridades eclesiásticas e políticas.

Uma etapa decisiva na compreensão dos processos de representação será, com Lamarck (1809), o abandono de um "mundo fixo", de uma *scala naturae* (Aristóteles) criada por Deus com o homem no topo, em benefício de uma concepção "transformista" do universo vivo, com passagem lenta e gradual de uma espécie a outra, acompanhada da complexificação crescente do sistema nervoso. O homem "dotado de razão" ocupa não obstante um lugar especial. Ao longo da evolução do cérebro, sua capacidade de representação aumenta. Para Lamarck, o pensamento é um ato físico que se desenvolve progressivamente, com o surgimento de um "sentimento interior", chamado hoje de "espaço consciente". O mecanismo segundo o qual "as circunstâncias influem sobre a forma e a organização dos animais" (ou a hereditariedade dos caracteres adquiridos) corresponde ao mecanismo empirista de Aristóteles para a evolução das espécies, segundo o esquema:

$$\text{matéria} \longrightarrow \text{FORMA 1} \longrightarrow \text{FUNÇÃO 1} \longrightarrow \text{FORMA 2}...$$

Com *A origem das espécies* (1859), Darwin criou uma ruptura epistemológica decisiva, propondo os três anteparos do modelo selecionista:

A consideração de populações de organismos vivos em crescimento exponencial, mas com recursos naturais limitados;

A variabilidade (genética) espontânea dos indivíduos em meio às populações e a capacidade de herdar variações;

A seleção natural por meio da "luta pela existência" de indivíduos cuja sobrevivência depende de sua constituição hereditária.

O conjunto resulta em uma mudança gradual da "forma" das organizações e, portanto, de sua capacidade de representação segundo o esquema:

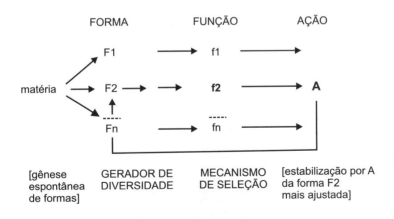

O modelo, inicialmente concebido para dar conta da evolução biológica no nível genético, estende-se à capacidade de representação no espaço consciente, devido à *internalização* da evolução das representações. Herbert Spencer (1870) propõe que centros de coordenação "se intercalem" entre "grupos sensoriais" e "grupos motores", contribuindo desse modo para um aumento de complexidade conexional e, portanto, de integração funcional. Para Hughlings Jackson, uma evolução interna é produzida dos centros "bem-organizados e inferiores" para os centros "não tão bem-organizados e superiores" que se organizam durante toda a vida, com passagem do mais automático ao mais voluntário. John Zachary Young, em *A Model of the Brain* [Um modelo do cérebro] (1964), inspira-se tanto na cibernética quanto em suas observações experimentais sobre o polvo para conceber o organismo como um "homeostato", que mantém a sua organização própria, a despeito de mudanças do ambiente, ao selecionar uma ação particular de um conjunto de ações possíveis. O organismo consegue isso de maneira adaptada na medida em que a resposta lhe permite conservar-se (*self-maintenance*) e sobreviver. Nesse sentido, o organismo *é* (ou contém) uma *representação* de seu ambiente.* É assim que o "mundo" da mosca difere do mundo do camundongo e do mundo do homem. Com a evolução biológica, as capacidades de representação expandem-se do ambiente físico e biológico para o ambiente social e cultural.

---

* A palavra representação (ver Robert, *Dictionnaire historique de la langue française*) é derivada do latim *repraesentare* (1175) ou *representatio* (1250): ação de colocar diante dos olhos, de reproduzir pela palavra, de repetir... de "fazer aparecer de maneira concreta ou simbólica a imagem de uma coisa abstrata" e, mais comum, "tornar presente ou sensível alguma coisa ao espírito, à memória, por meio de uma imagem, de uma figura, de um signo...", por metonímia, esse signo, imagem, símbolo, alegoria (1370). Próximo do final do século XII, a palavra representação adquire o sentido que conhecemos com o teatro e o ato artístico no sentido de reproduzir o real observável pelo desenho, pela pintura, pela escultura, depois também pela fotografia. No século XVII, a palavra passa ao vocabulário filosófico para designar a imagem fornecida ao entendimento pelos sentidos ou pela memória (1654), antes de tomar o sentido de "ter lugar", "ser delegado para", em um contexto jurídico ou administrativo, donde as acepções de representação diplomática ou de democracia representativa. Com o século XX, a palavra representação adquire o sentido de "signo que representa" na matemática, na informática etc. Enfim, com a neuropsicologia, torna-se "o objeto de sentido presente no cérebro" ou "o objeto mental", sentido que será o nosso.

Com a evolução cultural, uma "externalização" das representações toma a frente e desenvolve a internalização da evolução das representações, que se baseia na epigênese e na memória. No capítulo "Das nuvens e dos relógios" de sua obra *Objective Knowledge* [Conhecimento objetivo] (1972), Karl Popper generaliza o paradigma evolucionista por tentativas e erros nos múltiplos níveis de organização "telescopados" ou "aninhados" (*nested*) nos organismos superiores. Para Popper, os organismos são engajados em estratégias de resoluções de problemas, hierarquizadas e submetidas a controles plásticos, que se estendem aos desenvolvimentos do conhecimento por conjecturas e refutações. Os conhecimentos validados por sua correspondência com os fatos — portanto "verdadeiros" — organizam-se progressivamente em uma árvore do conhecimento, constantemente questionada pela experimentação de novos fatos. Curiosamente, embora para Popper "a consciência seja apenas um dos numerosos tipos de controle em interação", ele persiste em defender uma posição dualista, distinguindo, a todo custo, "estados psicoquímicos" e "estados mentais".

O mundo de modo inteiramente objetivo

Para a filósofa contemporânea Joëlle Proust, "uma teoria filosófica é naturalista quando reconhece como legítimos apenas os percursos objetivadores e os princípios explicativos ordinariamente reconhecidos e aplicados nas ciências da natureza. Uma teoria naturalista esclarece a gênese do saber partindo de seu estado mais recente, sem fechar os olhos para o caráter ineluvatelmente provisório e refutável das hipóteses explicativas que propõe". O problema colocado é explicar a capacidade que um estado neuronal possui de representar um estado de coisas exterior (ou mesmo interior) de maneira puramente causal.

Para Fred Dretske (1988), existem dois níveis de explicação causal:
A correlação nômica entre um estado de coisas exterior, F, e um estado interno em virtude do qual C indica F é uma "representação" de F;

Uma conexão causal entre o estado interno C tendo a propriedade N e uma "saída comportamental" de tipo M, ou ação sobre o mundo:

$$F \longrightarrow \text{indica} - [C] - \text{causa} \longrightarrow M$$

Fatos objetivos, independentes do observador, formam portanto a base material que permite que uma coisa signifique ou indique algo a propósito de outra.

Toda teoria naturalista postula a preexistência de uma realidade exterior, que pode ser subdividida em:

Um mundo físico-químico ou biológico, que possui uma estrutura definida, uma organização própria, não criada, não rotulada e não intencional.

Um mundo do humano, criado pelo homem, que inclui os aspectos sociais, com os outros homens e seus conteúdos mentais, e os aspectos culturais, criados pelo homem sob a forma de artefatos e rotulados por ele: indústrias, obras de arte, escritos. O mundo do *não* representado pelo homem deve, portanto, ser distinguido daquele do *já* representado por ele.

A teoria que proponho apoia-se, em primeiro lugar, nas predisposições que o organismo vivo possui para "representar" o mundo exterior:

Uma arquitetura nervosa, de complexidade crescente, delimitada por um envoltório genético, produto da evolução biológica, que oferece uma ampliação do mundo dos representados para representações cada vez mais extensas e abstratas do mundo; ela inclui as capacidades de aprendizagem e memória, as emoções fundamentais e as capacidades de deliberação "consciente" e de julgamento;

A mobilização no espaço e no tempo de populações distribuídas mas topologicamente definidas de neurônios, com estados de atividade (elétrica e química), coordenados e/ou coerentes, que codificam, ou "indicam", uma significação, um sentido, em um contexto definido;

O *abandono do esquema entrada-saída* durante muito tempo postulado pela cibernética e pela neurofisiologia, em benefício de um *estilo projetivo* (Changeux; Berthoz) que se manifesta pelo comportamento exploratório das diversas espécies animais, pela atenção e pelos movimentos do olhar que antecipam a percepção e a ação, pela formação de *pré-representações*, de hipóteses sobre o mundo no quadro do "darwinismo mental" (Changeux).

Na realidade, as interações do cérebro com o mundo exterior manifestam-se concomitantemente de acordo com duas trajetórias em sentido oposto: a *centrífuga*, segundo o modelo projetivo, de *pré-representações* análogas às *variações darwinianas*, resultante da atividade espontânea, transitória, de populações variáveis de neurônios, formando uma combinação aleatória (geradora de diversidade) de formas neurais preexistentes, selecionadas tanto pela evolução biológica quanto pela epigênese ao longo do desenvolvimento; a *centrípeta*, diretamente evocada pela *interação com o mundo exterior* graças aos mecanismos da percepção sensorial (a correlação de atividade dos perceptos sendo determinada pelas características do "objeto" do mundo exterior), a interação com o mundo exterior acarretando igualmente a atualização intracerebral dos traços de memória. Desse duplo movimento resulta uma seleção da pré-representação "apropriada" por meio de *sistemas de avaliação*, em particular, do sistema das emoções, no qual as causas da seleção dependem da sobrevivência do organismo, de uma comunicação eficaz e de uma vida social harmoniosa. Ao longo dessa seleção, estabelece-se a relação de indicação entre o objeto do mundo exterior e a sua "representação neural".

"Representações" embutidas umas nas outras podem se formar em diversos níveis de organização do sistema nervoso. Uma classificação elementar distingue as representações "privadas", internas ao indivíduo; e as representações "públicas", comunicadas de indivíduo a indivíduo. Entre as privadas, as representações conscientes diferenciam-se das representações não conscientes. Entre as públicas, Sperber reconhece as representações de primeira ordem, factuais, os conhecimentos empíricos estocados como "verdadeiros" na memória semântica enciclopédica, e as representações de ordem elevada, representações de representações, proposições científicas ou representações de caráter mais *normativo*, como as crenças, as regras morais e as leis.

Da mesma maneira, é legítimo postular uma hierarquia das avaliações e das seleções que, no caso das máquinas inteligentes (Changeux e Connes), inclui: *um nível de base-padrão*, "eu perco, eu ganho, eu perco..."; *um nível de avaliação global*, que leva em conta a memória das partidas perdidas e ganhas, das estratégias ganhadoras ou não; *um nível da criatividade*, que assegura o reconhecimento da novidade e da adequação de uma pré-representação "nova" a uma realidade existente.

Enfim, a naturalização da noção de *contexto intencional* por uma implementação conexionista deveria permitir responder às duas objeções de Chomsky em *Sobre natureza e linguagem* (1995). Com efeito, uma mesma palavra pode designar coisas diferentes em frases ou situações diferentes (por exemplo, a própria palavra representação), e um mesmo objeto ou uma mesma pessoa pode ser designado por palavras hierarquicamente diferentes. Essas duas objeções podem ser levantadas por implementações conexionistas, uma do contexto semântico por intermédio de interações laterais, outra do encadeamento hierárquico de conceitos por meio de conexões verticais.

Esse primeiro esboço de uma teoria da representação permite, portanto, conceber uma implementação em termos conexionistas da "função de indicação" por um processo de seleção de pré-representações. Todavia, nem toda representação possui o *status* de conhecimento. A noção de *conhecimento* inscreve-se no contexto das representações sociais de ordem elevada e das modalidades de sua avaliação. A atribuição do *status* de "conhecimento" a uma representação social será abordada ulteriormente.

CAPÍTULO 2 A evolução cultural*

A palavra *cultura* é um empréstimo do latim *cultura,* que, em francês antigo, resulta em *colture,* depois *couture,* e em certos nomes próprios como Couture ou Lacouture. *Colture* (1150), tornado cultura, designa o campo trabalhado, a terra cultivada, depois a ação de fazer com que um vegetal ou um micro-organismo se desenvolvam. É a ideia, retomada do latim, de educar o espírito, de venerar e, posteriormente, no século XVI, de definir o desenvolvimento das faculdades intelectuais por meio de exercícios apropriados que nos importa aqui.

No século XVIII, aparece uma primeira clivagem. Kant utiliza a palavra *Kultur* no sentido de "civilização" considerada em seus caracteres intelectuais, o que implica uma hierarquia (dos civilizados sobre os não civilizados). Por sua vez, os antropólogos do século XX, com Malinowski e, depois, Mauss, designam com a palavra *culture* (em inglês) o conjunto das formas adquiridas de comportamento nas sociedades humanas. Uma segunda clivagem é produzida então, clivagem profunda, entre o *cultural,* o sociológico, o adquirido, e o *natural,* o biológico, o inato. Aparentemente clara, essa distinção acarreta, levando em consideração o progresso das neurociências, uma grave confusão, frequente no mundo

---
* Curso do ano de 1997.

das ciências humanas, que opõe a aquisição cultural, o "espiritual", ao neurobiológico, geneticamente determinado e "material". De fato, os dados atuais das neurociências bastam para afirmar que toda representação cultural é inicialmente produzida sob a forma de representações mentais cuja identidade neural original é clara, em particular quando se trata de uma interação com o mundo exterior. Nessas condições, o cultural sociológico faz amplamente parte do neurobiológico adquirido. O termo "neurocultural" parece legítimo sem pressupor um inatismo qualquer.

Modelos de sociedade e teorias éticas

Nenhuma reflexão científica sobre a origem das regras morais pode separá-las das teorias do conhecimento, bem como das teorias da sociedade. Entretanto, a tradição ocidental ainda está amplamente dominada, mesmo que de maneira implícita, pelo modo de pensamento platônico que dissocia o mundo "celeste" das Ideias do mundo "terrestre" da vida dos homens. Lembremos que, para Platão, o homem, "de acordo com a natureza", "solta o freio para todos os desejos": ele acede à moral apenas quando se remete à ideia do Bem, por meio do mundo inteligível que liga a alma humana às essências eternas. Esse esquema essencialista, que se encontra igualmente nas religiões do Livro, tem o grave defeito, ao menos no plano heurístico, de bloquear toda investigação sobre a origem das regras morais no contexto da evolução biológica e da evolução cultural que a prolonga. Inversamente, o paradigma "naturalista" permite fazer com que essa reflexão se beneficie dos conhecimentos científicos adquiridos no domínio das ciências da vida, do homem e da sociedade. Ele libera definitivamente a investigação sobre as origens da ética das múltiplas travas ideológicas que a sufocaram durante séculos.

A distinção feita pela filosofia clássica, por Hume em particular, entre "aquilo que é" (*is*) e "aquilo que deve ser" (*ought to be*) merece ser reconsiderada. De maneira paradoxal, o próprio Hume pensava que a gênese da obrigação moral, das "virtudes artificiais", se confundia com a história natural das sociedades humanas. Hoje, os fatos científicos e a reflexão sobre a elaboração das normas morais encontram-se no nível da biologia evolucionista, das neurociências, da psicologia cognitiva, da evolução cultural e da história do pensamento. De modo que parece legítimo conceber uma autêntica "ciência do normativo" que integre esses diferentes aspectos do problema em um contexto evolucionista e neurocultural.

A história das filosofias morais pode dar a sua contribuição para essa empreitada de uma maneira positiva. Como sugere Paul Ricoeur, "uma ontologia continua a ser possível em nossos dias na medida em que as filosofias do passado permanecem abertas a reinterpretações e reapropriações". Para o cientista voltado para a neurociência cognitiva, uma das reapropriações possíveis é considerar essas filosofias "representações" do homem e da sociedade produzidas ao longo da história pelo cérebro dos filósofos. Investigar seus traços invariantes, definir sua complementaridade, identificar os limites de sua variabilidade de uma maneira trans-histórica levam não a uma anedótica "frenologia das teses filosóficas", mas a uma investigação, que se pode qualificar de *eclética,* dos autênticos "fundamentos naturais" da ética — o cérebro dos filósofos e dos cientistas e suas produções fazendo parte do mundo da natureza, da evolução biológica dos ancestrais do homem, da experiência individual, da história das sociedades humanas.

Na França, a metáfora biológica tem má reputação nas ciências humanas e sociais, sem dúvida porque lembra graves desvios ideológicos e políticos de exclusões realizadas de modo ultrajante em seu nome. Contrariamente a um preconceito muito difundido, não se trata, em nenhum caso, de reduzir o homem social a um autômato geneticamente determinado, aculturado, sem história e desnudado de toda simpatia e compaixão; muito pelo contrário. De início, no quadro de um mundo *fixo*, o dos filósofos da Antiguidade, o modelo do organismo biológico vai nos ajudar a descobrir um primeiro conjunto de dispositivos cognitivos: os sentimentos morais, a avaliação racional das ações e o processo de estabelecimento de uma normatividade social elementar. Em um segundo momento, o de um mundo em *desenvolvimento*, o modelo do organismo biológico nos permitirá associar epigênese, evolução cultural e progresso social. Na ótica de um mundo submetido a um *evolucionismo* generalizado, a extensão pertinente do modelo naturalista deveria, enfim, fazer emergir as premissas de uma possível teoria científica da normatividade moral.

A vida social

A vida em sociedade não é exclusiva do homem. Pelo contrário, existem numerosas espécies animais nas quais coletividades de indivíduos se formam, trocam estímulos específicos e estabelecem laços de cooperação entre si — em outros termos, formam sociedades. A vida social surgiu de maneira repetida e independente ao longo da evolução das espécies (polifiletismo), segundo modalidades precisas que diferem de um grupo para outro. De modo geral, a diferenciação social é mais pronunciada entre os invertebrados do que entre os vertebrados e manifesta-se, em particular, pelo polimorfismo das castas.

Entre os vertebrados, que nos interessam aqui, numerosas condutas antissociais (vida familiar, agressividade...) coexistem com condutas "altruístas". Certas condutas sociais são próprias à espécie e submetidas a um determinismo genético. Sua análise nos insetos e sua generalização para outros grupos sociais, para o homem em particular, levaram Edward O. Wilson a formular uma teoria chamada sociobiologia, que relaciona toda conduta social com a propagação, em uma população em evolução, de ou dos genes que a determinam. Essa teoria suscitou numerosas críticas. Wilson ou Dawkins, por exemplo, chegaram a atribuir aos genes uma "intencionalidade" que lembra as teses de Aristóteles... Ademais, muitas condutas sociais no homem são adquiridas e encontram-se ligadas a processos de epigênese. São, portanto, suscetíveis de evoluir sem que o patrimônio genético mude de maneira significativa.

Em uma mesma cultura, "representações" são transmitidas de cérebro para cérebro. Entre elas, as crenças têm um papel importante, pois são propagadas como verdades a despeito do fato de constituírem uma "provocação contra o senso comum racional" (Sperber) e, por certo, contra os dados da ciência. Não obstante, essas crenças mantêm-se e mesmo ampliam-se, a despeito de graves conflitos, como se, em média, os humanos se ativessem mais às particularidades culturais de suas crenças do que aos dados universais da ciência. Nesse contexto, parece legítimo sugerir uma evolução "darwiniana" das representações mentais nas das coletividades humanas (Dawkins, 1976; Lumsden e Wilson, 1981; Cavalli-Sforza e Feldman, 1981; Sperber, 1984; Changeux, 1984). Essas unidades transmissíveis ("memes", mentefatos ou cultura-genes) seriam capazes de replicação, e, desse modo, poderiam ser transmitidas (de geração a geração) e propagadas (no âmbito geográfico). Um ponto positivo dessa teoria é a definição das condições de adoção ou rejeição, isto é, de seleção das representações públicas pelo cérebro dos indivíduos do grupo social. Certos tipos de representação poderiam, por determinados traços genéticos, apresentar um caráter "neutro", como o supõem as teorias recentes da evolução das espécies (Kimura), o que daria conta da diversidade epigenética de muitos processos sociais e, em particular, do relativismo das crenças e das regras éticas.

A partir desse contexto, pode-se empreender uma reflexão sobre as bases naturais da ética. Nada impede que sejam sugeridas bases neurais compatíveis com as teorias de Rawls. Pode-se mesmo conceber o desenvolvimento de uma ética natural sobre tais princípios. Ela iria se basear em um "equilíbrio reflexivo" entre racionalidades individuais, o qual se desenvolveria em populações de cérebros e levaria à elaboração de princípios éticos *a posteriori* com base em uma coerência interna e em uma maior objetividade. Tal concepção da ética exige uma crítica racional incessante das normas (em particular das crenças e das ideologias) e sua revisão regular para legitimar novas formas de conduta social.

Compreensão social e teoria da mente

A *regra de ouro* das condutas morais é comum à maior parte das tradições filosóficas e religiosas e pode servir de exemplo típico de intervenção da compreensão social na vida das sociedades humanas. Na tradição chinesa, ela se apresenta ao mesmo tempo de uma forma *negativa* com Confúcio (551-479 a.C.) (figura 2): "o que não desejais que vos seja

O VERDADEIRO, O BELO E O BEM

FIGURA 2 – Retrato de Confúcio ensinando a seus discípulos

*Confúcio (551-479 a.C.), sábio chinês, contemporâneo de Buda e Heráclito, a quem é creditada a primeira formulação da regra de ouro sob sua forma negativa "o que não gostarias que te fosse feito, não inflijas aos outros" (*Conversações *XV, 23). Sua visão ética, tornar-se um "homem de bem", é "aprender a fazer de si mesmo um ser humano" pelo* ren *ou mansuetude: "extrai de ti mesmo a ideia daquilo que podes fazer para os outros" (VI, 28). O pensamento de Confúcio, que seduziu os filósofos iluministas, é particularmente atual: ele não se baseia em nenhuma referência a uma origem divina, mas enraíza-se em nossa humanidade com sua dimensão afetiva e emocional e sua relação de reciprocidade. Em outro plano, a visão política do confucionismo foi objeto de críticas por seu conservadorismo institucional.*

feito, não façais ao outro"; e de uma forma *positiva* com Mo Tseu ou Mencius (371-289 a.C.): "quem ama o outro será amado por sua vez; quem ajuda o outro será ajudado por sua vez". No Ocidente, a forma negativa encontra-se mais tarde em Hillel, o mestre judeu de São Paulo, no Talmude da Babilônia: "não faças ao teu próximo o que detestarias que te fosse feito", e a forma positiva no Evangelho: "o que gostaríeis que os homens fizessem por vós, fazei igualmente para eles" (Lucas 6,31), ou ainda: "amarás teu próximo como a ti mesmo" (Mateus 22,39). Essa regra exprime uma norma de reciprocidade no grupo social, baseada na compreensão de si mesmo diante do outro. Não obstante, ela manifesta uma dissimetria inicial entre os protagonistas da ação, um em posição de agente (o bom samaritano), o outro de paciente (o ferido à beira do caminho), e define a atividade que liga o agente ao paciente. Paul Ricoeur sublinha o interesse das formulações negativas que respeitem o outro, evitando o recurso à violência e dando lugar a uma maior liberdade na definição da ação apropriada perante o outro: invenção moral (Ricoeur) ou inovação ética (Changeux).

Em um texto célebre, Premack e Woodruff (1978) questionaram-se se essa capacidade de interpretar o comportamento de si e dos outros em termos de inferências a partir dos estados mentais alheios (desejos, intenções, crenças, conhecimentos) era ou não exclusivo do homem. Um chimpanzé possui, por exemplo, uma "teoria da mente"? (*"Does the chimpanze have a theory of mind?"*). De acordo com eles, a palavra *teoria* justifica-se na medida em que os estados mentais do *outro* não são diretamente observáveis pelo sujeito e devem ser representados de forma hipotética ou teórica para fazer predições sobre o comportamento dos outros. O termo *atribuição* é não obstante algumas vezes preferido.

Barresi e Moore (1996) situam esse problema da teoria da mente em um quadro evolucionista e hierárquico das relações intencionais dirigidas para objetos reais ou imaginários suscetíveis de intervir na compreensão social. Eles distinguem quatro níveis de representação das relações intencionais baseadas na distinção entre representação das perspectivas de si e do outro, sejam elas reais ou imaginárias.

O nível 1: concerne organismos que dispõem de capacidade de antecipação, distinguem eles mesmos e o outro, mas de maneira totalmente *independente*, sem compreender eventuais similaridades entre os dois. Eles não são capazes nem de imitar nem de partilhar. É o caso, por exemplo, dos ratos, que estão sujeitos ao condicionamento pavloviano clássico ou instrumental que faz intervir antecipação e reforço, mas que não desenvolve nenhuma vida social coordenada.

O nível 2: é aquele de numerosos organismos capazes de *partilhar representações de si e do outro*, mas "no presente" e sem compreensão mútua. A partilha de atividades comuns, com informação mútua, vai da formação de cardumes de peixes ou hordas de mamíferos ao agrupamento coletivo de rãs ou sapos, à polifonia dos uivos dos lobos, aos sistemas de comunicação por gritos dos cercopitecos etíopes (*vervet monkey*). Cheney e Seyfarth (1990), de fato, distinguiram nesses símios vários gritos de alarme que exprimem diferentes tipos de medo, ao avistarem um leopardo, uma águia ou uma serpente, acarretando respostas sincronizadas diferentes: subir nas árvores (leopardo), olhar para o céu (águia), olhar para baixo (serpente), sem que exista qualquer verificação da resposta coletiva ou alguma pedagogia para o jovem. O cercopitecos entregam-se a um modo de comunicação muito elaborado entre membros do grupo por intermédio de "grunhidos" (*grunts*). Estes são dirigidos de um subordinado a um dominante, mas igualmente de um dominante a um dominado e de um grupo a outro. Eles podem dar lugar a uma resposta com outro grunhido ou com uma mudança de orientação do olhar, como se uma "conversação" tivesse lugar. Não obstante, nesse nível ainda rudimentar não se manifestam nem imitação nem reconhecimento em um espelho, nem empatia nem simpatia. Ainda não há acesso à capacidade de se comparar ao outro e à compreensão das relações que resultam disso.

O nível 3 do reconhecimento de si: com a capacidade de *imitação inteligente* (distinta da repetição do papagaio) aparece um dispositivo de interpretação das relações intencionais de si e do outro em um sistema conceitual comum com a representação imaginada de si ou do outro como agente intencional. Para Premack, e também para de Waal, os chimpanzés em cativeiro são capazes, por exemplo, de compreender o objetivo perseguido por outro chimpanzé, de imitá-lo ou de contrariá-lo. São também capazes, como os cetáceos, de assistência mútua quando um deles está ferido; mostram solicitude para com jovens deficientes e, de maneira geral, dão prova de "simpatia" (de Waal). Os bonobos, notadamente, também chamados de chimpanzés-pigmeus, tornaram-se célebres por sua vida afetiva e sexual intensa e por sua aptidão para reconciliarem-se depois de incidentes violentos, na maioria das vezes desencadeados por um episódio sexual. Os chimpanzés passam, além disso, no teste do espelho (figura 3): eles podem observar durante horas a mancha de tinta colocada sem que soubessem em sua fronte ou em sua orelha. Reconhecem-se mesmo diante de um espelho deformador e após a multiplicação da imagem. Os chimpanzés formam portanto uma representação figurada, um conceito de si mesmos.

O *nível 4*: é talvez atingido por esses chimpanzés na medida em que representam sob forma figurada — em outros termos, conceitualizam — as relações intencionais dos outros e seus enfrentamentos diretos com o outro. Como os humanos, chimpanzés e bonobos são capazes de introspecção e atribuição de seu estado mental aos seus congêneres, assim como aos humanos. Para de Waal, os chimpanzés seriam capazes de enganar e acederiam a uma autêntica teoria da mente, o que Barresi e Moore contestam, considerando que ela é exclusiva dos humanos.

No homem, a compreensão social desenvolve-se em várias etapas sucessivas: no fim do primeiro ano, suas capacidades cognitivas situam-se no nível 2, precedentemente definido; durante o segundo ano, a criança acede ao nível 3; ao longo do quarto ano, dispõe da teoria da mente.

A partir do segundo mês (e talvez mesmo mais cedo), uma comunicação recíproca é estabelecida entre a mãe e seu pequeno, e, no final do primeiro ano, uma coordenação dos olhares é produzida entre a criança e as pessoas próximas. Ela se comunica com gestos e aponta com as mãos objetos ou situações de maneira protodeclarativa. Sabe usar uma informação visual e auditiva. Enfim, torna-se capaz de representar relações intencionais entre primeira e terceira pessoas: o homem acede ao nível 2.

Figura 3 – Um jovem chimpanzé brinca com o reflexo de seu rosto batendo na água com a mão

O chimpanzé é capaz de distinguir sua própria imagem da de um congênere, mas possui uma capacidade de atribuição limitada se comparada à do homem (Frans de Waal, 1989).

Ao longo do segundo ano, a criança parte em busca de objetos ocultos, efetua imitações diferenciadas, brinca de fazer de conta, utiliza a linguagem e faz referência a representações memorizadas para interpretar e responder a eventos perceptivos. Ela recorre à imaginação para comparar objetos passados e realidade atual. Reconhece-se em um espelho (como fazem os chimpanzés adultos). Os bebês de menos de 18 meses percebem o sofrimento de outro bebê e passam a chorar com ele (nível

2). Para além dessa idade, eles mudam de comportamento e manifestam sinais de reconforto diante do bebê aflito: um "descentramento" (Piaget, Kohlberg) se produz. O bebê compreende que os sentimentos dos outros podem diferir dos seus e que sua atitude pode modificá-los. Ele "imagina" os estados mentais do outro para agir sobre eles (nível 3). Como Baldwin reconhecia desde 1894, a compreensão de si desenvolve-se em paralelo com a compreensão, imaginada, mas real, do outro. Uma relação evidente é estabelecida entre conhecimento de si e empatia-simpatia.

Os Premack (1995) mostraram, com a ajuda de um elegante dispositivo de videoanimação (figura 4), que as crianças de 10 meses ou mais atribuem intenções, objetivos de algum modo "humanos", a objetos autopropulsivos de extrema simplicidade (bolas de cores diferentes). Um toque "acariciador" é decodificado positivamente pelo bebê, um choque violento o é negativamente. A "ajuda" de um objeto intencional a outro, por exemplo, para escapar do confinamento, é avaliada de maneira positiva; impedi-lo de escapar, de maneira negativa. Um bebê decodifica positivamente a "liberdade" do objeto que sai de um esconderijo. Ele atribui uma "causa interna" aos objetos intencionais e aprecia a *reciprocidade* de um gesto positivo (se A acaricia B, espera-se que B aja positivamente em relação a A). Ele aprecia mais uma bola que pula bastante em relação a uma bola que pula pouco. A criança muito nova possui espontaneamente um sistema de valores morais que valoriza cooperação e simpatia e mesmo preferências estéticas, distintas dos valores morais.

A partir de 24 meses, uma criança torna-se capaz de atribuir crenças aos objetos intencionais, que, para elas, veem, querem, creem. Aos 4 anos, ela acede à teoria da mente. Para Wimmer e Posner (1983), o teste decisivo é o da falsa crença. A criança chega a distinguir, na imaginação, a situação na qual outra criança não possui os conhecimentos apropriados para uma situação nova, sabendo-se ela mesma informada de todas essas situações. Ela compara, na imaginação, uma dupla representação: a dos conhecimentos do outro à dos conhecimentos que ela possui (nível 4).

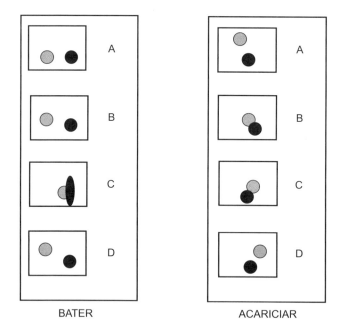

FIGURA 4 – Teste utilizado pelos Premack para avaliar empatia e simpatia na criança

Objetos autopropulsivos e intencionais engendrados no computador para avaliar empatia e simpatia na criança. O bebê decodifica positivamente a carícia e a ajuda, bem como a reciprocidade, e negativamente o entrave e o gesto maldoso (apud David e Ann Premack, 2003).

As crianças autistas apresentam graves problemas cognitivos de desenvolvimento que afetam a comunicação social e o contato afetivo, a empatia e a simpatia. De acordo com a equipe inglesa de Leslie, Frith e Baron-Cohen, os autistas não possuiriam uma teoria da mente. Não conseguiriam inferir informações na primeira e na terceira pessoa e se encontrariam reduzidos ao nível 1.

Foram efetuadas diversas tentativas para identificar os correlatos cerebrais da teoria da mente por imagem cerebral (tomografia por emissão de pósitrons, ressonância magnética funcional) (figura 5). Fundamentados em testes psicológicos baseados no reconhecimento de termos que especificam estados mentais definidos, Baron-Cohen e seus colaboradores (1994) relataram um crescimento de atividade do córtex pré-frontal orbital mediano *direito*. Goel e sua equipe (1995) submeteram seus sujeitos a testes de conhecimento sobre o homem do século XX na Europa e suas motivações; eles observavam, nessas condições, uma ativação seletiva do córtex pré-frontal mediano e lateral *esquerdo*. Em ambos os casos, a despeito de diferenças, o *córtex pré-frontal* encontra-se diretamente relacionado com a teoria da mente. O resultado era esperado, pois se trata da parte mais recente do encéfalo humano.

O *inibidor de violência* faz parte de um mecanismo cognitivo de comunicação não verbal, descoberto por Lorenz (1996) e Eibl-Eibesfeldt (1970) no animal. A vítima produz sinais, por exemplo, de submissão (mostrando o pescoço, no caso do cão) que levam à interrupção do comportamento de ataque no agressor. Blair (1995) estendeu esse conceito à criança sob a forma de um modelo de desenvolvimento do senso moral. Entre 4 e 7 anos, a criança torna-se sensível à expressão triste do rosto, aos gritos e aos choros daquele que ela agride, e cessa então todo ato violento. Intervém aquilo que se pode chamar de emoções morais: empatia, simpatia, culpabilidade, remorso. Há inibição da passagem ao ato. Enquanto o autismo parece resultar de uma alteração seletiva da teoria da mente, as crianças psicopatas apresentariam, de acordo com Blair, um déficit seletivo do inibidor de violência. De acordo com esse ponto de vista, a criança psicopata não mostra nenhuma reação emocional à aflição do outro; é violenta e agressiva sem remorso nem culpa, ainda que saiba que causa sofrimento (teoria da mente intacta). Diversos pesquisadores (Eysenck, 1964; Trasler, 1978) propuseram uma teoria do desenvolvimento da moralidade baseada na punição. Nessa perspectiva, o medo da punição consecutiva à transgressão dos interditos morais condiciona a criança a seguir uma conduta moral. Os trabalhos de Blair vão no sentido de uma economia dessa hipótese, favorecendo o modelo de uma entrada em atividade *espontânea* do inibidor de violência ao longo do desenvolvimento.

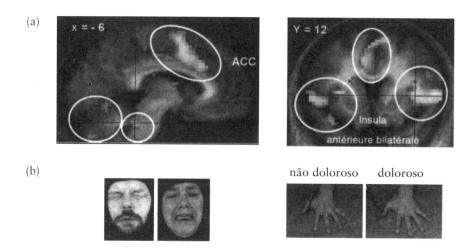

FIGURA 5 – Ressonância magnética funcional da avaliação da dor sofrida por si e pelo outro

Imagens cerebrais de um casal homem-mulher que têm relações pessoais excelentes são comparadas quando um estímulo elétrico é aplicado a ela ou ao parceiro. A figura (a) representa a superposição importante existente entre as duas séries de imagens, o que sublinha nossa capacidade de partilhar as emoções do outro (CCA: córtex cingular anterior). A figura (b) apresenta exemplos de rostos sofredores e situações dolorosas ou não (Hein e Singer, 2008).

O psicólogo Elliot Turiel realizou um trabalho fundamental sobre o raciocínio moral e social das crianças e adolescentes que demonstra que elas distinguem os julgamentos de necessidade moral, obrigatórios e não contingentes, dos que se referem às convenções sociais, facultativos e contingentes. Sua investigação envolve crianças que pertencem a duas comunidades religiosas "fundamentalistas" distintas: amish menonitas e judeus ortodoxos conservadores. Questões precisas lhes foram colocadas sobre regras de conduta que dizem respeito ao dia do culto, ao batismo, à obrigação das mulheres (ou dos homens) de cobrir a cabeça, à observância de ritos alimentares. A maioria das crianças das duas comunidades julgou inaceitável transgredir as regras morais propriamente ditas (tanto em sua comunidade como na outra), mesmo que elas não façam parte das regras "de origem divina". Em compensação, aceitavam amplamente que as crianças de uma outra religião cometessem atos contrários às suas próprias práticas religiosas: admitiam até mesmo que suas próprias regras relativas à prece ou à alimentação pudessem não ser seguidas se não tivessem sido previamente "dadas por Deus". As crianças distinguiam, portanto, inequivocamente desde os 39 meses:

As regras morais propriamente ditas, julgadas obrigatórias, concernentes a conceitos de felicidade, justiça e direitos, e baseadas na honestidade e na ideia de evitar fazer o mal;

As regras convencionais julgadas não generalizáveis e contingentes, mesmo que dependam de uma pretensa "palavra de Deus", e que são baseadas nas regularidades da organização social.

Modelos da vida social e evolução das teorias morais

Os sentimentos morais: da Antiguidade a Nietzsche

Na história do pensamento ocidental, os primeiros modelos de vida social propostos de forma escrita, desde a Antiguidade greco-romana, dizem respeito a um mundo fixo e estável cujo funcionamento harmonioso se trata de assegurar.

Assim, para Aristóteles, a "cidade" (*polis*) é uma realidade natural e o homem é "um animal político por natureza". A reunião de várias vilas constitui a cidade, que tem a faculdade de ser autossuficiente, sendo organizada não somente para conservar a existência mas também para prover o *bem-estar*. De acordo com o filósofo, o homem é "mais social do que as abelhas e outros animais que vivem em conjunto" (o que se sabe hoje ser inexato). Animal cívico, ele tem o "sentimento obscuro" do bem e do mal, do útil e do prejudicial, do justo e do injusto com, ademais, o "comércio da palavra". A cidade é um todo, "como um organismo vivo": os indivíduos são apenas as partes integrantes da cidade, completamente subordinadas ao corpo inteiro; sozinhos, não bastam a si mesmos. Na cidade, a natureza humana explicita todas as suas virtualidades e o homem se regozija pelo "bem viver", pela "vida boa" (Paul Ricoeur). Os homens que a compõem podem diferir entre si, mas têm igual acesso ao poder: o sistema é equânime. O laço das cidades é a *amizade*. Ainda que discutível, essa amizade poderia confundir-se com o que é chamado — depois de Bowlby e da etologia humana — de apego ou ainda de laço social. É a primeira formulação em termos psicológicos da sociabilidade que requer uma reciprocidade ativa. Aristóteles distingue, de fato, três amizades cujas aspirações são, respectivamente, *o prazer*, o conforto proporcionado para si; *a utilidade*, o interesse próprio; *a bondade,* a virtude partilhada sob a forma de uma "comunhão mútua profunda".

Certo "otimismo ético" é desdobramento de uma "excelência ética" resultante da educação e da aprendizagem. Suas virtudes são: a *justa medida* e a *prudência*, que, no mundo "sublunar" contingente e arriscado, instável e irregular no qual vivemos, parecem necessárias para desempenhar a ação "que conta". A posteridade de Aristóteles foi considerável no Ocidente, uma vez que notadamente inspirou Tomás de Aquino e a tradição cristã medieval. "O amor desinteressado" do cristão é assimilado à amizade aristotélica e a caridade à espécie mais eminente de amizade. Lembremos, todavia, que, como Platão, Aristóteles aceitava a escravidão.

Por volta de 300 a.C., com Zenão e Crisipo, os estoicos desenvolvem uma filosofia moral baseada em uma física que considera corpóreo tudo que tem uma realidade. Deus e a alma humana, as virtudes e as paixões são corpos, e o homem encarna o universo. Essa teoria, que se aproxima do monismo materialista, difere dele porquanto os corpos aos quais faz referência são "animados de forças" e não simplesmente "colocados em movimento" como nos atomistas; tal como em Aristóteles, existe ainda um finalismo "metafísico" da natureza.

Sua teoria, empirista, do conhecimento sobre a "representação" (*phantasia*), que é "marca" do representado e sua ética, apoia-se em uma "simpatia universal" das coisas e dos seres (*sympatheia, naturae contagio, consensus naturae*), ainda impregnada de metafísica. O sábio estoico sabe manter-se em simpatia com o universo, viver em acordo com a natureza, buscando identificar sua harmonia interior com a do mundo; não é simplesmente cidadão de Atenas, mas cidadão do mundo, e milita para uma fraternidade universal. O ser moral vive em acordo com a natureza e o bem é "proveitoso, necessário, vantajoso, cômodo, prático, belo, útil, desejável e justo...". As paixões estão "à margem da natureza" enquanto "movimentos desarrazoados da alma", mas estão em nosso poder: reconhecendo-as, podemos nos livrar delas pela razão.

Os estoicos definem de algum modo um processo de *autoavaliação* cognitiva. As condutas *convenientes* são conformes à razão, mas uma razão universal, ela mesma presente na natureza e, de início, para o neurobiologista, no cérebro do homem.

Supõe-se que o estoicismo tenha tido uma influência importante no desenvolvimento do cristianismo por sua doutrina universalista, sem distinção de nível ou raça, por seu ideal social de felicidade coletiva com perdão das ofensas e, de algum modo, pela "naturalização" de Deus que se substantifica em Jesus, homem ideal. Ele retornará, aliás, com força no Renascimento (Montaigne, Poussin) e na Revolução Francesa (Robespierre).

Com o Iluminismo escocês do século XVIII, ressurge uma concepção aristotélica otimista da natureza humana. Em 1725, Francis Hutcheson desenvolve uma doutrina do "senso moral" segundo a qual o homem possui uma tendência inata à "benevolência universal", resposta instintiva, instantânea, não racional, à infelicidade alheia. Existiria uma propensão universal e "irresistível" da humanidade à compaixão. Por seu lado, David Hume fala de "sentimento moral", o qual exprime as reações emocionais daqueles que julgam: experimentamos o caráter virtuoso de uma ação, "tingimos e douramos os objetos naturais com as cores de nossos sentimentos, efetuando assim uma espécie de criação". Em outros termos, na expressão das emoções, o cérebro adota um estilo de funcionamento projetivo (Changeux, Berthoz). Em sua obra *Teoria dos sentimentos morais* (1759), Adam Smith faz com que o mundo social e moral se apoie na "simpatia", princípio mais poderoso que a benevolência de Hutcheson, pois recorre à imaginação. Ele a define assim: "trata-se da faculdade que temos de nos colocar, pela imaginação, no lugar dos outros, o que nos torna capazes de conceber o que eles sentem e de sermos afetados por isso". Ao fazê-lo, Smith antecipa de algum modo os trabalhos contemporâneos de neurociências cognitivas acerca das emoções, da teoria da mente e do inibidor de violência. Nessas condições, o processo normativo corresponderia a uma fixação progressiva das regras da moral e resultaria de experiências repetidas de aprovação e desaprovação com base na simpatia.

Mais próximo de nós, Nietzsche adota igualmente uma posição antirracionalista. Ele reduz a ética ao jogo dos *afetos* que são múltiplos e "jazem sob cada pensamento", e antecipa, assim, a noção de "marcador somático" não consciente do neuropsicólogo António Damásio. Os afetos compõem um tipo de "linguagem simbólica" na qual o sentimento de medo seria o componente mais importante. O temor é a mãe da moral e manifesta-se diante do mal, que, para Nietzsche, se identifica com o acaso, a incerteza, o repentino. A cultura representa uma diminuição do temor diante do acaso, da incerteza, do repentino. Adquirir cultura é aprender a calcular, a pensar causalmente, a prevenir. Resulta disso a "vontade de poder" que Nietzsche classifica entre os afetos. Desse modo, a moral possui um caráter evolutivo. A obediência aos costumes é traduzida por uma hereditariedade da tradição, de geração em geração. A aquisição das regras morais torna-se um processo de "adestramento". Nietzsche situa-se na posteridade de Aristóteles pela prioridade que concede aos afetos no julgamento moral. A não ser que as bases do sentimento de medo (Panksepp) difiram radicalmente nos planos neural, psicológico e, certamente, social, das bases da amizade ou da simpatia...

O modelo racionalista e o contrato social

O mais antigo modelo ético naturalista conhecido é oriundo da filosofia dos atomistas pré-socráticos Leucipo e Demócrito, retomado em seguida por Epicuro. O mundo, em sua integralidade, compõe-se de átomos (indestrutíveis, eternos, em número infinito) e de vazio (no qual recaem). A própria alma humana é um corpo material composto de "partes sutis", de "átomos psíquicos" "finos, polidos e redondos". A humanidade compõe-se de indivíduos cujas ações têm por fim último atingir a felicidade pelo prazer individual, bem principal e inato, "o começo e o fim da vida humana". Não obstante, nem todo prazer deve ser buscado, e existe uma hierarquia dos desejos: importa distinguir os desejos naturais e necessários (a bebida que mata a sede, a supressão da dor), os desejos naturais mas não necessários (as iguarias delicadas que fazem variar o prazer), os desejos não naturais nem necessários (as honras, a glória, a riqueza, as mulheres [ou os homens]) que devem ser erradicados. O prazer caracteriza-se pela ausência de sofrimento do corpo e de "perturbações da alma". A tranquilidade da alma é atingida pelo "estudo da natureza", o conhecimento das causas que atemorizam o homem e acarretam a morte. A amizade certamente existe, sendo mesmo "a maior felicidade de nossa vida", mas fora das massas. Na sociedade como um todo, há necessidade de uma *justiça*. Nessas condições, o homem cria *regras*, instituições, aceitas por todos, constitutivas de uma "cultura" no sentido dado pela antropologia moderna. Para Epicuro, "o direito natural é uma convenção utilitária feita com vistas a evitar o prejuízo mútuo": "a justiça não existe em si mesma, é um contrato concluído entre sociedades, não importa em qual lugar e não importa em qual época". Existe um relativismo das leis e das modalidades da justiça, o que não elimina a necessidade de um *contrato social* para regulamentar, harmonizar a vida social e as interações entre indivíduos que continuam na busca de seu prazer pessoal. O modelo epicurista de ética é um modelo minimalista de regulação da vida social.

Hobbes (1588-1679) faz um percurso similar, mas no contexto conturbado das guerras que pesam sobre a Inglaterra no início do século XVII. A clivagem entre o "natural" e o "artifício cultural" do normativo é ainda mais clara nele. Para Hobbes, o estado natural dos homens não é tanto a busca individual do prazer quanto "a guerra perpétua, a guerra de todos contra todos": "o homem é o lobo do homem". Os *instintos de vida*, ou antes, de sobrevivência (defesa, ataque, desejo de dominação, paixões de ódio e inveja) constituem o *direito natural*; de modo oposto, a *faculdade de pensar*, a "direta-razão", nos incita a superar esse estado de guerra por meio da elaboração de uma *lei natural* na forma de um pacto de não agressão: esse "pacto social" corresponde ao abandono do direito natural pelo povo em proveito do poder soberano do príncipe e da constituição de uma sociedade civil. A sociedade seria, nessas condições, uma criação puramente artificial do homem, que possui para isso um sistema de comunicação eficaz: a linguagem. Aos olhos de Hobbes, o homem é um animal mais complexo do que os outros pois é dotado de linguagem, e é isso que lhe permite criar o pacto, o engajamento, constituir a sociedade civil e suas regras de ética.

Rousseau (1712-1778) retoma a tese do contrato social, mas em um quadro muito diferente. No estado natural, o homem não é o lobo do homem; pelo contrário, é movido por desejos simples, em harmonia com o mundo físico. Animado pelo instinto, e não pela razão, ele está em um estado de inocência, nem moral nem imoral, com germens de sociabilidade. O contrato social entre o povo e ele mesmo faz com que o homem saia desse estado de natureza. Pela educação, ele faz da criança um cidadão, que respeita a lei civil desejada pela vontade geral e, desse modo, soberana.

Jeremy Bentham (1748-1832), John Stuart Mill (1806-1875) e os *utilitaristas* situam-se no quadro de um epicurismo racional que coloca como valor único o *welfare* (bem-estar) do maior número na forma de prazer (hedonismo de Bentham), de felicidade imediata (Stuart Mill) ou de felicidade ideal, desinteressada (G.E. Moore). Para Bentham, existe uma aritmética moral, um "cálculo da felicidade" que cada um faz consigo a fim de maximizar suas satisfações e minimizar suas dores. O imperativo moral torna-se "a maior felicidade para o maior número" e baseia-se na avaliação racional da ação moral apenas no nível das suas consequências, sem intervenção de outro critério *a priori*. Mill prolonga esse percurso utilitarista por meio de uma psicologia associacionista inspirada em Hume. A aplicação da lei da associação das ideias (por semelhança, contiguidade, contraste) às ciências morais lhe permite pensar que a "consciência" se constitui na sequência de processos associativos, pela *combinação* de motivações utilitárias e sentimentos morais. A ideia pode eventualmente ser defendida uma vez que identificarmos consciência como consciência moral. Todavia, parece difícil aceitar que "o espaço consciente" do cérebro do homem, cujas características estruturais e funcionais são próprias da espécie, possa simplesmente emergir de processos de associação.

Immanuel Kant (1724-1804) opõe à ética empirista da simpatia e da utilidade uma ética racional baseada na *consciência do dever*, propriedade da razão humana, de caráter absoluto e incondicional (imperativo categórico). O dever moral é um fim em si que exprime uma vontade autônoma e razoável. A lei moral é "tu deves ser livre e razoável" e agir *"de tal modo que trates a humanidade*, tanto em tua pessoa quanto na pessoa de qualquer outro, sempre *como um fim e jamais como um meio"*, *"como se a máxima de tua ação devesse ser erigida por tua vontade como lei universal da natureza"*.

De certo modo, Kant reformula o princípio de "simpatia universal" dos estoicos, colocando o respeito à pessoa humana como exigência da razão. Ao fazer isso, ele prepara o terreno para uma futura ética laica, mas tropeça na questão da origem, no homem, do sentimento de dever moral e de seu respeito. Não obstante, ele pressente o conceito de evolução. Em *História universal da natureza e teoria do céu*, de 1755, Kant evoca uma teoria da origem do mundo que recorre a uma nebulosa universal caótica, que se poria a talhar e engendrar galáxias, estrelas, planetas... Todavia, como sublinhará Kropotkine, não há nem imaginação nem audácia para incluir ali os seres vivos e o homem ou para reconhecer, como Diderot já o fizera na época, que a disposição racional fundamental se desenvolveu no cérebro do homem, progressivamente, ao longo da evolução da vida na terra. Ele se perde ao evocar um imaginário "mundo dos anjos" de origem divina...

O modelo da epigênese e o progresso social

A aplicação do conceito de epigênese ao homem em sociedade, com o abandono do modelo de um mundo fixo, ainda presente em Kant, tem uma importância histórica (Canguilhem, 1962). Vejamos seus grandes momentos.

William Harvey (1578-1657), em seu *Exercitationes de generatione animalium* [Experimentos acerca da geração animal], de 1651, observa, de maneira comparativa, o desenvolvimento do ovo da galinha e do útero grávido de um mamífero, e descreve com grande detalhe a transformação do embrião em frango. Ele propõe, ao mesmo tempo, que todo ser vivo provém de um ovo e passa progressivamente por vários estágios morfológicos do ovo ao adulto. Não há pré-formação, mas *epigênese*, como já sugeria Aristóteles com a "entrada" sucessiva no embrião das almas vegetativa, sensitiva e racional. John Locke, em seu *Ensaio sobre o entendimento humano*, de 1700, estende a tese da epigênese ao desenvolvimento da criança. De acordo com ele, a "mente" da criança seria, no nascimento, uma *tabula rasa*, que armazenaria na memória as impressões dos sentidos associados aos signos linguísticos, depois se apresentaria para ela mesma pela imaginação, antes de poder proceder a uma apreensão racional do real.

Bernard de Fontenelle (1657-1757) dá continuidade ao raciocínio ao propor, já em *Diálogo sobre a pluralidade dos mundos* (1686) e no *De l'origine des fables* [Da origem das fábulas] (1690), uma analogia orgânica entre o desenvolvimento da criança e o das sociedades humanas. Os "antigos pagãos" e "selvagens" corresponderiam ao mundo passivo da infância; os "bárbaros" teriam permanecido no estágio da imaginação, da adolescência; os "povos civilizados", enfim, atingiriam a maturidade pelo desenvolvimento da razão. O progresso das sociedades humanas seguiria os progressos do desenvolvimento da criança, sem nenhum limite: "Não haverá fim para o crescimento e o desenvolvimento da sabedoria humana." Essa ideologia do progresso ilimitado de Fontenelle a Condorcet, que se apoia em uma "perfectibilidade infinita do homem", inspirará a Constituição dos Estados Unidos e a Revolução Francesa, depois os "filósofos sociais" como Comte, Spencer e Marx. Todavia, o modelo padrão da epigênese (retornaremos a isso) não conduz a uma teoria científica da evolução.

Em *A ciência nova*, de 1725, Giambattista Vico (1668-1744) propõe uma análise científica da história das civilizações. Ele distingue épocas sucessivas no desenvolvimento das sociedades humanas relacionando-as com o uso da linguagem:

A época divina ou *teocrática*, na qual a vida social se identifica com "atos mudos de religião" que ajudam o homem a resistir aos terrores da natureza; os hieróglifos constituem uma língua muda, e o direito apoia-se na autoridade divina;

A época heroica, que faz uso de linguagem articulada, as fórmulas faladas sucedendo às fórmulas de ação; é a era dos heróis violentos, dos militares, mas também da poesia; o direito heroico é aquele da força, mas com respeito à palavra dada;

A época humana ou *civilizada*, que corresponde ao controle da palavra; o direito de a humanidade razoável desenvolve-se; a igualdade civil "cega" completa-se com a *equidade*; a democracia ou a monarquia esclarecida substituem as aristocracias heroicas.

Vico considera a possibilidade de fracasso da época civilizada, com retorno à barbárie e "repetição da história", como ocorreu, segundo ele, depois da queda do Império Romano. Ele aplica com sucesso a metáfora da epigênese ao desenvolvimento das sociedades humanas, enriquecendo-a com duas novas fontes: a filosofia, "que contempla a verdade pela razão", e a filologia, ciências dos fatos e das línguas. Não obstante, Vico permanece prisioneiro do quadro muito restrito da tese do "desenvolvimento" que corresponde ao emprego de um potencial existente, criado pela Providência divina, e que se distingue de uma autêntica evolução. De acordo com ele, as leis da Providência, que governam o desenvolvimento das sociedades humanas, são universais e eternas; elas se inscrevem no quadro fixista da teologia natural.

A reflexão de Auguste Comte (1798-1857) recorre igualmente à metáfora do desenvolvimento embrionário, mas no contexto de uma filosofia naturalista singular. A história humana realiza as disposições naturais preexistentes do homem. Propriamente falando, não se trata de uma epigênese, pois o desenvolvimento da humanidade, considerada como "organismo coletivo", adota "estados" sucessivos definidos e, de algum modo, predeterminados. Novamente, esses estados correspondem ao desenvolvimento mental do indivíduo, mas diferem sensivelmente daqueles evocados por Fontenelle ou Vico.

No estado teológico ou *fictício*, o espírito humano, em sua infância, busca a origem primeira, ou *fim último*, dos fenômenos. Ele crê encontrá-los nas intenções que animam os objetos ou os seres (fetichismo), na ação dos seres sobrenaturais (politeísmo) ou na ação de um deus criador (monoteísmo). Inclinado ao *antropomorfismo*, ele povoa a natureza de forças ou de deuses cuja ação concebe a partir do modelo da ação humana; o homem persegue as conquistas territoriais e a escravidão dos produtores.

No estado metafísico ou *legalista*, o espírito humano na adolescência substitui os deuses da época teológica por princípios gerais abstratos: a Natureza de Spinoza, o Deus geômetra de Descartes, o Deus calculador de Leibniz, a Matéria de Diderot etc. O espírito desenvolve-se, desprende-se do antropomorfismo (Spinoza), trazendo explicações mais racionais, mas busca sempre a causalidade primeira do mundo; a indústria se desenvolve, a escravidão é progressivamente abolida.

No estado positivo ou *científico e industrial*, o espírito humano torna-se adulto, ou seja, *relativo*. Renuncia às explicações absolutas teológicas ou metafísicas; o modo de pensamento é o das sociedades experimentais; baseia-se nos fatos de observações e exclui todo recurso a princípios metafísicos inúteis; a biologia torna-se uma "física orgânica", a sociologia, uma "física social". A política é doravante concebida e dirigida cientificamente: "o poder espiritual estará nas mãos dos sábios, e o poder temporal pertencerá aos chefes de trabalhos industriais". Reatualizando Adam Smith, Comte funda uma religião da humanidade sobre a simpatia, substituindo "o conceito fictício de Deus pelo positivo de *humanidade*", "grande ser coletivo e socioafetivo" tendo "o amor por princípio, a ordem por base e o progresso por objetivo", com "primado do sentimento sobre o intelecto".

A ciência define as bases de uma nova cultura que leva à elaboração de uma *moral positiva do altruísmo* (a expressão é de Comte) que subordina os instintos egoístas aos instintos simpáticos. A moral é a "sétima ciência", a ciência por excelência, produto da equação "natural + científico e social = moral". Uma educação universal, obrigatória e laica (Jules Ferry, 1882) recorre à inteligência e à sociabilidade ao desenvolver "o espírito positivo" nos futuros cidadãos de uma sociedade republicana e democrática. Uma *fisiologia frenológica* serve de base científica à moral e encontra suas origens:

Na história natural, a zoologia, que estabelece que existem apenas diferenças de nível entre os animais e o homem no plano das faculdades cerebrais;

A EVOLUÇÃO CULTURAL

No "quadro cerebral" de Gall e Spurzheim, que estabelece o inatismo das "faculdades" tanto afetivas quanto intelectuais do homem, com a eventualidade, nova, de um concurso mais ou menos complexo de *várias* dessas faculdades no caso dos "estados afetivos" que presidem aos julgamentos morais.

Na sequência de Gall, Comte subdivide o cérebro em "órgãos" dos quais a *parte posterior*, a mais volumosa (de 3/4 a 5/6), é afetada pelas faculdades afetivas, pendores e sentimentos, ao passo que a *parte anterossuperior* serve de sede às faculdades intelectuais: espírito de observação e espírito de combinação. Para Comte, a moral compartilha *de maneira concertada* as partes posteriores, médias e anteriores do aparelho cerebral, que correspondem, de acordo com ele, "ao coração, ao caráter e ao espírito". A justiça não seria de modo algum uma faculdade inata, mas resultaria "do uso das faculdades (cerebrais), esclarecido em cada caso por uma conveniente apreciação intelectual das relações sociais": "a inteligência a serviço do coração desenvolve a simpatia para o progresso da humanidade". Auguste Comte tem o duplo mérito de ter tornado plausível uma abordagem científica da normatividade ética e de ter considerado os dados das neurociências da época (ainda muito fragmentárias e frequentemente inexatas), enquanto elas são objeto de uma ignorância deliberada (senão de rejeição) da maior parte de nossos contemporâneos.

O modelo evolucionista generalizado

A teoria da evolução biológica (transformismo) foi brevemente formulada por Lamarck, com base em observações anatômicas sistemáticas, em seu discurso de abertura no *Système des animaux sans vertèbres* [Sistema dos animais sem vértebras], de 1801, depois desenvolvido no *Philosophie zoologique* [Filosofia zoológica], de 1809. Sua extensão à evolução das sociedades humanas e das culturas será proposta, mas de maneira muito diferente, por duas personalidades expoentes do século XIX: Herbert Spencer e Charles Darwin.

Herbert Spencer (1820-1903) é engenheiro civil de formação: desenha plantas de bombas, locomotivas, máquinas de costura. Muito cedo, adota a ideia do transformismo de Lamarck no contexto de reflexões sobre a moral, que pensa ser determinada pela natureza das coisas. Ele se vê como o "Euclides da ética". Em *Social Statics* [Estática social], de 1850, funda uma "moral naturalista", na qual, paradoxalmente, a ideia do darwinismo social é formulada antes mesmo de *A origem das espécies*, de Darwin (1859), tese à qual Darwin não somente não se vinculará, mas à qual vai se opor com vigor em sua ética. Seu livro *First Principles of a New System of Philosophy* [Primeiros princípios de um novo sistema de filosofia], de 1862, fez um imenso sucesso, em particular nos Estados Unidos. Esse entusiasmo coincide com o desenvolvimento do pensamento liberal, individualista e competitivo das sociedades industriais nas quais o mais bem-adaptado triunfa. Essa filosofia prática do progresso técnico-científico e da competição ilimitada para um proveito máximo é atualmente aquela das sociedades ocidentais, a norte-americana em particular, cujo poder econômico atual favorece a globalização.

Em *First Principles*, Spencer, inspirando-se nos trabalhos de embriologia epigenética de Harvey, Wolff e Von Baer, propõe a lei segundo a qual todo desenvolvimento é uma *passagem do homogêneo*, do ovo, *ao heterogêneo*, às células, aos tecidos e órgãos do organismo adulto. Ele generaliza essa lei à evolução em seu sentido mais amplo, que inclui, ao mesmo tempo, o desenvolvimento, o crescimento e a evolução dos organismos: "essa *lei do progresso orgânico* é a lei de todo progresso". Ela difere, todavia, do emprego de disposições preexistentes proposto por Auguste Comte, ao exprimir uma doutrina epigenética radical: "Nenhum gérmen de animal ou vegetal contém o mais fraco rudimento, força ou indício do organismo futuro." Nos fatos, produz-se uma "acomodação", uma "adaptação" das "relações internas às externas de maneira a conservar o equilíbrio de suas funções". Esse funcionamento se manifesta nos domínios biológico, intelectual e moral. Para Spencer, a hereditariedade corresponde a uma reprodução da forma e das particularidades anatomofisiológicas, uma mudança de hábitos que provoca uma modificação das funções, acarretando modificações estruturais, elas mesmas hereditárias. Entre muitos outros, Marx e Engels, Lyssenko ou Piaget vão lembrar-se desse programa adaptacionista larmarckiano que, no pensamento de Spencer, supera o modelo darwiniano da variação espontânea. É notável que esse "coquetel ideológico", surpreendente e contraditório, entre darwinismo social e lamarckismo orgânico tenha conhecido e conheça hoje, na maioria das vezes de maneira implícita, tal popularidade.

Na sequência de Saint-Simon (1760-1825) e de Auguste Comte, Spencer retoma e desenvolve a tese da analogia entre sociedade e organização biológica. Para ele, a sociedade não é apenas um "organismo": os "cidadãos agrupam-se para formar um *órgão* que produz alguns artigos para o consumo nacional". Ao fazer isso, ele parafraseia Saint-Simon, para quem a sociedade é "uma verdadeira máquina organizada na qual todas as partes contribuem de uma maneira diferente para o andamento do conjunto", "um verdadeiro *ser* cuja existência é mais ou menos rigorosa e oscilante, uma vez que seus órgãos desempenhem mais ou menos regularmente as funções que lhes são confiadas". Spencer desenvolve a tese da *divisão do trabalho*, com subordinação hierárquica, e "o poder governamental político e eclesiástico que mantém a ordem e favorece uma atividade salutar". Ele exprime a sua diferença em relação a Hobbes, que se atém à metáfora cara a Aristóteles (e a Diderot) do enxame de abelhas composto de operárias todas idênticas (de fato, muitas sociedades de insetos, as térmitas em particular, são muito hierarquizadas).

Para Spencer, as leis da moral são solidárias às leis gerais da evolução biológica e cultural. Essa "secularização" das regras de conduta social se organiza em torno de dois princípios: a *limitação recíproca da liberdade* de um indivíduo onde ela encontra o exercício normal da liberdade dos outros: é o *"laissez-faire"* com "não usurpação"; *a remuneração proporcional das aptidões* que justifica que os indivíduos "superiores" tirem proveito de sua "superioridade" ou de seus "méritos" naturais no quadro de uma igualdade jurídica.

Spencer é deliberadamente hostil a toda estratégia de compensação das deficiências dos fracos e dos "menos merecedores". A espécie teria a sua sobrevivência ameaçada "se as vantagens fossem concedidas aos adultos em razão de suas fraquezas" (vide o atual programa republicano nos Estados Unidos). O superior tira proveito de sua superioridade por uma operação contínua de seleção. Na esteira de Hobbes, Spencer considera o egoísmo como princípio da vida moral; a lei moral compõe-se da coleção de "regras higiênicas" para a conservação e melhoria da sociedade; ela "tenderá sempre a aumentar a felicidade da espécie favorecendo a multiplicação dos mais felizes, impedindo a dos menos felizes" (é o raciocínio de Malthus). Todavia, ele reconhece que existem atitudes altruístas de ancoragem biológica (a educação das crianças, por exemplo) que podem levar a uma "suavização do egoísmo", sinal, de acordo com ele, de uma etapa final da evolução social. Nesse estágio último da evolução das sociedades humanas, a paz universal realiza-se com o desaparecimento do exército e a substituição do regime militar por um sistema industrialista de cooperação voluntária, coesiva e pacífica. Retomando os esquemas epicuristas e utilitaristas, Spencer pensa que a perfeição ética se identifica, portanto, com a coesão e a completa adaptação dos atos aos fins que levam à maior felicidade.

Charles Darwin (1809-1882) é mais velho que Spencer, e só atingirá a notoriedade depois da publicação de *A origem das espécies*, em 1859. Com a ideia de uma descendência comum às diversas espécies, unida ao mecanismo da variabilidade espontânea seguida de seleção, ele propõe a primeira teoria plausível sobre a origem filogenética das espécies vivas. Fato notável, os grandes princípios de sua teoria encontram-se amplamente em acordo com os dados mais recentes da genética molecular. Trata-se de uma revolução considerável cujas consequências, 150 anos depois, ainda não estão completamente assimiladas por nossas sociedades (Mayr). As consequências sobre os sistemas de crença e a ética são imensas: substituição de um mundo estático criado por Deus (teologia natural) por um mundo em evolução, sem teologia cósmica nem finalidade, com abolição de toda justificação de um antropocentrismo absoluto. O essencialismo que remete a um "desígnio" divino dá lugar a um pensamento populacionista que se baseia no processo puramente materialista de seleção natural, o qual consiste na interação de uma variação não dirigida e de um sucesso reprodutivo oportunista.

Doze anos mais tarde, em *A origem do homem e a seleção sexual*, de 1871, Darwin estende suas observações ao homem e às suas origens evolutivas, bem como à evolução das línguas. Ele distingue, inequivocamente, a evolução das "faculdades" mentais que, dos peixes aos símios e dos símios ao homem, se manifesta por "um desenvolvimento extraordinário, em particular pela faculdade de linguagem", e a evolução das línguas. Sugere um paralelismo, pelo qual propõe que as "causas que explicam a formação das línguas diferentes explicam também a formação das espécies distintas". Certas línguas e certos dialetos cruzam-se ou fundem-se, disseminam-se e, desse modo, organizam-se em grupos subordinados: "a variabilidade existe em todas as línguas, e palavras novas são introduzidas constantemente; mas, como a memória é limitada, algumas palavras, tal como línguas inteiras, desaparecem". Quanto à persistência e à conservação de certas palavras, "favorecidas na luta pela existência", elas são "um tipo de *seleção natural*".

Todavia, de maneira surpreendente, quando trata da evolução das disposições mentais, Darwin não é claramente "darwiniano"! Ele continua a adotar um ponto de vista lamarckiano quando escreve que "o uso contínuo dos órgãos da voz e da mente tornou-se hereditário", como, prossegue, "a forma da escrita"... Mantém, portanto, a confusão entre evolução cultural de tipo epigenético e evolução biológica de tipo genético. No capítulo IV do livro *A descendência*, Darwin aborda a questão do "senso moral", que considera a diferença mais importante entre os animais e o homem. Segundo ele, o senso moral encontra todavia suas origens no animal, mas nas seguintes condições:

Simpatia: "se ele possui instintos sociais que o levam a ter prazer na companhia de seus semelhantes, a experimentar uma certa simpatia por eles (...) que leva a ajudá-los de uma maneira geral" (de Waal, 1997);

Memória: "se ele conserva em seu cérebro a imagem de todas as ações passadas e os motivos que o levaram a agir como fez" e "se experimenta um sentimento de *pesar* quando percebe que o instinto social cedeu a algum outro instinto";

Faculdade de linguagem: se ele utiliza a linguagem para "expressar os desejos, a opinião comum, sobre o modo segundo o qual cada membro deve concorrer ao bem público";

Hábitos: "a simpatia e o instinto social fortalecendo-se consideravelmente pelo hábito".

A normatividade ética desenvolve-se a partir dos instintos do homem em um "estado muito grosseiro": "à medida que os sentimentos de afeição e simpatia e a faculdade de controle sobre si mesmo se fortalecem pelo hábito, à medida que o poder do raciocínio se torna mais lúcido e lhe permite apreciar mais sensatamente a justiça, o julgamento de seus semelhantes, ele se sente impelido, independentemente do prazer ou da dor que experimenta no momento, a adotar certas regras de conduta...". Assim o homem chega "naturalmente" a esta ideia kantiana: "Não quero violar na minha pessoa a dignidade da humanidade." Em uma perspectiva mais ampla ainda, Darwin propõe à questão da origem evolutiva regras morais pelas quais os "homens grosseiros", de início, se associam em *tribos* e *estendem seus instintos sociais e sua simpatia à tribo*. Rejeitando as filosofias morais que se apoiam no egoísmo (Hobbes, Spencer) ou no princípio da maior felicidade (Mill e o utilitarismo), ele afirma que o homem está sujeito a "uma força impulsiva absolutamente independente da busca de prazer ou de felicidade, que parece ser o *instinto social* do qual está profundamente impregnado". Em lugar de buscar a "felicidade geral", o homem tem em vista o *bem geral*, ou a prosperidade da comunidade à qual pertence.

No plano estritamente moral, Darwin distingue:

As *"regras morais superiores"*, "baseadas nos instintos sociais e que dizem respeito à prosperidade dos outros": elas "se apoiam na aprovação de nossos semelhantes e na razão";

As *"regras morais inferiores"*, que "devem suas origens à opinião pública, amadurecida pela experiência e pela civilização".

Assim, de certo modo, ele antecipa a distinção, já mencionada, do psicólogo contemporâneo Elliot Turiel entre sentimentos morais e convenções sociais. Ele especifica: em meio à tribo, "muitos abusos das regras de conduta e muitas crenças religiosas ridículas cuja origem não conhecemos são *implantadas* na mente do homem", e faz notar, com pertinência, "que uma crença constantemente inculcada durante os primeiros anos da vida, enquanto o cérebro é suscetível de vivas impressões, parece quase adquirir a natureza de um instinto". Depois desse esclarecimento sobre a "internalização" das convenções sociais, Darwin propõe que, "à medida que o homem entra na civilização e que as pequenas tribos se reúnem em comunidades mais numerosas (...), a simples razão indica para cada um que deve estender seus instintos sociais e sua simpatia a todos os membros da mesma nação, ainda que não lhes sejam pessoalmente conhecidos". É assim que, "capacitado a compreender todas as consequências de suas ações", o homem finalmente "desenvolve as suas simpatias de modo a estendê-las aos homens de todas as raças, aos enfermos, aos ineptos e a outros membros inúteis da sociedade e, enfim, aos próprios animais; o nível da moralidade desenvolveu-se cada vez mais". Isso levou *naturalmente* a humanidade a seguir esta regra: "Faz aos homens aquilo que gostaria que te fizessem." Para Darwin, a "regra de ouro" encontra, portanto, sua origem na evolução moral que suplanta e por vezes se mistura com a evolução biológica por um processo adaptativo lamarckiano.

No plano da evolução biológica dos ancestrais do homem, as teorias sociobiológicas clássicas da evolução excluem, certamente, qualquer processo de hereditariedade dos caracteres adquiridos. Entretanto, elas colocam a evolução genética de traços altruístas no nível do *indivíduo* por seleção parental e reciprocidade. Precisemos todavia que os trabalhos recentes de Elliott Sober e David S. Wilson (1994) reintroduziram com justeza, mas de uma forma ainda hipotética, a *seleção de grupo*. Ela interviria no nível mais elevado de conjuntos hierarquizado, organizando-se a partir de uma coleção de indivíduos interessados apenas em si mesmos até o nível mais elevado do grupo (organismo) social. Nessas condições, as estruturas sociais, ao favorecerem a seleção de grupos e, portanto, a cooperação, seriam elas mesmas selecionadas positivamente. A normatividade ética, a regra de ouro em particular, emergiria então "naturalmente" da extensão epigenética de uma evolução biológica favorável ao reforço do laço social.

De forma semelhante, o príncipe russo Piotr Kropotkine (1842-1921), teórico do anarquismo, situa-se na tradição clássica do anarquismo quando admite que existe uma lei moral objetiva, de certo modo imanente à natureza ou deduzível dela. Opondo-se com vigor ao darwinismo social de Spencer (ou de Summer nos Estados Unidos), afirma que "a ajuda mútua é o fato dominante na natureza" (1902). Ele baseia sua posição ao mesmo tempo no estudo das sociedades animais por Espinas (1877) e em suas próprias observações da natureza na Sibéria. Constatando que, em condições climáticas muito difíceis, as espécies subsistem na medida em que os indivíduos se agrupam e se ajudam mutuamente, nota: "quanto mais os indivíduos se unem, mais se conservam mutuamente, e maiores são, para a espécie, as chances de sobrevivência e de progresso no desenvolvimento intelectual". Para Kropotkine, as práticas instintivas de "simpatia mútua" servem de "ponto de partida de todos os sentimentos superiores de justiça, de equidade e de igualdade, e de abnegação", levando ao "progresso moral". De acordo com ele, "esse sentimento de obrigação moral", do qual o homem tem consciência, não é de origem divina, mas encontra-se na natureza, de um lado com a sociabilidade animal, de outro com a imitação daquilo que o homem primitivo observa na natureza: "os animais, mesmo os ferozes, jamais se matam uns aos outros", "mesmo os mais fortes são obrigados a viver em grupo". Se essa argumentação um pouco "gaia-ecológica" é discutível, no lugar de proclamar a "falência da ciência", como ocorre nos pós-modernos, Kropotkine propõe "edificar uma ética científica com os elementos adquiridos para esse efeito pelas pesquisas modernas animadas pela teoria da evolução": eis que permanece um programa perfeitamente legítimo ainda hoje.

Em *A ética* (1907-1926), Kropotkine estende sua reflexão à evolução histórica da humanidade. De acordo com ele, o homem, ao "tomar por base o *apoio mútuo* do clã à comunidade agrícola", "da tribo ao povoado, depois à nação e, enfim, à união internacional das nações", "nos movimentos populares que rumam para o progresso", tenderá a melhorar as relações mútuas da sociedade. O Estado deve ser abolido pois cria divisões na sociedade, institui hierarquias e dificulta, assim, essa tendência natural à ajuda mútua. Ele dará lugar à situação "utópica" na qual a "nova ética, científica e realista", "proverá aos homens a força necessária para dar vazão na vida real àquilo que pode conciliar a energia individual com o trabalho para o bem de todos", inaugurando, desse modo, uma nova era de cooperação e fraternidade universal.

Outro pensador que baseia a reflexão no modelo biológico é Léon Bourgeois (1851-1925), presidente do Conselho radical de 1895 a 1896, que se opõe ao mesmo tempo ao *"laisser-faire"* individualista spenceriano e ao "coletivismo socialista", marxista e autoritarista. Bourgeois lança a doutrina do *solidarismo,* espécie de moral republicana e dever de fraternidade que vai além do respeito aos direitos dos outros, mas toma a forma de uma obrigação positiva apresentada não somente como compatível com a liberdade, mas como sendo sua própria condição. Tal concepção articula-se em torno do conceito de "mal social", o qual não se deve "apenas às faltas pessoais do indivíduo", mas "a causas e efeitos mais elevados, mais amplos, mais extensos que o indivíduo, e nos quais a responsabilidade da nação inteira está constantemente engajada". O modelo do mal social é a *doença contagiosa* que, desde os trabalhos de Pasteur, "provou a interdependência profunda que existe entre tudo que é vivo, entre todos os seres". Ao formular a doutrina microbiana, Pasteur mostrou "o quanto cada um de nós depende da *inteligência* e da *moralidade* de todos os outros": "é um dever destruir os germes mortais para assegurar nossa própria vida e para garantir a vida de todos os outros". Apoiando-se no livro *Les colonies animales et la formation des organismes* [As colônias animais e a formação dos organismos], de Edmond Perrier (1881), Bourgeois tenta articular ciência e moral com a constituição de uma "ordem artificial" que tenha força de lei biossociológica de união pela vida. De acordo com ele, as sociedades humanas formam "conjuntos solidários" nos quais o equilíbrio, a conservação e o progresso obedecem à lei geral da evolução: "as condições de existência do ser moral que esses membros de um mesmo grupo formam entre si são aquelas que regem a vida do agregado biológico". Todavia, Bourgeois distingue-se de Kropotkine, pois identifica nas sociedades humanas "um elemento novo, uma força especial: o pensamento, a consciência, a vontade". Sendo a sociedade injusta, existe um dever de solidariedade, de responsabilidade mútua. Caberá ao *contrato de solidariedade* realizar essa justiça, substituindo, nas relações dos homens, a ideia de concorrência e luta. Esse contrato é privado, individual e livre, equânime para as duas partes, coletivo e mútuo. O Estado intervém apenas como autoridade que sanciona os acordos e assume o respeito pelas convenções estabelecidas. Há "associação da ciência e de sentimento na obra social". O "bem moral é o de nos querermos e nos concebermos como membros da humanidade", unidos contra o perigo a fim de que "às desigualdades naturais não se acrescentem desigualdades de origem social".

Os fundamentos naturais da ética

Nosso exame, mesmo muito rápido, de certas partes e, desse modo, parcial, da evolução dos modelos de sociedade e das teorias éticas ocidentais, da Antiguidade aos nossos dias, revelou a força heurística e a utilidade da metáfora biológica. Contrariamente a um ponto de vista dominante nas ciências humanas e na filosofia (Foucault, Lévi-Strauss, Derrida), a extensão do modo de pensamento e dos modelos da biologia e do evolucionismo às ciências humanas e sociais não se confunde com a produção de ideologias totalitárias e repressivas. A ética de Darwin não é aquela do "darwinismo social", mas aquela certamente da ampliação da simpatia, tal como o modelo da epidemia microbiana de Pasteur serve de fundamento ao solidarismo. Deve-se notar que os zelotes das diversas religiões do Livro para quem a lei moral é de origem divina, exatamente como aqueles de filosofias para os quais o biológico não faz senão "refletir" o social, não cessam de se engalfinhar, violando as regras mais elementares de uma moral comum, cujos fundamentos são tudo o que há de mais natural.

O exame da evolução histórica desses diversos modelos e de sua extensão à vida social e à aspiração ética ressalta um número importante de traços constantes, invariantes, de alcance universal. A referência à *natureza humana* e, mais particularmente, às disposições próprias da espécie humana — portanto, aos limites impostos pelos caracteres invariantes de seu genoma — provê, em primeiro lugar, o conceito de *sentimentos morais*. Estes podem ser interpretados com base na teoria chamada "tétrada das emoções", de Panksepp (1982), que distingue, no rato, nos planos comportamental, farmacológico e neuronal, conjuntos e circuitos neuronais próprios ao prazer, à aflição, à violência e ao medo (vide igualmente J. D. Vincent); é o caso, por exemplo, da *amizade* (Aristóteles), do amor e da caridade (religiões do Livro), da simpatia (Iluminismo escocês, Darwin, Kropotkine) ou ainda do altruísmo (Comte), ainda que, em cada um precisamente, nuanças importantes devam ser introduzidas. Pode-se fazê-los corresponder ao *reforço do laço social* cuja ruptura, por exemplo, pela solidão, estimula, ao contrário, os circuitos de aflição identificados por Panksepp. Epicuro articula sua reflexão sobre aquilo que Panksepp qualifica de emoção de *prazer*, reforço, desejo; Hobbes, sobre a emoção oposta de *cólera*, raiva, violência que intervém na interação social. Nietzsche, enfim, julga como afeto primeiro a emoção de *medo*, de ansiedade, que Panksepp distingue, inequivocamente, das três "emoções" maiores de prazer-desejo, laço social (aflição) e cólera (violência). Por certo, esses sentimentos morais acedem a um espaço consciente no qual se atualizam tanto a capacidade de atribuição (*theory of mind*) quanto o inibidor de violência. Faz igualmente parte da natureza humana essa capacidade de raciocinar e de se autoavaliar, de comparar os seus estados mentais com os do outro, já ressaltada pelos estoicos, posteriormente pelas religiões do Livro (Kant, Ricoeur) e, hoje, pelas ciências cognitivas (Changeux).

A capacidade de produzir "representações sociais comuns" de efeito regulador sobre as condutas individuais depende do processo de *fixação de regras morais* (normatividade ética) e provê os dispositivos de abstração e generalização do cérebro humano (córtex pré-frontal). Sua *internalização* ao longo do desenvolvimento da criança e no adulto requer as capacidades de epigênese e memória, particularmente desenvolvidas no homem, cujo período de maturação pós-natal é, guardadas as devidas proporções, o mais longo do reino animal. A necessidade do uso de linguagem no debate ético, para a fixação e a transmissão das normas, bem como na elaboração do *pacto social*, foi sublinhada por Epicuro, Hobbes, Darwin.

O conceito de epigênese foi inicialmente concebido para representar o emprego contínuo da morfogênese embrionária (Aristóteles, Harvey). Aplica-se com pertinência ao desenvolvimento da conectividade nas redes de neurônios e ao estabelecimento de uma marca *seletiva* do ambiente físico, social e cultural (ver Parte II). Essa disposição libera a atividade cerebral de estereótipos mecanicistas e fixos e acarreta o aparecimento e a diversificação das *culturas*. Ela permite o desenvolvimento das sociedades em etapas sucessivas (Fontenelle, Vico, Comte), levando, para esses autores, a um progresso sem limite. Essa doutrina do desenvolvimento, por etapas sucessivas, foi curiosamente confundida com a doutrina do evolucionismo por numerosos antropólogos, entre eles Lévi-Strauss em *Raça e história*.

O evolucionismo darwiniano, ao contrário, não pressupõe nenhum programa adaptacionista, nenhum "desígnio" fixado de antemão, e não vem acompanhado necessariamente de um "progresso" facilmente discernível pelo observador. A teoria da seleção de grupos, distinta das teorias clássicas de seleção parental individual e de altruísmo recíproco, permite conceber a emergência de um *Homo sapiens*, animal racional social, que estende espontaneamente sua simpatia aos membros do grupo social, a todas as raças, à humanidade inteira, a despeito das barreiras criadas por sistemas artificiais de convenções culturais múltiplas e contingentes. Concebe-se que, nessas condições, as diversas sociedades tenham, ao longo da história e de maneira independente, naturalmente formulado a regra de ouro: "faz aos homens aquilo que gostarias que te fizessem", mas igualmente que não tenham chegado a aplicá-la no nível da humanidade.

Um dos traços comuns às doutrinas evolucionistas é dar livre curso à variabilidade, ao aleatório, o que, em termos neuropsicológicos, quer dizer imaginação, criatividade, inovação. Nas sociedades democráticas, essa capacidade de "inovação ética" (Changeux) se manifesta na ocasião de debates, de deliberações abertas ao maior número. Essas deliberações valem-se, de maneira não exclusiva, dos numerosos conceitos que se desenvolveram ao longo da história do pensamento no Ocidente (como no Oriente). É assim que os filósofos da reflexão bioética (Fagot-Largeault, Sève) recorrem *simultaneamente* aos conceitos de beneficência (Hipócrates), utilitarismo (Bentham, Mill), respeito pela pessoa humana (Kant), justiça (Aristóteles) e solidariedade (Bourgeois), definindo dessa forma uma posição que se pode qualificar de *ecletismo filosófico*.

Parece essencial não aprisionar a reflexão a uma filosofia particular que poderia parecer se impor por si mesma. Ao longo da evolução das ideias acerca da vida social e da normatividade, ocorreram empréstimos e reempréstimos, redescobertas, referências a ideias, esquemas, "módulos de pensamento" desenvolvidos por essas múltiplas filosofias particulares. Não se trata, em nenhum caso, de defender um relativismo filosófico ou ético qualquer, mas de recusar uma posição filosófica única, e ter uma reflexão ética eclética e aberta não significa aceitar qualquer filosofia, qualquer sistema de argumentação em qualquer modelo de sociedade. Em nossa discussão, tomamos emprestados certos tipos de argumentos, determinados "módulos de pensamento" dessa ou daquela filosofia. É um progresso sensível na maneira de conceber a ética, que exclui toda referência monolítica e integrista a uma verdade imanente qualquer e traz consigo os traços do evolucionismo. A humanidade elaborou progressivamente certo número de conceitos, de aspiração ética, que se combinam muito amplamente. Cada um tem a sua parte de verdade, à medida que se inscreve em uma perspectiva neurocultural modular, que compartilha disposições próprias ao cérebro do homem. Essa combinatória de "módulos de pensamento", que caracterizam um modo de funcionamento cerebral já pressentido por Comte, se completa, em uma perspectiva evolucionista, por uma interação constante e recíproca com o ambiente social e cultural. Um ecletismo filosófico seletivo desse tipo entra, portanto, no quadro daquilo que se pode chamar de um universalismo ético, naturalista, aberto e tolerante.

CAPÍTULO 3 A coevolução genes-cultura e o comportamento cooperativo*

A vida social não é exclusiva nem do homem nem dos insetos. Ela aparece de maneira repetida ao longo da evolução das espécies. Esse polifiletismo é todavia particularmente marcado nos insetos: só nas abelhas, a vida social aparece de maneira independente uma dezena de vezes. Pode ocorrer aí "convergência evolutiva" de certos traços da vida social, mas os mecanismos genéticos colocados em jogo poderão diferir de um grupo a outro. Dois grandes tipos de mecanismo foram postulados para dar conta do desenvolvimento dos comportamentos altruístas: a seleção individual (parental ou "toma lá dá cá")** e a seleção de grupo, recentemente reatualizada por David Wilson e Elliott Sober.

A seleção parental

A ideia da intervenção do parentesco na evolução dos comportamentos altruístas é oriunda da análise aprofundada da vida social dos himenópteros (formigas, vespas, abelhas) realizada especialmente por

---
*Parte do curso do ano de 1998.
**Em francês, "*donnant-donnant*", que alguns traduzem por "olho por olho". Essa expressão, porém, diz respeito à retaliação por um mal sofrido e não à cooperação por um benefício recebido ou esperado, como no caso de "toma lá dá cá". (N. do T.)

Edward O. Wilson. Em particular, o grupo muito rico das abelhas (*Apoidea*), que compreende 20 mil espécies diferentes, mostra vários estágios de evolução da vida social, desde as espécies solitárias, as espécies que formam colônias de dois ou três indivíduos, até a abelha doméstica cujo enxame pode contar com várias dezenas de milhares de indivíduos. Há, progressivamente, diferenciação entre as *operárias estéreis*, especializadas na coleta de pólen e néctar floral, e as *rainhas poedeiras*, cujo tamanho aumenta com a redução progressiva do número de machos. Os mesmos ovos produzem as operárias estéreis e as rainhas, mas a "educação" das larvas difere, produzindo dois fenótipos epigenéticos diferentes. Quando a concentração de um feromônio secretado pela rainha em atividade, o ácido trans-9-ceto-2-decenoico, diminui, as operárias constroem células especiais nas quais as larvas são alimentadas com geleia real e produzem rainhas no lugar de operárias. A velha rainha expulsa da colmeia enxameará. Vários enxames sucessivos ainda podem ocorrer com a mais antiga das rainhas.

Um dos traços mais notáveis dessa diferenciação epigenética entre operárias e rainhas é, além de suas diferenças de fecundidade, as notáveis diferenças de comportamento e, portanto, de organização neural. As operárias contribuem para o trabalho coletivo da colmeia: limpeza das células, consumação de pólen, oferecimento do alimento às larvas, construção das células, cardagem, exploração das fontes de alimento e sua coleta, danças variadas etc. Entretanto, passam a parte mais importante de seu tempo "não fazendo nada", seja em patrulha, seja em repouso, constituindo uma "força de reserva" para intervir em processos de regulação globais ou em situações de crise.

Uma diversificação genética importante superpõe-se a essa variabilidade epigenética: os machos são haploides pois oriundos de ovos não fecundados ("órfãos de pai"), enquanto as fêmeas (rainha, operárias) são normalmente diploides. O altruísmo das operárias encontra-se então dirigido para a sua irmã diploide, enquanto os machos haploides não apresentam comportamento social propriamente dito. Em 1964, enquanto era estudante na Universidade de Londres, William Hamilton formulou, com base nessas observações, uma teoria da evolução genética do comportamento social. Sua teoria da seleção "parental" (*kinship*) propõe que, devido à haplodiploidia, existe uma proximidade genética importante entre irmãs (com a condição de que a rainha não seja fecundada senão por um único macho, isto é, uma só vez) favorecendo a transmissão, e a seleção parental é produzida no nível do *indivíduo*: ela dá conta de maneira plausível da evolução da vida social dos himenópteros sem que isso seja efetivamente demonstrado.

A seleção "toma lá dá cá"

Essa teoria da evolução do comportamento cooperativo foi desenvolvida por Robert Axelrod com base em um torneio internacional de programas de computador para responder à questão colocada aos evolucionistas: como a cooperação pode *ser implantada* entre os egoístas na ausência de autoridade central? O que se completa com duas questões: que estratégia pode *prosperar* em um ambiente heterogêneo composto de outros indivíduos que utilizam uma grande diversidade de estratégias mais ou menos complexas? E em que condições tal estratégia pode, uma vez estabelecida em um grupo, *resistir* à *invasão* de uma estratégia menos cooperativa?

O problema é com frequência colocado sob a forma do "dilema do prisioneiro", que diz respeito a dois jogadores que privilegiam seu interesse pessoal na ausência de qualquer obrigação de cooperar. Cada jogador tem duas opções: cooperar ou agir sozinho. Cada um deve fazer sua escolha *sem* conhecer a decisão do outro. O que quer que o outro faça, é mais gratificante agir sozinho do que cooperar. Todavia, eis o dilema: se os dois jogadores agem sozinhos, podem não se sair tão bem quanto se cooperarem. De todo modo, o valor da recompensa é essencial.

		Jogador da coluna	
		Cooperar	Agir sozinho
Jogador da linha	Cooperar	R = 3 R = 3	E = 0 T = 5
	Agir sozinho	T = E E = 0	P = 1 P = 1

R é a recompensa por cooperação mútua; E a remuneração do incauto; T, a tentação do egoísta; P, a punição do egoísta.

A análise dos resultados do jogo é simples: é gratificante agir sozinho não importa o que o outro jogador faça. Isso vale para uma única partida, mas também para um número finito de partidas cujo desenrolar é conhecido de antemão. Na penúltima jogada, cada jogador saberá que o outro agirá sozinho na última jogada. O jogo torna-se previsível. O mérito de Axelrod é ter mostrado que, se o número de partidas não é definido, matematicamente, a cooperação emerge. Todavia, a cooperação só aparecerá se os parceiros de jogo tiverem chance suficiente de se encontrar mais uma vez para que o assunto de seu próximo encontro lhes importe. Demonstra-se igualmente que a estratégia "toma lá dá cá" (*tit for tat*), que se baseia na reciprocidade, poderá florescer em um mundo no qual existem muitas outras estratégias diferentes. Ademais, uma vez estabelecida, a cooperação poderá proteger-se contra a invasão de outras estratégias menos cooperativas.

A extensão da teoria "toma lá dá cá" à evolução biológica levanta certo número de problemas suplementares. Para que a estratégia se desenvolva no nível genético, é indispensável que os parceiros possam reconhecer-se, que se lembrem de seus encontros precedentes e recebam uma recompensa/punição quando houver cooperação/defecção. Concretamente, o reagrupamento pode ser produzido se, por exemplo, há lugar de reencontro fixo (como no caso dos recifes de corais) ou territorialidade facilitando o encontro entre vizinhos "conhecidos".

A seleção de grupo

Em um texto célebre de 1979 intitulado "The Spandrels of San Marco and the Panglossian Paradigm: A Critique of the Adaptionist Programme" [Os tímpanos de São Marcos e o paradigma panglossiano: uma crítica do programa adaptacionista], Stephen Jay Gould e Richard Lewontin criticam o emprego do termo "adaptação" ao conservar como princípio explicativo da evolução biológica apenas a derivação genética ou as limitações de forma, igualmente de origem genética no desenvolvimento. Sober e Wilson, em um texto igualmente bem-sucedido de 1994, "Reintroducing Group Selection to the Human Behavioral Sciences" ["Reintroduzindo a seleção de grupo nas ciências do comportamento humano"], opõem-se a esse ponto de vista reabilitando a adaptação no nível do grupo social, e não somente do indivíduo. De acordo com eles, indivíduos egoístas podem superar indivíduos altruístas dentro de um mesmo grupo, mas *grupos* de indivíduos altruístas podem superar grupos de indivíduos egoístas: os grupos evoluiriam como unidades adaptativas.

Wilson propõe que a seleção natural opera em uma hierarquia de unidades encaixadas, a seleção de grupo englobando as seleções parentais individuais ou "toma lá dá cá". O grupo social — organismo social composto de indivíduos — seria homólogo do organismo biológico composto de células. Assim, pode-se conceber que uma mutação que acarreta um comportamento hiperaltruísta por parte do indivíduo, por exemplo, aumentando o rendimento do trabalho da operária na colmeia, não seja selecionada no âmbito do grupo. Uma abelha "stakhanovista" quebra o ritmo de trabalho e desorganiza a atividade da colmeia. Uma colmeia cujas operárias trabalham de maneira harmoniosa superará outra cuja atividade não é tão bem organizada. A colônia torna-se veículo da seleção. Uma evolução genética pode então produzir-se devido à seleção *entre* colônias ou grupos.

Wilson e Sober aplicaram o modelo em dois exemplos: em grupos nos quais o alelo dominante de um código genético para *um comportamento altruísta se manifesta somente* na *descendência irmão-irmã*; e em grupos nos quais se pratica o *altruísmo recíproco "toma lá, dá cá"*.

Eles analisaram detalhadamente vários casos particulares do segundo modelo no quadro da metáfora "todos no mesmo barco". Em um barco com vários remadores, não é necessariamente o melhor remador que vai fazer com que o barco avance de maneira eficaz, mesmo que ele se esforce ao máximo; será aquele que sabe se adaptar ao ritmo dos outros remadores. Esses modelos matemáticos simples foram realizados e aplicados apenas em casos particulares. Falta uma teoria geral.

Regulação dos comportamentos da abelha doméstica na colmeia

Em apoio à teoria, ainda controversa, da seleção de grupo, vários exemplos de capacidades cognitivas especializadas parecem intervir como "adaptações" no grupo. Seeley (1997) descreveu assim diferentes estratégias comportamentais que asseguram o funcionamento "adaptado" da colmeia:

A escolha entre várias fontes de alimento. Entre a manhã e a noite, as operárias dirigem-se para a fonte mais rica em açúcar. Há um recrutamento de operárias com uma taxa de concordância sobre a riqueza da fonte. Isso se faz por meio de uma *dança* que indica a orientação e a distância da fonte;

A adaptação da intensidade da dança de acordo com a riqueza da fonte: à medida que a fonte empobrece, a intensidade diminui;

A adaptação da rapidez de transformação do néctar pelas jovens abelhas em função da rapidez de coleta do néctar pelas abelhas mais velhas. O número de operárias recrutadas para receber o néctar aumenta com o fluxo de entrada de néctar na colmeia. O recrutamento é feito por uma dança tremida (tarantela) no interior da colmeia, cuja duração aumenta com a riqueza da fonte.

De maneira geral, existe na colmeia um conjunto de traços de comportamento que maximiza o sucesso da coleta de néctar e de sua exploração. As colmeias cujas operárias possuem essas capacidades terão um valor de sobrevivência superior àquelas que não as têm.

A seleção de grupo no laboratório

Tomemos o tribólio (*Tribolium castaneum*). É um pequeno coleóptero que se reproduz facilmente no laboratório e cuja evolução pode ser estudada ao longo de várias gerações. Wade (1997) seguiu o perfil de 48 populações de 16 adultos ao longo de nove gerações sucessivas, efetuando uma seleção para as populações altas e para as populações baixas e, enfim, sem efetuar seleção.

A seleção é muito eficaz: podem ser obtidas "populações altas", tendo em média 178 indivíduos, bem como "populações baixas", tendo em média vinte indivíduos. A diferença conserva-se três anos depois que a seleção cessou e tem portanto uma base genética. Não ocorrem efeitos genéticos aditivos nem efeitos de interações gênicas. Dois mecanismos devem ser destacados.

O *canibalismo*: os adultos devoram os ovos ou pupas, mas igualmente as larvas, e podem ser demonstradas diferenças genéticas importantes para esse comportamento.

A *migração*: a rapidez de migração aumenta com a densidade das populações.

Em ambos os casos, há seleção de grupo, acarretando diferenças de fecundidade aparente no grupo, sem modificação da fertilidade dos reprodutores individuais.

A produção de ovos pelas galinhas poedeiras foi igualmente objeto de pesquisas de aspiração estritamente econômica. Tendo por objetivo a rentabilidade, várias galinhas poedeiras foram criadas em uma mesma gaiola, mas elas se tornaram agressivas e, nessas condições, entregaram-se ao canibalismo. A seleção de "gaiolas" contendo várias galinhas que apresentam entre si menos agressividade interindividual e uma mortalidade mais baixa acompanha-se de um crescimento de produção de ovos de 160% ao ano. A seleção de grupo não tem apenas implicações teóricas.

A tomada de decisão nos grupos de búfalos africanos

Prins (1996) estudou *in loco* o comportamento de manadas de búfalos, em particular quando de seu deslocamento na busca de áreas alimentares dentro de seu território de origem (de 5 a 100 quilômetros quadrados), do qual possuem um "mapa mental". Antes do deslocamento, a manada avalia a qualidade alimentar do lote para o qual irá. Para essa avaliação, recorre-se à memória dos pastos anteriores já explorados e da "gratificação" recebida quando de visitas precedentes. Uma tomada de decisão coletiva da manada ocorre *antes* que o deslocamento seja produzido, no final da tarde. Entre 17h e 17h30, a manada repousa, todos estão deitados. Alguns búfalos, todavia, levantam-se durante cerca de um minuto, vagam pelo local, deitando-se novamente em seguida. Em uma manada de 950 animais, cerca de cinco a 15 animais ficam de pé ao mesmo tempo. Por volta das 18h, toda a manada se levanta e, em alguns minutos, o conjunto da manada desloca-se na *mesma direção*. Esse deslocamento coletivo não exige líder, mas um *voto*. Prins mostrou que os animais que se levantam (unicamente as fêmeas) adotam uma posição bem-definida cuja orientação média indica a direção a seguir para o próximo pasto. Há, portanto, capacidade de compartilhar informação em vista de uma decisão coletiva que leva a uma melhor sobrevivência do grupo.

Tomadas de decisão coletivas e decisões individuais

Os trabalhos mencionados destacam regulações globais em grupos que requerem uma *coordenação*, e não necessariamente um sacrifício individual. Michaelson, Watson e Black (1989) compararam o êxito na resolução de problemas de estudantes que trabalham sozinhos ou em grupo. O resultado é inequívoco: as decisões de grupo superam o desempenho individual (mesmo nos indivíduos de alto rendimento). O mesmo resultado foi obtido por Timmel e Wilson (1997) em um jogo de busca de palavras.

A normatividade social pauta as tomadas de decisão coletivas

Dois exemplos de pesquisa antropológica ilustram a significação evolutiva da normatividade social, em particular moral, no quadro da seleção de grupo. Wilson e Sober analisaram nesses termos as condutas sociais dos huteritas, seita religiosa fundamentalista surgida no século XIV na Europa e que emigrou para a América no século XIX. Entre os huteritas, há comunhão dos bens, não há propriedade privada, o desapego é total: tanto o nepotismo quanto a reciprocidade são banidos como imorais. O "dom de si" em favor da comunidade é gratuito e não é reservado aos mais próximos. Para Wilson e Sober, trata-se de uma conduta social que possui uma vantagem seletiva considerável e que veicula a seleção do grupo. Christopher Boehm (1997) fez uma análise semelhante da "síndrome igualitária" nas sociedades de caçadores-coletores. Os líderes têm pouca autoridade. A autonomia dos adultos é julgada de maneira positiva e há partilha do poder com inversão da pirâmide de dominância encontrada nos primatas. Há vontade comum de aplainar as diferenças de fenótipo (de origem genética ou não) para, de acordo com Boehm, atenuar os efeitos de seleção individual dentro do grupo e aumentar tudo o que contribui em termos de grupo. Desse modo, há a intensificação das diferenças *entre* grupos. O reforço das regras morais de partilha torna o grupo social que as possui mais "competitivo" em relação àqueles que não as possuem. Está aberto o debate sobre a importância da evolução de grupo na evolução dos ancestrais do homem!

CAPÍTULO 4 Neurociências e normatividade ética*

Desde David Hume, a filosofia, bem como o senso comum, distingue ciência e moral. A ciência estabelece fatos, "aquilo que é", enquanto a moral decide sobre aquilo que "deve ser". É mais geralmente admitido que não se pode deduzir aquilo que *deve ser daquilo que é*. Examinarei aqui a plausibilidade de um percurso oposto, mesmo que possa parecer surpreendente: "aquilo que deve ser" pode ser beneficiado pelo conhecimento "daquilo que é"? Na realidade, esse questionamento se inscreve em uma longa tradição filosófica que inclui Hume, Saint-Simon e Auguste Comte, Darwin e a etologia contemporânea. Minha ideia aqui é romper com o reducionismo filosófico tradicional que consiste em introduzir "categorias" tão artificiais quanto impermeáveis, as quais encerram o debate em armadilhas semânticas e conceituais. Trata-se, ao contrário, de animar o debate abrindo-o à discussão por meio de alguns dados recentes das neurociências (e, mais particularmente, das ciências cognitivas), bem como das ciências do homem e da sociedade. Meu percurso vai limitar-se a uma interrogação, principalmente ontológica, sobre as origens da ética, articulada em torno de dois temas estreitamente unidos: as predisposições naturais (principalmente neurais) dos homens ao julgamento moral e a

---

*Texto do ano de 1999.

dinâmica evolutiva das normas morais (sociais e culturais) tais como o homem as produziu ao longo da história. O projeto é imenso e não pode ser apresentado senão de maneira muito superficial em algumas linhas. O objetivo será atingido se suscitar leituras e controvérsias capazes de fazer nossos conhecimentos sobre o homem e a sociedade progredirem.

As competências do cérebro humano

A complexidade do cérebro

A hipótese original é a de que o cérebro do homem elabora o julgamento moral possuindo as capacidades para isso. Como escreve Spinoza na *Ética*, "os homens julgam as coisas segundo a disposição de seu cérebro". Essa posição é plausível para o neurobiologista contemporâneo ou é apenas uma frase de efeito?

Lembremos de início a extrema complexidade estrutural do encéfalo humano. Nele há cerca de 100 bilhões de neurônios ligados entre si por, em média, 10 mil contatos sinápticos, o que cria um número de combinações acessíveis à rede cerebral estimado, com base em uma conectividade rígida — cito Gerald Edelman —, "mais elevado do que o número de partículas carregadas positivamente no universo". A introdução de uma flexibilidade funcional da conectividade permite ir muito além e romper todo limite fixado, incorporando a evolução do ambiente social e cultural na organização cerebral. Ademais, a conectividade cerebral não é distribuída ao acaso: ela é *organizada* e depende *ao mesmo tempo* de um plano de organização próprio à espécie e amplamente submetido ao poder dos genes e de uma "reserva aleatória" suficiente para assegurar, dentro do envoltório genético, flexibilidade epigenética e abertura aos mundos físico, social e cultural.

Não se pode conceber nenhuma tentativa de examinar, como naturalista, funções cognitivas tão elevadas quanto o julgamento moral sem introduzir a noção de *nível de organização* ou de *nível de integração* dentro mesmo do encéfalo que se eleva da molécula aos neurônios, dos neurônios aos conjuntos de neurônios, depois aos conjuntos de conjuntos.

Compreender-se-á que representações de aspiração social como essas, que dizem respeito às prescrições morais, recorram aos níveis mais elevados dessa hierarquia, enraizando-se totalmente nos múltiplos níveis subjacentes.

Em uma perspectiva evolucionista, a passagem de um nível de organização definido ao nível imediatamente superior é concebida no quadro do esquema variação-seleção com o encadeamento, o encaixe de *múltiplas evoluções* que participam, com cinéticas muito diferentes, da complexidade de organização do cérebro humano. Distinguirei ao menos quatro dessas evoluções (há muitas mais): a das espécies — genética — e as da história individual, da cultura e do desenvolvimento do pensamento — totalmente epigenéticas.

Os objetos mentais

Psicólogos e neurobiologistas, desde Donald Hebb, definem "estados neuronais" internos do cérebro que representariam "um estado de coisas exterior (e/ou interior) de maneira causal", possuindo, desse modo, uma função intrínseca de *indicação*. Em termos neuronais, um objeto mental identifica-se com o estado físico constituído pela *atividade* coerente (elétrica e/ou química) de uma população (ou grupo) distribuída mas definida de neurônios.

Nessas condições, o "conteúdo de sentido" de um objeto mental depende — os termos inspiram-se em Spinoza — tanto da "geografia corporal" dos mapas cerebrais que são colocados à disposição quanto de suas "atividades transitivas e dinâmicas". Parece portanto plausível considerar que as representações sociais e/ou culturais destinadas a ser comunicadas entre pessoas — em particular as convenções sociais e as regras morais — colocam tais objetos mentais à disposição.

A atribuição de estados mentais ao outro

O cérebro humano possui uma predisposição praticamente única no mundo animal: ele é capaz de reconhecer no outro intenções, desejos, conhecimentos, crenças, emoções etc. Essa capacidade de *atribuir* estados mentais, de "colocar-se no lugar do outro", permite reconhecer eventuais diferenças/identidades em relação a seus próprios estados mentais e planejar suas ações perante o outro de maneira que se conciliem (ou não) com as normas morais internalizadas. A capacidade de atribuição, ou *theory of mind*, de acordo com Premack, desenvolve-se nas crianças entre 4 e 6 anos, e é alterada nas crianças autistas e em certos esquizofrênicos. Ela mobilizaria preferencialmente o córtex pré-frontal. Tal dispositivo participa, de maneira crítica, na avaliação de "si mesmo como outro" (Ricoeur) e constitui, desse modo, uma das predisposições fundamentais do cérebro humano ao julgamento moral.

"O inibidor de violência" e a simpatia

Uma longa tradição da filosofia moral, que inclui Epicuro, Hume, Adam Smith, Nietzsche e muitos outros, refere-se de maneira explícita ao prazer, ao sofrimento, às emoções sentidas. Trata-se, uma vez mais, de estados mentais, mas de um tipo qualitativo muito particular. Subjetivas e passivas, em tonalidades agradáveis ou desagradáveis, constantemente renovadas, essas emoções fundamentais comunicam-se socialmente, em particular, como sublinha Darwin e posteriormente Levinas, pela expressão do rosto. Distinguem-se no homem, bem como no animal, as emoções fundamentais — desejo, cólera, medo, aflição... —, cujos circuitos cerebrais de base difeririam para cada um deles, mas estariam em constante interação recíproca.

Em um contexto de trocas definidas do organismo com o mundo exterior, emoções e sentimentos (mais complexos) participariam de uma *autoavaliação* que assegura uma adaptação global das condutas, aberta para o mundo e para o outro, com referência constante a balanços memorizados de experiências tidas durante a vida.

A cólera, a violência e a agressão fazem parte das emoções fundamentais. Todavia, de acordo com Blair, psicólogo infantil inglês, um mecanismo cognitivo que ele chama, segundo Lorenz, de *inibidor de violência* interviria na criança para suprimir a agressão por meio da apresentação de um sinal de aflição não verbal, como a expressão triste do rosto, os gritos e as lágrimas. As crianças psicopatas mostram uma personalidade antissocial, violenta, desprovida de sentimento de culpabilidade e remorso; não obstante, possuem uma faculdade de atribuição normal. Em contrapartida, apresentam um déficit seletivo do inibidor de violência. Esse dispositivo cognitivo, junto com a faculdade de atribuição própria aos humanos e com o "laço social", poderia estar na origem das *emoções morais*, fundamentais e *universais*, de empatia e simpatia.

A *internalização das regras morais e das convenções sociais*

Outra disposição própria do homem é o excepcional prolongamento do desenvolvimento cerebral depois do nascimento. Esse processo torna a organização cerebral adulta dependente, de maneira crítica, do ambiente social e cultural no qual a criança se desenvolveu. Traços "epigenéticos" de aprendizagem (por seleção de sinapses) depositam-se na rede neural em desenvolvimento. Eles se estabelecem quando da aquisição da linguagem maternal, da fixação de crenças e da internalização das regras morais. No adulto, produz-se uma dinâmica evolutiva mais rápida e mais reversível de memorização, que implica principalmente mudanças de *eficácia*, mais do que de *número*, nas conexões. Ela torna possível uma evolução das representações sociais por inovação, seleção, transmissão e estocagem na conectividade cerebral bem como nas "mídias" extracerebrais: livros, imagens, obras de arte. Esses objetos de memória, uma vez internalizados, de maneira consciente ou inconsciente, poderão servir, quando de sua reatualização na "memória de trabalho", como *referências* no julgamento moral.

O *julgamento moral*

A palavra consciência designa para nós uma função cerebral, um espaço de simulação de ações virtuais no qual uma evolução interna de objetos mentais, uma dinâmica de atividades podem se desenvolver com uma economia considerável de tempo, experiências e comportamento. Esse espaço consciente serve de lugar de avaliação das intenções, dos objetivos, dos programas de ação em referência constante com:

A percepção atual do mundo exterior;

O eu e a narração memorizada da história individual;

As memórias de experiências anteriores marcadas somaticamente por sua tonalidade emocional;

As regras morais e convenções sociais internalizadas.

Numerosas tentativas foram feitas para modelizá-lo (ver Parte II), e é satisfatório constatar que a definição do neurobiologista está de acordo com a do moralista. Para Ricoeur, com efeito, a consciência é "um espaço de deliberação para as experiências de pensamentos no qual o julgamento moral é exercido pelo modo hipotético".

A normatividade ética

As origens da necessidade moral

Nesse estágio do raciocínio, nos permitiremos dizer que não basta conhecer as disposições do cérebro do homem para o julgamento moral a fim de compreender as origens das regras morais.

A busca das origens das normas morais esbarra, na verdade, em várias dificuldades. A diversidade das culturas que ocuparam e ocupam nosso planeta no tempo e no espaço levanta o problema do *relativismo das moralidades*, bem como o das filosofias ou das religiões nas quais elas se baseiam. Com respeito a este último ponto, o psicólogo Elliot Turiel, já mencionado, colocou em evidência, nas crianças pertencentes a culturas diferentes (por exemplo, amish e judeus ortodoxos), dois domínios conceituais distintos: o das *convenções sociais* e o dos *imperativos morais*. A partir dos 39 meses, as crianças julgam aceitáveis as transgressões das prescrições religiosas convencionais (dia do culto, penteado, ritos alimentares) pelos membros das outras religiões, mas consideram *inaceitáveis* as transgressões das obrigações morais essenciais (calúnia, violência física etc.) que fazem vítimas sofredoras. As pesquisas de Turiel sugerem que existe no cérebro da criança, e portanto no nosso, um domínio conceitual distinto, um *corpus* de sentimentos morais, de predisposições morais espontâneas, que poderia se situar nas origens de uma ética comum própria à espécie humana. Ao contrário, as *convenções sociais* que singularizam, por exemplo, um sistema simbólico (religioso ou filosófico) de outro indivíduo poderiam variar, de maneira contingente e neutra, de uma cultura para outra.

Os níveis sucessivos do processo normativo

Em minha análise sobre a elaboração do projeto ético, distinguirei, com Henri Atlan, para simplificar, três níveis hierárquicos estreitamente interdependentes: o nível do indivíduo, o nível das relações interpessoais em uma comunidade cultural particular e, por fim, o nível, essencial, da humanidade.

O nível individual

Queiramos ou não, a *sobrevivência do indivíduo* e a *perpetuação da espécie* permanecem, entre as causas primeiras, como aquelas das quais nenhum ser humano pode escapar. É sabido que nosso cérebro contém sistemas de neurônios engajados em grandes funções vitais de sobrevivência e reprodução. Os filósofos concordam com os biólogos sobre esse princípio fundador. Para Spinoza, com efeito, "o esforço de um ser para conservar-se é o primeiro e único fundamento da virtude" (*Ética*, IV, 22). É o "esforço para perseverar", o *conatus*. Para Hans Jonas, "o imperativo primeiro é o de que exista uma humanidade", prolongando-se na injunção de que "ela prossegue de maneira permanente no futuro". Em um nível mais elevado, encontra-se o desejo, para Spinoza "a essência do homem", movimento dinâmico para a obtenção de um objeto singular que, quando se realiza, produz o sentimento de alegria. Mais concretamente, sob o termo "harmonia afetiva", agruparei aquilo que no indivíduo tende a *atenuar a dor* e *o sofrimento* e a favorecer a realização do desejo. É notável, a esse propósito, que as Quatro Santas Verdades dos ensinamentos de Buda dependam de uma autêntica fisiologia da dor. A harmonia afetiva poderá incluir, em um nível mais elevado de representações mentais, aquilo que Aristóteles e posteriormente Ricoeur denominam "a vida boa".

O nível das relações interpessoais

A espécie humana é fundamentalmente uma *espécie social*. Piaget e Kohlberg mostraram como a criança começa a atribuir seu ponto de vista aos outros, depois, progressivamente, "descentra-se", tornando-se capaz de levar em consideração outros pontos de vista além do seu e, finalmente, de impedir-se de agir *contra* ele. Disposições próprias ao cérebro do homem intervêm na *intercompreensão*, processo regulador crítico da vida social.

Não obstante, a consideração do sofrimento do outro, de seus desejos, mesmo que haja simpatia, não acarreta sistematicamente uma ação para aliviá-lo. A crueldade intencional é, de fato, possível. Ela é mesmo frequente, e por vezes sistemática, no âmbito político e militar. A violência pode instalar-se. Desestabilizando pouco a pouco o grupo social, ela coloca em perigo a sobrevivência dos indivíduos e seu equilíbrio afetivo. A elaboração de *normas morais de vida coletiva* torna-se então indispensável. Ela é, por assim dizer, o preço a pagar para conciliar as imensas capacidades representacionais do cérebro humano, sua capacidade de julgar e as condições materiais de manutenção da vida em sociedade.

Ao longo da história, portanto, os homens inventaram sistemas de valores que, como lembra Ricoeur, "não são essências eternas", estando "ligados às preferências, às avaliações dos indivíduos e finalmente a uma *história* dos costumes". Aqui e ali, ao longo da história da humanidade, são efetuadas "cristalizações normativas" nas quais os julgamentos individuais criam "pressões de críticas e justificativas para mudanças de princípio". Tal seleção de sistemas de valor moral conciliou as predisposições naturais próprias ao *Homo sapiens* com um dado estado da evolução cultural do grupo social. A linguagem e a escrita contribuíram para a elaboração dessas regras e para sua difusão. Tais *sínteses normativas*, expressas na maioria das vezes por "grandes homens", profetas ou filósofos — e esse é o ponto de articulação central do meu raciocínio —, exploraram "naturalmente" a inibição de violência e a simpatia em momentos críticos de uma evolução cultural abundante e incessantemente renovada. A ampliação da simpatia e a supressão da violência que se encontram nas origens evolutivas da humanidade constituem portanto, a meu ver, o material bruto de uma normatividade fundadora das numerosas moralidades humanas. Com a "ajuda mútua", ela se encontra situada em uma perspectiva evolucionista no príncipe Kropotkine no início do século XX. Recentemente, teóricos da evolução como David Wilson e Elliott Sober ou Camilo Cela-Conde examinaram essas origens evolutivas da moral no quadro plausível mas ainda em debate da "seleção de grupo" no âmbito das populações humanas.

O nível da humanidade

Vivemos em um mundo no qual a multiplicidade e a diversidade das culturas, das filosofias e das crenças religiosas parecem obscurecer a visão otimista e harmoniosa de uma humanidade pacífica. Surpreendentemente, a marca epigenética precoce e "autoritária" do cérebro da criança, pelas *convenções* da comunidade cultural na qual vive, torna o sentimento de pertencimento cultural (e com frequência religioso) extremamente vivo e particularmente estável. Na ausência de escolha racional, as emoções que se associam a esse sentimento são muito fortes e sujeitas a reações violentas. Convenções sociais diferentes parecem frustrar a expressão de imperativos morais comuns à humanidade. A alternativa de uma moral universal imposta por alguns (ainda que bem-intencionados) ao restante da humanidade parece completamente inaceitável, levando-se em conta a ameaça totalitária e o atentado às liberdades individuais que ela representa; salvo se, com Rawls ou Habermas, nos esforcemos para pensar a ética não mais em termos de *comunidade cultural particular,* mas de *teoria da sociedade* relevante para a espécie humana em seu conjunto. Uma atividade comunicacional extensiva das *deliberações individuais* oferece aos participantes de origens culturais distintas meios de se confrontarem e, se tiverem boa vontade, de entrarem em acordo para coordenar, de modo harmônico, seus planos de ação. Essa teoria da discussão intercultural — que chamo de "controvérsia ética" — se completa com um princípio de universalização inspirado em Kant e na teoria da descentração do desenvolvimento psicológico da criança desenvolvida por Piaget e Kohlberg. Esse apelo coletivo ao *razoável*, que inclui não somente a racionalidade da argumentação, mas a preocupação com o bem comum em relação à espécie humana — à humanidade —, amplia a controvérsia ética para além das barreiras culturais e das convenções sociais.

A multiplicidade das opiniões e das convicções terá um papel crítico na controvérsia ética, como "gerador de diversidade mental" que contribuirá para a inovação ética, para a invenção e para a seleção de normas novas, mais bem-adaptadas e mais aceitáveis do que as precedentes. Substituto cognitivo da violência física, a controvérsia ética deveria poder ter um papel central na elaboração de uma "normatividade" aceitável e revisável no plano da humanidade. Ao aproximar o indivíduo (com sua diversidade) e a espécie (com sua unidade), a controvérsia ética se ampliaria e, progressivamente, no âmbito epigenético, substituiria a seleção de grupo.

Ciência e normatividade ética

A consideração dos progressos da ciência na atividade normativa traz um forte contingente de universalidade para a reflexão ética. Ela é sempre muito útil para elevar o debate do nível do mosaico de comunidades morais, com suas convenções sociais múltiplas e contingentes (com frequência muito intransigentes), ao de um *corpus* de sentimentos morais mais aberto e próprio à espécie humana. Ousaria sugerir que os diversos comitês consultivos de ética no mundo se esforçam para desenvolver suas reflexões segundo esquemas desse tipo?

A naturalização dos modelos éticos — em vez de apresentar-se como algo *desumanizador,* pois destacado de sistemas simbólicos próprios a culturas particulares — abre, a meu ver, a via para uma compreensão daquilo que há de mais autenticamente universal e livremente aberto no projeto ético.

Penso que, do símio ao homem, as funções cognitivas, em particular a consciência e a atividade artística, são associadas a um desenvolvimento maior da organização cerebral que se manifesta principalmente pela expansão do córtex cerebral e, mais particularmente, dos córtices de associação pré-frontal, parietotemporal e cingulado, em relação estreita com o sistema límbico (ver Parte II, a teoria do espaço de trabalho neuronal consciente).

CAPÍTULO 5 Neuroestética (1)
As artes plásticas*

O que é a "neuroestética"?

O termo "neuroestética" é recente. Data oficialmente do primeiro congresso sobre esse tema, que ocorreu em São Francisco em 2002. Tratava-se de consagrar um percurso muito mais antigo (Changeux, 1987; Luria, 1967), que visava a levantar questões acerca das bases neurais da contemplação da obra de arte e de sua criação e, se possível, perseguir seu estudo científico. Isso implica tomar consciência da dificuldade da empreitada e evitar todo *a priori* redutor que oculte sua natureza real.

Se a ciência consagra-se à busca de "verdades objetivas", universais e que acarretem um progresso cumulativo do conhecimento; se a ética dedica-se à busca de uma "vida boa" do indivíduo com e para os outros do grupo social; a arte, por sua vez, diz respeito à busca de uma "comunicação intersubjetiva" que implica motivações e emoções em harmonia com a razão, mas sem progresso evidente e em constante renovação. A meu ver, desses três principais campos de atividade cultural do homem, a atividade científica, a regulação ética e a criação artística, a última é a mais antiga, pois já está presente no mundo animal. Ela é essencial ao reforço do laço social, pela universalidade dos modos de comunicação intersubjetiva que engaja. Do meu ponto de vista, as funções cognitivas,

---
* Curso do ano de 2004.

em particular a consciência e a atividade artística, são associadas a um maior desenvolvimento da organização cerebral, que se manifesta principalmente pela expansão do córtex cerebral e mais particularmente dos córtices de associação pré-frontal, parietotemporal e cingulado, em relação estreita com o sistema límbico.

Vários pressupostos ideológicos, que são moeda corrente nas ciências do homem, devem ser previamente desconstruídos. Primeira oposição redutora: a dualidade corpo-mente. O programa da neurociência contemporânea visa a abolir essa distinção arcaica, baseada em uma ignorância deliberada dos progressos do conhecimento científico: trata-se, precisamente, de estabelecer uma relação de causalidade recíproca entre a organização neural e a atividade que se desenvolve nela e se manifesta pela atualização de um comportamento (ou de um processo mental) definido. A extrema complexidade da organização funcional de nosso cérebro, até aqui insuspeitada, deve ser levada em conta, o que inclui as múltiplas histórias evolutivas passadas e presentes, encaixadas umas nas outras: genéticas e epigenéticas, desenvolvimentais, cognitivas, mentais e socioculturais, cada uma depositando um traço material singular nessa organização.

Segunda oposição: a oposição natureza-cultura. Esta não se confunde com aquela, muito mais bem definida, do inato e do adquirido que distingue aquilo que está submetido a um determinismo genético e aquilo que é resultado de uma aprendizagem. A compreensão do inato requer a elucidação da relação, ainda muito mal compreendida, entre genoma humano e fenótipo cerebral; a da aquisição exige uma análise das regulações epigenéticas do desenvolvimento sináptico que inclui a atividade espontânea da rede neural, bem como a atividade evocada pela interação com o ambiente próximo e distante. O cultural é consequência da plasticidade epigenética das redes neurais em desenvolvimento. Paradoxalmente, pode-se dizer que o cultural é de início um traço biológico, ou melhor, neurobiológico. Não há, portanto, oposição entre natural e cultural. Muito pelo contrário, o envoltório genético exclusivo do cérebro humano — às vezes chamado de "natureza humana" — inclui essa "abertura epigenética" ao ambiente e, portanto, à gênese das culturas. A singularidade da história das populações humanas e de suas histórias individuais vai, portanto, materializar-se na forma de traços neurais que qualificarei de "objetos neuro-históricos", sem os quais a história não existe. Os animais não têm história, a não ser em seus genes; os seres humanos têm uma história, de início, em sua organização neural encaixada dentro de seu genoma.

Última oposição: o espiritual e o material. Na linguagem corrente, existem confusões de sentido frequentemente deliberadas, pois baseadas em um pressuposto ideológico dualista ainda vivo hoje. A espiritualidade das atividades intelectuais, filosóficas, religiosas e estéticas opõe-se assim às baixas exigências da vida cotidiana, às necessidades vitais, ao gozo dos sentidos. Já Diderot, em *Éléments de physiologie* — que infelizmente não chegou a concluir —, tentou abolir essa distinção mostrando que as atividades "espirituais" mais elevadas do homem são na realidade uma manifestação da "organização" de nosso cérebro, sem que isso diminua em nada as qualidades de uma "espiritualidade" assim secularizada, mas, ao contrário, sublinhe sua "dignidade" (Francis Bacon). Tal concepção abre um campo considerável das ciências humanas para uma crescente abordagem "neuro-histórica".

Como definir o belo?

O que é o belo? O que distingue a obra de arte "bela" da comum ou da feia? "Como se dá", nota Diderot, "que quase todos os homens estejam de acordo sobre a existência do belo que tantos percebam vivamente onde ele está, mas saibam tão pouco o que é?"

A filosofia grega recorreu ao conceito de *mimesis* para pensar todas as artes, ou seja, a imitação, ou tentativa de reproduzir, com meios específicos, a *aparência* de alguma coisa. Até a invenção da fotografia (Niepce, 1822; Daguerre, 1839), a arte é, portanto, de início imitação — cópia — da realidade exterior. Para Platão, a *mimesis* designa a cópia da natureza, o *"trompe l'oeil"*,* levantando desse modo um problema filosófico, uma vez que o mundo real já é uma cópia das ideias que ocupam o mundo inteligível. A produção do artista é cópia da cópia,

---

* O "engano do olhar". O autor empregará mais à frente o trocadilho *détrompe l'oeil*, "desengano do olhar". (*N. do T.*)

simulacro; ela é não somente inútil — duplica o real —, mas prejudicial, porque enganadora! Por isso, os artistas devem ser expulsos da cidade... Em *A república* encontra-se um esclarecimento que nos interessa particularmente: tomando o exemplo da cama, Platão distingue a *ideia* de cama, inteligível; o *modelo* que o artesão tem em mente; o próprio *objeto sensível*, a cama fabricada pelo marceneiro; a *figura pintada* da cama no quadro. Os equivalentes neuroestéticos dessa distinção são: o conceito (a imagem primeira, o "*concetto*"); o objeto fabricado; enfim, o quadro, representação conceitualizada do objeto.

Para Aristóteles, a arte, a *techne*, é uma atividade humana como qualquer outra, que é preciso compreender — analisando suas causas — antes de condená-la. A estátua, por exemplo, é feita de mármore (causa material), por um escultor (causa eficiente), de acordo com certa forma (causa formal), em vista de um certo fim (causa final). A imitação prolonga a natureza e merece nosso elogio: "Aprender é um prazer não somente para os filósofos mas também para os outros homens." Se as imagens são apreciadas, é porque ao vê-las aprende-se a conhecer (*Poética*, IV). A atividade artística é uma tendência natural, fonte de prazer, instrumento de conhecimento, cujo ofício merece louvores. A *mimesis* não nos engana. Fazemos sempre a diferença entre o real e sua imagem. Não somos tão tolos* quanto os pássaros de Zeuxis tentando bicar os grãos de uva que ele havia pintado. A representação do "feio" pode ser bela, o teatro o prova. O espectador liberta-se de suas emoções e de suas paixões por procuração: é a *catarse*. A arte não é somente agradável, mas útil ao indivíduo. Não é simplesmente *mimesis*, mas "re-presentação" com seus próprios códigos: não apenas imita a natureza, mas "finaliza aquilo que ela não pôde levar a cabo", prolonga-a ao "idealizá-la". Integra-se portanto à natureza.

Retomando o tema da *mimesis*, Hegel fará uma crítica que se tornará célebre. Para ele, a simples imitação não seria senão uma "caricatura da vida". A obra de arte é muito mais: ela realiza "o acordo do sensível e do inteligível" com mais "verdade" nas aparências. Ela é criação "da mente" (do cérebro).

---

* Em francês, "*bêtes*", que significa ainda "animais". (*N. do T.*)

Paradoxalmente, algumas vezes, para "parecer verdadeiro", é preciso "ser falso": a ilusão dos cavalos a galope com as quatro patas no ar do dérbi de Epsom de Géricault (figura 6) ou a posição impossível do homem

Figura 6 – A *mimesis* na arte

*Comparação de um desenho de cavalos a galope (*Épisode de la course des chevaux libres *[Episódio da corrida dos cavalos livres]) e de imagens cronofotográficas de Muybridge ilustrando o afastamento entre o desenho do artista e a observação científica do movimento. Em Géricault, não há respeito fiel à realidade, mas vontade de simular a impressão de movimento (apud Bruno Chenique, 2002).*

que caminha de Rodin. "É o artista que é verídico e é a fotografia que é mentirosa", escreve assim o escultor, "pois, na realidade, o tempo não para." Não há olhar inocente. Todo olhar é moldado por uma cultura, uma civilização que se afasta *de facto* da *mimesis*. No impressionismo, a justaposição de cores puras e o toque introduzem um novo código de representação realista. Com Kandinsky e a abstração, "o observador deve aprender a olhar as pinturas como a representação de um estado de alma, não como a representação de objetos": é preciso portanto distinguir impressões, improvisações, composições. Para Mondrian, na arte abstrata "o homem atinge uma visão muito mais profunda da realidade sensível". Para Klee, "a arte não reproduz o visível; ela torna visível", muda o olhar, nos ensina a ver: é tentativa deliberada de "representar" por um meio estável, e de maneira pública, as representações imaginárias que acometem transitoriamente e de maneira privada o espaço consciente do artista e, talvez mais especificamente ainda, as que representam a nós mesmos construindo modelos de nosso espaço consciente (Changeux).

No hiper-realismo e no surrealismo, uma nova *mimesis* recodificada em "*détrompe l'oeil*" se desenvolve. Com Magritte notadamente, objetos ou imagens já existentes — jornais, etiquetas — são introduzidos no quadro. A arte não é mais figuração, mas "transfiguração" do real (Sauvanet).

Para o neurobiologista, a questão da *mimesis* está ligada à questão da percepção visual. Em que medida o sensível percebido é representado de maneira ascendente — de baixo para cima (*bottom up*) — ou "instrutiva"? Existe, ao contrário, um controle descendente (*top down*) maior da percepção consciente? Qual é a importância do afastamento, da *mimesis* na recriação de uma forma ideal da natureza? Como o "inteligível" interage com o "sensível" no "mundo interior" do espaço estético consciente? Os estados de alma de Kandinsky devem ser interpretados com base em estados de atividade espontânea de origem endógena, e até alucinações? O que dizer dos qualificativos de Kandinsky: "impressão", "improvisação", "composição"? Ao jogar com os códigos, como disse Leonardo, "o artista se pinta". Ao fazer isso, seu cérebro é o "reflexo" da sociedade, como sugere Marx, ou a sociedade reflete o cérebro do homem? Em suma, é possível dizer que a obra de arte partilha traços com o "modelo científico": ela é ao mesmo tempo *redutora* e reveladora; seu objetivo é ser comunicada socialmente e ser aceita e partilhada pelos sujeitos do grupo.

Retornemos à definição do belo. No *Hípias maior*, Platão traz um esclarecimento importante. A beleza não se manifesta senão graças a uma relação formal de *conveniência*, isto é, uma "relação entre as partes e um todo pela qual a unidade deste último se impõe à multiplicidade das partes". É uma *harmonia* ou *consensus partium* para os estoicos e Alberti (1485); "um acordo e um temperamento bastante justo de todas as partes conjuntas" para Descartes; "um raciocínio oculto que não percebemos porque se faz rapidamente" para Bossuet. "A unidade do todo nasce da subordinação das partes, e dessa subordinação nasce a harmonia que supõe a variedade", escreve Diderot; "a percepção das relações [é o] fundamento do belo com a diversidade das relações percebidas ou introduzidas pelos homens", ainda para Diderot.

Desde os gregos, as matemáticas oferecem um excelente instrumento para dominar as relações entre o todo e as partes. Há portanto uma matemática da conveniência. Sua expressão toma diferentes formas. De início, a regularidade ou repetição de um mesmo elemento, depois a simetria: é uma organização calcada sobre aquela do corpo. Para os gregos, a *symmetria* é a medida de alguma coisa em comparação com outra coisa; donde a analogia que se manifesta pela igualdade das relações a/b = c/d e o estabelecimento de uma correspondência com um sistema racional como o das cordas vibrantes. Os sólidos regulares de Platão (octaedro, pirâmide, cubo, icosaedro, dodecaedro) atestariam uma harmonia imposta pelo demiurgo ao caos inicial do universo. A razão áurea [φ (phi) = 1,618, o número de ouro] define a proporção comum entre aquela de um pequeno segmento (AC) e um grande segmento (BC) e aquela do conjunto (AC + BC) e do grande segmento (BC).

Para o neurobiologista, a definição do belo levanta importantes questões de fisiologia: a "percepção das proporções" na pintura pode ser comparada à dos ritmos endógenos e harmonizados no modelo da música? A percepção da coerência das partes ao todo vai de par com aquela do espaço e de seus componentes ego e alocêntricos? Enfim, se o universo da arte é um universo recomposto, existe nele um fim? A beleza é a forma ideal de adaptação a um fim?

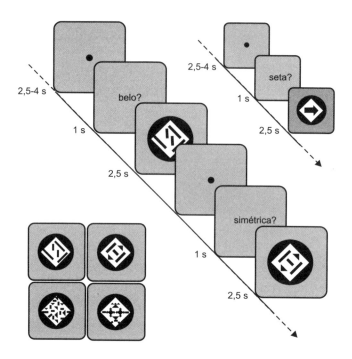

Figura 7a – Teste do "julgamento de gosto"

Uma imagem é apresentada em uma tela durante 2,5 segundos, e o sujeito decide se a imagem é bela (julgamento estético) ou simplesmente simétrica (julgamento de simetria) pressionando um botão durante a apresentação da imagem (apud Jacobsen et al., 2006).

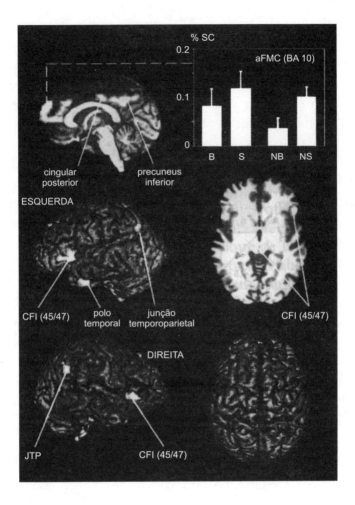

Figura 7B – Imagens cerebrais do "julgamento de gosto"

Os mapas de ativação cerebral por ressonância magnética funcional distinguem entre o julgamento de simetria e o julgamento estético, sublinhando a contribuição dos córtex frontomediano, pré-frontal, cingulado posterior e temporoparietal (que fazem parte do espaço de trabalho neuronal consciente) no julgamento estético. CFI: circunvolução frontal inferior; JTP: junção temporoparietal (apud Jacobsen et al., 2006).

Para Platão, em *Hípias maior*, a resposta é sim: existe uma beleza do útil. Ela é encontrada hoje com a técnica e o design. Um objeto é belo quando é capaz de cumprir sua função: princípio formal de simplicidade e de economia. Diderot, citando Shaftesbury, observa: "o que é um homem belo [...] é aquele cujos membros bem-proporcionados conspiram do modo mais vantajoso para a realização das funções animais do homem". É igualmente a resposta de Darwin com a "seleção sexual".

Para Sócrates, o belo seria também aquilo que produz o bem. Haveria equivalência entre belo e bem — *kalokagathos*, a excelência para os gregos. Para Platão, em *O banquete*, a beleza será definida a partir da experiência do sujeito amoroso; a escala de beleza é determinada pela qualidade da intuição amorosa. Observe-se que a referência à vida sexual é frequente na definição do belo.

Em todo estado de causa, parece difícil propor uma definição geral do belo que não sofra exceção. A dificuldade encontrada se parece, em muitos pontos, com aquela mencionada por Canguilhem a respeito da definição da vida. Talvez baste julgar alguns traços significativos sem visar a uma definição única e muito restritiva. A empreitada em curso de uma naturalização da contemplação do belo deveria não obstante trazer um esclarecimento das ideias (figura 7).

A luz, da Antiguidade aos nossos dias: introdução às artes plásticas

Para Aristóteles, "a visão é, de todos os sentidos, aquele que nos permite adquirir mais conhecimento..." (*Metafísica*). Daí o interesse demonstrado, na Grécia antiga, pela relação entre o olho e o objeto. A doutrina do "raio visual" postula que o "fogo visual" surge do olho com a ação da luz e vai ao encontro das coisas para provar sua forma, sua cor e outras propriedades. A ótica geométrica, de inspiração euclidiana, postula um cone ou pirâmide visual que tem o olho como ápice — do mesmo modo, aliás, que o paradigma experimental contemporâneo dos campos receptores! Outra doutrina antiga é a dos "simulacros" de Epicuro, finas películas que trazem a forma da coisa visível e que se desprendem dos objetos para penetrar no olho. Enfim, Aristóteles faz intervir um "meio intermediário" entre vidente e visível — por exemplo, a transparência — que muda qualitativamente quando se produz a visão: "a transparência em potência torna-se transparência em ato". A forma é assim recebida "sem sua matéria", mas sua percepção coincide de maneira absoluta com o mundo: "a sensação é sempre verdadeira", manifesto de uma tradição empirista sempre atual. Aristóteles prossegue a análise com uma psicologia das faculdades muito pertinente: ele distingue o *senso comum*, que discrimina entre percepções e apreende o que elas têm em comum; a *imaginação*, que retém o que os sentidos perceberam com a persistência das imagens; a *memória*, enfim, que representa a imagem como alguma coisa passada e reconhece a similitude de duas sensações sucessivas. A memória torna possível a "experiência" fonte de toda ciência autêntica. Aristóteles ultrapassa a posição empirista pura quando escreve que "não há ciência apenas pela sensação" e que é preciso "abstrair os objetos da sensação de suas particularidades".

Um progresso capital da compreensão da propagação e da percepção da irradiação luminosa é produzido com Ibn al-Haytam ou Alhazen, óptico persa do século X que propõe com justa razão que os raios luminosos se propagam do objeto ao olho, que se torna receptor da luz. Engana-se, em compensação, quando afirma que é o cristalino, e não a retina, que reconstitui a imagem ponto por ponto antes de ser transferida pelo nervo óptico até a "sede da alma". Alhazen completa sua "óptica", de modo semelhante à de Euclides mas em direção oposta, pela distinção do *aspecto* sensível (*aspectus*) e do *conhecimento* sensível (*intuitus*) que faz intervir inferências implícitas do julgamento perceptivo.

Em 1604, finalmente, o notório astrônomo Johannes Kepler atribui à retina seu papel na percepção visual pelo olho, tornado instrumento de óptica. Ele é precedido historicamente por uma busca sobre dois dispositivos "artificiais":

A abordagem visual da realidade da pintura em perspectiva, que visa a criar a ilusão por meio de uma construção espacial unificada e sólida e rompe com a concepção medieval da arte de representação da ideia interior na qual os atributos simbólicos bastam. A arte do *Trecento* (Duccio, Giotto) retoma a tradição ilusionista da pintura greco-romana

(Paestum, Pompei) e, pela perspectiva, tenta simular "artificialmente" na tela as causas da visão natural;

O desenvolvimento de instrumentos de óptica como a luneta dos fabricantes de óculos, que Galileu aponta para o céu. Nosso conhecimento do mundo não está mais restrito aos limites de nossos sentidos naturais, o que leva a visão dos homens "muito mais longe do que a imaginação de nossos pais tinha o costume de ir" (Descartes, *Dióptrica*, 1637).

Johannes Kepler preocupa-se com os erros da visão, em particular quando da observação astronômica. No *Ad Vitellionem paralipomena* [Paralipômenos a Vitellio] (1604), depois no *Dioptrice* [Dióptrica] (1611), ele propõe uma teoria matemática do quarto escuro: os raios luminosos, penetrando por um pequeno furo, projetam-se sob a forma de uma imagem invertida na tela branca. Em seguida, estende esse modelo ao olho, tendo o orifício da pupila por abertura e a retina por tela. Sobre a retina seria formada uma "pintura bidimensional" do objeto, "um ser físico" próprio, que o observador pode "ver" diretamente. Essa ideia será retomada e mesmo representada por Descartes em uma figura clássica de seu *Dióptrica* de 1637 (figura 8), obra na qual propõe uma teoria racional do telescópio e, desse modo, da visão, do objeto ao olho e do olho às "dobras internas do cérebro", que a alma "lê" de maneira recíproca no plano da interface pineal.

Isaac Newton, por sua vez, vai interrogar-se sobre a natureza da própria luz: a luz branca é pura e homogênea? As cores nascem de uma modificação da luz incidente por "enfraquecimento" devido a uma (extravagante) mistura com a escuridão, suposta desde Aristóteles? De acordo com Michel Blay, a cronologia das experiências de Newton é a seguinte: em uma primeira experiência de 1665 (*Carnet de notes*), Newton observa uma fita bicolor, metade azul metade vermelha, através de um prisma, e mostra que o segmento azul se desloca mais próximo do vértice do prisma que o segmento vermelho (nº 6). Na experiência chamada "prisma de Newton" (nº 7), ele descreve (*a posteriori*, parece) a incidência sobre o prisma de um feixe de luz paralelo oriundo de um furo nos anteparos de um espectro: os raios igualmente refratados não formam na parede oposta um círculo, mas uma mancha alongada (17-20 centímetros contra 8 milí-

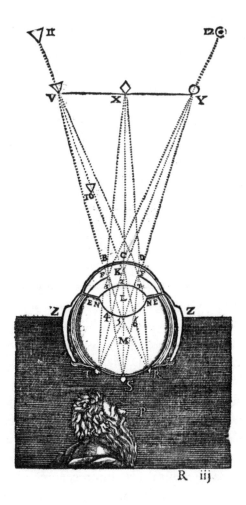

FIGURA 8 – O olho instrumento de óptica

A projeção da imagem do mundo exterior sobre a retina, tal como a representa René Descartes em Dióptrica, *segue as leis da óptica geométrica com o cristalino servindo de lente.*

metros) com o azul distando do vermelho (cerca de 8 centímetros); o que, com a experiência precedente, demonstra a "refrangibilidade específica" dos diferentes raios. Enfim, com o *experimentum crucis* de 1672 (Carta a Oldenburg, secretário da Royal Society), Newton utiliza um segundo prisma para estudar os raios oriundos de uma parte somente dos "raios refratados pelo primeiro espectro": ele demonstra que os raios que atravessam o segundo prisma conservam a cor e o grau de refrangibilidade, concluindo a partir disso que as cores são "propriedades originais e inatas diferentes de acordo com os raios", cuja "mistura" produz "transmutações" aparentes de cores. Em uma última experiência, Newton coloca uma lente convergente no trajeto do conjunto dos raios emergentes do prisma e observa que a "luz assim reproduzida é perfeitamente branca". A luz branca, conclui, é "um agregado complexo de raios dotados de todo tipo de cores que são lançados de modo desordenado em diferentes pontos dos corpos luminescentes". Existe mesmo "uma ordem social das cores com sucessão ordenada, como no arco-íris, do vermelho vivo menos refratado ao violeta mais refratado".

Desde essa época, duas teorias sobre a natureza da luz estão em debate: Hooke compara o raio de luz a uma "corda vibrante", enquanto Newton pensa em uma "multidão de corpúsculos inimagináveis" emitidos pelos corpos brilhantes. Em 1905 Albert Einstein reconciliará teoria corpuscular e teoria ondulatória ao introduzir o fotoquantum de energia luminosa que viaja como uma onda.

Para James Clerk Maxwell no final do século XIX, a luz faz parte de um conjunto de radiações eletromagnéticas — entre 370-730 nanômetros — produzido pelo movimento de partículas carregadas como o elétron ou pelo salto de um "nível de energia" para outro. Nessas condições, a composição em comprimento de onda da luz do dia difere daquela, muito mais seletiva — e fria — de um tubo fluorescente, a "cor" de um objeto resultando em comprimentos de ondas absorvidas comparadas com as refletidas. Por exemplo, a superfície vermelha de um quadro absorve comprimentos de ondas curtas (azul, verde) e reflete comprimentos de ondas longas (vermelho).

O método newtoniano, mantido pela Europa das Luzes e pela ciência de hoje, pode ser resumido nos seguintes termos:

A aplicação do método experimental tal como requerida por Francis Bacon;

A redução do global complexo a elementos mais simples ("quebrar o global contínuo em elementos descontínuos");

A matematização da física, na sequência de Galileu, que levará à matematização do universo (Laplace) e dos fenômenos naturais e sociais (Maupertuis).

A teoria científica constitui um campo separado e autônomo no interior do qual se chega a construir uma explicação do mundo sem ter de se referir a um plano divino, mesmo que Newton fosse não somente crente mas alquimista, cabalista e milenarista! A separação da ciência e da religião confere uma nova "dignidade" ao conhecimento científico, sempre consciente de seus limites.

O olho e os receptores da luz

O olho dos vertebrados é um notável instrumento óptico cujo cristalino serve de lente para focalizar a imagem visual sobre a retina. A camada sensível da retina é constituída de cones e bastonetes, células receptoras que, por sua vez, participam de uma rede neuronal muito complexa, cujas células de saída são as células ganglionares e seus 1,5 milhão de axônios que compõem o nervo óptico. Como havia proposto pela primeira vez Thomas Young, em sua *Bakerian lecture* de 1802, a propósito da percepção da cor, há três categorias de "partículas" receptoras dos comprimentos de onda na retina. Trata-se das três categorias de cones contendo cada uma três categorias de moléculas fotorreceptoras selecionadas para o vermelho, o verde e o azul. As moléculas fotorreceptoras são na realidade quatro: a rodopsina dos bastonetes (figuras 9a e 9b), cuja resposta é mais ampla, e as três opsinas dos cones. Essas proteínas alostéricas transmembrana (ver Parte III) possuem cada uma um espectro de absorção distinto determinado pelo ambiente local do retinol. O máximo de absorção de cada um desses pigmentos é, respectivamente, 419 (azul), 531 (verde) e 559 (vermelho) nanômetros. Os genes que codificam as opsinas e a rodopsina foram identificados e sequenciados. São proteínas de sete hélices transmembrana acopladas a proteínas G (ver Parte III) que apresentam importantes homologias entre si e somente alguns aminoácidos diferentes: glutamato e tirosina presentes nas hélices dois e cinco, que são responsáveis por mudanças espectrais. Alterações hereditárias desses genes acarretam o daltonismo, que se manifesta em modificações profundas na visão das cores.

Por outro lado, Margaret Livingstone mostrou que o sistema dos três tipos de cones tal como se encontra nos primatas e no homem é relativamente recente na evolução. Nos não primatas, encontra-se somente um sistema de dois tipos de cones-cor que se une àquele dos bastonetes-luminância, muito mais universal.

A percepção da cor, bem como a das formas e das figuras, é portanto determinada, desde o nível da retina, por mecanismos estritamente moleculares.

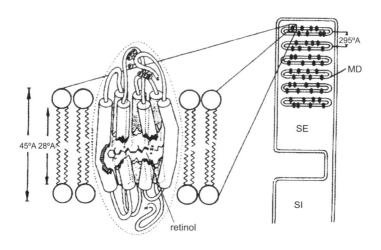

FIGURA 9A – Transdução do raio luminoso em resposta fisiológica pelos receptores retinianos

As representações do mundo exterior que formamos em nosso cérebro passam integralmente pelo canal dos órgãos dos sentidos e dos processos de transdução dos sinais físicos: luminosos, sonoros, olfativos etc. como sinais fisiológicos pelas moléculas chamadas receptores. Aqui a rodopsina, receptor dos fótons luminosos, com, em seu interior, a molécula fotossensível de retinol e (à direita) sua localização no segmento externo do bastonete retiniano (apud Buser e Imbert, 1987).

A luminância e o "valor" do pintor

Ao lado da cor, os artistas falam de "valor", isto é, em termos científicos, da luminância de uma superfície pintada. É mais clara, mais escura? A luminância especifica o poder irradiado por uma fonte luminosa em relação ao comprimento de onda tal como é percebida pelo sujeito. Ela é definida por:

$$B_\lambda = Ko \; V_\lambda \; B_\lambda$$

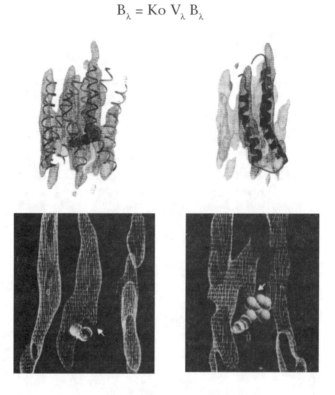

FIGURA 9B – Estrutura cristalográfica da rodopsina em nível atômico

EM CIMA: organização global da molécula com sete hélices transmembrana; EMBAIXO: localização da molécula de retinol (esferas) (apud Krebs et al., 2003).

em que Ko é um coeficiente ligado às unidades, B_λ a potência energética por unidade de superfície x pelo ângulo sólido, e V_λ um coeficiente de visibilidade relativo ao comprimento de onda λ.

A luminância tem um papel crítico na percepção da profundidade, do movimento, da organização no espaço. Os cones intervêm de maneira diferencial na discriminação da luminância (a resposta à luz verde é vinte vezes maior do que a resposta à luz azul); unindo-se à contribuição dos bastonetes, o conjunto produz a resposta de luminância nas células ganglionares da retina. A visão noturna é cega às cores e se deve, essencialmente, à ação de bastonetes. No anoitecer, a contribuição dos bastonetes —

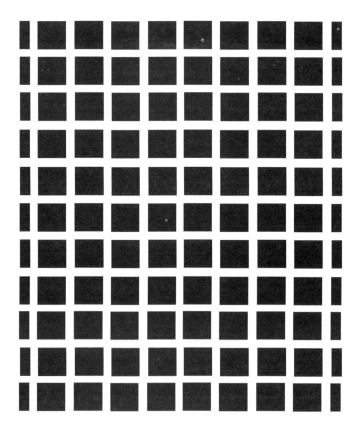

FIGURA 10A – Ilusão de óptica da grade de Hermann

A ilusão de cintilamento descoberta em 1870 por Ludimar Hermann manifesta-se com uma grade de linhas brancas pelo aparecimento transitório de manchas escuras na interseção das linhas brancas (apud Livingstone, 2002).

mais sensíveis ao verde e ao azul — supera a dos cones combinados. Os vermelhos tornam-se mais escuros e os azuis, mais claros: é o deslocamento de Purkinje. Não há portanto percepção "absoluta" mas uma *reconstrução* da cor, bem como, de maneira geral, do mundo exterior, pelo cérebro.

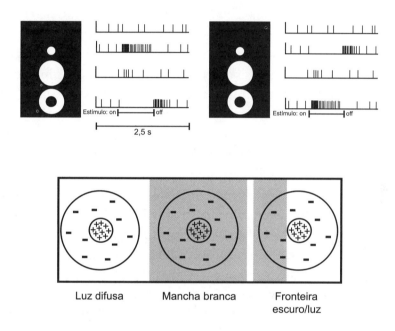

FIGURA 10B – Células centro-periferia da retina

A ilusão de cintilamento da grade de Hermann deve-se à ativação diferencial das células nervosas especializadas da rede neuronal da retina chamadas "centro-periferia", colocadas em evidência por Hubel e Wiesel em 1988. À ESQUERDA: célula centro ON — periferia OFF; À DIREITA: célula centro OFF — periferia ON. Na interseção de duas linhas brancas ocorre uma diminuição da atividade dessas células comparada à atividade dessas mesmas células entre duas interseções, produzindo a percepção ilusória de uma mancha escura.

As representações que formamos do mundo exterior em nosso cérebro se constroem progressivamente, por vezes de maneira ilusória, a partir dos sinais coletados por nossos órgãos dos sentidos (apud Livingstone, 2002).

As células antagonistas de campo concêntrico e o "desenho"

Os neurônios da retina fazem um primeiro tratamento da informação visual. Steven Kuffler definiu, desde a década de 1950, um paradigma fisiológico ainda atual, aquele do campo receptor. A retina é estimulada com um spot luminoso móvel enquanto uma célula ganglionar única da retina é registrada: a superfície do estímulo, e portanto da retina, ao acarretar uma resposta, é chamada de campo receptor; um spot circular de pequeno tamanho pode acarretar uma resposta ON; mas, se se aumenta o tamanho do spot, a célula torna-se silenciosa; se é estimulada com um anel luminoso, a célula inicialmente silenciosa torna-se ativa depois de cessar o estímulo (resposta OFF); a célula é centro ON — periferia OFF. Células centro OFF — periferia ON são igualmente registradas. A análise aprofundada das respostas das células ganglionares mostra uma resposta preferencial às fronteiras claro/escuro. A ilusão visual da grade de Hermann (1870) (figura 10), manchas cinza aparecendo nas interseções de uma grade branca entre quadrados negros, interpreta-se com base na inibição diferencial de células antagonistas de campo concêntrico por quatro segmentos brancos, não por dois. De maneira geral, as células antagonistas respondem a mudanças bruscas luz/escuridão. Elas intervêm de maneira privilegiada no reconhecimento do *desenho* ou do *contorno* de uma forma que o artista traça na tela para defini-la, mesmo que essa fronteira "desenhada" não exista na natureza.

Células antagonistas de campo concêntrico são igualmente registradas no corpo geniculado lateral, no qual se projetam os axônios das células ganglionares da retina. Encontram-se aí três tipos de células antagonistas: as primeiras, de pequeno campo receptor com centro seletivo para o vermelho, o verde ou o azul; as segundas, que não respondem à luz branca mas são excitadas por uma cor e inibidas pela cor complementar (ex.: vermelho ON/verde OFF...); as terceiras, que intervêm diferencialmente no sistema ONDE? cego às cores, ou no sistema O QUÊ? sensível às cores (ver *infra*, figura 11a).

A "conservação" da imagem da retina no córtex cerebral

As vias visuais, da retina ao corpo geniculado lateral, depois ao córtex cerebral, mantêm uma cartografia precisa, com cruzamento pela parte nasal da retina e sem cruzamento pela parte temporal no nível do corpo geniculado lateral. Os métodos de imagem cerebral, tanto com 2-deoxiglicose C_{14} quanto por ressonância magnética funcional, permitem encontrar a imagem do estímulo com fronteiras muito claras, mas que sofrem transformações matemáticas análogas às sugeridas por Arcy Thompson e prosseguem de mapa em mapa até o córtex pré-frontal (Tootell). Há, portanto, de acordo com a posição empirista, um "isomorfismo ascendente" da representação do mundo exterior que tem como contrapartida o que pode ser chamado de um "*ego*morfismo descendente" de cima para baixo, menos figurado e cujo código ainda não foi determinado.

A análise muito apurada de Sereno e Tootell por ressonância magnética funcional (RNMf), com estímulos por tabuleiro de dama semicircular giratório, ou por anel largo dilatando-se e contraindo-se, revela mapas de ângulos isopolares e de excentricidade cujo contorno *varia* de maneira significativa. É importante sublinhar que, a despeito dessa variabilidade anatomofisiológica, há constância da *imagem percebida*.

Hubel e Wiesel fundaram a pesquisa sobre a fisiologia dos neurônios do córtex visual primário, registrando células individuais em resposta a estímulos do campo visual. Eles registraram resposta elétrica apenas quando uma parte do campo visual é estimulada, a resposta ideal produzindo-se com uma barra luminosa orientada em uma direção privilegiada. Hubel e Wiesel distinguiram vários tipos de células: células "simples" que respondem a uma barra luminosa; células "complexas" que são estimuladas por uma janela luminosa com uma orientação e uma posição particulares; enfim, outras células de especificidade diversa. Algumas são sensíveis ao movimento (simples, unimodais ou bimodais; células simples inibidoras centrais), outras, à rapidez do estímulo... Essas células são organizadas em colunas verticais com especificidade de orientação e/ou de dominância ocular.

As lesões do córtex visual primário podem acarretar uma "hemianopsia", metade do campo contralateral cego (lesão total da área visual V1 de um hemisfério), um "escotoma", quadrante superior hemicampo contralateral cego (lesão da margem inferior V1), ou uma "quadranopsia" (grande lesão da margem inferior de V1). Outras lesões hemisféricas localizadas acarretam a perda da visão das cores ou a perda da percepção do movimento (*cf. infra*).

A organização paralela e hierárquica das vias visuais

O número de representações corticais da retina aumenta ao longo da evolução em paralelo ao crescimento da superfície relativa do córtex cerebral e, mais particularmente, do córtex frontal. Essas áreas cerebrais passam de 3-4 nos mamíferos primitivos a 15-20 nos primatas, 32 no macaco e verossimilmente muito mais no homem. De acordo com Van Essen, as 32 áreas do macaco seriam ligadas entre si por 305 tipos de conexões em rede recíproca, com um importante paralelismo e ao menos dez níveis hierárquicos (figura 11).

Em um trabalho pioneiro, Semir Zeki, na década de 1970, mostrou que essas áreas múltiplas se organizavam em vias especializadas respectivamente na sinalização da orientação (V_1, V_3, V_{3A}), da cor (V_4) e da direção (ST_3). De fato, essa especificidade não é absoluta e há uma sobreposição entre áreas. Uma maneira alternativa de definir as vias visuais pode, ademais, ser baseada na distinção entre camadas parvocelulares (via P) e magnocelulares (via M) do corpo geniculado lateral. Estas se projetam respectivamente:

Via M sobre V_1, V_3, V_5: é a "via dorsal" ou *sistema ONDE?*, especializada na percepção do movimento, da forma, da separação figura-fundo e da organização da cena visual no espaço;

Via P sobre V_1, V_4: é a "via ventral" ou *sistema O QUÊ?*, especializada no reconhecimento dos objetos e dos rostos e na percepção das cores.

A maior parte dos artistas utiliza esses dois sistemas de maneira privilegiada e diferencial (Mondrian e a via P; Bury e a via M). Isia Leviant, por exemplo, chegou a criar uma ilusão de movimento a partir de círculos concêntricos irradiantes fixos, a qual se deveria a uma interação "ilusória" entre as vias dorsal e ventral.

A visão das cores

Em um célebre artigo publicado em 1801 na revista *Philosophical Transactions*, da Royal Society, Thomas Young propôs a primeira formulação explícita da teoria tricrômica da percepção da cor: "um número limitado (...) de partículas" capazes de vibrar em uníssono com cada "ondulação possível (...), por exemplo, as três cores primárias: vermelho, amarelo e azul".

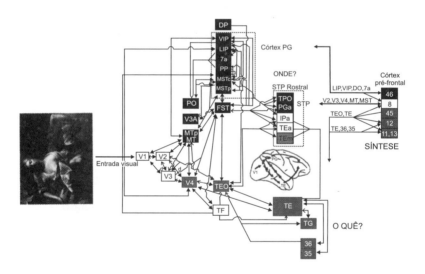

FIGURA 11A – Organização paralela e hierárquica das vias visuais envolvidas na contemplação de uma obra de arte

Esquema das vias visuais no símio, no qual cada retângulo representa uma área cortical, desde a área primária visual V1 até as áreas pré-frontais. A análise da imagem retiniana efetua-se segundo uma "via dorsal" ONDE? para a percepção do movimento, da profundidade, da organização espacial, da separação fundo-figura, e uma "via ventral" O QUÊ? para o reconhecimento dos objetos e dos rostos e percepção das cores (apud Koch, 2004).

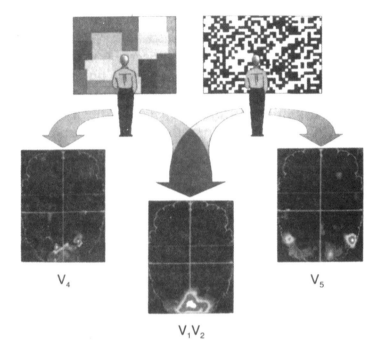

FIGURA 11B – Ressonância magnética funcional ilustrando a especialização do córtex cerebral na visão das cores e do movimento

Quando o sujeito observa uma cena colorida como um "quadro" de Piet Mondrian (esquerda), há ativação da área V_4; no caso de uma cena móvel como uma "escultura" de Pol Bury (direita), há ativação da área V_5 (apud Zeki, 1999).

Helmholtz (1860) adota a noção de "três categorias de fibras", mas introduz a ideia complementar de que cada categoria de fibras responde a vários comprimentos de onda diferentes, com um máximo de sensibilidade. Todavia, vários problemas foram colocados pela teoria newtoniana da cor. O primeiro é o da relação das cores entre si. Para Newton, há continuidade do espectro, passagem de uma cor para a outra segundo um "círculo das cores". A essa concepção opõe-se a das cores oponentes (Goethe, 1810; Hering, 1874): as quatro cores — vermelho, verde, amarelo, azul — são consideradas *cores primárias*, mas excluem-se mutuamente, vermelho/verde e amarelo/azul como *cores complementares* ou "oponentes". A teoria prevê a percepção de milhões de cores a partir de três tipos de receptores apenas. Um monitor de computador pode produzir 17 milhões de cores distintas. Sabe-se que, de Aristóteles a Goethe, a cor resultava supostamente da mistura de branco e preto, de claro e escuro! Erro histórico notório.

Jesuíta esclarecido e amigo de Jean-Philippe Rameau, o padre Castel opõe-se de forma curiosa às teorias de Newton (ele não aceita a continuidade do espectro!), mas distingue utilmente o matiz (*hue*) do valor (*tone*) ou *chiaro oscuro*. Ele retorna a uma questão antiga, mas importante para nós: as relações "harmônicas" entre sons e cores. Gioseffo Zarlino propõe uma teoria da harmonia dos sons: o tetracorde (1 + 2 + 3 + 4 = 10), cujas relações dão a oitava, a quarta e a quinta. Para François d'Aquilon (1613), haveria concordância entre sons e cores: as relações entre cores primárias e secundárias bem como a sua derivação a partir do preto e do branco se superporiam àquelas dos sons. O padre Castel prossegue propondo um "cravo ocular" (1725) que tocaria sequências de cores como sequências de notas (figura 12). Ele propõe uma "oitava" de 12 cores correspondendo às 12 notas da gama com quatro semitons. A máquina foi construída em 1754, do tamanho de um homem, com 60 vitrais de cor e 500 lâmpadas, a tecla pressionada fazendo acender uma lâmpada atrás da janela correspondente. Diderot vai interessar-se por ela, diferentemente de Voltaire e de Hogarth. Seu impacto permanece muito mais teórico do que prático.

Outra consequência — muito concreta — da teoria das cores de Newton e Young é a impressão em cores, realizada a partir de 1725 por Jacques Christophe Leblon (1667-1741). Em seu *Coloritto* publicado em Londres, Leblon reduz as sete cores do prisma de Newton a três cores fundamentais: azul, amarelo e verde, cuja combinação produz todas as cores possíveis. Ele seleciona tintas transparentes capazes de se misturar sem se danificar e superpõe a impressão de três diferentes placas gravadas, uma para cada uma das três cores. Resultam disso as célebres estampas *Tête de jeune fille* [Cabeça de menina] e *Portrait du cardinal de Fleury* [Retrato do cardeal Fleury]. Leblon morre em 1741, e seu aluno Jacques Fabien Gautier d'Agoty explora o procedimento — rouba o segredo — e investe contra Newton. Não obstante, ele realiza um conjunto excepcional de pranchas anatômicas em cor.

O VERDADEIRO, O BELO E O BEM

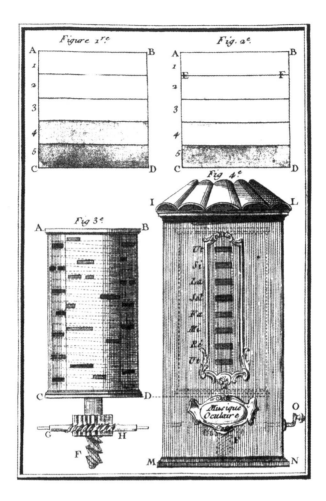

FIGURA 12 – "Cravo ocular" do padre Castel

Jesuíta e cientista polemista, o padre Castel construiu um sistema teórico publicado no Optique des couleurs *[Óptica das cores], de 1740, baseado na analogia física e estética entre cor e música. Inspirado no* Traité de l'harmonie *[Tratado da harmonia], de Rameau, ele propõe um círculo de 12 cores que correspondem à oitava de 12 notas, com quatro semitons. Em 1725, ele anuncia a construção de um cravo ocular, que não será executado senão cerca de vinte anos mais tarde em Londres, sob a forma de uma caixa do tamanho de um homem, disposta sobre um cravo modificado e contendo cerca de 500 lâmpadas que se acendem atrás das 60 janelas de vidro colorido quando uma tecla do cravo é pressionada.*

A importância do contexto colorido

Edwin Land (1909-1991) marcou profundamente as pesquisas sobre a percepção da cor, demonstrando a importância do contexto colorido. Em uma série de experiências tornadas célebres, ele coloca o sujeito diante de um "Mondrian" experimental composto da justaposição de retângulos de cor de dimensões variadas, de tal maneira que cada retângulo fique cercado de ao menos duas cores diferentes. Ele ilumina o quadro com três projetores de comprimentos de ondas longa, média e curta. De início, clareia um único retângulo (o verde, por exemplo) com os três projetores ao mesmo tempo, o restante do quadro permanecendo na escuridão: o retângulo aparece branco/cinza. Depois, utiliza um único projetor (comprimento de onda longa, por exemplo) e o retângulo aparece vermelho. Quando todo o quadro é iluminado pelos três projetores ao mesmo tempo, ele aparece colorido e o retângulo que era "branco" na experiência precedente se torna verde. Assim, a cor percebida depende não só da luz refletida pela superfície considerada, mas também pelas superfícies adjacentes. A percepção da cor de uma superfície definida depende, portanto, muito diretamente de seu contexto colorido. A mudança de proporção das intensidades dos três projetores não muda de maneira dramática a percepção da cor da superfície considerada: ela é sempre percebida como verde. Há "constância" de cores. O fenômeno já reconhecido por Helmholtz faz com que as cores de um quadro pareçam globalmente as mesmas à luz natural ou artificial.

Land propôs uma teoria biofísica, chamada retinex, que dá conta do fenômeno de constância das cores. O cérebro emite energias absolutas — em outros termos, comprimentos de onda precisos. Ele "reconstrói" o aspecto colorido de um objeto do mundo exterior extraindo dele um parâmetro "invariante", físico. Para Land, esse parâmetro seria a "refletância" $\lambda\, \rho_\lambda$ da equação $B'_\lambda = \rho_\lambda B_\lambda$ em luz monocromática, que varia com λ de acordo com o objeto. A "cor" do objeto dependeria da variação da refletância com o comprimento de onda, isto é, da difusão (e da absorção) relativa dos diversos comprimentos de onda. O exame por três canais diferentes e independentes de várias superfícies coloridas permite ao cérebro extrair da refletância espectral das três superfícies consideradas a "cor" invariante percebida pelo sujeito.

As concepções recentes da biofísica da cor

A visão das cores foi escolhida como modelo de processo que se desenvolve no nível do entendimento e emprega estados mentais qualitativos e subjetivos chamados *qualia* (Pierre Jacob). Esses *"qualia"* se explicam simplesmente com base em processos fisiológicos neuronais.

A codificação neural da cor faz intervir as vias visuais da retina nos córtices visuais primários e secundários, com passagem obrigatória pelo corpo geniculado lateral. Sabe-se que uma codificação genética muito poderosa intervém nos bastonetes e cones, células receptoras. Os bastonetes contêm apenas um pigmento, a rodopsina, e três categorias de cones que diferem por sua sensibilidade espectral, determinada por três pigmentos retinianos distintos cujos genes de estrutura foram clonados, sequenciados e identificados em humanos. Trata-se em todo caso de receptores, com sete hélices transmembrana, homólogos da rodopsina e derivados de um mesmo gene ancestral por duplicação gênica (figuras 9a e 9b). Diferenças de alguns aminoácidos críticos no nível do ponto de ligação do retinol bastam para dar conta das diferenças espectrais. Trata-se das primeiras bases moleculares simples da semântica das cores.

Os sinais enviados pelas diversas categorias de receptores são em seguida analisados pela rede retiniana e distribuídos pelas vias especializadas no tratamento da cor do corpo geniculado, depois do córtex visual. Com efeito, vias neurais e territórios corticais diferentes asseguram a transmissão e a análise das informações relativas aos atributos de cor, forma e movimento. No plano fisiológico, Zeki e seus colegas registraram tipos celulares suscetíveis a intervir na análise sugerida por Land:

As células ganglionares da retina que unem e subtraem os sinais vindos dos cones;

As quatro grandes categorias de células do corpo geniculado lateral (tálamo) que respondem ao azul, verde, amarelo e vermelho: centro vermelho-verde-azul, vermelho ON — verde OFF, verde ON — vermelho OFF, azul ON — amarelo OFF;

As células do córtex cerebral, "sensíveis aos comprimentos de onda" em V_1, que respondem à composição em comprimentos precisos de onda, e as células "sensíveis à cor", que respondem à cor percebida (pelo observador) (área V_4).

Entre os neurônios que respondem à cor "percebida", há a "reconstrução" de invariantes perceptivas. Sua atividade é aquela que se espera se a "constância" da percepção das cores ocorre. Essa é a segunda base, a anatomofisiológica, da semântica das cores. Constata-se, nessas condições, uma adequação entre as atividades neuronais registradas e as cores percebidas, o que permite definir as bases físicas (neurais) de um estado mental qualitativo e, logo, oferecer uma interpretação neuronal plausível dos *qualia*.

Empatia e criação artística

Em seu *Homo aestheticus*, de 1992, Ellen Dissanayake debate a relação entre emoção estética e empatia. Para ela, criação e contemplação estética constituem, em primeiro lugar, uma relação "empática". A palavra *empathy* aparece em 1904 como tradução de *Einfühlung*, criada por Theodor Lipps em 1897 para qualificar a "capacidade de identificar-se com o outro, de sentir o que ele sente". Ela se distingue da "simpatia", ou "participação no sofrimento do outro", "daquele que experimenta compaixão" e do "altruísmo" criado por Auguste Comte, "disposição inata do ser humano à benevolência em relação aos outros membros de sua comunidade e que coexiste com o egoísmo", no qual "o interesse pessoal é subordinado àquele de seus semelhantes, sem motivação religiosa". "A empatia não acarreta necessariamente simpatia." "A violência intencional existe" — a guerra é exemplo disso.

Defini a arte "como comunicação simbólica intersubjetiva com conteúdos emocionais variáveis e múltiplos", na qual a *empatia* intervém como "diálogo intersubjetivo *entre* as figuras, empatia do espectador *com* as figuras e entre o *artista* e o *espectador*, que emprega capacidade de atribuição, teoria da mente". Para Theodor Lipps (1897), "as curvas vigorosas e esplendorosas de uma coluna dórica me dão alegria ao me lembrarem dessas qualidades em *mim mesmo* e pelo prazer que experimento ao vê-las *nos outros*". De acordo com ele, a "empatia estética" seria explicada com base em uma "imitação interior" que "toma lugar em minha consciência somente pelo objeto observado [...] É a imitação estética". A apreciação de uma obra de arte resultaria então "da capacidade do espectador de projetar a sua personalidade sobre o objeto de contemplação" (*Aesthetic*, 1903). O próprio Freud utiliza o termo *Einfühlung*. As teorias estéticas desde então incluem o "conteúdo simbólico", a *"mimesis* ideacional", em particular para as artes primitivas. Até mesmo a arte abstrata pode ser incluída nessa abordagem, por sua organização e regularidade, que substituem o "caos" do mundo, controlando-o.

As bases neurais da empatia e mesmo da simpatia são por conseguinte abundantes (figura 5). Além dos neurônios do córtex temporal que respondem à expressão das emoções, à intencionalidade de ação, conhecemos a importante contribuição do sistema límbico nas bases neurais das emoções (Panksepp, 1982), positivas, "para o outro" (desejo, motivação), ou negativas, "contra o outro" (cólera): conjuntos de neurônios e neurotransmissores distintos (dopamina *versus* acetilcolina) intervindo de maneira combinatória e diferencial. A imagem cerebral sublinha as estreitas relações existentes entre o sistema límbico (área cingular, amígdala) e o córtex pré-frontal (McLean, 1973).

Sabe-se que, para Emmanuel Levinas, "a relação com o rosto é prontamente ética". Ela é evidentemente essencial na vida social do homem: identificação de pessoas familiares ou célebres; avaliação da idade, do gênero, do pertencimento étnico, das emoções; ajuda na compreensão da linguagem falada (leitura de lábios), percepção do olhar, compreensão das intenções... Ora, existem bases neurais bem definidas para essas diversas funções. Por exemplo, lesões corticais definidas (bilaterais têmporo-occipitais) acarretam um déficit do reconhecimento do rosto ou prosopagnosia. Young propôs assim um modelo neuronal mínimo, já muito complexo, para o reconhecimento dos rostos. Ele faz intervir:

Codificação estrutural;
Unidades de reconhecimento dos rostos;
Entrelaçamento de identidade de pessoas;
Gerador de nomes.

O reconhecimento de rostos familiares *versus* não familiares é automático e pode desencadear uma resposta medida na pele chamada eletrodérmica — não consciente — em certos sujeitos prosopagnósicos. Em compensação, a identificação da pessoa e a produção do nome demandam acesso ao espaço consciente, algumas vezes com "esforço de atenção"!

Em 1972, Charles Gross e seus colegas identificam pela primeira vez no córtex temporal do símio unidades que respondem seletivamente aos rostos tanto do símio quanto do homem. Sua especificidade é notável, pois, se os olhos forem apagados ou se a imagem estiver fragmentada, esses neurônios símios não reagem mais; não são mais sensíveis à apresentação de mãos ou de outros objetos. Em compensação, respondem de maneira diferencial às imagens de cabeça, face e perfil, bem como às expressões do rosto: bocejo, ameaça, sorriso, direção do olhar (ver "células elaboradas" de Tanaka e observações de Perret). Experiências em que rostos esquemáticos são mostrados a bebês (Johnson e Morton, 1991) revelaram que um recém-nascido de nove minutos reconhece os traços do rosto: ele possui um "saber inato" ou *conspec*. Em compensação, a mesma experiência não tem êxito com um bebê de três a cinco meses. Um novo processo é estabelecido ao longo do desenvolvimento, uma nova aprendizagem dos traços reais do rosto: trata-se de *conlern*. Numerosos artistas exploraram essas disposições cerebrais representando rosto e mãos e seu modo de expressão combinado. Um exemplo muito impressionante é o do quadro de Philippe de Champaigne *Madeleine pénitente*, no Museu de Belas-Artes de Rennes, no qual o artista combina admiravelmente expressão do rosto e disposição das mãos.

Artistas e cientistas interessaram-se conjuntamente pela expressão das emoções que se leem no rosto e por suas bases neurais. Charles Le Brun toma emprestado de Vésale e Descartes um modelo de cérebro no qual a glândula pineal "é o lugar onde a alma recebe as imagens das paixões". Em particular, a sobrancelha (localizada na mesma altura da pineal) é a parte do rosto na qual as paixões se fazem conhecer melhor: "O movimento da sobrancelha que se eleva ao cérebro", nota Le Brun, "exprime todas as paixões mais suaves; o que se inclina para o lado do coração representa as que são mais selvagens e cruéis." A Charles Le Brun deve ser creditada essa primeira tentativa "neuroestética" bastante esquecida por nossos historiadores de arte (ver próximo capítulo). Charles Bell (1806), continuando o percurso, descreve os músculos do rosto envolvidos na expressão das emoções. Ao mesmo tempo, Gall propõe o modelo frenológico que coloca em correspondência territórios do córtex cerebral e faculdades psicológicas inatas. Os artistas da época, como David d'Angers, Dantan ou Courbet, inspiraram-se grandemente nessas pesquisas. Duchenne de Boulogne dá continuidade ao projeto de Gall e Bell estimulando eletricamente (faradização) os músculos, e os nervos que inervam esses músculos, diretamente relacionados com a expressão das emoções pelas feições do rosto.

A capacidade de atribuição, ou "teoria da mente", é uma predisposição particularmente desenvolvida da espécie humana que permite representar os estados mentais de outrem e atribuir aos outros conhecimentos, crenças, emoções; reconhecer uma diferença/identidade entre os estados mentais dos outros e os próprios.

Os "neurônios espelhos" descobertos por Rizzolatti na área prémotora (6) do lobo frontal do símio poderiam ser uma primeira implementação dos sistemas dos neurônios envolvidos na capacidade de atribuição. Eles entram em atividade ao mesmo tempo quando da percepção (em outrem) e quando da execução (em si) de um gesto motor complexo (levar um amendoim à boca). Homólogos dos neurônios espelhos estariam presentes na área de Broca no homem e poderiam intervir na imitação, mas também na comunicação pela linguagem e (por que não?) na atividade estética!

É preciso saber que, um mês depois do nascimento, um bebê interage com a mãe por expressões faciais que implicam imitação e inovação. O chimpanzé responde positivamente à experiência do espelho. Nos esquizofrênicos, a capacidade de atribuição e seus correlatos em imagem cerebral (ativação do córtex pré-frontal) são profundamente alterados.

Simpatia e "contestação do mundo"

"O artista modela no imaginário uma obra real por meio da qual encontra os outros homens"; ele se interessa pelo retrato e frequentemente pelo autorretrato com uma dimensão que, por certo, ultrapassa a simples descrição de si (Rembrandt, Poussin).

A investigação sobre as bases neurais da simpatia enriqueceu-se recentemente com os resultados da imagem cerebral da percepção da dor em um sujeito submetido a um estímulo doloroso e em um sujeito que observa um parceiro (com que tem excelente relação) submetido ao mesmo estímulo (ver figura 5).

Podem-se distinguir redes *partilhadas* para a dor aplicada a si e ao outro e redes *exclusivas* para a dor sofrida por si. Uma neurobiologia da empatia é portanto possível (C. Frith). Consequentemente acontece o mesmo com o "inibidor de violência", dispositivo inato destinado a fazer cessar a violência do agressor por meio de sinais de sofrimento, aflição, choro, gritos etc., que acarretam uma parada da agressão e apelam à compaixão. O sociopata, com personalidade antissocial, violento, sem remorso (o criminoso em série), parece apresentar uma alteração do inibidor de violência (com um déficit pré-frontal), sem prejuízo da capacidade de atribuição.

Recentemente, a equipe de Jonathan Cohen obteve imagens cerebrais diferentes quando o sujeito julga uma situação moralmente aceitável ou não. O paradigma é o do ônibus elétrico que perdeu o controle e carrega cinco pessoas que vão morrer, a não ser que haja uma troca de trilhos, o que acarretará a morte de uma pessoa (n° 1). A alternativa é que as cinco pessoas não podem ser salvas a não ser que um estranho seja lançado nos trilhos, vindo, nessas condições, a morrer (n° 2). A situação 1 parece moralmente mais aceitável que a situação 2, mesmo que o balanço humano seja o mesmo. A comparação das imagens cerebrais nos casos 1 e 2 revela uma diferença no córtex pré-frontal mediano e no giro cingular posterior. Existem portanto bases neurais do julgamento moral e, mais particularmente, da "simpatia".

O artista explora essas disposições: "por seu testemunho, ele convoca o espectador a partilhar sua concepção de mundo e incita o espectador a contestar uma realidade intolerável". É o *exemplum* de Nicolas Poussin, que faz referência aos preceitos do estoicismo antigo, bem como àqueles do Antigo e Novo Testamentos. É o caso das contestações políticas de Géricault com *Le radeau de la Méduse* [A jangada da Medusa], de John Hartfield com *As in the Middle Ages* [Como na Idade Média], de Otto Dix com *Sterbender soldat* [*Soldado morrendo*] ou de Pablo Picasso com suas *Cabezas llorando* [Cabeças chorando]. Como o resume Lévi-Strauss, "sempre a meio caminho entre o esquema e a anedota, o gênio do pintor consiste em *unir* conhecimento *interno* e *externo*".

Síntese mental e "capacidade de despertar" da obra de arte

Uma análise mais "global" da contemplação e da criação da obra de arte pode então ser desenvolvida, implicando uma *contemplação-exploração ativa*; uma *progressão dos sentidos ao sentido*, entre percepção e visão interior, alucinações e sonho; uma *síntese consciente*.

Sabe-se que um processo darwiniano de tentativas e erros intervém na contemplação-exploração. Diante de um quadro, o espectador não é passivo: ao contrário, ele explora a obra de maneira ativa, passa da visão global à visão de detalhe, adotando um estilo projetivo. "A visão é suspensa ao olhar; não se vê senão aquilo que se olha", escreve Merleau-Ponty. A exploração da pintura envolve o movimento dos olhos e a orientação do olhar. O exemplo clássico é a exploração do quadro de Ilya Répine da galeria Tretiakov *Ils n'ont pas attendu* [Eles não esperaram], por Alexandre Luria, que mostra que o movimento dos olhos difere na observação livre ou diante de uma contrassenha como "a situação material da família", "a idade das personagens" etc. Nunca é ao acaso, como acontece com um doente operado por causa de um tumor do lobo frontal. Portanto, como se esperava, há uma contribuição maior do córtex pré-frontal na exploração do quadro.

"A contemplação é resolução de problema" (Grégory). O espectador questiona o quadro pelo olhar e seleciona respostas perceptuais que se ajustem às suas "expectativas" interiores. Há, na exploração de um quadro, ao mesmo tempo tentativas de baixo para cima (*bottom up*) e tentativas de controle de cima para baixo (*top down*). A obra de arte pode ser concebida como "modelo subjetivo e coerente da realidade" que iria ao encontro de visões interiores e de percepções exteriores — de algum modo, um "sonho partilhado" (Changeux, 1987). Essa faculdade de despertar que a obra de arte manifesta faz intervir, entre outros, o resgate seletivo de memórias autobiográficas e de sistemas simbólicos, de representações socioculturais em seu contexto histórico.

As alucinações são conhecidas por surgirem no espaço consciente sem considerar a vontade do sujeito. Por certo é prematuro dizer se tais processos intervêm ou não na criação e na contemplação da obra de arte. Goya ilustrou, por exemplo, com seus *Desastres de la guerre*, de 1820, o encontro da realidade com o pesadelo, a alucinação. Ele não é o único. A imagem cerebral de pacientes esquizofrênicos tomados por alucinações mostra uma ativação de núcleos subcorticais, das estruturas límbicas e para-hipocampais. Cowan elaborou a teoria segundo a qual as formas geométricas das alucinações são constantes — haveria quatro categorias principais, que refletiriam, por transformação, a arquitetura cerebral das relações retinocorticais. É interessante notar que um arsenal muito rico de substâncias alucinógenas, como o LSD e a maconha, é bastante conhecido dos artistas, desde os índios huichols até Henri Michaux.

O modelo do espaço de trabalho neuronal consciente (ver Parte II) permite dar conta da síntese consciente produzida quando da contemplação da obra de arte, "síntese de representações que entrecruzam sentidos múltiplos". "Ver já é uma operação criadora que demanda um esforço", dizia Matisse. A hipótese proposta aqui é a de que uma "síntese singular e inesperada da razão e das emoções" (Changeux, 1987) toma lugar no espaço consciente. Uma seleção "darwiniana", certamente epigenética, de representações "globais e sintéticas" intervém, o que permitiria ao espectador encontrar as intenções do pintor. Nesse quadro, a arte torna-se um modelo de comunicação social que cria uma tensão imprevista entre real limitador e desejos e utopias do homem em sociedade. A arte incita a um sonho partilhado plausível e reconciliador entre o artista e os espectadores.

Criação artística e darwinismo mental*

A *criação* do quadro não é a simples operação simétrica de sua contemplação ativa. O criador possui certamente as faculdades de despertar e recuperar a memória seletiva do espectador, mas manifesta, ademais, aquela, mais rara, de produzir representações públicas — "imagens ou quadros em pintura-prata". Pelos movimentos de sua mão, ele projeta nas duas dimensões da tela as imagens do mundo que o habita. Essa passagem ao ato não é de modo nenhum instantânea. Para Gombrich (1960), parafraseando Constable, a realização do quadro é um tipo de "experiência científica"; ela resulta de um desenvolvimento complexo no tempo, de uma evolução, ou, antes, de um emaranhado de evoluções do pintor dialogando com sua tela. De uma maneira muito esquemática, ao menos três evoluções se distinguem, cada uma podendo ser interpretada no quadro de um esquema darwiniano, mas com modalidades próprias. Elas dizem respeito à elaboração de uma intenção pictural ou, para Gombrich, de um esquema mental, à sua atualização progressiva pelo controle do gesto e, enfim, à sua execução final em um quadro organizado e coerente à luz da lógica.

Edgar Poe descreveu esses "laboriosos e incertos partos do pensamento, os verdadeiros desígnios compreendidos somente no último minuto, os inumeráveis clarões de ideias que não atingem a maturidade da plena luz, as imaginações plenamente amadurecidas e, entretanto, rejeitadas por desespero de empregá-las, as escolhas e as rejeições longamente pesadas, os cortes e as adições muito penosos", que fazem das primeiras etapas do processo criador uma "experiência mental" de evidente caráter darwiniano. Em um estado de expectativa particularmente aguda, o artista evoca, dissocia, recombina imagens e representações por vezes "quase sem saber", até que, em seu cérebro, se estabiliza o "esquema ideal", "a ideia primeira" (Delacroix).

A intervenção do acaso, das formas acidentais, na gênese desse esquema pictural mental foi muitas vezes evocada pelos pintores. Assim,

---

* Parte de um texto que data de 1987.

Leonardo da Vinci fala do poder das "formas confusas", como nuvens ou águas turvas, para estimular o espírito inventivo. Não obstante, a ideia para um quadro não surge do nada. A combinatória criadora trabalha sobre elementos já estruturados. O artista recorre a imagens e representações "mnemônicas", a um vocabulário de formas e figuras que são estabilizadas em sua conectividade cerebral, ao mesmo título que a sua língua materna, no curso de um longo processo de epigênese e seleção de sinapses que marca cada indivíduo com um traço particular. Nos séculos XVI e XVII, a representação do homem, com frequência visto "ao natural", tem um lugar central. Acrescenta-se a isso o empréstimo de outras obras pintadas, a começar pelas próprias, o que ajuda o artista a "descobrir elementos esquemáticos suscetíveis de se adaptar ao seu tema" (Gombrich), e *integra* o quadro individual a evoluções de ordem mais elevada, das quais se tratará adiante. A atividade criadora do artista lembra a bricolagem das primeiras elaborações do pensamento mítico (Lévi-Strauss).

Um dos aspectos positivos da aplicação do modelo darwiniano para a gênese do esquema pictural é levar a definir os critérios que determinam a decisão final do pintor. Invoca-se com frequência a razão — a razão "estratégica" de Granger que diz respeito à "plausibilidade dos objetivos e das finalidades". Contribuem para isso a adequação ao tema ordenado pela obra, os despertares afetivos que ela é potencialmente suscetível de desencadear de início sobre o pintor, depois sobre o espectador, e igualmente a "teoria espontânea" que o pintor tem de sua arte. Enfim, a coerência lógica entre os elementos que a compõem surge por vezes como um todo na cabeça do pintor, como uma revelação, do mesmo modo que a descoberta da solução de um problema "ilumina" (Hadamard) o pensamento do matemático.

Variação e seleção das intenções intervêm, portanto, no nível da organização mais elevada do cérebro, o da razão. Parece então legítimo supor no processo de criação, uma vez mais, uma participação maior do lobo frontal. Sabe-se que o cérebro é a sede de uma importante atividade espontânea cuja forma pode ser regulada de maneira seletiva pela focalização "interna" da atenção (Posner; Baddeley). Concebe-se que, no lobo frontal, conjuntos transitórios de neurônios ativos, das pré-representações, formam-se e mantêm-se no compartimento consciente de curto prazo, para compor um "primeiro pensamento", uma "simulação mental" do quadro (ver Parte II).

Para Vasari, "o desenho é a expressão sensível, a formulação explícita de uma noção interior à mente ou mentalmente imaginada por outros e elaborada como ideia"; é a projeção do "primeiro pensamento" do pintor. Os desenhos, mesmo aqueles dos maiores artistas, com seus tateamentos, suas retomadas, tentativas múltiplas, tentativas e erros, mostram que uma nova evolução darwiniana realiza-se desde então entre a folha de papel e o cérebro do pintor. A imagem traçada pela mão exercitada do artista torna-se imagem percebida que se confronta com a intenção pictural.

A partir dessa "prova", o pintor comanda um novo gesto cuja tradução gráfica se incorpora ao esboço, de modo a completá-lo e enriquecê-lo (figura 13). Nessa ocasião, ele efetua novas experiências que o levam a descobrir procedimentos técnicos, inventar formas eficazes, definir regras matemáticas ou, simplesmente, colocar em prática métodos apreendidos de seus mestres e que testemunham o desenvolvimento da ciência de seu tempo. O diálogo prossegue dos primeiros desenhos ao esboço — o *modello*, bastante preciso apesar de suas dimensões reduzidas, do quadro final com os principais protagonistas, suas expressões, suas distribuições relativas no espaço e com indicações sutis de sombras e luzes. Enfim, o pintor deposita as cores sobre a tela definitiva. Como escreve Baudelaire, "um quadro conduzido harmonicamente consiste em uma série de quadros superpostos, cada nova camada dando ao sonho mais realidade". Variações discretas, mas significativas, ilustram as experiências que o pintor realizou a fim de prosseguir a evolução até o quadro acabado. Uma reestruturação tem lugar graças à concentração, à insistência sobre o essencial, a uma reordenação dos fatos. A cada etapa, o criador torna-se espectador exigente, atento à ressonância de cada toque de pintura. O esboço modifica-se discretamente pela busca interessante da forma, das cores, das "ilusões gráficas e picturais" (Gombrich) que se conciliam com a intenção primeira, com repetidos testes de coerência lógica, de integração racional, de "ajuste do olho com o raciocínio" (Chambray).

NEUROESTÉTICA (1)

Figura 13 – *Guerreiro sobre um cavalo empinado*, desenho preparatório de Katsushita Hokusai (1760- 1849)

Esse desenho ilustra a necessidade da busca da adequação ao esquema ideal do artista e do consensus partium *por tentativas e erros, mostrando as múltiplas tentativas "darwinianas" dos traços da pena do artista.*

Os traços desse processo evolutivo único, as retomadas, os arrependimentos, as superposições (que distinguem o original da cópia) registram as técnicas próprias do pintor e seus hábitos gestuais para dar contorno às formas, aplicar as cores, sugerir os volumes. Esses riscos constituem muitos traços característicos do sistema de formas e figuras que tornam visível sua subjetividade, definem seu *estilo*.

Se as bases neurais da gênese do esquema pictural permanecem ainda muito enigmáticas, as que controlam os movimentos da mão são muito menos (Georgopoulos; Jeannerod). Os movimentos finamente coordenados dos dedos que regulam traçados de lápis ou pinceladas estão sob o comando de células de regiões especializadas do córtex cerebral, chamadas sensório-motoras, que enviam suas ordens (após um relé na medula espinhal) aos músculos que as executam. Esse mesmo domínio cerebral controla deslocamentos da mão e sua orientação. Quando o pintor recua em relação à tela em que trabalha, sua cabeça e seus olhos mudam de posição; entretanto, para ele, o quadro, assim como o restante do mundo que o cerca, permanece estável. Outros domínios do córtex cerebral já mencionados, como as áreas parietais, participam dessa reconstrução invariante do mundo exterior que regra a atenção visual. De outro lado, sua lesão acarreta desorientações visuais tais que o sujeito não pode mais atingir com precisão um alvo, seu gesto gráfico se desorganiza: ele não coordena mais o espaço do corpo com o espaço visual. Ainda outros domínios do sistema nervoso central contribuem igualmente como guia visual do movimento, em particular o cerebelo, que regra o encadeamento à maneira de um relógio interno. Não obstante, a programação inicial do gesto motor elabora-se a montante do córtex motor, nas regiões frontais do córtex, ali onde se supõe igualmente que o primeiro pensamento do criador germina e se constrói.

O quadro é terminado progressivamente. A "obra-prima" não se realiza em uma única etapa!

CAPÍTULO 6 Neuroestética (2)
Música e pintura*

> "Do que você sofre? Do irreal intacto no real devastado."
>
> RENÉ CHAR

A atividade artística dos seres humanos entra em uma perspectiva neuro-histórica. A obra de arte é uma produção cerebral particular que intervém na comunicação intersubjetiva cuja evolução é produzida sem progresso definido mas em constante renovação. "Não estou em busca nem de uma imagem, nem de uma ideia; quero criar uma emoção, aquela do desejo, do dom, da destruição", escreve Louise Bourgeois. Baudelaire falava em "devolver mais realidade ao sonho".

Para o filósofo Michel Onfray, "o artista tem o dever de engajar uma troca, de propor uma intersubjetividade, de visar a uma comunicação": o "percepto sublime é a obra de arte que nos paralisa de espanto e admiração por sua eficácia estética, brutal, imediata, siderante [...] depois da emoção, o raciocínio toma a frente e fabrica um discurso que dá sequência ao primeiro efeito fisiológico". Como muitos filósofos ou historiadores da arte, Onfray não define aquilo que entende por "eficácia estética". É a questão central que gostaríamos de levantar aqui.

---

*Curso do ano de 2005.

Para responder a ela, nos propomos estabelecer uma correspondência arriscada mas plausível entre música e pintura.

Consensus partium e parcimônia

A nosso ver, dois traços assinalam, entre outros, o caráter estético de um percepto e a sua "eficácia": de um lado, a *harmonia* ou "*consensus partium*"; de outro, a *parcimônia*.

Como já mencionei, o *consensus partium* é a coerência das partes ao todo. Esse traço está em relação direta com o fato de que a obra de arte é obra humana — um artefato — e, mais especificamente, uma *composição*, uma criação particular que possui limites no espaço e no tempo — um quadro — dentro do qual ela se organiza. Esse quadro pode ser o dos limites materiais da obra pintada e de seu enquadramento, mas também o da forma musical e de suas partes ou elementos. Platão, no *Hípias maior*, define a beleza como uma relação formal de "conveniência", isto é, "a relação entre as partes e um todo pela qual a unidade deste último se impõe à multiplicidade das partes". Esse acordo não surge como a revelação de uma Ideia platônica na cabeça do artista, mas resulta de um longo trabalho de tentativas e erros entre as representações que evoca em seu espaço consciente e a obra que se constrói (figura 14). Essa ideia de "relação", de "acordo" buscado pelo artista é válida na pintura, mas é mais fácil de ser abordada experimental e teoricamente com a música.

O outro traço, bem menos conhecido, é o da parcimônia. Desde 1961, Karl Popper escreve que "a ciência não visa à simplicidade, visa à parcimônia" ("*science does not aim at simplicity; it aims at parsimony*"). Herbert Simon prosseguiu essa reflexão distinguindo:

A ciência de base, que visa a descrever o mundo, ao mesmo tempo sob forma de fatos e generalizações, e a oferecer explicações desses fenômenos em outros termos: *conhecer* e *compreender;*

A ciência aplicada, que visa a estabelecer *leis* que permitam fazer inferências e predições, bem como inventar e *construir artefatos* que implementem as funções desejadas;

A ciência como arte, pois, ao lado da conformidade à verdade empírica, seu primeiro imperativo, a ciência responde, segundo ele, a um imperativo estético, termo correntemente utilizado pelos matemáticos: "a beleza é pensada (e percebida) explicando muito a partir de pouco, encontrando padrões (*pattern*), especialmente distribuições simples, em meio a uma complexidade aparente e à desordem".

A parcimônia não se confunde com a simplicidade. A simplicidade é a recíproca da complexidade. A parcimônia, em compensação, denota a relação da complexidade dos dados com a complexidade da fórmula que as representa. Por exemplo: (01)* é uma fórmula mais parcimoniosa que a sequência 01 01 01 01 01 01... que ela representa. Mas por que essa busca de parcimônia, que está talvez na origem das matemáticas? Para Herbert Simon, uma das características do ser humano é a existência de uma resposta emocional à "beleza da parcimônia" (figura 14): esta teria sido selecionada pela evolução por ser útil à sobrevivência das espécies em razão da capacidade que oferece de *detectar* distribuições "organizadas" na natureza.

Sinestesia: a síndrome de Rimbaud

A conexão pintura-música foi abordada na Grécia antiga com a atribuição de "cromática" à gama dos semitons por Arquitas de Tarento no século IV antes de nossa era. Certos teóricos gregos chegavam mesmo a considerar a cor (*chromia*) uma qualidade do som, chamada hoje de timbre. Aristides vai mais longe: de acordo com ele, a pintura carece de "poder moral", ela transmite apenas "pequenos fragmentos" de vida, ao passo que a música tem um efeito direto sobre o corpo e sobre a alma pelo ritmo e pela poesia, assim como a dança que ela acompanha. Aristóteles tenta sem grande sucesso quantificar as cores.

Foi preciso esperar o Renascimento e Gioseffo Zarlino (1573) para que fosse proposta uma tabela das proporções harmônicas na música, e François d'Aguilon (1613) para estender essa tabela às relações entre cores. Newton propõe uma quantificação do espectro das cores em "cír-

O VERDADEIRO, O BELO E O BEM

Figura 14 – *Evasão do limbo e do purgatório*, de Luca Cambiaso

Nesse desenho, Luca Cambiaso representa com parcimônia, isto é, de maneira simplificada, e até geométrica, mas muito significativa, uma massa complexa de figuras humanas saindo do purgatório.

culo das cores" (1702), que subdivide em 11, depois em cinco e, no final, em sete cores. Ele sugere por fim que a sua sequência espectral pode ser relacionada com a gama musical quantificada por Descartes (1650) e propõe que a harmonia das cores é análoga à "concordância dos sons".

Não obstante, coube a Gustav Flechner, com sua obra *Vorschule der aesthetik* [Curso elementar de estética] (1876), introduzir na ciência o fenômeno de "audição colorida" ou sinestesia, mesmo se já conhecido por John Locke (1690).

A sinestesia é uma perturbação neurológica na qual a "sensação em uma modalidade sensorial dá lugar a uma sensação em uma outra modalidade". Trata-se da audição colorida ou da síndrome de Rimbaud, que, em seu poema "As vogais", associa uma cor a uma letra: A negro, E branco, I vermelho, U verde, O azul. O estudo científico da sinestesia foi abordado por Simon Baron-Cohen e sua equipe. Nos 212 casos concretos de sinestesia que descreveram, 210 eram de mulheres, o que sugere uma predisposição genética associada a um gene autossômico dominante ligado ao cromossomo X. As formas mais frequentes são sensações visuais coloridas desencadeadas por estímulos auditivos, táteis ou gustativos. Outros, mais raros, são provocados por letras, fonemas ou então palavras tendo um sentido determinado. Não se trata de perturbações ligadas à aprendizagem, mas podem ser suscitadas por drogas como o LSD, a mescalina ou o haxixe (utilizado por Rimbaud?).

Nos sinestetas, um viés automático existe espontaneamente na associação entre sons e traços visuais, por exemplo, cores. Todavia, o sinesteta não confunde as cores induzidas por sinestesia com aquelas percebidas pelo contato sensorial com o mundo que o cerca. Paulesu e seus colegas obtiveram as primeiras imagens de ressonância magnética funcional (RNMf) de sinestesia cromatofonêmica: eles mostraram que, nos sujeitos estudados, as palavras faladas acarretam uma ativação das áreas visuais extraestriadas (mas nem a área visual primária V_1 nem a área especializada na cor V_4!); em compensação, áreas visuais cognitivas de nível elevado (pré-frontal direito) são ativadas igualmente. Schiltz e seus colaboradores mostraram pelo registro de potenciais evocados que a resposta de sinestesia se manifestava a cerca de 200 ms, ao passo que a resposta ativada pela percepção das letras aparecia por volta de 20-80 ms.

Rich e Mattingley pediram a esses sujeitos sinestésicos que efetuassem a tarefa de Stroop, que consiste em dizer em voz alta o nome da cor da tinta com que é escrito um nome de cor — por exemplo, a palavra azul escrita com tinta vermelha. Espontaneamente, o sujeito diz azul, depois se corrige. No sujeito sinestésico, pode ocorrer *incongruência* entre a cor testada e a cor induzida por sinestesia. Nessas condições, constata-se uma interferência muito pronunciada com o tratamento dos estímulos incongruentes. O mesmo fenômeno é observado com uma taxa de inicialização negativa. A interpretação proposta é que a sinestesia é produzida devido ao cruzamento de vias neurais entre processadores, no caso da sinestesia cromatofonêmica, da forma das palavras e da cor. Esses cruzamentos aberrantes poderiam ser produzidos: seja *antes do acesso à consciência* entre analisadores de traços e sistemas de reconhecimento da cor ou de figuração da cor; seja *com o acesso à consciência* entre sistema de reconhecimento dos símbolos e sistemas de reconhecimento da cor ou de figuração da cor. Esses dados estão em perfeito acordo com o modelo de acesso ao espaço de trabalho consciente (ver Parte II). Numerosos artistas referiram-se à experiência sinestésica, notadamente Olivier Messiaen, que via a música em cores e Kandinskys, que via a pintura como uma música.

Ouvir a música

A música é uma mensagem sonora organizada, composta de sons. Estes são movimentos mais ou menos complexos, em geral vibrações, do meio ambiente elástico (ar, água, sólido), que acarretam reações quantificáveis no sujeito receptivo. Fazer vibrar o ar demanda menos energia que fazer vibrar a água: uma amplificação é portanto necessária quando da passagem do meio aéreo do ouvido externo ao meio aquoso do ouvido interno. Esta é produzida pela cadeia dos ossículos entre o tímpano e a janela oval do ouvido interno (ganho de pressão de 25-30 decibéis). A cóclea forma uma espiral de 2,2-2,9 giros no homem, em comparação com os três giros no gato, 4,5 no rato de laboratório e um só no pássaro ou no peixe. Ela compreende uma membrana basilar que corre ao longo da rampa do tímpano e suporta as células receptoras: ciliadas internas e ciliadas externas. Há 3.500 células ciliadas internas e 14 mil células ciliadas externas, bem como 30 mil neurônios sensoriais enga-

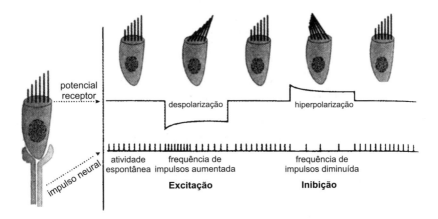

FIGURA 15 – Mecanismo de transdução do sinal sonoro em resposta fisiológica pelas células ciliadas do ouvido interno

A célula ciliada apresenta uma atividade elétrica espontânea que, segundo Hudspeth, está aumentada ou diminuída pelo movimento de estereocílios, em uma direção definida ou na direção que lhe é oposta. O movimento dos cílios acarreta a abertura ou o fechamento de canais de potássio que controlam o potencial de membrana (de acordo com Zigmond et al. 1999).

jados, nos humanos, na recepção de todos os sons, compreendidos aí os sons musicais. Os sons são transmitidos do ouvido médio ao líquido da cóclea, depois para a membrana basilar, que propaga, de maneira mecânica, ondas da *base* da cóclea (altas frequências, sons agudos) ao *ápice* da cóclea (baixas frequências, sons graves). As células ciliadas externas servem de amplificadores cocleares, ao passo que as células ciliadas internas são as células receptoras de sons propriamente ditas. Elas intervêm na transdução da energia mecânica do som em energia elétrica. O deslocamento dos cílios acarreta mudanças do potencial membranar. Os cílios têm comprimentos desiguais, seu deslocamento do lado dos mais longos acarreta uma despolarização da membrana celular, ao passo que o seu deslocamento do lado dos mais curtos provoca uma hiperpolarização (figura 15). Essas mudanças de potencial resultam de abertura/fechamento de canais iônicos não seletivos e do movimento de íons K$^+$. Esses canais estão situados na ponta do cílio e são ligados por uma "mola" ao cume do cílio vizinho, de modo que se abrem mecanicamente quando o cílio pende. A relação entre deslocamento do cílio e potencial membranoso não é todavia nem linear nem simétrica. A via principal da transferência da informação sonora efetua-se pelos neurônios cocleares de tipo I que por meio de seus dendritos contatam as células ciliadas internas. Cada um dos 30 mil neurônios cocleares de tipo I contata uma só célula ciliada, o que quer dizer que cada célula ciliada pode estar em contato com 10-20 fibras nervosas.

A codificação da *intensidade* sonora realiza-se pelo aumento da frequência de influxo nervoso nos neurônios de tipo I, ao passo que a codificação das frequências sonoras recebidas realiza-se pela *sincronização* dos impulsos nervosos com a frequência de som responsável. Nessas condições, pode-se definir uma curva de acordo com uma frequência característica para cada fibra nervosa e constatar que estas se distribuem de maneira *tonotópica* ao longo da cóclea com, ainda uma vez, as frequências características elevadas (sons agudos) na base e as frequências baixas (sons graves) no ápice. Há, portanto, ao mesmo tempo código temporal por *phase-locking* e codificação tonotópica, ilustrando o *isomorfismo neural* parcial entre sinal físico e sinal nervoso.

Após múltiplos relés, a informação oriunda do nervo auditivo atinge o corpo geniculado medial, e depois o córtex auditivo. Este só foi estudado recentemente, essencialmente por Rauschecker e seus colaboradores. Reconhecem-se, tal como no sistema visual:

Uma via ventral, especializada na *qualidade* do estímulo (O QUÊ?), para, por exemplo, as vocalizações no símio ou os sons da voz no homem (análise espectral);

Uma via dorsal, especializada na *localização* do estímulo (ONDE?) que responde à posição da fonte sonora.

A primeira via se projetaria finalmente sobre a parte anterior do giro temporal superior (O QUÊ?), a segunda sobre a parte caudal do mesmo giro (ONDE?). As áreas primárias e secundárias são todas organizadas de maneira tonotópica (ou, antes, cocleotópica). Portanto, existem em nosso cérebro múltiplos mapas da cóclea, tal como existem mapas da retina para o sistema visual. Ouvimos a música com o nosso cérebro!

As amusias

O grupo canadense de Isabelle Peretz e Robert Zatorre interessa-se há vários anos pela percepção da música como função cognitiva particular que mobiliza redes de neurônios especializados. Em apoio a essa concepção, esses pesquisadores identificaram perturbações cerebrais que alteram seletivamente o reconhecimento da música: *amusias* ou agnosias musicais, distintas das agnosias auditivas (barulho do ambiente) e das perturbações de linguagem, afasias em particular.

Distinguem-se em primeiro lugar as *amusias adquiridas*, devidas a acidentes cerebrais, que podem acarretar déficits muito seletivos. É o caso de I.R., dono de restaurante, que não conseguia mais reconhecer o hino nacional, mas conservou a capacidade de escrever e declamar poemas em francês com talento. De modo inverso, o compositor russo Shebalin, na sequência de um acidente vascular do hemisfério esquerdo do cérebro, não falava nem compreendia a linguagem falada, mas continuava a compor; em particular escreveu com essa deficiência a *Quinta sinfonia,* sua obra-prima.

As principais dissociações observadas dizem respeito à própria música, às palavras de determinada música, aos ruídos do ambiente, à voz, na sequência de lesões relativas aos lobos temporais ou ao lobo frontal. Vignolo, em 19 pacientes com lesões cerebrais, distingue os déficits sobre a melodia (gama, contorno, intervalo) daqueles sobre a temporalidade (ritmo, métrica), com os primeiros se devendo principalmente a lesões do hemisfério direito e os outros a lesões do hemisfério esquerdo.

As *amusias congênitas*, reveladas muito cedo na criança, são provavelmente de origem genética. O exemplo mais flagrante de perturbação congênita relativa à música é o dos "músicos savant". Suas capacidades mentais são, de um lado, excepcionais, mas, de outro, são autistas, social e mentalmente deficientes. É o caso de "Blind Tom", escravo negro que viveu de 1849 a 1908 e foi vendido ainda criança, com sua mãe, ao coronel Béthune na Geórgia. Seu repertório de palavras não chegava a cem na idade adulta, mas, aos 4 anos, tocava de memória e sem erro no piano uma sonata de Mozart que acabara de ouvir; aos 6 anos, improvisava; aos 7, dava seu primeiro concerto público. Adulto, seu repertório era de 5 mil peças musicais inteiramente de memória, uma vez que não podia ler a música (era cego).

De modo inverso, as amusias congênitas típicas manifestam-se por déficits muito específicos, como a perda de reconhecimento de melodias, sem outro déficit notável. Tipicamente, nos 29 indivíduos estudados por Isabelle Peretz, distinguem-se déficits de reconhecimento dos intervalos, de julgamento da consonância *versus* dissonância, com conservação da percepção da duração e das tonalidades maiores *versus* menores.

No mesmo contexto, certas crises de epilepsia podem ser desencadeadas por tipos muito precisos de música. Em 67 pacientes, Avanzini (2003) distinguiu epilepsias provocadas pela música clássica, por melodias, por cantos, pelo órgão, por cordas, pelo jazz e pelo que quer que estivesse ao alcance da educação musical do paciente. Por sua vez, Penfield e Perot, há muitos anos, já tinham notado que o estímulo do primeiro giro temporal direito provoca alucinações musicais sistemáticas no paciente, as quais podem ser tão precisas quanto a evocação da ária *Rolling along together*.

Consonâncias e dissonâncias

No caso das artes plásticas, a noção de harmonia, de *consensus partium*, como já dissemos, é difícil de analisar de maneira quantitativa. No caso da música, ao contrário, é de acesso imediato.

A física dos sons nos ensina que os sons musicais naturais são mais frequentemente complexos. Nessa complexidade, qualificam-se de harmônicos os sons compostos de sons puros cujas frequências são a sequência de múltiplos inteiros 2F, 3F... de um som chamado fundamental, de frequência F. Por exemplo, se se toma o esquema de Pitágoras de três cordas vibrantes de comprimento 1, 1/2, 1/3, estas produzem o som fundamental de frequência f e os harmônicos f2 e f3. Ademais, o intervalo formado pela vibração das cordas dois e três será igual em relação às suas frequências fundamentais 3f/2f = 3/2, ou seja, uma quinta. Além disso, o ciclo das quatro primeiras quintas reduzido a cinco tons dá a gama pentatônica mais antiga (Pitágoras), que é também a gama chinesa. Se se prossegue, a 13ª nota da 12ª quinta é ligeiramente superior à 8ª nota da 7ª oitava, por um pequeno intervalo, o coma pitagórico, de 5,88 savarts, ou seja, 1/5 de semitom. Sua repartição igual — mas artificial — sobre o valor frequencial das notas da escala de 12 quintas define o *temperamento igual* proposto em 1691 por Werkmeister e universalmente utilizado na música ocidental.

Peretz, Zatorre e seus colaboradores examinaram pacientes com lesões cerebrais pedindo-lhes para julgar fragmentos de música ocidental com base na dissonância/consonância, alegria/ tristeza, prazer/desprazer (ou agradável/desagradável). O paciente I.R., com lesão bilateral do córtex auditivo, mostrava uma alteração muito clara do julgamento consonante/dissonante, ao passo que a distinção alegria/tristeza estava preservada. Os trabalhos por tomografia de emissão de pósitrons de Blood e seus colegas (1999) revelaram que, ao mudar sistematicamente o nível de dissonância, dois domínios principais de ativação eram modificados:

O *neocórtex* e muito particularmente o córtex auditivo secundário do giro temporal superior, envolvido no julgamento de dissonância;

O *sistema paralímbico* (hipocampo, orbitofrontal, cingulado e frontopolar), envolvido nos aspectos emocionais da percepção da dissonância.

Fishman e colaboradores (2001) examinaram com grande detalhe por métodos eletrofisiológicos, conjuntamente no símio desperto e no homem, a resposta a estímulos musicais de dissonâncias variadas (figura 16). Trata-se de acordes sintetizados a partir de sons puros de duas notas a intervalos pitagóricos variados: segunda menor (*dó / ré bemol*), segunda maior (*dó / ré*), quarta *perfeita* (*dó / fá*) *consonante*, quarta aumentada (*dó / sol sustenido*), quinta *perfeita* (*dó / sol*) *consonante*, sétima menor (*dó / si bemol*), sétima maior (*dó / si*), oitava (*dó / dó*) *consonante*. Os sons dissonantes produzem os batimentos (< 20 Hz) ou rugosidades (20 a 250 Hz); a dissonância é máxima quando a relação dos fundamentais toma valores discretos elevados; é mínima quando são pequenos.

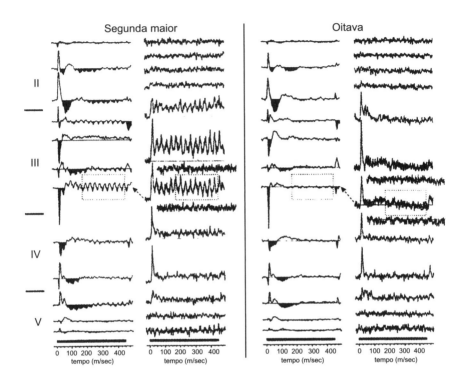

FIGURA 16 – Correlatos eletrofisiológicos da consonância e da dissonância na música, registrados no símio acordado (acima) e no homem (ao lado)

Respostas elétricas registradas com eletrodos múltiplos no nível das camadas II, III, IV e V do córtex auditivo primário no símio quando este é exposto a um acorde dissonante (segunda) ou consonante (oitava). As diferenças mais importantes manifestam-se no nível da camada III, que se supõe participar diretamente no espaço de trabalho neuronal consciente.

Respostas evocadas registradas no homem no nível dos giros de Heschl para diversos acordes consonantes e dissonantes (apud Fishman et al., 2001).

NEUROESTÉTICA (2)

Sujeito 1: giro de Heschl

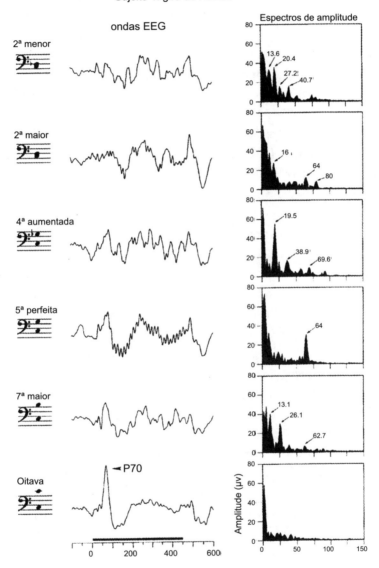

O principal resultado dos registros eletrofisiológicos realizados no símio, nas camadas I a V do córtex auditivo primário A1, é que todos os acordes, quaisquer que sejam, produzem uma resposta de grande amplitude e curta latência (P28), principalmente nas camadas III-IV (figura 16). Essa resposta fisiológica seria produzida pelos potenciais sinápticos despolarizantes talamocorticais. *Todos* os acordes dissonantes produzem oscilações *em fase* com os batimentos previstos pela teoria de Helmholtz, por exemplo, 13,6 Hz para a segunda menor ou 32 Hz para a segunda maior. Fato importante, essas oscilações manifestam-se nas camadas IV e supragranulares III (que nos concernem diretamente, pois fazem parte do espaço de trabalho neuronal consciente), mas *não* nas camadas infragranulares V e VI. Os mesmos resultados foram obtidos por registro de potencial de campo e por registros multiunitários no símio em A1 e ainda por potenciais evocados registrados com eletrodos intracerebrais no homem (sujeitos epilépticos) no nível do giro de Heschl. No homem, os acordes dissonantes acarretam oscilações em fase com os batimentos do estímulo físico que não se observam no nível do *planum temporale*.

Esses resultados, obtidos no homem e no símio, demonstram a presença de uma representação fisiológica da dissonância no córtex auditivo primário. A detecção da consonância/dissonância efetua-se portanto de maneira muito precoce: no nível das áreas sensoriais primárias. Todavia, a análise prossegue em níveis de integração mais elevados.

O contexto harmônico e tonal intervém, com efeito, de maneira crucial na escuta da frase musical. Kutas e Hillyard, desde 1980, compararam os "potenciais evocados" (*event-related potentials*) quando o sujeito escuta uma frase falada na qual as palavras finais são introduzidas de maneira esperada ou incongruente — como "*the pizza was too hot to... eat... drink... cry*" [a pizza estava muito quente para... comer... beber... chorar]. O traço eletrofisiológico registrado varia se a palavra final é prevista ou, ao contrário, incongruente. A variação é máxima no nível N400: quanto mais a palavra é inesperada, maior a amplitude da onda N400. Sua amplitude é de algum modo uma medida da "espera semântica".

Mireille Besson estendeu essa experiência ao caso da frase musical e descobriu que uma onda P600 assinala o caráter incongruente/esperado

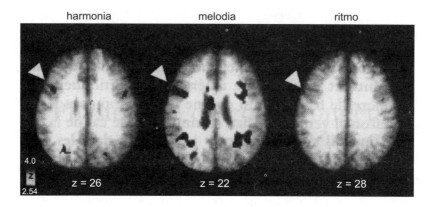

FIGURA 17 – Imagens cerebrais que ilustram a especialização do córtex cerebral ao ouvir música

Mapas cerebrais de ressonância magnética funcional quando o sujeito lê a partitura de um coral de J. S. Bach e escuta sua execução com erros de harmonia, melodia ou ritmo. A seta indica a área 44 do córtex frontal (apud Avanzini et al., 2006).

do fim de uma ária familiar como "Toureador" da ópera *Carmem*. A amplitude da onda P600 aumenta do esperado ao incongruente e do incongruente diatônico ao incongruente não diatônico. O mesmo grupo prosseguiu a sua análise distinguindo uma modificação de onda P300 em função do *contexto harmônico* de uma modificação mais tardia (entre 300 e 800 milissegundos) em relação com a *consonância sensorial*. Em todos os casos, trata-se de influências de cima para baixo (*top down*) sobre o tratamento da informação musical. Mais uma vez, esses atrasos são aqueles esperados do acesso ao espaço de trabalho neuronal consciente (ver Parte II).

A esse propósito, é claro que, se a música está presente em todas as culturas humanas "como modo de comunicação que utiliza distribuições de sons que variam em intervalo e tempo produzidos para fins emocionais, sociais, culturais e cognitivos" (Gray et al., 2001), ela também está presente nas outras espécies não humanas. A música pôde aparecer de maneira independente nos pássaros, nas baleias ou em diversas espécies de símios. Todavia, as disposições à música diferem sensivelmente do símio ao homem, em particular pela capacidade de transposição. O macaco reconhece uma melodia transposta em uma ou duas oitavas, mas não em 0,5 ou em 1,5 oitava. Ele generaliza em uma ou duas oitavas uma melodia na gama diatônica, mas não na gama cromática. E se o macaco *rhesus* reconhece, por sua vez, consonância e dissonância, não é, ao contrário, o caso do macaco tamarino.

Calafrios musicais e resposta emocional à música

Determinados trechos de música acarretam em certos indivíduos respostas fisiológicas de tipo "calafrios" (*chills*), além de mudanças na frequência cardíaca, na eletromiografia ou na amplitude respiratória. Blood e Zatorre (2001) examinaram as imagens cerebrais em ressonância magnética funcional de sujeitos que sentem calafrios ao escutarem, por exemplo, o concerto para piano de Rachmaninov em ré menor ou de uma outra peça emocionalmente forte. Eles mostraram um aumento do débito sanguíneo cerebral no *nucleus accumbens,* no ATV (área tegmentar ventral), na ínsula, no tálamo e no cíngulo anterior proporcional ao número de calafrios, bem como uma diminuição no córtex pré-frontal ventromedial (como no caso do uso de cocaína). Trata-se de circuitos que intervêm nos sistemas de recompensa ativando dopamina e opiáceos. A resposta pelos "calafrios" é, por outro lado, diminuída pela naloxona (que bloqueia os receptores dos opiáceos).

A música tem, portanto, um efeito poderoso sobre os sistemas de recompensa: o que está de acordo com o modelo da recompensa partilhada (ver Parte II) e com a nossa hipótese da intervenção da arte e, muito particularmente, da música na comunicação intersubjetiva e no reforço do laço social.

CAPÍTULO 7 Fisiologia do colecionador e da coleção*

As memórias das experiências adquiridas perpetuam-se no nosso cérebro sob a forma de traços neuronais estáveis por toda a vida. Elas são transmitidas igualmente de indivíduo para indivíduo, de cérebro para cérebro, de maneira epigenética. Os gestos, as atitudes e a linguagem participam disso. Mas elas podem também persistir, e até evoluir, fora de nossos cérebros na forma de artefatos mais estáveis do que nosso tecido cerebral perecível. Entre os traços característicos do homem, Ignace Meyerson (2000) destacou a capacidade de elaborar produtos diferentes daquilo que é encontrado no meio exterior e que ele agrupa sob o nome de *obras*. As obras são o testemunho das formas adquiridas de comportamento mais exemplares e mais estáveis.

Uma coleção de arte diz respeito a "obras" no sentido entendido por Meyerson. Mas é cultural em um grau suplementar. Ela testemunha que o homem não se contentou em fabricar obras, mas quis conservá-las. Meyerson acrescenta: "O homem, ademais, valorizou certas obras conservadas; ele as socializou." Assim, é possível se perguntar se a coleção não se situa nas origens de um campo próprio à espécie humana: aquele, algo inesperado aqui, do "sagrado". Não seria ela o elemento fundador

---
* Texto de 2006.

do grupo social que, testemunha material da atividade criadora de nosso cérebro, confere em retorno — por aquilo que Ian Hacking (1995) chama de *looping effect* — um poder simbólico forte sobre a nossa atividade cerebral? A coleção faria partilhar significações imaginárias ao grupo social e contribuiria assim para a consolidação intersubjetiva do laço social; ela o "imortalizaria" de certo modo sob a forma do sagrado através das sucessivas gerações.

A coleção seria ainda mais: uma fonte excepcional de progresso na evolução de nossas sociedades — progresso da razão, certamente. Em *Meditações pascalianas* (1997), Pierre Bourdieu escreve: "O mundo é compreensível, imediatamente dotado de sentido, pois o corpo, que, graças aos seus sentidos e ao seu cérebro, tem a capacidade de estar presente no exterior dele mesmo, no mundo, e de ser impressionado e duravelmente modificado por ele, foi longamente (desde a origem) exposto às suas regularidades." A evolução genética das espécies, a filogênese, levou, na sequência de interações múltiplas com o ambiente por variação-seleção, ao estabelecimento de nossa arquitetura cerebral. Esta nos permite uma primeira apreensão do mundo, constituindo a sua primeira "representação inata". Essa evolução "genética" se encontra substituída pela evolução "epigenética" das mentalidades e das culturas. As obras conservadas sob a forma de coleções são elas mesmas "representações adquiridas" do mundo. Sua confrontação em seu conjunto contribui para o progresso de um conhecimento que se torna, como escreve Bourdieu, "um consenso primordial sobre o sentido objetivo do mundo". Em outros termos, o conhecimento torna-se objetivo. A coleção na origem do saber científico e de sua difusão? De algum modo, o abade Gregório tinha pressentido isso ao criar o Conservatório das Artes e Ofícios. Pode-se dizer que a coleção incorpora o *habitus* e "confere ao agente um poder gerador e unificador, construtor e classificador"? A coleção interviria, nessas condições, em dois aspectos da cultura: o sagrado e o científico!

Explorar, colecionar, compreender

O comportamento do colecionador depende de funções cerebrais que são encontradas já nos animais. Estes possuem uma disposição inata para explorar o mundo, para manifestar uma busca incessante de novidade que pode ser reagrupada sob o termo genérico de "curiosidade". Em *The Primordial Emotions. The Dawning of Consciousness* [As emoções primordiais. O despertar da consciência] (2005), o fisiologista australiano Derek Denton sugere que a curiosidade aparece muito cedo na evolução das espécies, estando associada ao desenvolvimento do que ele chama de emoções primordiais. Na maior parte das espécies animais, a fome, a sede e o desejo sexual são necessidades imperiosas. A vida sobre a terra só se mantém porque os organismos se alimentam e se reproduzem. Para esse fim, são constituídos dispositivos neurobiológicos que incitam o organismo a intervir rapidamente sobre o mundo. Tomemos o exemplo da sede. Essa "emoção primordial" compele o organismo a beber e, tendo encontrado uma fonte de água, a estancar sua sede vertendo a quantidade necessária para restabelecer o equilíbrio fisiológico do sangue. Em alguns minutos, a sede cessa. E é nessas condições que se observa um fenômeno surpreendente. O animal perde a sensação de sede *antes* que o retorno ao equilíbrio mineral do seu sangue seja produzido. Existem portanto em seu cérebro, e é igualmente verdadeiro para o homem, sistemas de neurônios que participam de uma "consciência interior" da sensação de sede. A percepção dessa necessidade, e a de sua satisfação, é de algum modo "simbólica", pois antecipa "neuralmente" a sua expressão fisiológica. Esse exemplo pode parecer muito distante daquele do colecionador. A meu ver, colecionar depende, de fato, de uma cadeia de condutas análogas, mesmo se o objeto é diferente, intelectualmente mais elevado, simbolicamente mais elaborado, e até esteticamente refinado.

Na origem, encontra-se uma emoção primordial: *a motivação imperiosa*, a "sede de adquirir" o objeto, e a inicialização de um comportamento de busca, de investigação do mundo, chamado comportamento exploratório; em seguida, vem *a localização possível do objeto cobiçado* sobre um mapa mental do ambiente, por exemplo, o hotel Drouot; ao que sucede *a definição de um plano de navegação* para atingi-lo rapidamente, protegendo-se contra os predadores eventuais (competidores possíveis, em particular aqueles que possuem meios de aquisição bem superiores aos nossos); depois *o encontro efetivo do objeto*; e, enfim, seu *consumo*, isto é, sua aquisição. Mesmo não se situando no nível trivial da satisfação de necessidades primárias, e dizendo respeito a objetos culturais, as condutas do colecionador mobilizam estratégias análogas.

O comportamento de "exploração" foi objeto de abundantes estudos experimentais nos vertebrados. Ele se distingue, inequivocamente, de comportamentos mais automáticos como o de "navegação". Quando da exploração, o organismo desenvolve uma intensa atividade de investigações, de tentativas e erros, seja de maneira aberta por ações sobre o ambiente, seja de maneira tácita, "virtual", pela evocação interna de objetos mentais. Na continuidade, ele confronta aquilo que ele percebe — ou imagina — com o real exterior ou com modelos interiorizados, memorizados, daquilo que ele busca. O cérebro funciona como um "detector de novidade", real e imaginária. Desse modo, manifesta-se o que se conveio chamar de uma flexibilidade comportamental importante, qualificada de comportamento de curiosidade. Para isso, ele explora um dispositivo neuronal ao qual retornaremos: o espaço de trabalho neuronal consciente (ver Parte II). Esse espaço de trabalho neuronal consciente dá acesso a uma diversidade considerável de representações, a uma flexibilidade comportamental gigantesca. Ele explora neurônios particulares que se distinguem por seus axônios extremamente longos. Estes permitem reagrupar de maneira transitória territórios dispersos no conjunto do córtex cerebral. De uma maneira um pouco caricatural, poder-se-ia quase qualificar esse conjunto de "dispositivo neuronal da curiosidade"! Em apoio a esse modelo, notar-se-á que esses neurônios de axônio longo são particularmente abundantes no córtex pré-frontal que se desenvolve, de maneira literalmente "explosiva", com a espécie humana. A curiosidade, que, nas espécies animais inferiores, se interessa pelas necessidades imediatas de alimentação e reprodução, aplica-se no homem a processos mais "abstratos", assegura a exploração de novos nichos e inclui a vida social e o mundo cultural. A exploração não diz respeito somente ao mundo físico ou ao biológico, mas igualmente aos artefatos culturais — às obras de arte em particular. Não obstante, se a curiosidade é necessária à constituição de uma coleção, ela não basta.

Os primeiros vertebrados possuem, já na sua origem, os meios de *avaliar* as consequências de sua ação sobre o mundo por meio desses neurônios, pouco numerosos mas com funções essenciais para a sobrevivência do organismo, chamados "neurônios de recompensas". Estes são de algum modo a "memória genética" de experiências de êxito, positivas ou negativas, realizadas ao longo da história filogenética de seus ancestrais, relacionando (a título de ilustração) gosto adocicado e valor nutritivo, ardência da chama e perigo de morte... Esses neurônios de avaliação — recompensa ou punição — permitem ao organismo "economizar" experiências. Existem alguns bilhões de neurônios cujos corpos celulares estão localizados no mesencéfalo e cujos prolongamentos se encontram dispersos de maneira divergente em múltiplos territórios do cérebro, e em particular do córtex cerebral. Esses neurônios liberam, de maneira global, substâncias chamadas neuromoduladoras, como a dopamina, a serotonina e a acetilcolina. No homem, a sua evolução desenvolveu-se em várias direções: de início, o acesso a objetos novos, como os "artefatos culturais", o que expande consideravelmente o campo de sua participação na vida do organismo; em seguida, o estabelecimento de sistemas de avaliação voltados sobre eles mesmos, de *autoavaliação*. Estes oferecem ao organismo a possibilidade de efetuar experiências internas que se referem à memória de experiências passadas. Enfim, esses sistemas de recompensa são eles mesmos suscetíveis de aprendizagem — o organismo dispõe desde então de meios para antecipar uma recompensa positiva (ou negativa) e para planificar as condutas futuras em relação a essas possibilidades.

Se o colecionador fica sempre à espera de novas aquisições, é por disposição neural. Sabe-se que os neurônios de recompensa intervêm nessa conduta, que, ao se repetir, pode escapar do controle da vontade e tornar-se uma adicção. Certos colecionadores podem perder todo o sentido das regras elementares da vida social. Werner Muensterberger (1994) cita o caso de Philip Von Stoch (1691-1757), erudito e antiquário alemão, que se tornara espião pago pelo governo britânico a fim de saciar a sua louca paixão por pedras preciosas, e que não teve nenhum escrúpulo para cometer roubos nas coleções às quais era convidado a examinar como perito renomado. Em 1648, a rainha Cristina da Suécia, por sua vez, não hesitou em confiscar indevidamente a extraordinária coleção de Rodolfo II, alguns dias antes da assinatura da paz de Westfália. Essas condutas adictivas resultam de uma disfunção dos neurônios de recompensa, em proveito de ações totalmente orientadas para a obtenção da "substância adictiva", seja ela um agente químico ou um objeto de desejo, por mais simbólico que seja.

Para Muensterberger, "um pouco como o crente, o colecionador atribui um poder e um valor aos objetos porque a sua presença e a sua posse parecem ter uma função modificadora — geralmente agradável — sobre o seu estado mental [...], uma solução para conter as emoções que fazem eco às incertezas e traumas antigos". Em outros termos, o colecionador "busca eternamente assegurar-se [...] com a ajuda de objetos". Com as obras de arte, a coleção adquire o que Bourdieu chama de um *poder simbólico*. Ela mergulha, como já disse, na fisiologia do sagrado!

Ignace Meyerson identificou como especificidade única do ser humano uma outra atividade: não somente criar e conservar, mas classificar. Desse modo, a coleção situa-se nas origens do saber científico — da doutrina da ciência que "rompe com a natureza", "para construir uma nova realidade". Gerald Edelman (1989) coloca essa capacidade no centro da consciência. O sujeito construiria uma cena mental no presente na qual se realizaria a categorização perceptual de sinais sensoriais a partir de um mundo "não etiquetado". Essa atividade classificatória se apoia no bom funcionamento de um "comparador cerebral consciente". O espaço de trabalho neuronal comporta neurônios de avaliação ou de autoavaliação que ficariam bem nesse papel.

Os primeiros testemunhos fósseis dessa atividade classificatória foram recolhidos por Leroi-Gouhan (1964) quando das escavações na gruta do Renne em Arcy-sur-Cure, habitada pelo homem de Neandertal, musteriense, cerca de 35 mil anos antes de nossa era. Ele descobriu ali um primeiro agrupamento intencional de duas maças de pirita de ferro, uma concha gastrópode fóssil e um pólipo da era secundária. Não se conhecem as etapas pelas quais os homens passaram para chegar à coleção. Desde a Antiguidade na Grécia, encontram-se coleções botânicas e zoológicas, salas de anatomia e centros de observações astronômicas que se edificam progressivamente em torno dos santuários, em particular o das Musas. O mais célebre é o "museu" de Alexandria. Por volta de 300 antes de nossa era, o rei Ptolomeu Soter transpôs para Alexandria o Liceu de Aristóteles dotando-o de uma biblioteca que reúne "os livros de todos os povos da Terra". Em paralelo, presentes e butins de pilhagem pertencem aos detentores do poder. As coleções do rei ou do príncipe, de prelados, médicos ou juristas tornam-se sinais de distinção e poder. No Renascimento, os humanistas buscam com paixão os testemunhos da Antiguidade greco-romana. Em meio ao século XVI, difundem-se no mundo aristocrático gabinetes de curiosidades, *Kunst und Wunderkammer* ("câmara de arte e de maravilhas"), que evocam mais as primeiras coleções do homem de Neandertal do que a biblioteca de Alexandria... Nelas encontram-se a esmo curiosidades naturais, raridades exóticas, fósseis, corais, petrificações, animais monstruosos e peças de ourivesaria, objetos etnográficos, bem como estátuas antigas ou quadros contemporâneos.

Por vezes, a coleção intervém na controvérsia erudita. Francesco Calzolari, boticário em Verona, reúne um fundo considerável de história natural com a preocupação de revisar a herança científica da Antiguidade e de melhorar a farmacopeia. Seu catálogo ilustrado de 1622 oferece um primeiro arranjo sistemático em lugar do simples documento alfabético. Ole Worm, naturalista de Copenhague, em seu catálogo de 1655, critica numerosas crenças populares como os "chifres de unicórnio" que ele identifica justamente como sendo os dentes de um narval. Notável filólogo, ele funda a arqueologia nórdica publicando a sua coleção de inscrições rúnicas. Inicialmente associada ao sagrado, a coleção seculariza-se progressivamente, torna-se precursora do espírito enciclopédico, em uma palavra, da ciência propriamente dita.

O método de classificação aperfeiçoa-se inicialmente com aquele das plantas de Carl Linnaeus, baseado em uma sistemática "artificial", "das formas, proporção, situação", bem como em uma nomenclatura binominal. George-Louis Leclerc, o conde de Buffon, opõe-se a isso com vivacidade, preferindo uma organização natural de complexidade crescente, segundo a "grande cadeia dos seres" de Aristóteles. Bernard de Montfaucon, abade de Saint-Germain-des-Prés, estende às antiguidades greco-romanas e medievais, em seu *Antiquité expliquée et représentée en figures* [Antiguidade explicada e representada em figuras] de 1719-1724, o método de classificação sistemática. Desde então, ele é aplicado às belas-artes. Com a coleção de desenhos de mestres de Pierre Crozat (1741) ou, na Inglaterra, os *Discourses* (1719) de Jonathan Richardson, o exame das obras de arte sistematiza-se a ponto de este último sugerir que, para as artes visuais, o *connoisseurship* deve ser visto como uma ciência autêntica.

Inspirando-se na árvore enciclopédica ou sistema figurado dos conhecimentos humanos de Francis Bacon, D'Alembert e Diderot propõem, no "Discurso preliminar da enciclopédia" (1751-1772), um quadro geral da genealogia e da filiação de nossos conhecimentos. Fato notável para o neurobiologista, eles propõem uma divisão geral da ciência humana em história, poesia e filosofia de acordo com, escrevem então, as três faculdades do entendimento, "cerebrais": a memória, a imaginação e a razão. O projeto debatido pela Convenção de um Museu Nacional único, retomando a aspiração da *Enciclopédia*, a fim de demonstrar a unidade do conhecimento, pertence a Quatremère de Quincy. Ele teria um fim educativo: "a visão de uma coleção está acima de todos os preceitos" e daria ao cidadão um "espetáculo interessante". Esse museu central jamais seria construído, por falta de verbas. Três instituições independentes serão criadas: o Museu de História Natural, o Museu do Louvre e o Conservatório das Artes e Ofícios. Duzentos anos consagraram essa clivagem irremediável, que nos priva dessa visão enciclopédica do mundo e de uma confrontação necessária. Deve-se permanecer assim?

A coleção de quadros e as alegrias da contemplação

O campo da coleção não tem *a priori* nenhum limite: do dom-juan colecionador de mulheres ao colecionador de botões ou de selos postais. Entre as motivações, há o já mencionado prazer do jogo de reunir a coleção, ou o deleite de olhar a coleção uma vez constituída. Há também um tipo de dever de memória: salvar da destruição os testemunhos de um passado desaparecido, de uma história rica de ensinamentos.

A coleção de obras de arte lembra várias dessas motivações. É uma das formas mais altas da cultura, sublinha Jacques Thuillier: ela provê um ambiente, constituído de maneira intencional, para provocar o deleite. Ela testemunha uma história desaparecida, certamente, mas seus ensinamentos permanecem próximos por seu conteúdo humano que nosso olhar questiona.

O quadro é a obra de arte por excelência, ele tem uma história, um estilo, um sentido. Em sua seleção, o colecionador encontra-se confrontado com a "deslumbrante e desconcertante variedade de imagens que rivaliza em extensão com as criações do mundo vivo oferecido pela natureza" (Gombrich). A coleção de quadros não se resume a uma conta bem provida no banco, aos conselhos de um investidor profissional ou a rompantes amorosos irrefletidos. O colecionador deve atingir uma escolha esclarecida — uma objetividade baseada em uma experiência visual, rica e iluminada. Roger de Piles já distinguia, em seu *Abrégé de la vie des peintres* [Resumo da vida dos pintores], de 1699, "o *curioso* que se imagina mestre por três ou quatro quadros que tiver visto" e se manifesta por enlevos ingênuos e irracionais, e o *"connaisseur*, hábil por seus talentos, por suas reflexões e por sua longa experiência". O colecionador deve ser um *connaisseur*. Isso demanda esforço e tempo, e nunca há garantia de chegar a tanto.

Compreender a ciência requer um esforço! Compreender um quadro igualmente. Aí está o paradoxo. Surpreende que o objeto de deleite seja comparado a um objeto de ciência. A razão é que a obra de arte é muito mais do que um simples objeto de prazer. Ela possui uma multiplicidade potencial de sentidos, um poder evocador, ao qual se acede por uma atenção continuada. A força desse poder evocador varia com aquilo que se conveio chamar de a *qualidade* da obra. Compreender um quadro é encontrar, em sua riqueza de significações e em sua harmonia, a sua singularidade. É igualmente situá-lo no contexto da obra de um artista, de uma escola, de um país e de um século.

O colecionador de arte, e em particular de quadros, busca obras que julga "belas" e, mais ainda, excepcionais. Analisar seu percurso pode nos ajudar a divisar com mais nitidez o que chamo de a "qualidade" do quadro. O artista, segundo Michel Onfray, "engaja uma troca", "propõe uma intersubjetividade". Onfray distingue dois tempos: de início, "o percepto sublime, é a obra de arte que nos paralisa de espanto e admiração por sua eficácia estética, brutal, imediata, siderante"; em seguida, "depois da emoção, o racional toma o lugar e fabrica um discurso que dá sequência a esse primeiro efeito fisiológico". Esses dois tempos lembram as etapas sucessivas da descoberta científica, notadas na matemática por Poincaré, depois por Hadamard. É de início a "iluminação" e o "caráter de beleza e elegância", a "emoção estética" que o acompanha, "que tem o papel de alvo delicado", trabalho inconsciente e fulgurante ao qual sucede, segundo Poincaré, o trabalho consciente de verificação, da demonstração rigorosa. O colecionador em sua busca exploratória procede, a meu ver, de maneira muito similar. O que se passa na cabeça de um colecionador? Será o caráter imitativo — a aparência do objeto, do rosto, da atitude — do quadro, em outros termos, a *mimesis* dos antigos gregos, que vai manter sua atenção sobre determinada obra? Talvez, mas isso não basta. A eficácia estética da obra-prima não se confunde com a cópia hiper-realista do real.

Platão traz um esclarecimento importante que, contrariamente ao que pensa Onfray, não pressupõe nenhum dualismo essencial das funções cerebrais. A beleza manifesta-se, de acordo com ele, por uma relação formal de *conveniência*, isto é, "a relação entre as partes e um todo pelo qual a unidade deste se impõe à multiplicidade das partes". A meu ver, a fórmula ainda é atual. Um colecionador-explorador é tomado de maneira "brutal, imediata, siderante" pela *composição* da obra — a maneira pela qual a obra pintada está *organizada*, em outros termos, a "musicalidade" das formas, dos tons, das figuras... Nosso cérebro percebe, "discerne" uma "física", uma fisiologia das ressonâncias e das dissonâncias (Changeux, 2005).

Somos igualmente sensíveis a um outro traço, bem menos conhecido, mas ainda aí comum, à arte e à ciência, o da *parcimônia*. O eminente economista e laureado pelo prêmio Nobel Herbert Simon distingue a ciência de base, que visa a descrever o mundo, a conformidade com a verdade empírica, e a ciência como arte, que Poincaré já mencionava. Como disse, parcimônia não se confunde com simplicidade: ela denota mais especificamente a relação da complexidade dos dados com a complexidade da fórmula que os representa. Essa busca de parcimônia, que é talvez o que está na origem das matemáticas, estaria na origem da própria atividade estética? Para Herbert Simon, um traço próprio aos humanos é a existência de uma resposta emocional à "beleza da parcimônia" que teria sido assim selecionada ao longo da evolução das espécies. Ela seria útil para a sobrevivência das espécies pela capacidade que oferece de *detectar* distribuições "organizadas" na natureza. O colecionador esteta iria se beneficiar dessa excepcional disposição natural. Ele reconheceria imediatamente na obra que examina a notável economia de meios que se manifesta pela vivacidade do traço, a justeza do toque, o contraste na justaposição das tintas que criam essa "consonância sensorial" única no "contexto harmônico" da obra pintada... de qualidade.

A percepção imediata da composição não pode ser satisfeita com uma cópia ou uma imitação. A vivacidade — a "vitalidade" — exige que a obra seja um original. O olho do colecionador-explorador — ou, antes, seu cérebro — espera a obra viva, a obra original. Se ele hesita em distinguir a imitação, a cópia, a réplica, a interrogação surge. A visão global, a concepção de conjunto, o desenho, a formulação do elemento poético coincidem com o que se espera da escrita de um mestre? Aproximando-se do quadro cada vez mais, os detalhes revelam uma mão hábil, a de um copista ou a de um iniciante? Há vigor do toque, exatidão do desenho, relações de cores? Descobrem-se arrependimentos, retomadas em pontos estratégicos do quadro? Elementos do desenho da composição inicial foram recobertos quando do acabamento do quadro? Existe uma hierarquia na disposição do quadro que insiste nas passagens significativas e negligencia as que não chegam a tanto? Nessa interrogação da obra, "o conhecedor reitera em pensamento a proeza imaginativa do artista" (Gombrich). O exame da qualidade da obra, de recreativo, torna-se re-criativo. Trata-se de encontrar o caminho evolutivo, as tentativas e erros do processo criador do artista. Com esse exame, o colecionador vai ao encontro do artista. Coloca-se "em seu cérebro".

Às vezes, desde o primeiro contato, o *connaisseur* reconhece o estilo particular de um artista, como se conhecesse o rosto de um ente familiar. Outras vezes, o colecionador tenta propor um nome, uma atribuição. Ele confronta o quadro que tem diante dos olhos com o estoque de imagens das obras de artistas que conhece armazenadas em sua mente: é um exercício de memória duplicado pela demonstração de semelhanças (ou diferenças) entre aquilo que tem diante dos olhos e aquilo que já viu. Imagens de memória — abrasamentos coletivos de conjuntos distribuídos de neurônios — desfilam no espaço consciente do *connaisseur*; até que uma homologia, uma congruência se apresente entre traços pertinentes das imagens de memória e da sensação provocada pela obra examinada. O nome do artista é confirmado. Uma autenticação do quadro é proposta. Em muitos pontos, o percurso da autenticação se parece com aquele dos naturalistas que, desde os séculos XVII e XVIII como Linnaeus, Buffon, Lamarck, estabeleceram as primeiras catalogações sistemáticas dos seres vivos; com a dificuldade suplementar da extrema diversidade das criações possíveis de um artista ao longo da vida, e mesmo em um dado momento da vida, bem como do desaparecimento da obra inteira de alguns desses artistas...

Na realidade, a experiência de autenticação apresenta-se frequentemente sob augúrios pouco favoráveis. De início, a fidelidade das imagens de memória é, por natureza, limitada. A fotografia poderá remediar a precária memória humana. A hesitação persiste. Frequentando com regularidade os museus, visitando exposições e dedicando-se à leitura de monografias eruditas, adquire-se o *connaisseur-ship*. A férula de um *mestre* ou de um *tutor* é com muita frequência mencionada pelos colecionadores. É difícil ser autodidata na matéria. Esse saber não pode ser estritamente livresco. A atividade perceptiva faz parte do domínio do subjetivo. Ela é incomunicável em sua totalidade pela palavra ou pelo escrito: requer a experiência do olhar e da recompensa partilhadas (Changeux, 2002). Além disso, ela demanda o debate crítico, mesmo se os olhares convergem. A autenticação estilística dificilmente é uma ciência por ela só. O exame retrospectivo dos catálogos de quadros de Rembrandt ou dos primitivos italianos da National Gallery de Londres ilustra abundantemente esse ponto. Critérios objetivos: a origem documentada da obra, os sinais irrefutáveis do pertencimento a um artista por uma assinatura autêntica, a química precisa da matéria pictural, uma composição única, a datação rigorosa podendo decidir uma autenticação (ou destruí-la). A obra existe sob várias versões: uma está em um grande museu, outra com um negociante, uma outra em uma coleção particular. O artista pode ter pintado várias versões sucessivas, o ateliê pode igualmente participar disso. Os formatos e a qualidade variam. Um é de formato grande e de excelente qualidade: seria o original? Ou um dos originais?

Por que, aliás, o nome do artista tem tanta importância na relação do espectador com a obra? Como o conhecimento de seu nome pode influenciar nossa abordagem "contemplativa" da obra, participar do processo re-criativo? O pouco cuidado na apresentação das legendas das obras pesa amiúde sobre o visitante de museus. Quase sempre, trata-se de uma posição deliberada. Em uma exposição recente, as legendas haviam sido suprimidas e o visitante devia tentar lê-las, se desejasse, em um livreto separado que transportava consigo. Como se ler a legenda ou mesmo ser advertido sobre seu conteúdo fosse capaz de interferir na apreensão da obra, de prejudicar a qualidade do colóquio singular entre o espectador e a obra. A meu ver, a legenda é necessária devido ao estilo projetivo de nosso cérebro. A contemplação do quadro não depende de uma atitude passiva, mas exige uma participação ativa do espectador. Ele explora o quadro pelo olhar, toma os encadeamentos de maneira dinâmica, tenta reconhecer uma organização subjacente. A exploração aproxima-se do raciocínio, suscita interpretações emocionais, extrai a obra de arte a partir do repertório imenso de sua memória de longo prazo em meio à multiplicidade de sentidos que ela evoca. Sua faculdade de despertar abre para uma abundante diversidade de experiências de pensamento, que deixam uma parte maior ao subjetivo, à experiência individual. As informações fornecidas na legenda não impõem uma visão totalitária do quadro; ao contrário, elas enriquecem o repertório dos múltiplos níveis de compreensão da obra; contribuem para colocar o observador no contexto do conjunto da obra de um artista, de uma escola — em suma, concorrem para que se possa apreciar um pouco mais a sua *qualidade*, a sua inteligência. Compreende-se um quadro. O colecionador que julgou um quadro por suas qualidades intrínsecas de obra pintada sabe a que ponto o acesso ao nome do artista pode confundir suas relações com a obra. O nome desencadeia associações, um emaranhado semântico, que multiplicam o poder onírico do quadro, sem lhe subtrair o que quer que seja de sua qualidade estética. A precisão da legenda enriquece a compreensão da obra e intervém desse modo diretamente no prazer de sua contemplação.

As pesquisas sobre as bases neurais da contemplação e da coleção estão ainda no início. A importância da contribuição do córtex frontal foi sublinhada várias vezes, em particular em relação ao comportamento exploratório e à avaliação. Essa contribuição se estende ao diálogo aproximado do espectador com o quadro que caracteriza contemplação e autenticação. O córtex frontal é uma estrutura recente de nosso cérebro. Hierarquicamente a mais elevada, ela inclui as arquiteturas do espaço de trabalho neuronal consciente. Nele, tem lugar uma síntese singular (Changeux, 1994; Aharon et al., 2001) entre processos cognitivos e sistema límbico, na qual as respostas emocionais se diversificam em uma imensa paleta de "sentimentos"... Uma integração do importante trabalho não consciente de tratamento de imagens, de busca de nomes, de evocação de memória de longo prazo é produzida antes que a obra de arte aceda ao espaço consciente.

Charles Le Brun, fundador da neuroestética?

Charles Le Brun e sua escola, mas também seus êmulos Charles Errard ou Pierre Mignard, e seus colaboradores ou discípulos, Coypel, La Fosse, os Boulogne ou Jouvenet, são os atores mais conhecidos da intensa atividade pictural que acompanha a segunda metade do reinado de Luís XIV. Muitas vezes, dos numerosos trabalhos executados durante esse período, o grande público guarda apenas as grandes decorações de Versalhes ou alguns retratos oficiais de aristocratas — uma pintura que pode parecer grandiloquente, congruente, em uma palavra "acadêmica", com tudo o que o termo evoca de empoeirado e solene. Essa opinião merece ser revista. Com o recuo do tempo, pode-se hoje ver Le Brun como um dos pais fundadores da neuroestética.

Antes de mais nada, um pouco de história. A Academia foi criada de maneira independente em fevereiro de 1648 por Charles Le Brun sob a direção de Mazzarino, mas só se tornou a Academia Real de Pintura e Escultura em 1663, passando daí em diante ao controle do rei. A Academia é de início um lugar de debate, uma escola no sentido antigo do termo, mas também um lugar de exposições cuja função bem política é encarnar e difundir o estilo do Rei-Sol. Ela define as regras, as ensina e as torna visíveis. Ela é também o lugar de reflexão onde são elaboradas a teoria da arte e sua filosofia fundadora. O discurso pronunciado por Charles Le Brun em 17 de abril de 1668 diante dessa academia sobre a expressão das paixões, intitulado *L'Expression générale et particulière* [A expressão geral e particular], esclarece sua posição que, de fato, se torna posição oficial (Philippe, 1994). Ela nos permite compreender melhor essa pintura e talvez mesmo abordá-la com um olhar novo. A arte de Le Brun e de seus contemporâneos surpreende porque se situa nos antípodas da pintura sobre o "motivo" que, com o impressionismo, ilustrará com tanto sucesso o século XIX. De fato, o projeto teórico de Le Brun não é pintar o mundo segundo a natureza, mas — e nisso ele nos interessa — reconstruí-lo, como *racionalista*, sob a forma de um "sistema formal" que rege a integralidade dos seres e de suas relações. Não se trata de buscar o que há de singular no instante, no individual, "na vida", mas de visar à universalidade tanto dos próprios homens quanto de sua história ou de sua crença. Os temas de Le Brun e de seus contemporâneos são tradicionais, são aqueles da ortodoxia católica, do Antigo ao Novo Testamento, mas são também aqueles da história e da mitologia greco-romana, no contexto de uma "divina Providência" determinando uma história universal que converge no coroamento do monarca de direito divino. Mas Le Brun, por meio dessa temática clássica, é um universalista de uma maneira completamente diferente — um "revolucionário".

O projeto racionalista da pintura de Le Brun é paralelo ao da "natureza geometrizada" dos jardins de Versalhes por Le Nôtre: trata-se de "erigir um quadro sistemático das paixões a encadearem-se umas nas outras, e de pintá-las tal qual apareceriam se a natureza lhes exprimisse a essência" (Philippe, 1994). Seu projeto apresenta-se sob certos aspectos como científico — uma busca da verdade (Changeux, 2002, 2004) — na definição e na fisiologia — por mais mecanicista que seja — de cada paixão da alma. Mesmo se não os cita, Le Brun leu o médico Cureau de La Chambre e seu *Caractères des passions* [Caracteres das paixões] (1640) e, certamente, o René Descartes do *Tratado das paixões* (1649) e do *Tratado do homem*, cuja primeira edição é publicada por Clerselier em 1664, alguns anos antes da conferência diante da Academia, e que pode ser interpretado como um magnífico tratado de cibernética neuronal que antecipa em três séculos, em muitos pontos (com notáveis exceções, como o papel atribuído à glândula pineal), os trabalhos da neurociência contemporânea.

A conferência de Le Brun começa por algumas definições gerais: "a expressão", escreve ele, "é uma analogia ingênua e natural das coisas que devem ser apresentadas", "está tanto na cor quanto no desenho; deve estar ainda na representação das paisagens e no conjunto das figuras". Le Brun entra em seguida no cerne da questão: "A expressão é também um elemento que marca momentos da alma, aquilo que torna visíveis os efeitos da paixão."

Segue-se um longo desenvolvimento no qual Le Brun se dirige aos "estudantes de pintura". Retomando, de maneira quase literal, o *Tratado do homem* de Descartes, ele escreve: "Primeiramente, a paixão é um movimento da alma [...], tudo o que causa paixão na alma provoca no corpo algumas ações. [...] A ação não é outra coisa senão o movimento de algumas partes, e a mudança não se faz senão pela mudança dos músculos; os músculos não têm movimento senão pela extremidade dos nervos que passam por eles, os nervos não agem senão pelos espíritos que estão contidos nas cavidades do cérebro, e o cérebro não recebe espíritos senão do sangue que passa continuamente pelo coração, que o esquenta e o rarefaz de tal modo que ele produz um certo ar sutil que é levado ao cérebro, e o preenche." Ele prossegue: "O cérebro, assim preenchido, reenvia esses espíritos às outras partes pelos nervos que são como pequenos filetes ou tubos que levam esses espíritos aos músculos, mais ou menos, segundo tenham necessidade, para fazerem a ação à qual foram chamados." Ele menciona em seguida a "pequena glândula que está no meio do cérebro", na qual "as duas imagens que vêm para os dois olhos se reúnem em uma, antes que esta chegue na alma"...

Quanto à alma, Le Brun retoma os "antigos filósofos" conferindo a ela atributos bem materiais em sua parte sensitiva, dos "apetites": "concupiscível" para as paixões simples (o amor, o ódio, o desejo, a alegria, a tristeza), ou "irascível" para as paixões mais selvagens e para as compostas (o temor, a ousadia, a esperança, o desespero, a cólera e o temor). O curso de neurociência de nosso pintor do rei não para aí. Ele propõe em seguida uma curiosa teoria, inteiramente mecanicista, sobre a maneira pela qual os "movimentos interiores" de uma "alma unida a todas as partes do corpo" "exercem suas funções sobre o rosto". A "sobrancelha é a parte de todo o rosto na qual as paixões se fazem conhecer melhor", pois se situa no alto da famosa glândula pineal. Le Brun, sobre essa base teórica, tenta então descrever — de modo esquemático — a expressão das diversas partes do corpo. A fim de sublinhar a sua universalidade, ele vai mesmo buscar — em uma conferência de 1680 — a "semelhança e a relação das partes da face humana com as dos animais" (figura 18). Charles Darwin, em sua obra de 1887, *A expressão das emoções no homem e nos animais*, não se enganará ao mencionar na introdução "as famosas conferências publicadas em 1667" do pintor Le Brun, que, segundo ele, "contêm algumas boas observações".

A tentativa de síntese da arte e da ciência proposta por Le Brun e seus contemporâneos, ainda que seja bem diferente das pesquisas artísticas e neurobiológicas atuais, merece ser levada a sério. Seu "esforço pela verdade" acerca da expressão das "paixões" — dir-se-ia hoje das emoções — nos concerne. A expressão das paixões simples, que ele isola e especifica como "elementos químicos", completa-se por "combinações

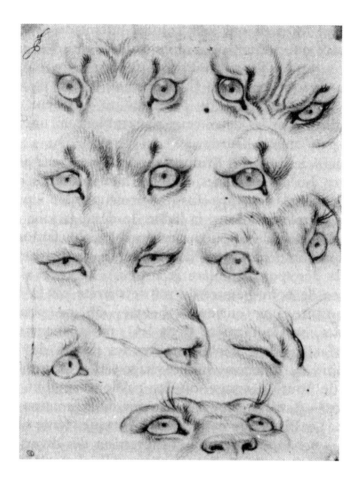

FIGURA 18 – Charles Le Brun, *Étude d'yeux et de sourcils du tigre et du loup-cervier* [Estudo de olhos e sobrancelhas do tigre e do lobo-cerveiro]

O pintor Charles Le Brun (1619-1690) pode ser considerado um dos fundadores da neuroestética. Esses desenhos testemunham seu interesse pela expressão das emoções. Ele baseia sua teoria, apresentada pela primeira vez diante da Academia Real de Pintura em 17 de abril de 1668, no papel atribuído por Descartes ao cérebro, aos "pequenos tubos" (os nervos) e aos "espíritos animais" (sinais elétricos e químicos) que circulam por ele. Antecipando Darwin, descobre analogias surpreendentes no olhar do tigre e do lobo-cerveiro com o olhar do homem.

desses elementos passionais tal como se formam os corpos químicos" (Philippe, 1994). Essa química pictural das emoções leva Le Brun a uma "clareza que banha um universo de ideias claras e distintas e que se encadeiam umas às outras".

Teria Le Brun rejeitado deliberadamente ou não insistido suficientemente sobre esse toque que singulariza, na diversidade dos traços do rosto e das atitudes, o momento sutil do sentimento, para além da força da emoção? Duchenne de Boulogne, dois séculos mais tarde, retomará a análise, desde então com a ajuda da fotografia. Seu percurso será igualmente mecanicista tal como o de Le Brun, mas disporá de dados miológicos novos. Ele utilizará a estimulação elétrica para identificar os músculos cuja contração ou cujo relaxamento criam a mímica facial característica de cada uma das principais emoções. Darwin, ainda aí, não se engana. Ele nota que "seus trabalhos foram tratados ligeiramente ou mesmo completamente negligenciados por alguns de seus compatriotas" e prossegue: "No meu parecer, o trabalho do doutor Duchenne representa um progresso considerável [...] Ninguém estudou com mais cuidado a contração de cada músculo em particular e o franzimento da pele que resulta disso." A posteridade de Le Brun não para aí. Seu interesse pela expressão das emoções e sua fisiologia terão prosseguimento com Géricault, David d'Angers, Courbet e muitos outros (Changeux e Clair, 1994). Sua obra testemunha uma aspiração racional e universalista, de uma clareza científica que vai bem além de uma estrita arte oficial.

SÍNTESE 1

A concepção naturalista do mundo remonta aos primeiros filósofos gregos. Ela implica uma teoria naturalista do conhecimento. Muito vivaz ao longo da história da filosofia, a tradição materialista inspira hoje os neurobiologistas que buscam compreender em termos de funções neuronais os processos de representação e consciência.

Graças aos sucessos crescentes, a neurobiologia contemporânea oferece igualmente novos quadros de pensamento para integrar à biologia domínios que lhe permaneceram por longo tempo alheios, a saber, as representações culturais, a vida social, a elaboração e a partilha dos sentimentos morais, a atividade artística e a percepção da arte. O estudo detalhado das condições de aparecimento no homem dessas possibilidades situa-se no interior de um quadro teórico novo, proposto por Jean-Pierre Changeux. De inspiração darwiniana, essa proposição teórica postula de início a interação entre uma fonte de variação interna e uma validação externa. Ademais, ela atribui um papel importante a processos "epigenéticos" que assentam num jogo entre a atividade nervosa espontânea, exprimindo-se em direção ao meio, e o retorno dessa atividade que valida, ou não, por sistemas de recompensa, as "pré-representações" inicialmente exprimidas, criando assim e consolidando certas "representações neurais". Numerosas espécies animais são capazes de compartilhar representações. Os chimpanzés poderiam mesmo possuir representações das intenções do outro ("teoria da mente"). No homem, a imagem cerebral mostrou que o cortex pré-frontal, parte mais recente do encéfalo, tem um papel nesse tipo particular de conhecimento, induzindo a uma busca mais precisa dos circuitos neuronais envolvidos. A empatia, a simpatia, as diversas emoções fundamentais, positivas ou negativas, têm bases neurais.

Fundar a ética sobre a biologia (a biologia evolucionista traduzida na neurobiologia) não é a menor das apostas, ainda que apoiado, é verdade, em uma grande tradição científica e filosófica. Prolongamento de um evolucionismo darwiniano que chega à ideia de "bem geral", a noção recente de seleção de grupo, que insiste sobre a vantagem seletiva da cooperação, ilustra a pertinência do raciocínio neurobiológico, "epigenético" em matéria de ética — raciocínio que permite compreender como os comportamentos selecionados são conservados e como as culturas podem evoluir. Fundar a estética sobre a neurobiologia é uma aposta mais recente. Ainda aí, a plasticidade epigenética das redes neuronais, definida no interior de um certo "envoltório genético", é uma condição necessária para a atividade artística e a sua notável diversificação, bem como para a atividade perceptiva e a recepção da obra de arte. O fenômeno de "audição colorida" ou "sinestesia", no qual cores são associadas a sons, é particularmente interessante. A imagem cerebral permite mostrar as estruturas implicadas, levantar hipóteses sobre os fenômenos de cruzamento de vias nervosas e sobre a organização temporal fina desses processos. Ao lado de cientistas, médicos e fisiologistas, os pintores foram com frequência os pesquisadores mais perspicazes na fisiologia das paixões. A coleção de pintura convoca igualmente a fisiologia. A plasticidade epigenética do cérebro, portadora de abertura evolutiva, opera tanto na ética como na estética.

Claude Debru

PARTE II O "animal vociferador"

Cognição e linguagem

PRÓLOGO

As considerações sobre o belo e o bem, feitas na primeira parte, constituem um levantamento da reflexão acerca da interface entre a ciência do homem e a ciência do cérebro. No percurso "de cima para baixo", que é o nosso neste livro, vamos agora abordar domínios da neurociência que recentemente deram lugar a ativos trabalhos de pesquisa científica, teóricos e experimentais: os da consciência e da linguagem.

    Até alguns anos atrás, não se aceitava que um pesquisador em neurociência utilizasse a palavra "consciência" em seu trabalho experimental sob pena de perder a estima de seus colegas. Hoje, felizmente, esse não é mais o caso: uma autêntica neurociência da consciência desenvolve-se ativamente pelo mundo, e é notadamente o que vamos ver nesta segunda parte. Quanto às ciências da linguagem, elas já haviam realizado essa revolução no final do século XIX, graças, notadamente, aos trabalhos de Broca. Elas foram enriquecidas, posteriormente, pelos novos conhecimentos adquiridos sobre os processos de plasticidade cerebral e epigênese, que permitem compreender melhor como essa disposição à linguagem, própria do homem, pôde fazer com que nossas sociedades se beneficiassem com a diversidade cultural e a singularidade individual. Foi assim que o "animal vociferador" dos tempos primitivos da humanidade, segundo Vico, se tornou um ser humano civilizado.

CAPÍTULO 1 As bases neurais da consciência*

A palavra *consciência* é utilizada por filósofos, moralistas e neurobiologistas em sentidos muito diferentes, que não devem ser confundidos. O termo latino *conscientia* deriva de *cum scientia*, o que inclui para Henri Ey o "conhecimento do objeto pelo sujeito" e reciprocamente "a referência do objeto ao próprio sujeito": o indivíduo é ao mesmo tempo sujeito de seu conhecimento e autor dele. Para Kant, "toda unificação das representações exige a unidade da consciência em sua síntese": a consciência é o "ponto mais elevado para o qual é preciso dirigir todo uso do entendimento". Para Russell, a consciência pode ser entendida como a "relação entre sujeito e objeto"; para Heidegger, é o "aparecer"... Assim, as definições podem ser multiplicadas. Para começar, o melhor talvez seja permanecer com o uso mais corrente em francês, a saber: a "consciência moral", aquela que "julga corretamente o que se deve fazer", bem como "a reflexão e a emoção sobre a ação realizada".

---
* Curso do ano de 1992.

Teorias da consciência

Para o neurobiologista, a consciência corresponde a uma "função" que se situa no nível mais elevado da organização dos seres vivos. Em cursos anteriores, a noção de *nível de organização hierárquica* ou de complexidade dos seres vivos foi longamente discutida, e muito particularmente a presença de vários desses níveis dentro do cérebro. Esse conceito, que visa a estabelecer uma relação objetiva entre estrutura e função, distingue-se daquele de *nível de descrição* defendido por Marr (1982) e depois correntemente empregado. Para Marr, a compreensão de um sistema de tratamento da informação requer a síntese (em um todo coerente) de explicações parciais a partir de três níveis de descrição:

A teoria computacional: o objetivo do cálculo, sua adequação ao objetivo e a lógica de sua estratégia;

Sua expressão algorítmica, que assegura a representação da relação entrada-saída;

A implementação como hardware de computador ou de redes de neurônios. De fato, a elaboração de um modelo geral do cérebro, considerado como um sistema complexo de tratamento da informação, poderia fazer com que o tratamento descritivo "ao modo de Marr" interviesse em cada nível de organização, levando igualmente em conta as regulações *entre níveis* e os processos de controle *globais*.

Os primeiros evolucionistas, e muito particularmente Lamarck e Spencer, reconheceram que o sistema nervoso se desenvolve progressivamente, dos organismos mais simples aos mais elevados, por "composições e desenvolvimentos graduais e insensíveis". Em sua *Philosophie zoologique*, de 1809, Lamarck distingue uma "faculdade singular da qual certos animais e o homem mesmo são dotados" e que nomeia como "sentimento interior". Este recebe "emoções", tanto pelas operações da inteligência quanto pelas sensações ou pelas necessidades, mas se situaria "abaixo" da vontade resultante de um julgamento produzido pelo órgão da inteligência (os dois hemisférios). Em *Principles of psychology* [Princípios de psicologia] (1855), Spencer propõe uma gênese dos sistemas nervosos de *simples* a *compostos*, posteriormente de *composição dupla* por convergência e divergência de fibras que realizam relações mais elevadas em integração, de "novos estados agrupados" que se intercalam entre "os estados agrupados primitivos". Se a "gênese dos órgãos nervosos fosse acompanhada da gênese das funções correspondentes", uma consciência independente do meio ambiente imediato se tornaria possível. Esse conceito me parece ser o homólogo cerebral do "meio interior" definido na mesma época por Claude Bernard para o organismo em seu conjunto.

Desde o final do século XIX, o neurólogo John Hughlings Jackson (que permanece ainda muito incompreendido) introduz o evolucionismo na patologia mental. Para ele, "as doenças do sistema nervoso devem ser consideradas reversões da evolução, isto é, *dissoluções*". Os centros mais elevados constituem a base física da consciência. Eles são os menos organizados, os mais complexos e os mais voluntários. Nesse nível, os estados de consciência "mais vivos" têm a "permissão de lutar entre si". Uma "evolução interna" pode ocorrer ali. A dissolução causada por uma lesão ou pela doença procede dos centros mais elevados para os mais resistentes, menos complexos, mais automáticos.

As teses evolucionistas, que são também as teses dos neurobiologistas contemporâneos, concordam com o fato de que a consciência aparece no nível mais elevado e mais complexo de organização do sistema nervoso central, e provê um "meio" relativamente independente ou autônomo, um espaço de "simulações", de ações potenciais em que uma "evolução interna" pode se desenvolver, realizando uma economia considerável de tempo, experiências e energia na planificação de uma ação sobre o mundo exterior.

O livro *Principles of psychology* de William James é um texto fundador da psicologia da consciência, que não perdeu nada de sua atualidade. Para James, a psicologia é "a descrição e a explicação dos estados de consciência" e deve ser tratada pelo método analítico, como uma *ciência natural*. Ele chega a sugerir mesmo uma "redução" da psicologia à experiência consciente e não hesita em escrever que "a condição imediata de um estado de consciência é uma atividade específica dos hemisférios cerebrais". Tentando conciliar os pontos de vista mentalista e fisicalista, o que não ocorre sem lhe trazer problemas, ele passa a considerar, no final de sua vida, que a "consciência" não deve ser levada em conta pelo psicólogo, mas somente "a experiência consciente". James nunca admitirá a noção de processo não consciente.

Eis, a meu ver, suas contribuições mais pertinentes:

O *"Eu"*: todo estado, todo pensamento que se interessa por uma consciência pessoal, "inalienável"; existem *"Eus pessoais"*, isto é, "estados de consciência solidarizados e percebidos como solidarizados".

O *Eu "dinâmico"*: "a consciência segue e não cessa de avançar"; existe uma "corrente da consciência"; desse modo, "jamais duas ideias serão exatamente idênticas"; há portanto uma *variabilidade* intrínseca dos estados de consciência.

O *Eu dinâmico "contínuo"*: "a consciência não apresenta nem rachadura, nem fissura, nem divisão", mas "sucessões de comportamentos muito diferentes" consagrados às relações "estáticas ou dinâmicas": "a consciência tal como um pássaro voa e pousa sucessivamente", com "pausas do pensamento", imagens sensoriais ou "estados substantivos", sucedendo aos "voos do pensamento" ou "estados transitivos". O cérebro é "um órgão de equilíbrio instável", haja vista suas "mudanças que não cessam de afetar todas as suas partes". Ele seria para James o que Prigogine depois chamou de uma "estrutura dissipadora", sujeita a estados estáveis, mas flutuantes, fora de equilíbrio.

A seleção: a consciência pessoal se interessa por certos elementos de seu conteúdo e se desinteressa dos outros; ela não cessa de fazer *seleções*, mas "nós praticamos a arte de ignorar realmente a maior parte das coisas que estão diante de nós"; o problema não é tanto: "o que quero fazer?", mas, "sendo o homem que sou, que homem quero me tornar agora?".

O esforço: essa noção interessa à psicologia cognitiva contemporânea em primeira instância; James sublinha "a importância moral do fenômeno do esforço". De acordo com ele, "a questão de fato na controvérsia do livre-arbítrio é extremamente simples: ela diz respeito unicamente à quantidade de esforço de atenção de que podemos dispor em um dado instante".

Inversamente, Pierre Janet, professor no Collège de France, aluno e sucessor de Charcot, escreve em *L'Automatisme psychologique* [O automatismo psicológico] (1889) que "todas as leis psicológicas parecem

AS BASES NEURAIS DA CONSCIÊNCIA

FIGURA 19 – Retrato de Pierre Janet (1859-1947)

Normalista, Pierre Janet torna-se doutor em filosofia em 1889, com sua obra capital L'Automatisme psychologique, *e doutor em medicina em 1893, com sua* Contribution à l'étude des accidents mentaux chez les hystériques *[Contribuição para o estudo dos acidentes mentais nos histéricos]. Em 1889, é chamado por Charcot para dirigir o laboratório de psicologia do Hospital de la Salpêtrière, antes de suceder a seu mestre Théodule Ribot no Collège de France, onde de 1902 a 1934 ocupa a cadeira de psicologia experimental e comparada. Seu método baseia-se na experimentação psicológica com sujeitos que o consultam no quadro psiquiátrico. Pierre Janet dedica-se a distinguir experimentalmente um nível cognitivo de "síntese" que mantenha agrupadas percepções e ideias e determine a extensão do "campo de consciência", de um nível mais automático ou "subconsciente". Em* L'Automatisme psychologique, *ele sugere uma "lei de dissociação" da consciência própria aos histéricos. Suas reflexões são apresentadas ano após ano em seus cursos no Collège de France: de 1903 a 1904,* L'Étude expérimentale et comparée des conditions de la conscience *[O estudo experimental e comparado das condições da consciência]; de 1905 a 1906,* Les Modifications de la conscience dans les névroses hystériques *[As modificações da consciência nas neuroses histéricas]; e de 1906 a 1907* Les Modifications de la conscience dans les névroses psychasthéniques *[As modificações da consciência nas neuroses psicastênicas]. Sua psicologia patológica foi percebida como concorrente à de Sigmund Freud, antes de ficar um tanto esquecida em nossos dias.*

falsas se a sua aplicação é buscada apenas nos fenômenos conscientes dos quais o indivíduo se dá conta. A cada instante, encontram-se fatos, alucinações, ou atos, que parecem inexplicáveis nesses termos". Existiriam portanto atos *subconscientes*. Freud, por sua vez, generalizará e sistematizará a noção de *inconsciente* introduzida por Breuer como componente importante da vida psíquica. Distinguindo compartimento consciente e inconsciente, ele considera a consciência um "órgão dos sentidos" que serve para perceber os contornos do compartimento consciente. Em *Projeto para uma psicologia científica*, de 1895, texto que não será publicado durante a vida de Freud, encontram-se proposições importantes, mas inexatas. Assim, o sistema nervoso seria formado por uma rede *contínua*, isenta de sinapses e de qualquer inibição. Sabe-se desde Cajal que a rede nervosa é na realidade descontínua: há "contiguidade" entre neurônios no nível das sinapses. Igualmente, o sistema nervoso seria um *receptáculo passivo* de energia e informação, inapto para criá-los e liberá-los de outro modo a não ser por ação motora. O inverso está hoje bem estabelecido: o cérebro é espontaneamente ativo e funciona segundo um estilo "projetivo".

Em seus estudos sobre a histeria que assina com Breuer (1895), Freud sublinha que poderosos processos mentais permanecem ignorados da consciência: "chamamos de conscientes as representações das quais tomamos consciência, e ao lado delas outros pensamentos existem, e devemos qualificá-los de inconscientes". O histérico sofre notadamente "de estados anormais do consciente nos quais se produzem representações patogênicas": "a consciência aparece como um órgão dos sentidos que percebe o conteúdo de um outro domínio". Freud vê no inconsciente o fundamento de toda vida psíquica e se deixa levar progressivamente por uma filosofia especulativa que o conduz, por vezes, a uma sobrevalorização do papel do inconsciente.

Auguste Comte nega toda validade à introspecção e toda referência à consciência, mas sublinha a dimensão social da consciência. Para John Watson, o fundador do behaviorismo, "a consciência não é senão a alma da teologia". De acordo com ele, "a psicologia é um ramo experimental objetivo das ciências naturais. Seu objetivo teórico é a predição e o controle do comportamento": "a introspecção não é uma parte essencial de seus métodos". Entretanto, Watson funda um novo campo maior de experimentação que favorece o estudo do comportamento animal fora de toda referência antropocêntrica.

Em sua obra sobre os *"reflexos condicionados"*, Ivan Pavlov não faz referência explícita ao "consciente" e ao "não consciente", mas distingue o estágio superior do encéfalo, o córtex, caracterizado por uma atividade de síntese e análise, e o estágio dos centros subcorticais responsáveis por tendências fundamentais do organismo: tendências alimentares, sexuais, de orientação, de agressão... Para Pavlov, o córtex tem principalmente um papel inibidor sobre os centros subcorticais, concordando nisso com Hughlings Jackson. O córtex inibiria a excitação subcortical e os acessos convulsivos ou afetivos, os automatismos. Nessa perspectiva, a histeria seria um desregramento fisiológico entre córtex cerebral e centros subcorticais, pelo que estes guiariam, por uma via emocional e não natural, a vida do sujeito histérico. Não há portanto referência explícita ao consciente, mas ao "racional", pela atividade cortical, e ao "subjetivo", pela atividade subcortical.

Se Ludwig Wittgenstein opõe-se à linguagem mentalista como "uma doença geral do pensamento", o neobehaviorismo reabilita a consciência como "fenômeno natural". O behaviorismo lógico converge com as observações dos neurobiologistas ao considerar os estados mentais "disposições para agir" com "poder causal". Para o filósofo australiano David Armstrong, eles são, em suma, apenas "estados físicos". Para Karl Popper, a consciência é, no organismo superior, o mais alto sistema de controle, de eliminação de erros na hierarquia.

O funcionalismo tentará uma síntese do behaviorismo e da cibernética-informática sem levar em consideração o sistema nervoso (mantendo-se totalmente materialista!). Encontrando suas fontes de inspiração em autores tão variados quanto Descartes, Gall, Flourens ou Pavlov, Jerry Fodor (1983) distingue:

Os *"sistemas de entrada"* periféricos e especializados ou *modulares* que tratam a informação de uma maneira rápida, encapsulada, inconsciente e "impenetrável" aos conhecimentos e às funções superiores do cérebro;

Os *"sistemas centrais isotrópicos"*, lentos, acessíveis à consciência e nos quais "a isotropia computacional parece ir de par com a isotropia neuronal" (*sic*).

Johnson Laird (1983), por sua vez, concebe a possibilidade de construir um autômato dotado de consciência, esta sendo apenas "a propriedade de um tipo particular de algoritmo". Para fazer isso, ele concebe uma "filogenia dos autômatos" em três níveis: uma máquina cartesiana que não utiliza nenhum simbolismo; uma máquina, como postulada por Craik, que constrói modelos simbólicos do mundo em tempo real, e que possuiria uma "consciência rudimentar" (*awareness*) como a das crianças ou dos animais; enfim, sistemas recursivos que têm a capacidade de incluir modelos em seus modelos com encadeamento hierárquico, e que possuem a propriedade de serem autorreflexivos e de agir e comunicar de maneira intencional.

Para completar, precisamos mencionar as teses filosóficas da fenomenologia com Husserl e Merleau-Ponty. Para este último, a fenomenologia tem a "ambição de uma filosofia que seja uma ciência exata, mas também um balanço do espaço e do tempo do mundo vivido. É a tentativa de uma descrição de nossa experiência tal qual é, e sem nenhuma relação com a gênese psicológica e as explicações causais". A mais importante aquisição da fenomenologia talvez seja a de ter unido o extremo subjetivismo e o extremo objetivismo em sua noção do mundo e da racionalidade, sublinhando os caracteres da consciência próprios ao *sujeito* que não pode ser eliminado por um risco de caneta. Ela não se opõe de modo algum a uma concepção materialista da consciência. Como já mencionava Taine, subjetivo e objetivo compreendem "um único e mesmo evento conhecido sob dois aspectos".

A neuropsicologia

A neuropsicologia tem por vocação explorar as consequências de lesões cerebrais devidas a traumatismos, acidentes vasculares ou doenças genéticas sobre as funções superiores do cérebro. No caso da visão, Panizza descreveu em 1856 uma "cegueira central" consecutiva a uma lesão na região occipital do córtex cerebral. Essa observação será retomada por Munk em 1881 para o cão, que, depois de uma lesão occipital, continua a ver, contorna os objetos, mas não os reconhece mais. Jackson constata que certas lesões corticais no homem acarretam um fenômeno de "impercepção" ou assimbologia, chamado por Freud de *agnosia*, que preserva os processos visuais elementares, mas é acompanhado de alterações do reconhecimento de objetos — ou *faculta signatrix* em Kant.

O caso da "visão cega" (ou *blindsight*) depende de um paradigma experimental diferente. A lesão da área visual primária 17 acarreta um escotoma, uma perda de capacidade visual elementar em determinadas regiões do campo visual. Se um flash luminoso é apresentado no campo cego do paciente e se lhe é pedido que mova os olhos (Pöppel et al., 1973) ou que aponte com um dedo na direção do flash (Weiskrantz et al., 1974), ele efetua o movimento na direção correta, ainda que negue ter visto qualquer estímulo luminoso. Uma "visão inconsciente" acontece: ela não se deve nem a uma difusão da luz no olho nem a uma visão residual pelo córtex estriado, pois o sujeito chega a discriminar estímulos negros sobre fundo branco (objeção sobre a difusão), mas falha na distinção entre um quadrado e um retângulo (tarefa que exige o córtex estriado).

Esses métodos "heroicos" que forçam o sujeito a uma "introspecção desconfortável" foram recentemente enriquecidos por abordagens não heroicas. Uma permite demonstrar uma interação espontânea entre um estímulo apresentado no campo cego e um outro apresentado no campo normal: o sujeito, por exemplo, completa por esse método uma figura parcial. A outra apresenta respostas reflexas involuntárias a estímulos apresentados no campo cego: condutância da pele, variação de diâmetro da pupila. Esses artifícios experimentais mostram que uma lesão do córtex visual primário é acompanhada de uma associação entre processos visuais conscientes e *não* conscientes, ou, ainda, que o acesso ao "compartimento consciente" requer a integridade do córtex visual primário. As vias engajadas na "visão cega" são de tipo extraestriado. Elas podem empregar o corpo geniculado lateral e as áreas visuais secundárias, mas igualmente o colículo superior e o pulvinar, bem como suas projeções sobre essas áreas.

Sabe-se que o córtex temporal intervém na resposta a estímulos complexos no símio e no homem: combinações coloridas, figuras abstratas, mãos, rostos. No homem, a lesão bilateral dessas áreas pode acarretar a perda seletiva do reconhecimento de rostos familiares — ou prosopagnosia. Todavia, Damásio mostrou que alguns pacientes que declaram não distinguir entre rostos conhecidos apresentam de fato mudanças de condutância cutânea diferentes quando são expostos a rostos familiares ou a rostos não familiares. Portanto, ainda aí há dissociação entre reconhecimento aberto (ou explícito) e discriminação inconsciente dos estímulos. Na mesma ordem de ideias, Marshall e Halligan (1988) mostraram que pacientes que apresentam heminegligências do espaço extracorporal podem explorar informações percebidas pelo campo "negligenciado": chamas justapostas a uma figura de casa do lado negligenciado seriam assim levadas em conta pelo sujeito em suas escolhas ainda que ele negue "abertamente" a existência dessas chamas. O conjunto desses trabalhos mostra a distinção "objetiva" entre compartimentos consciente e não consciente, bem como o papel das vias visuais padrão no acesso ao primeiro desses compartimentos.

A relação da consciência com o tempo é um ponto forte das reflexões de William James. De acordo com ele, a consciência é um fato dinâmico, e existe uma "corrente da consciência". Para Henri Ey, o ser consciente possui um "controle do tempo pela consciência". A aposta teórica é capital aqui. Não será motivo de espanto, portanto, que um físico teórico tão distinto quanto Roger Penrose se detenha nessa questão. Dirigindo-se a um público culto, mas que não tem condições de ser crítico, ele vai todavia longe demais ao escrever, em *A mente nova do rei*, que, por exemplo, é "possível conceber algumas relações entre a unidade da consciência e o paralelismo quântico", ou ainda que "os neurônios sensíveis a um quantum único têm um papel importante nas profundezas do cérebro". Depois de ter sugerido "que um estado mental possa ser 'aparentado' (*akin*) a um estado quântico", esquecendo a gigantesca diferença de nível de organização existente entre o elétron e o cérebro, Penrose coloca-se na defesa do "princípio antrópico", segundo o qual "a natureza do universo no qual nos encontramos é fortemente limitada pela exigência de que

AS BASES NEURAIS DA CONSCIÊNCIA

seres sensíveis como nós mesmos devem estar presentes para observá-lo"! Platônico confesso, ele escreve: "Lembrem que o próprio mundo de Platão é sem tempo. A percepção da verdade platônica não transporta informação [...] e não há contradição implicada se tal percepção consciente podia mesmo ser propagada voltando no tempo."

Daí o interesse de Penrose pelas experiências controversas de Benjamim Libet. Neurólogo no Hospital Monte Sinai de São Francisco, Libet trabalha com sujeitos voluntários nos quais uma cirurgia cerebral é indispensável e propõe-se notadamente a comparar o desenvolvimento no tempo da percepção subjetiva de um estímulo sensorial cutâneo (choque elétrico) com os sinais elétricos registrados por eletroencefalografia (EEG) sobre o córtex cerebral. De acordo com Libet, os resultados mostrariam que a percepção consciente do estímulo periférico é produzida *antes* que tenham decorrido os acontecimentos neuronais necessários para que uma sensação completa tenha lugar. Haveria aí referência subjetiva automática da consciência "a retroceder no tempo" (*backward in time*). Os registros de EEG indicam que uma resposta elétrica tem lugar no nível do córtex somestésico cerca de 50 milissegundos depois da estimulação da pele, ao passo que a "tomada de consciência" do estímulo tomaria muito mais tempo, cerca de 500 milissegundos, o tempo em que uma "adequação neuronal" pode ser obtida. Sobre essa base, Libet tentou reproduzir a sensação cutânea estimulando diretamente o córtex somestésico. Desse modo, ele obtém uma sensação (ela, todavia, teria sido vivida como idêntica à estimulação cutânea?), mas somente ao prolongar a estimulação (a uma frequência de sessenta choques por segundo) de 300 a 500 milissegundos ao menos (um valor próximo daquele requerido para atingir a adequação neuronal). Desejando comparar a percepção subjetiva do paciente entre a estimulação "fisiológica" da pele e a estimulação "elétrica mínima" do córtex cerebral, Libet estimula a pele 200 milissegundos após o início da estimulação cortical e constata que o sujeito percebe o estímulo cutâneo *antes* do estímulo cortical. Donde conclui que "uma referência da experiência subjetiva com retrocesso do tempo teve lugar".

Na verdade, Libet compara respostas a estímulos totalmente diferentes. Em um caso, a via "de acesso" à consciência é fisiológica (estimulação dos receptores sensoriais); em outro, muito artificial (o córtex cerebral é reputado muito difícil de estimular, em particular devido à presença de múltiplos circuitos inibidores; ademais, períodos muito longos de estimulações podem ser requeridos para que o sujeito sinta alguma sensação). Em uma outra série de experiências, Libet estimula a pele de 200 a 500 milissegundos antes da estimulação do hemisfério para o qual se projeta a região da pele estimulada. Ele relata que a estimulação cortical tardia bloqueia o efeito da estimulação cutânea: haveria "mascaramento retrógrado" dessa por aquela. Em compensação, se a experiência é realizada de modo a que cada estimulação se refira a um hemisfério diferente do cérebro, o mascaramento não tem lugar: o sujeito percebe normalmente o estímulo cutâneo *antes* do estímulo cortical.

A interpretação mais plausível dessas experiências, proposta por Patrícia Churchland, é a de que, quando as duas respostas afetam o mesmo hemisfério, a estimulação cortical apaga a memória do estímulo cutâneo e interfere em sua percepção completa. Essa interpretação dos dados de Libet, se se verificam reproduzíveis, significa que uma percepção consciente de estímulo requer um tratamento elaborado (as ondas P300 testemunham isso) muito mais longo do que "a análise pré-atentiva" do estímulo. Não haveria deslocamento retrógrado, mas distúrbio "anterógrado" de um processo de *reconstrução* da *evolução temporal* do compartimento consciente. Em acordo com as ideias de William James, haveria portanto "recomposição subjetiva" do tempo real no espaço consciente segundo uma dinâmica que não seria necessariamente idêntica a ele.

Os resultados das experiências de Kolers e Von Grünau (1976) são interpretados sobre bases semelhantes. Esses dois pesquisadores lançam dois flashes sobre um taquistoscópio de fundo branco que clareiam sucessivamente dois quadrados de cores diferentes de 0,9° de lado e distantes 36°, durante 150 milissegundos, com uma pausa de 50 milissegundos. Nessas condições, o sujeito tem a percepção "ilusória" de um deslocamento do primeiro quadrado para o segundo. Se lhe pede para definir, com a ajuda de um spot monocromático móvel, o local onde a mudança de cor ocorreu, ele responde sistematicamente no meio do intervalo que separa os dois quadrados. O resultado é o mesmo, seja qual for a dupla de cores estudadas e seja qual for o sujeito. Quando são apresentados ao sujeito não mais dois quadrados, mas um quadrado e um triângulo, ele percebe uma passagem contínua de uma figura geométrica à outra por rotação da hipotenusa. Se a mudança de cor é abrupta, ao contrário, seja qual for a forma, a mudança de forma é gradual. Em um e em outro caso, certamente não há "retrocesso no tempo" da cor ou da forma da segunda figura para a primeira! A interpretação mais plausível é aquela, já mencionada, de uma *reconstrução diferida* da sequência de eventos no compartimento consciente que é acompanhada de uma ilusão de movimento e de uma reorganização no tempo da sequência de iluminação dos dois estímulos visuais. Esse esquema está em acordo com o modelo "multicópias" do compartimento consciente, sugerido por Dennett, segundo o qual múltiplas versões da experiência podem ser revisadas com grande rapidez por adição, incorporação, correção e sobrescrituras do conteúdo, nenhuma versão sendo mais correta que a outra. Ele seria produzido como "um fluxo ou uma sequência narrativa" com recomposição diferencial dando lugar por vezes a mudanças perceptivas abruptas, por vezes a mudanças graduais. Esses resultados são interpretados igualmente, de maneira simples, com base no modelo do espaço de trabalho neuronal consciente já apresentado aqui.

Na definição da palavra "consciência", a referência egocêntrica é essencial. Para William James, o "Eu" é um "agregado empírico de estados a serem conhecidos objetivamente". Para Henri Ey, ser consciente é "dispor de um modelo pessoal do mundo": "o Eu é oriundo da autoconstrução de seu sistema próprio de valor a partir da experiência vivida". A experiência primordial que cada um possui é aquela do seu próprio corpo ou "somatognosia" (Hécaen). Fala-se igualmente de esquema corporal, de imagem de si, de imagem de seu próprio corpo. Existem vários correlatos patológicos, ou assomatognosias, com frequência devidos a lesões do lobo parietal inferior do hemisfério direito, pelas quais o paciente ignora uma paralisia unilateral ou tem a impressão de não ter mais uma metade do corpo. Outros pacientes apresentam déficits na designação de partes de seu próprio corpo (com frequência associados a lesões frontais) ou na orientação do corpo no espaço extrapessoal (com frequência associados a lesões parietais). Em tal contexto, os "membros fantasmas" constituem ilusões da consciência "egocêntrica" do corpo, conhecidas desde o século XVI (Paré) e que atingem mais de 90% dos amputados. O membro fantasma é descrito como tendo uma forma definida, uma sensibilidade que reproduz a do membro amputado, como que se deslocando no espaço para pegar objetos, caminhar... Progressivamente, o fantasma muda de forma, adapta-se ao coto. Membros fantasmas são suscetíveis de aparecer na ausência de amputação, depois da anestesia do plexo braquial ou da medula espinhal. A origem do membro fantasma é evidentemente neural, mas não seria exclusivamente ligada a uma atividade espontânea do córtex somatossensorial. Hécaen (1968) sugeriu que a ocorrência de uma "imagem do corpo", bem como de "membros fantasmas", estava ligada a "reaferências" (Holst, 1950) (renomeadas "reentradas" por Edelman, 1978) pelas quais uma *descarga corolária* (Teuber, 1951; Held, 1961) permitiria às vias motoras agirem de uma maneira retroativa sobre as vias sensoriais. Desse modo, seriam formadas representações "invariantes" apresentando uma autonomia, uma "constância" diante do mundo exterior e do próprio corpo.

Muitas outras ilusões corporais ou alucinações foram descritas. Um sujeito afetado por heautoscopia consecutiva a lesões hemisféricas direitas se vê assim como se veria em um espelho, ou então experimenta a sensação de observar-se do interior dele mesmo. Entre as alucinações auditivas, ligadas às afecções do lobo temporal, é possível citar a sensação de ruídos indistintos (tinidos) — murmúrio, sopro de brisa, filete d'água, movimento do trem ou até mesmo rangidos de portas, quebrar de louça, batidas de palmas, ruído de passos sentidos com uma grande emoção e tidos como provenientes de uma origem exterior (ver Poche d'Ars) — e a percepção de sons, melodias, orquestrações musicais ou ainda de palavras, frases, discursos com por vezes uma sensação de algo já vivido.

Igualmente, foram relatadas alucinações visuais elementares (pontos luminosos, manchas de cores, faixas paralelas, espirais, zigue-zagues) associadas a lesões de áreas visuais primárias ou complexas (objetos, animais, visões animadas da Virgem, da sarça ardente...) devidas a lesões parieto-occipitais direitas. Com a idade, a perda da audição ou da visão é frequentemente acompanhada de alucinações.

Enfim, as epilepsias do lobo temporal acarretam, entre as crises, mudanças crônicas de personalidade que se manifestam por agressividade, problemas do comportamento sexual (travestismo, hipossexualidade ou hipersexualidade), uma certa religiosidade (visões do céu, dos anjos, vozes, êxtases religiosos, conversões súbitas — como, por exemplo, Joseph Smith), a hipergrafia (tendência a escrever várias horas por dia, de maneira meticulosa, com repetições [litanias] e viés moral e religioso), ou uma expressão oral pedante de caráter "untuoso, viscoso ou mesmo pegajoso" (Waksman e Geshwind, 1974).

"A consciência dos outros" também pode ser objeto de problemas patológicos. Para Utah Frith, esse seria particularmente o caso do autismo. Leo Kanner (1943) e Hans Asperger (1946) empregaram pela primeira vez esse termo para descrever uma doença infantil que se caracteriza por uma "diminuição das relações com as pessoas e o mundo exterior", um abandono do tecido social, um voltar-se sobre si. Para Kanner, a criança autista se caracteriza pelo isolamento do mundo das pessoas, pelo desejo de imutabilidade, mas possui ilhotas de aptidões excepcionais (testes de memória, desenhos, jogos de construção, matemática, por exemplo). De acordo com a classificação internacional das doenças da OMS, o autismo caracteriza-se por três déficits: socialização, comunicação e imaginação. Presente com uma frequência de 2-5 a cada 10 mil nascimentos, afeta 2,5 meninos para cada menina. De acordo com Utah Frith, as crianças selvagens como Victor de l'Aveyron e Kaspar Hauser, os "loucos em Cristo" da antiga Rússia ou ainda Sherlock Holmes seriam autistas. O autômato inteligente, mas "sem alma", de comportamento "maquinal", desprovido de toda compreensão do outro, teria uma conduta análoga à do autista. Diversas observações apoiam uma origem biológica do autismo: anomalias do EEG, da morfologia do cerebelo, ocorrência no quadro da síndrome do cromossomo X frágil (20% das crianças autistas) e de mutações gênicas que afetam o desenvolvimento sináptico (Bourgeron), de lesões perinatais (37% das crianças autistas), de infecções virais. Sem que uma causa única pudesse ter sido identificada, afecções diferentes poderiam acarretar déficits cognitivos comuns.

Várias dificuldades encontradas pelas crianças autistas — perda de visão global com atenção excessiva aos detalhes, atividades repetitivas, inflexibilidade, distratibilidade — lembram as síndromes frontais do adulto. Para Utah Frith, John Morton e Alan Leslie (1991), o autista apresentaria um déficit da capacidade particularmente desenvolvida no homem de "predizer e explicar o comportamento dos outros seres humanos em termos de seus estados mentais, de sua crença, de suas intenções e de suas emoções". Testes com histórias em quadrinhos permitem medir esse déficit. O autismo seria um problema biológico que altera a consciência de si e dos outros e provavelmente faz intervir o córtex frontal (e o espaço de trabalho consciente).

A regulação dos *estados* de consciência deve ser distinguida da regulação do *conteúdo* do espaço consciente. Rodolfo Llinas, em particular, como vamos ver, tratou da regulação dos estados de vigília-consciência. O sono e o sonho representam estados de consciência distintos do estado de vigília cujas bases neurais foram objeto de numerosos trabalhos, em particular de Michel Jouvet. Não há dúvida, por exemplo, da importância de estruturas presentes no tronco cerebral, na região da formação reticular. Uma vez que a farmacologia dos estados de vigília e sono é muito rica, retornaremos a isso com maior detalhe no final da terceira parte desta obra.

Teorias e debates contemporâneos sobre a consciência

Os trabalhos de Llinas: as oscilações talamocorticais

Significação do sistema talamocortical

Llinas e Paré (1991, 1995; ver Llinas e Stériade, 2006) baseiam suas análises em observações eletrofisiológicas. Seus registros do córtex revelam notáveis similitudes quando da vigília e quando do sono paradoxal. Ademais, o limiar das estimulações sensoriais necessário para acordar é muito mais elevado durante o sono paradoxal do que durante as outras fases do sono. Esses pesquisadores defendem a tese de que a vigília é um estado intrínseco, fundamentalmente semelhante ao sono paradoxal, mas especificado pelas entradas sensoriais. O sono paradoxal seria um "estado atentivo modificado pelo qual a atenção é desviada das entradas sensoriais em favor da memória". Haveria em um caso abertura para o mundo exterior; no outro, confinamento no mundo interior. A atividade oscilatória do sistema em associação com o tálamo ao córtex cerebral acarretaria uma mudança macroscópica global do funcionamento cerebral, que regularia a alternância vigília/sono e o "nível" ou o "estado" de consciência do sujeito.

A rica conectividade recíproca entre tálamo e córtex participaria da gênese de oscilações cujos diversos "modos" endossariam estados de consciência distintos. No modo "relé", os EEG são dessincronizados como durante a vigília ou o sono paradoxal. No modo "oscilante", os EEG são sincronizados como durante o sono lento. O modo relé seria associado à descarga tônica dos neurônios talâmicos; o modo oscilante, a descargas em rajadas com longos períodos de inibição e potenciais de ação Ca^{++} lentos. Os neurônios colinérgicos do tronco cerebral (núcleos pedunculopontinos, por exemplo) interviriam na passagem de um modo ao outro, e as entradas sensoriais ao acordar "ajustariam" os ritmos internos com correlações temporais das atividades espontâneas e evocadas (ver a noção de ressonância em *O homem neuronal*, 1983). A consciência seria uma "propriedade intrínseca" resultante da expressão dessas disposições em condições de coerência definida; ela assumiria a "reconstrução da realidade exterior em uma realidade neural interior".

Essa atividade asseguraria a coerência temporal através do conjunto do cérebro, bem como a simulação da realidade. A organização radial ou "vertical" das relações talamocorticais interviria na "ligação" temporal dos componentes fragmentados da realidade externa e da vida interna do sujeito em uma só construção, o "si". De acordo com Llinas, a subjetividade, ou o *si*, seria engendrada pelo diálogo entre o tálamo e o córtex.

FIGURA 20 – Teoria de Rodolfo Llinas sobre as relações talamocorticais e os estados de consciência

Llinas fundamenta sua teoria dos estados conscientes e não conscientes com base em registros eletrofisiológicos realizados durante os ciclos de vigília e sono. Ao longo desse ciclo, nota-se a variação das oscilações estabelecidas entre o tálamo e o córtex cerebral. De acordo com Llinas, os estados de vigília e sono paradoxal são fundamentalmente idênticos no plano eletrofisiológico, com a diferença essencial de que a informação sensorial é alterada no sono paradoxal. A consciência não seria um subproduto das entradas sensoriais, mas seria gerada de maneira intrínseca pelas oscilações talamocorticais e modulada (ou contextualizada) pelas entradas sensoriais. Os registros de variações de campo magnético pelo método de magnetoencefalografia mostram uma reorganização da atividade cortical à frequência elevada de 40 Hz pela estimulação sensorial, sugerindo um papel (debatido) das oscilações talamocorticais de ~40 Hz (faixa gama) sobre a ligação temporal do tratamento sensorial e da experiência consciente.

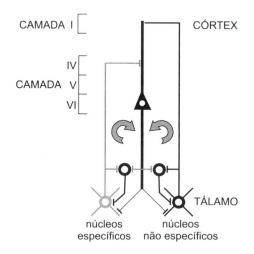

20A – Diagrama proposto por Llinas e Ribary (1993) para explicar as oscilações recorrentes estabelecidas entre neurônios do tálamo e do córtex cerebral. As entradas sensoriais passam pelos neurônios talâmicos específicos que se projetam para a camada IV do córtex, enquanto os neurônios não específicos se projetam para as camadas superficiais do córtex e intervêm em uma regulação global dos neurônios corticais (apud Ribary, 2005).

AS BASES NEURAIS DA CONSCIÊNCIA

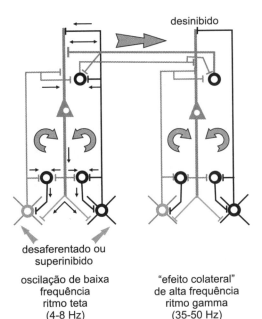

20B – *Esquema proposto por Llinas e Stériade (2006) para explicar a transição entre oscilações lentas do sono lento (teta) e oscilações rápidas da vigília (gama) e de suas alterações patológicas. A supressão de inibição pelos neurônios GABAérgicos (negro) faz com que o sistema passe para o estado desinibido (parte direita da figura). A conjunção entre anéis específicos (circuito elementar da esquerda) e não específicos (circuito elementar da direita) acarreta a coerência temporal necessária ao acesso à consciência no estado desinibido (apud Llinas e Stériade, 2006).*

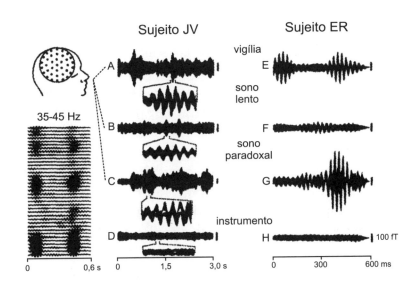

20C – *Registro por magnetoencefalografia da atividade gama (40 Hz) durante a vigília, o sono lento e o sono paradoxal (apud Paré e Llinas, 1995).*

Conectividade talamocortical

A análise anatômica e funcional da conectividade talamocortical revela duas categorias de neurônios talâmicos (figura 20). *Neurônios específicos*, que se projetam para a camada IV do córtex, recebem as entradas dos sistemas sensoriais ascendentes e são organizados de maneira topológica no nível tanto dos núcleos quanto das projeções corticais. Essas células específicas contribuiriam para a formação de mapas "representacionais" talamocorticais. Ao lado desses neurônios, distinguem-se *neurônios não específicos,* "intralaminares" ou da "matriz" do tálamo, que se projetam para as camadas I, II, e III, portanto superficiais, do córtex e se encontram distribuídos de uma maneira mais difusa e não restrita às fronteiras dos núcleos talâmicos específicos. Essas células se projetariam no nível cortical de maneira distribuída, cobrindo várias áreas específicas. A longa distância, elas participariam do controle global dos "estados de consciência" do córtex cerebral (e, desse modo, do espaço de trabalho neuronal consciente; ver p. 212).

Eletrofisiologia, EEG e potenciais evocados

A analogia entre os estados de vigília e sono paradoxal foi destacada muitas vezes no passado. Quando da transição entre vigília e sono lento, as ondas rápidas tornam-se lentas, sincronizadas, ao passo que a transição do sono lento ao sono paradoxal é acompanhada de um retorno das ondas rápidas e dessincronizadas. As ondas rápidas e dessincronizadas são comuns aos estados de vigília e de sono paradoxal (figura 20b).

Em contrapartida, as entradas sensoriais têm efeitos muito diferentes durante a vigília e o sono paradoxal. Durante o sono paradoxal há dessincronização, atonia, e a frequência de entrada dos estímulos sensoriais é muito mais elevada do que durante a vigília. Há portanto de algum modo isolamento da atividade paradoxal. Para Llinas, o sono paradoxal seria um estado atentivo modificado pelo qual a atenção é desviada das entradas sensoriais em favor das memórias internas. Inversamente, o estado de vigília seria semelhante ao sono paradoxal, mas especificado pelas entradas sensoriais.

Eletrofisiologia celular talâmica e cortical

Qual é a origem das oscilações talamocorticais, em particular, das oscilações rápidas de 40 Hz? Registros *in vivo* ou *in vitro* de neurônios talâmicos mostram que uma despolarização progressiva da membrana desses neurônios faz com que a distribuição de potenciais de ação isolados passe a uma distribuição em rajadas de alta frequência de impulsos. O registro *in vivo* de neurônios corticais efetuado por Stériade no gato mostra que a despolarização desses neurônios faz com que um ritmo em rajadas breves (20-50 Hz), correspondendo ao sono lento, passe a um ritmo sustentado e contínuo de alta frequência (300-600 Hz), correspondendo à vigília. Essas distribuições de atividades estão sob o controle de "neuromoduladores". De acordo com Stériade, a ativação do receptor muscarínico pela acetilcolina acarretaria o desbloqueio dos canais de potássio presentes nos neurônios inibidores e, desse modo, a passagem do ritmo em rajadas ao ritmo alta frequência continua acompanhando a vigília. Os anestésicos gerais poderiam, indiretamente, bloquear esse efeito modulador.

Ressonância talamocortical "substrato da consciência"

Llinas estudou as transições entre estados de consciência em sujeitos acordados recorrendo à magnetoencefalografia, a qual permite registrar atividades cerebrais em um domínio de tempo semelhante à eletroencefalografia (figura 20c). Nos sujeitos acordados, registram-se sinais coerentes com uma frequência de 35 a 45 Hz, e a relação sinal/ruído é muito elevada. Quando se compara a resposta a um estímulo auditivo nos sujeitos acordados e durante o sono lento ou paradoxal, nota-se que um estímulo auditivo acarreta um crescimento considerável da oscilação de 40 Hz durante a vigília, mas não de realinhamento e, portanto, de amplificação ressonante durante o sono lento ou o sono paradoxal. Para Llinas, haveria, durante a vigília, realinhamento com o contexto criado pelo cérebro, ao passo que, durante o sono paradoxal, a atividade sensorial não teria acesso à maquinaria que gera a experiência consciente. A coincidência temporal entre sistemas talamocorticais específicos e não específicos daria acesso ao espaço consciente.

As teorias de Crick, Edelman e Baars: primeiros debates sobre os correlatos neuronais da consciência*

Crick e Koch (1990) atêm-se a uma proposição muito ingênua e de uma grande simplicidade. De acordo com eles, a consciência tem por função "apresentar resultados de cálculos subjacentes que ativam um mecanismo de atenção que *liga* de maneira temporária os neurônios pertinentes conjuntamente, sincronizando suas descargas por oscilações de 40 Hz". A "junção" entre neurônios, requerida para a "coerência" da consciência, seria implementada por oscilações de 40 Hz que corresponderiam à sincronização das descargas e "colocariam o objeto mental" na memória de trabalho. Esses pesquisadores se baseiam nas observações de Gray e Singer (1989), mas confundem coerência e oscilação enquanto, dependendo dos sistemas, uma pode ser dissociada da outra. Além disso, os trabalhos um pouco esquecidos de Livingstone e Hubel (1981) mostravam, por registros de neurônios visuais isolados em resposta a um estímulo visual quando da transição sono-vigília lenta, que a vigília coincide com a "dessincronização" das rajadas do sono lento e uma melhora substancial da relação sinal/ruído. Contrariamente à hipótese de Crick e Koch, a vigília é acompanhada de uma dessincronização de oscilações. Essas ideias, muito simplistas, foram criticadas, pois as oscilações não coincidem necessariamente com a junção dos neurônios, e pode ocorrer aí junção sem entrada na consciência de trabalho. Enfim, convém fazer a distinção entre "estado" de consciência e "conteúdo" de consciência.

Em *The remembered present* [O presente relembrado] (1989), Gerald Edelman propõe uma teoria biológica da consciência que retoma as ideias desenvolvidas anteriormente em seu *Neural Darwinism* [Darwinismo neural] e no *Topobiologia*, todavia com hipóteses suplementares. A hipótese de base de uma "sinalização reentrante" (ou retroação distribuída), proposta desde 1978 como componente essencial do mecanismo de seleção neural, foi sugerida em O *homem neuronal* (1983) como capaz de

---
* Curso do ano de 1992.

contribuir para o estabelecimento de um "estado global" de consciência. Essa ideia, retomada e desenvolvida na última obra de Edelman, oferece um mecanismo que permite à consciência resultar da comparação categorial da atividade de dois tipos de organizações neurais: uma se refere à memória e compõe o "si", a outra efetua interações exteroceptivas sensoriais com o mundo exterior e compõe o "não si". A primeira compreenderia o eixo hipotálamo-hipofisário, o tronco cerebral, a amígdala, o hipocampo, o sistema límbico, e se organizaria ao longo do desenvolvimento atribuindo uma etiqueta de "valor" às categorias perceptuais. A outra incluiria córtex cerebral, tálamo e cerebelo. Um anel de reentrada maior para o sistema do não si permitiria o desenvolvimento de uma consciência primária. Uma consciência de ordem superior começaria a emergir com o desenvolvimento de categorias religadas ao conceito do si, com a aquisição da linguagem. Esse modelo oferece aspectos originais. Todavia, é muito redutor na designação dos sistemas de si e não si para subdivisões anatômicas tão grandes do cérebro. Enfim, ele não leva em conta a dinâmica da "corrente de consciência" e não é formulado em termos computacionais precisos.

Em *A cognitive theory of consciousness* [Uma teoria cognitiva da consciência] (1988), Bernard Baars trata do problema da consciência com base na psicologia cognitiva e reatualiza desse modo as propostas de James ou de Wundt. Baars é um psicólogo cognitivo que retoma a tese kantiana da consciência transcendental com sua capacidade de síntese global ou ainda os sistemas centrais de Fodor que chama de "espaço de trabalho global", *global workspace*, opondo-o a sistemas de processadores automáticos e não conscientes. Em contrapartida, o espaço de trabalho difunde a informação de um sistema de processadores para todos os outros processadores de uma maneira que ele compara a um "teatro", à "tela" da consciência, ao "quadro-negro" (figura 21). Essa metáfora é útil, pois inclui a consciência de *uma única coisa ao mesmo tempo*. A cada momento, ocorrem muito mais coisas do que sabemos, e acontecimentos desconhecidos ocorrem atrás da cena e controlam aquilo que se apresenta em nossa subjetividade. Os processadores entram em competição ou cooperam para que suas mensagens entrem no espaço de trabalho global. A mensagem global dos diversos processadores deve ser coerente e informativa — portanto, adaptada ao contexto inconsciente.

Contextos inconscientes e conteúdos conscientes interagem para criar uma "corrente de consciência", como sugeria William James, e a ação voluntária pode ser tratada como um tipo particular de resolução de problema. Enfim, o *si* pode ser considerado contexto que domina a experiência consciente, trazendo informação sobre o "si como contexto".

Baars desenvolveu assim uma série de modelos sucessivos.

O *modelo 1* contém simplesmente processadores de entrada em competição, o espaço de trabalho global consciente e processadores de saída inconscientes, com retroação possível das saídas sobre as entradas.

O *modelo 2* introduz a hierarquia de um contexto dominante e o encadeamento de contextos-objetivos, conceituais e perceptuais.

O *modelo 3* concebe a retroação de processadores que se adaptam com seleção da mensagem informativa e "objetivação" em relação à redundância.

O *modelo 4* recorre à hierarquia do contexto dominante e à resolução de problemas com a possibilidade de iteração com contextos subobjetivos até a apresentação consciente da solução. Há o estabelecimento de uma corrente de consciência, por encadeamentos em cascata de resolução de problemas com o contexto-objetivo em perspectiva.

O *modelo 5* versa sobre uma teoria ideomotora do controle voluntário, incluindo a competição entre contextos-objetivos e a possibilidade de que um processador especializado possa bloquear a execução de não importa qual imagem-objetivo.

O *modelo 6A* faz intervir a *atenção*, que pode ser controlada pelos objetivos, e o *modelo 6B* introduz um controle *voluntário* da atenção sobre a seleção de conteúdos conscientes.

O *modelo 7* recorre ao conceito de si como contexto supervisor mais estável no sistema do si; a intervenção de uma experiência, ao violar o contexto do si, acarreta então o estabelecimento de uma nova intenção e o retorno às experiências autoatribuídas.

FIGURA 21 – Modelos do espaço de trabalho global de Baars

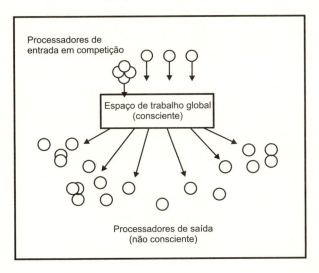

A hipótese proposta por Bernard Baars em A Cognitive Theory of Consciousness de 1988 é a de que o *"sistema nervoso pode ser tratado como uma coleção de processadores não conscientes (unconscious) especializados" cuja "interação, coordenação e controle [...] requerem uma troca central de informação — um espaço de trabalho global"* consciente.

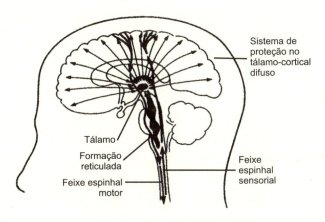

As bases neurais propostas para o espaço de trabalho global incluem, para Baars, *"a formação reticulada do tronco cerebral e do mesencéfalo, a camada externa do tálamo e o conjunto de neurônios que se projetam de maneira difusa do tálamo ao córtex cerebral"* (apud Baars, 1988).

A teoria de Baars baseia-se portanto em três entidades: um espaço de trabalho global de capacidade limitada, que lembra o "compartimento consciente" tratado neste curso; processadores especializados não conscientes como analisadores perceptuais, sistemas de saída, esquemas de ação, sistemas de sintaxe, planificação e controle; contextos-objetivos.

O espaço de trabalho global aparece como um tipo de "bolsa dos processadores" na qual se efetuam a interação, a coordenação e o controle desses processadores especializados em *competição* ou *cooperação*. Como no modelo de Edelman, os processadores de recepção estabelecem anéis de retroação com os processadores de entrada. Duas condições parecem desde então necessárias para que a experiência consciente se desenvolva: a difusão global da informação e a coerência interna das mensagens. Como as mensagens conscientes são informativas, as escolhas são efetuadas em um *contexto* de alternativas que pedem uma adaptação dos outros processadores. O "contexto" compreende, de acordo com Baars, o conjunto dos fatores não conscientes que dão forma à nossa experiência consciente; ele inclui as "esperas", que dizem respeito às experiências perceptivas, e as "intenções", que forjam as ações voluntárias. Os contextos-objetivos podem ser organizados de maneira hierárquica e "encaixada". Eles são estáveis no tempo e podem ser "editados" com base em critérios não conscientes múltiplos. Todavia, podem igualmente ser apagados quando da intervenção de um acontecimento surpreendente, com uma "profundidade" cada vez maior segundo a importância da surpresa. Esse modelo destaca o papel adaptativo da consciência. Ele permite interações cooperativas entre várias fontes de conhecimentos e enfrenta a novidade.

Baars introduz portanto:

A distinção entre o espaço de trabalho global consciente e a coleção dos processadores especializados não conscientes, ideia maior, pouco original, mas que merece ser destacada;

A noção de contexto-objetivo ou intenção organizada de maneira hierárquica que impõe limitações no tratamento da informação consciente com "incubação" ou resolução de problemas não conscientes que levam ao controle voluntário ideomotor, à focalização da atenção e ao controle da experiência consciente. O si pode ser considerado um contexto-objetivo particularmente estável e o mais profundo da hierarquia dos contextos.

A função da consciência, de acordo com Baars, aparece como a capacidade de levar em conta interações cooperativas entre fontes múltiplas de conhecimento e, muito particularmente, a novidade.

A posição de Baars contudo está sujeita a várias críticas: ela não leva em conta o sistema de recompensa, e o processo de seleção por "valor" não é especificado; não há mecanismo neural de globalização além da supressão do sistema ativador retículo-talâmico; enfim, como Edelman, Baars não propõe nenhuma implementação informática de suas hipóteses em termos de redes de neurônios formais. Não há nem formulação de um espaço de trabalho neuronal, nem sugestão de uma implementação da dinâmica temporal em termos de atividade neuronal, e não há tampouco implementação da noção de contexto.

Elaborada pouco depois, a rede de neurônios formais (Dehaene e Changeux, 1991) que passa com sucesso no teste Wisconsin de classificação de cartas, possui, por sua vez, mecanismos de recompensa externa e interna. Ela oferece um mecanismo neuronal de seleção de grupos de neurônios-regras e possui uma dinâmica de evolução dos neurônios-regras em relação com o mundo exterior ou com as intenções internas. Esses elementos serviram de base para o desenvolvimento de um modelo mais geral, incluindo um "compartimento consciente" (Dehaene, Kerszberg, Changeux, 1998).

A identificação das bases neurais da consciência constitui um autêntico problema científico. Dispomos apenas de pouquíssimos dados neurobiológicos sobre a distinção entre compartimentos consciente e inconsciente, mas critérios objetivos dessa distinção podem ser definidos a fim de elaborar um modelo informático coerente da consciência.

As teorias recentes de Searle, Frith, Crick e Koch, Edelman e Tononi:*
a continuação do debate sobre os correlatos neuronais da consciência

Em 2000, John Searle declara que havia chegado o momento de examinar a consciência como um fenômeno biológico como outro qualquer. O problema é saber quais são os processos cerebrais que causam os estados de consciência, e como esses estados de consciência realizam-se em termos de estruturas cerebrais: em outros termos, quais são os *"correlatos" neurobiológicos dos estados de consciência?* Para Searle, a consciência consiste em estados internos, qualitativos, subjetivos e unitários. O problema é definir os processos cerebrais, que são processos biológicos objetivos, químicos e elétricos, "à primeira pessoa", suscetíveis de produzir os estados subjetivos de sentir e pensar, à "terceira pessoa". O filósofo distingue:

A *abordagem dos componentes elementares* (*building block approach*), que consiste em identificar os materiais de construção, reuni-los e deduzir o campo de consciência;

A *abordagem do campo de consciência unificada* (*unified field*), segundo a qual não há componentes elementares, mas somente modificações de um campo existente de subjetividade qualitativa.

De acordo com ele, os modelos de Crick, Zeki, Weiskrantz dependem da primeira abordagem; os de Llinas e Tononi e de Edelman, da segunda.

Por seu lado, Chris Frith e seus colegas tentaram definir as condições experimentais da evidenciação dos correlatos neuronais da experiência consciente. Eles se propõem a mostrar como identificar as distribuições de atividade neuronal especificamente associadas a uma atividade consciente, distinguindo: os *níveis* de consciência ou estados de consciência, como a vigília e o sono, que ativam formação reticulada, *locus caeruleus*, núcleo intralaminar do tálamo; o *conteúdo* da experiência subjetiva, aquilo de que se é consciente; enfim, os *perceptos,* memória, atenção, que não ativam as áreas específicas do córtex.

Não se pode ter acesso ao conteúdo da experiência consciente senão pelo relato ou *balanço* que o sujeito produz dela. Frith sublinha a diferença

---
* Curso do ano de 2002.

entre o balanço e a própria experiência consciente: o balanço é o mais das vezes verbal, exprime-se pela linguagem e é partilhado com um terceiro. Ao lado do balanço verbal, existe um relato comportamental de gestos e movimentos importantes no caso da experimentação cognitiva, por exemplo quando se trata de apertar um botão para testemunhar um acontecimento percebido. As pesquisas desse tema implicam o estabelecimento de correlações com atividades neurais, eletrofisiológicas ou de imagem. Frith e seus colegas distinguem ao menos três tipos de atividade neural a serem resolvidas no espaço e no tempo: as atividades associadas às representações mentais conscientes, as atividades associadas às estimulações sensoriais; e, por fim, as atividades relacionadas com o comportamento.

Entre 1995 e 1998, Crick e Koch interessam-se pela conectividade do sistema visual e tentam relacioná-la com o acesso à consciência com base em diversas experiências no símio: rivalidade binocular ou hierarquia das vias visuais com distinção entre vias dorsais e vias ventrais. Classicamente, a via dorsal, rápida, em coordenadas egocêntricas, propagaria representações "em linha" e não conscientes, por exemplo movimento do olho e da mão; a via ventral, lenta, em coordenadas alocêntricas, propagaria representações explícitas e teria acesso à consciência: ela daria uma melhor interpretação da cena visual e contribuiria para a disposição dos sistemas motores. Para Crick e Koch, caberia aos neurônios das camadas V e VI do córtex cerebral dar acesso à consciência devido a propriedades oscilantes talamocorticais. Ao contrário, os neurônios da área V_1 não se projetam para o córtex frontal, sua atividade não seria correlata com o que vemos de maneira consciente: o que entra na consciência seria uma forma de atividade neural de áreas visuais elevadas que se projetariam diretamente sobre as áreas pré-frontais. Sabe-se hoje que as áreas visuais primárias podem ser mobilizadas pelo espaço de trabalho neuronal consciente.

Em um trabalho mais recente, Crick e Koch (2000) relatam sua leitura do livro de 1987 de Ray Jackendoff, *Conciousness and the computational mind* [Consciência e mente computacional]. De acordo com Jackendoff, que é um adepto de Chomsky, linguista, músico e igualmente especialista em informática, a consciência corresponderia a um nível intermediário de representações entre um nível mais periférico de sensações e um nível mais central de pensamento. Não seríamos conscientes nem dos dados dos sentidos nem da forma do pensamento. Jackendoff distingue: "o espírito fenomenológico" (*phenomenological mind*), que seria a sede da experiência do mundo e de nossas vidas interiores, inacessível aos outros, e "a mente computacional" (*computational mind*) a carregar e tratar a informação e que seria o lugar da compreensão, do saber, do raciocínio e da inteligência. Mente computacional e espírito fenomenológico seriam dois domínios diferentes de descrição do corpo físico, o primeiro constituindo uma especificação abstrata da organização funcional do sistema nervoso, em termos de programas de computador. Esse seria um modelo matemático do cérebro em funcionamento.

Para Jackendoff, nenhuma atividade da mente computacional seria consciente. Por exemplo, quando se pensa em palavras, os pensamentos vêm sob uma forma gramatical, com sujeito, verbo, objeto e modificadores, que recaem em seu lugar, sem ter a menor percepção da maneira pela qual a estrutura da frase é produzida. "Ouvimos uma voz interior que nos fala em palavras", escreve Jackendoff. No que concerne à visão, acederiam à consciência apenas esquemas em duas dimensões e meia, o esquema em três dimensões completo permaneceria inconsciente. Retomando a tese de Jackendoff, Crick e Koch acrescentam curiosamente a noção de "homúnculo", "pequeno homem dentro da cabeça" que percebe o mundo pelos sentidos, pensa, planifica e executa as ações voluntárias. Para eles, esse homúnculo permaneceria inconsciente. Seja como for, essa releitura de Jackendoff pode ser útil para tentar definir quais tipos de representações têm efetivamente acesso à consciência. A questão de uma separação consciente do objeto examinado e a da representação das dimensões dois e meio e três é importante, mesmo se a ideia de um homúnculo inconsciente pareça dificilmente aceitável. Enfim, o córtex pré-frontal não pode simplesmente ser considerado a sede de cálculos inconscientes de alto nível como eles propõem, em contradição com seus primeiros trabalhos (Crick e Koch, 2000).

Ao lado dos primeiros trabalhos de Edelman (1989) sobre a consciência primária e a consciência superior, Edelman e Tononi interessaram-se por empreitadas de modelização muito mais especulativas, muitas vezes sem relação evidente com a consciência. É preciso notadamente citar:

Os modelos de integração no córtex visual e o modelo talamocortical. Interessando-se pela ligação entre múltiplas áreas visuais interconectadas entre si, cada uma tendo uma função especializada, como para o movimento, a cor ou a forma dos olhos, esses pesquisadores propõem um modelo que resolveria o problema da junção: ele ativaria não somente interconexões recíprocas entre áreas, mas igualmente sistemas de avaliação, bem como um sistema de movimentos dos olhos. Construído com base em dados empíricos sobre as relações entre tálamo e córtex, esse modelo, todavia, e de maneira surpreendente, não é diretamente ligado por esses autores ao acesso à consciência.

O problema da complexidade do sistema nervoso. Edelman e Tononi interrogam-se sobre a validade de aplicação da teoria da informação padrão ao sistema nervoso. Essa teoria da informação requer um observador exterior inteligente que codifica e decodifica as mensagens com um alfabeto de símbolos. A abordagem que propõem é puramente estatística e não faz referência a um observador exterior. Eles distinguem a *informação efetiva,* o número e a probabilidade dos estágios do sistema que fazem a diferença *no* próprio sistema, e a *informação mútua,* que mede a independência entre dois subconjuntos de elementos por bipartição de um sistema isolado. Para eles, a *complexidade* ou *informação total integrada* corresponde à soma dos valores da informação mútua para todas as bipartições do sistema. Essa complexidade pode variar com a organização neuroanatômica. Ela é relativamente baixa quando essas conexões são distribuídas de maneira estática. A complexidade é máxima quando tem relação com uma área ricamente conectada por grupos de neurônios definidos. Quanto mais elevada a informação mútua entre cada subconjunto e o resto do sistema, maior a complexidade. A complexidade dos organismos vivos se situaria, portanto, como propunha Atlan há muitos anos, "entre o cristal e a fumaça".

A hipótese do "núcleo dinâmico" (dynamic core). Essa hipótese retoma a noção de integração com a ideia de que um sistema é integrado se seus elementos interagem muito mais intensamente entre si do que com o resto do sistema. Haveria, desse modo, coesão interna e isolamento externo. Para Edelman e Tononi, um grupo de neurônios contribui diretamente para a experiência consciente somente se faz parte de um "agregado funcional distribuído" que, por essas interações reentrantes no sistema talamocortical, alcança uma integração elevada em cem milissegundos. Haveria, desse modo, "borda ou fronteira funcional" entre esse agregado e o restante do cérebro: ele constituiria portanto um "núcleo dinâmico" com fronteiras funcionais distintas. Esse "núcleo dinâmico" possuiria propriedades de integração, de composição em permanente mutação, de distribuição espacial variável e não seria localizável em um único lugar no cérebro. Ele não seria nem coextensivo ao conjunto do cérebro nem limitado a um subconjunto de neurônios e não se referiria em nenhum caso a um conjunto invariante de áreas cerebrais, podendo o mesmo grupo de neurônios fazer parte, em certos momentos, do "núcleo" ou ser excluído dele. A composição exata do núcleo dinâmico variaria, portanto, de maneira significativa de um momento ao outro para um indivíduo e de um indivíduo ao outro. Ele seria ao mesmo tempo unificado, privado e diferenciado.

Respostas a Edelman sobre a "especificidade" das redes de neurônios envolvidas nas bases neuronais da consciência

A definição dos correlatos neuronais do núcleo dinâmico coloca, todavia, um problema, uma vez que ele não estaria localizado em um lugar preciso do cérebro e nem existiriam propriedades locais intrínsecas dos neurônios, mas somente correlações de longas distâncias entre regiões diferentes do cérebro e variáveis de um sujeito ao outro. Por métodos de magnetoencefalografia, Edelman e Tononi tentaram testar sua ideia em experiências de rivalidade binocular, mas a variabilidade dos dados nessas experiências traz um sério problema. O modelo de Edelman e Tononi suscita muitas críticas: de início, esses pesquisadores não distinguem "estado de consciência" e "conteúdo de consciência"; de outro lado, eles se opõem com firmeza à ideia, entretanto evidente, de "arquiteturas neuronais universais" da consciência.

No ano de 1997, em Montreal, Herbert Jasper tomou uma posição vivamente contrária a esse tipo de hipótese. Para ele, existe um sistema separado de neurônios do cérebro que intervém no processo inconsciente e que inclui, em particular, o sistema reticular do tronco cerebral e do cérebro anterior, o sistema talâmico reticular e as regiões paratalâmicas. Ademais, a epilepsia acarreta perdas de consciência. Existem portanto estados ativos próprios à experiência consciente. Enfim, a atenção constitui uma função importante do processo consciente que deveria ser analisada em maior detalhe. Para Jasper, a consciência é uma função do cérebro, um processo que mobiliza e integra múltiplos territórios cerebrais. Existem portanto para ele "arquiteturas neuronais da consciência".

Outra resposta para Edelman: os trabalhos já antigos de Leonardo Bianchi, em particular sua obra intitulada *La meccanica del cervello e la funzione dei lobi frontale* [A mecânica do cérebro e a função dos lobos frontais], de 1929, na qual relata trabalhos que efetuou sobre o cão de 1881 a 1894. Para Bianchi, "a consciência é um aspecto da vida psíquica. Não se trata de uma faculdade mas de uma maneira de ser dos processos psíquicos em um cérebro evoluído. Ela é variável e mutável. Sua evolução é sem fim e sem limite". Ela progrediria com o desenvolvimento e a complexidade dos organismos vivos e, particularmente, com o desenvolvimento e a complexidade do sistema nervoso. Para Bianchi, "a consciência atinge o seu apogeu pela deliberação, e a deliberação por sua vez decorre do julgamento que é resultante de impulsões e inibições (luta)". As reações de uma "aurora da consciência superior" coincidem com o *aparecimento dos lobos frontais* na evolução do cérebro. Os lobos frontais seriam "o órgão cerebral que resume, funda, transforma e regra o imenso patrimônio mental preparado pelo cérebro posterior". A parte pré-frontal do manto cerebral concorreria para a *sociabilidade* e interviria nas grandes *sínteses mentais;* ideia que partilhamos.

Dehaene e Changeux: o modelo do espaço de trabalho neuronal consciente

Modelos formais

Em um percurso deliberadamente "cartesiano", no sentido de que a teoria precede ou acompanha a experimentação, foi elaborado um *modelo formal* que constituía uma representação teórica, mínima, coerente, autônoma, se possível sob forma matemática, mas baseada em premissas ideológicas definidas e levando a predições experimentais precisas. Esse percurso não é simplesmente reducionista. Ele explora certamente os conhecimentos das estruturas elementares, mas completa-se pelo percurso crítico de "reconstrução" a partir desses elementos de base. A tese geral é a de que os organismos vivos são engendrados por mecanismos múltiplos de agrupamento e seleções de organizações adequadas às condições de ambiente. Essa capacidade de "agrupar", ou ainda de "bricolagem" (F. Jacob), constitui uma propriedade fundamental de auto-organização a partir do nível molecular, com agrupamentos "encaixados" em estruturas supramoleculares, celulares, redes celulares, redes de redes, e com a contribuição permanente de mecanismos de variação e seleção.

A transdução do sinal

Os mecanismos alostéricos foram precedentemente utilizados para explicar não somente as propriedades dos receptores de neuromediadores, mas também as capacidades de integração de sinais múltiplos por esses mesmos receptores (Heidmann e Changeux, 1982). O modelo concertado (Monod, Wyman, Changeux) de 1965 explica simplesmente a leitura de uma coincidência temporal rápida pelas transições conformacionais discretas entre estados preexistentes (ver Parte III, figuras 40b e c).

Os circuitos elementares de aprendizagem

É possível, portanto, elaborar uma sinapse química de Hebb a partir das propriedades elementares de receptores alostéricos e regrar a eficácia de uma sinapse dada por uma sinapse adjacente. Assim se constrói uma *tríade sináptica* que permite guardar na memória e reconhecer uma sequência temporal de impulsões transmitidas por duas sinapses que atingem um mesmo corpo celular (ver figuras 40b e c). Enfim, a partir dessas tríades sinápticas foram construídas arquiteturas em camadas (Dehaene, Changeux e Nadal, 1987) que permitem dar conta, por um processo "darwiniano" de tentativas e erros, da aquisição e da produção de uma melodia na qual cada nota toma um valor definido em uma sequência, o que leva a formalizar uma primeira *dependência do contexto*.

Um organismo formal capaz de aprender uma tarefa cognitiva com seleção por recompensa

Organismos formais muito simples, capazes de realizar diversas tarefas cognitivas (Dehaene e Changeux, 1989, 1991, 1997), puderam ser elaborados.

A tarefa de resposta diferida (Dehaene e Changeux, 1989): esse tipo de tarefa inclui a tarefa A não B ou de "ajuste à amostragem" (*matching to sample*). O organismo formal inclui, no mínimo, dois níveis de arquitetura: um anel sensório-motor de base com sinapses modificáveis, com capacidades de percepção e preensão, e unidades de codificação de regra, compostas de neurônios excitadores e ricamente interconectados, suscetíveis de formar grupos distintos que se inibem mutuamente por conexões de longa distância, de tal modo que somente uma regra é ativa em um dado momento. Os neurônios-regras determinam operações de comportamento que, se bem-sucedidas, estimulam um mecanismo de recompensa positivo que estabiliza, em contrapartida, o grupo particular de neurônios-regras ativo nesse instante. Portanto, há *seleção por recompensa*. Se o ato de comportamento leva a um fracasso, há desestabilização do conjunto dos neurônios-regras e oscilação de um grupo de neurônios ao outro até que uma nova regra acarrete uma recompensa positiva. O modelo propõe que o sistema de recompensa age direta ou individualmente no nível dos neurônios-regras mudando suas eficácias sinápticas, por exemplo, ao nível dos receptores alostéricos. Nessas condições, um "gerador de diversidade" permite ao organismo induzir regras por tentativas e erros. Pode-se então falar de "darwinismo mental".

A tarefa de classificação de cartas de Wisconsin (Dehaene e Changeux, 1991): essa tarefa mais complexa é utilizada para revelar lesões do

FIGURA 22 – Teoria do espaço de trabalho neuronal consciente: premissas biológicas

O modelo proposto inicialmente por Dehaene, Kerszberg e Changeux (1998) sob a forma de uma rede de neurônios formais distingue entre dois espaços computacionais: 1) processadores especializados, modulares, encapsulados e automáticos, que incluem os sistemas perceptuais e motores, as memórias de longo prazo (memórias autobiográficas e "eu") e os sistemas de atenção e avaliação, e 2) um espaço de trabalho global, tal como sugere Baars, mas sobre bases neurais diferentes: propõe-se mobilizar uma rede ricamente interconectada de neurônios corticais de axônios longos, difundindo de maneira recíproca sinais em múltiplas áreas corticais, e ao qual são associadas experiência subjetiva e reportabilidade.

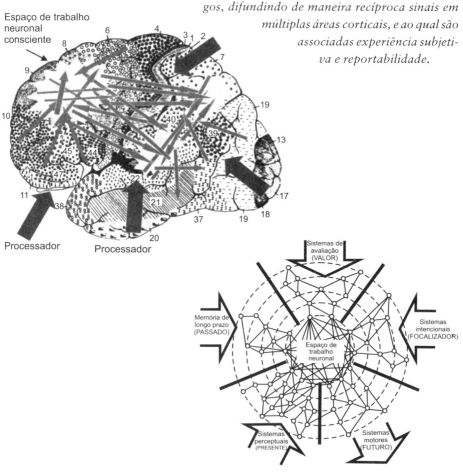

22A – Esquema geral que ilustra o circuito frontoparietotemporocingular das conexões de longa distância do espaço de trabalho neuronal consciente (apud Dehaene, Kerszberg e Changeux, 1998).

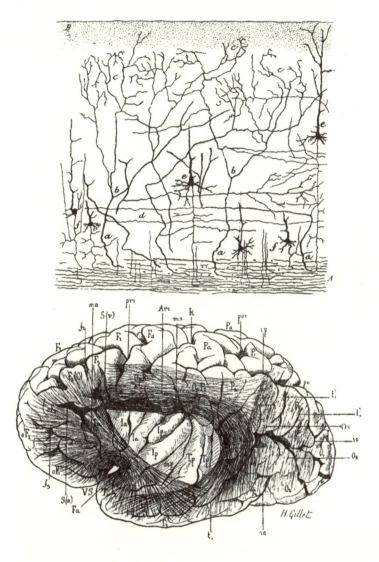

22B – *Neurônios de axônios longos: figura emprestada de Ramón y Cajal por Déjerine em seu* Anatomie des centres nerveux *[Anatomia dos centros nervosos] (1825), em apoio à existência de neurônios de axônios longos e da arborização desses axônios na substância cinza (EM CIMA), e figura do próprio Déjerine sobre o que ele chama de "fibras de associação e fibras comissurais" da substância branca sobre a face externa do hemisfério esquerdo (EMBAIXO) (apud Déjerine, 1895).*

Figura 23A – Teoria do espaço de trabalho neuronal consciente: simulações teóricas e dados experimentais

Comparação das predições da teoria do espaço de trabalho neuronal consciente (Dehaene et al., 2003) (EM CIMA) com a dinâmica da atividade elétrica cortical evocada por estímulos visuais conscientes e não conscientes durante a tarefa da piscada atencional (Del Cul et al., 2007) (EMBAIXO). Nessa tarefa, dois estímulos visuais T1 e T2, por exemplo, das sequências de letras que formam ou não uma palavra, são apresentados sucessivamente ao sujeito que deve relacionar sua percepção consciente "visto" ou "não visto". Quando T2 é apresentado de 100 a 500 milissegundos depois de T1, a capacidade de relacionar T2 diminui (ainda que seja o objeto de um tratamento não consciente pelo cérebro).

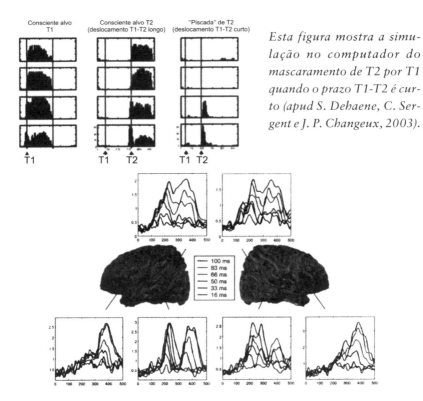

Esta figura mostra a simulação no computador do mascaramento de T2 por T1 quando o prazo T1-T2 é curto (apud S. Dehaene, C. Sergent e J. P. Changeux, 2003).

Esta figura compara as respostas elétricas evocadas recolhidas no escalpo do sujeito no nível do córtex frontal inferior e do córtex temporal e occipital durante a execução da tarefa de piscada atencional. A resposta evocada pelo tratamento consciente do estímulo as distingue no nível do córtex frontal (figurinhas de baix, na extrema esquerda e na extrema direita) (apud Del Cul, Baillet e Dehaene, 2007).

AS BASES NEURAIS DA CONSCIÊNCIA

Figura 23B – Teoria do espaço de trabalho neuronal consciente

Representação esquemática do tratamento de um estímulo visual subliminar, pré-consciente e consciente, ilustrando a mobilização dos circuitos do espaço neuronal quando do acesso consciente (apud Dehaene, Changeux et al., 2006).

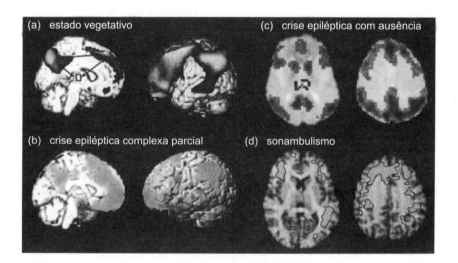

Figura 23C – Imagens cerebrais obtidas em diversos estados de consciência ilustrando uma diminuição da atividade dos circuitos do espaço de trabalho neuronal consciente

a) estado vegetativo, b) crise epiléptica parcial, c) crise epiléptica com ausência e d) sonambulismo. EM CINZA: territórios cerebrais apresentando uma diminuição de atividade (apud Laureys, 2005).

córtex pré-frontal nos pacientes com lesões cerebrais. Trata-se de uma tarefa de resposta diferida melhorada, com cartas cujas figuras diferem pela cor, pelo número, pela forma.

Pede-se ao sujeito para classificar cartas-resposta em função de quatro cartas de referência apresentadas diante dele segundo uma regra que pode ser de cor, número ou forma. O sujeito deve dar o máximo de respostas positivas, e o experimentador responde dizendo: "correto" ou "errado". De repente, muda-se tacitamente a regra e passa-se, por exemplo, de uma regra de cor a uma regra de forma. O sujeito deve então notar a mudança e descobrir qual é a nova regra. A resposta ao teste de classificação de cartas de Wisconsin é alterada nos pacientes com lesões pré-frontais, que apresentam tipicamente perseveração no erro. Foi proposta uma arquitetura mais complexa que a das respostas diferidas, que inclui grupos de neurônios de "intenções motoras" que podem ser ativos sem estar em ação, bem como um anel de *autoavaliação* que permite avaliar tacitamente

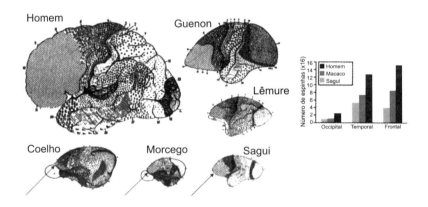

Figura 24A – Teoria do espaço de trabalho neuronal consciente: evolução da superfície relativa do córtex frontal dos mamíferos inferiores ao homem

O crescimento do espaço de trabalho consciente ao longo da evolução anda de mãos dadas com o aumento de superfície relativa do córtex frontal no qual os neurônios piramidais das camadas II e III de axônios longos são particularmente abundantes. A figura da direita mostra o aumento do número de espinhas dendríticas dos neurônios piramidais da camada III do córtex do sagui ao homem e do córtex occipital ao córtex frontal (apud Elston, 2003).

uma intenção diante de regras já memorizadas (Dehaene e Changeux, 1981). O organismo formal assim construído consegue realizar a tarefa de Wisconsin: ele possui uma memória episódica e é capaz de "raciocínio". De fato, regras podem ser eliminadas *a priori* por avaliação de antemão dos resultados futuros. Portanto, é possível ter aí verificação interna tácita de uma regra potencial. Já se trata de um atributo da consciência.

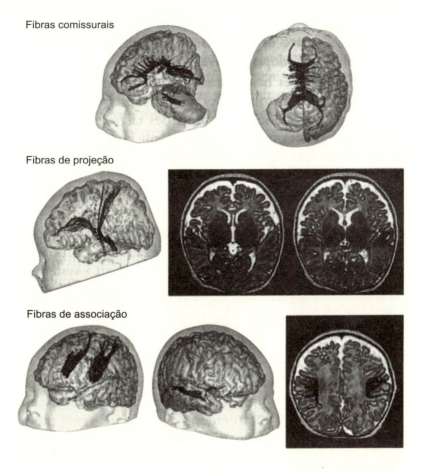

Figura 24B – Teoria do espaço de trabalho neuronal consciente: desenvolvimento no homem

Feixes de fibras longas revelados no recém-nascido de 15 semanas pelo método de ressonância magnética de difusão (apud Dubois et al., 2006).

A tarefa da Torre de Londres: ela é ainda mais complexa, pois é pedido ao sujeito para passar de uma configuração de bolas encaixadas em pinos a outra configuração geométrica das mesmas bolas. Foi proposta assim uma arquitetura que incorpora um sistema de planificação descendente e um sistema de avaliação ascendente por recompensa, que permite efetuar uma sequência de operações revisada de maneira hierárquica para atingir um objetivo (Deahene e Changeux, 1997).

Teoria do "espaço de trabalho neuronal consciente" (global neuronal workspace) (1998)

Quais são as bases neurais da ação de "fazer um esforço consciente", como efetuar a subtração 37 – 9? O problema mais geral é o das tarefas de "síntese mental", de resolução de um problema, unindo várias modalidades distintas. Não se trata aqui de "estado de consciência": o sujeito está desperto e consciente. O problema é compreender o *conteúdo* da consciência ou das operações conscientes. A arquitetura proposta (Dehaene, Kerszberg e Changeux, 1998) (figura 22) retoma os esquemas anteriores de dois níveis principais, generalizando-os. De início, um "espaço de trabalho neuronal" corresponderia ao "sistema de supervisão atentiva" de Shallice, aos "sistemas centrais" de Fodor ou ao "espaço de trabalho consciente" de Baars. De outro lado, e é um ponto maior que distingue esse modelo dos precedentes, são propostas bases neurais precisas para o espaço de trabalho consciente: esse mobilizaria um vasto conjunto de neurônios interconectados, com axônios longos, que reagruparia várias áreas corticais. Haveria recrutamento dinâmico com integração global de representações possuindo as propriedades de unidade e diversidade, de variedade e competição propostas por Edelman e Tononi, mas aqui em um espaço cuja arquitetura neural é mais bem definida e delimitada.

A esse espaço de trabalho neuronal acrescenta-se um conjunto de "processadores compartimentados", constituídos por neurônios ligados entre si a curta distância e que interviriam em processos como a visão, a semântica, a motricidade. A hipótese anatômica original que eles desenvolvem endossa uma importância primordial aos neurônios de axônios longos, particularmente abundantes nas camadas I, II, III do córtex cerebral e que se encontram quantitativamente em maior número nos córtex pré-frontal, dorsolateral e inferoparietal. Portanto, encontramos novamente aqui uma contribuição crítica dos lobos frontais no trabalho consciente. Assim, na *tarefa de Stroop*, que consiste em pedir a um sujeito para nomear a cor da tinta com a qual está escrita uma palavra de cor, como a palavra vermelho na tinta azul, parece que o sentido da palavra lida é em geral pronunciado de maneira relativamente automática pelo sujeito, não importa a cor da tinta, mesmo se há não congruência entre o sentido e a cor da tinta: o sujeito deve portanto fazer um esforço de correção. Para isso, ele utiliza os neurônios do espaço de trabalho que, por tentativas e erros, vão controlar de "cima para baixo" o tratamento de informação realizado pelos processadores que trabalham de "baixo para cima". A simulação do modelo no computador permite explicar a dinâmica de seleção de uma representação global e até mesmo predizer uma dinâmica da imagem cerebral tal como pode ser observada durante a execução da tarefa (figuras 23 e 24). Abundantes dados experimentais obtidos por diversas equipes (notadamente Dehaene, Naccache e seus colegas) estão em acordo com esse modelo do "espaço de trabalho neuronal consciente" (Changeux e Dehaene, 2008).

CAPÍTULO 2 Consciência e interação social

Teorias da comunicação: o modelo do código e o modelo inferencial *

No grupo social, os homens não se comunicam diretamente de cérebro para cérebro, mas sim por intermédio de processos especializados na comunicação que foram reagrupados sob duas formulações teóricas principais. Da teoria clássica de Aristóteles à semiótica contemporânea, a teoria mais comumente adotada é o *modelo do código:* comunicar é codificar e decodificar mensagens.

Para Shannon e Weaver (1948), um código associa *mensagens* tendo um conteúdo de significados com sinais. Os sinais correspondem a uma modificação do ambiente produzida por um dos parceiros e detectada por outro. Eles se propagam entre uma *fonte* e um destinatário por intermédio de um canal físico que pode ser o ar (ondas acústicas) ou um cabo (ondas elétricas). A mensagem — por exemplo, uma sequência de letras formando um texto — será codificada por uma série de impulsos elétricos que correspondem a cada letra. A comunicação requer a utilização de um mesmo código de uma parte e da outra; ademais, ela é vulnerável ao ruído e a qualquer erro, por menor que seja, do sinal — os endereços

---
* Parte do curso do ano de 2001.

na internet são um exemplo flagrante disso. O modelo do código foi amplamente adotado para a comunicação linguageira, de Aristóteles a Saussure ou Vygotsky, passando por Port-Royal. Os códigos associam pensamento aos sons, segundo mecanismos associativos conformes às teses empiristas. Todavia, esse modelo, se explica a comunicação de pensamentos, não se interessa por sua compreensão.

O *modelo inferencial* destacado por Grice (1957) e por Sperber e Wilson (1986) baseia-se na ideia de que a comunicação linguageira entre humanos não se reduz a uma sequência autônoma de palavras codificadas depois decodificadas. As palavras são compreendidas apenas no quadro de um conjunto de hipóteses que os sujeitos comunicantes têm sobre o mundo. Um *saber mútuo* importante é indispensável para que a comunicação ocorra. Uma comunicação eficaz se faz em um *contexto*, uma construção psicológica, um subconjunto de conhecimentos ou de hipóteses que os sujeitos comunicantes têm sobre o mundo: informação sobre o ambiente físico imediato, enunciados que incluem hipóteses científicas, crenças religiosas, opiniões políticas, preconceitos culturais múltiplos, suposições sobre o estado mental do locutor. Esses saberes partilhados não abrangem necessariamente os saberes individuais, como precisa Paul Grice em seu artigo de 1957 intitulado "Meaning" ["Significado"]. A comunicação inferencial baseia-se na *"intenção do sujeito de que o enunciado X produza um certo efeito sobre um auditório por meio do reconhecimento dessa intenção"*. O ouvinte *infere a intenção* do comunicador na ausência de código. Há, portanto, necessidade de um esforço de cooperação entre participantes que reconhecem entre si um mesmo objetivo ou um conjunto de objetivos comuns. Uma cooperação é estabelecida pela *conversação*. Em seu curso sobre William James, Grice vai ainda mais longe quando escreve que "o ato de comunicar suscita *esperas*", as quais, em seguida, ele vai explorar "em um ambiente cognitivo" definido.

O modelo da comunicação inferencial contrasta com o esquema empirista entrada-saída. Ele se situa em um quadro hierárquico de pré-representações contextualizadas em torno de intenções definidas, de quadros de pensamentos, no qual os interlocutores comunicam segundo um *estilo projetivo*. Incidentalmente, o modelo inferencial traz uma explicação ao paradoxo chomskiano da "pobreza do estímulo" e da riqueza dos conhecimentos internos. Desse modo, ele levanta uma questão importante: como um sinal ao conteúdo do sentido intrinsecamente modesto da "palavra trocada" pode acarretar um "efeito produzido", que mobiliza memórias de longo prazo de importância tão considerável?

Dan Sperber e Deidre Wilson, na obra fundamental *Relevance* [Pertinência], lançada em 1986, interessaram-se precisamente pela eficácia do tratamento da informação, ao custo mínimo que assegura o máximo de aperfeiçoamento do conhecimento do locutor sobre o mundo. Para Sperber e Wilson, a pertinência mede o efeito multiplicador criado pela combinação da informação nova com a informação antiga. Quanto maior o efeito multiplicador, maior a pertinência. Um processo de ostensão atrai a atenção dos locutores a fim de que eles se alinhem para comunicar, de maneira recíproca, "o que funciona" com o máximo de eficácia em um quadro intencional comum.

Os neurônios "espelhos" e a reciprocidade da comunicação das intenções

A exploração sistemática, por Giacomo Rizzolatti e sua equipe, das propriedades fisiológicas de neurônios individuais dos diversos mapas motores do córtex cerebral do símio os levou à descoberta de neurônios muito singulares chamados "neurônios espelhos". Estes apresentam um interesse real no quadro da comunicação interindividual que nos ocupa aqui. A observação fundamental diz respeito aos neurônios da área pré-motora F5 (área inferior 6 no homem), concernente ao córtex frontal. De início, esses neurônios entram em atividade quando o símio estende seu braço para uma porção de alimento (como um amendoim), apanha-o e o leva à boca com a mão. Trata-se de um processo motor complexo que é acompanhado de um "vocabulário neuronal" de seis atos motores (apanhar com a mão e a boca, apanhar com a mão somente, segurar com a mão, arrancar, alcançar, levar à boca), que são ativados por estímulos somatossensoriais (50% dos neurônios) e por estímulos visuais (20% dos neurônios). Coube a Rizzolatti e seus colegas (De Pellegrino et al., 1992) a descoberta essencial de que esses neurônios motores são igualmente ativados por estímulos visuais na *ausência* de ato motor — por exemplo, no símio em repouso, quando o próprio experimentador efetua o movimento de apanhar: há portanto congruência entre a ação observada e a ação executada. Daí o nome "neurônios espelhos". A resposta visual é muito específica. Apanhar o alimento diretamente com os dedos acarreta assim uma resposta, ao passo que apanhar com uma pinça metálica acarreta outra. Igualmente, a rotação das mãos em torno de um grão de arroz, no sentido anti-horário, suscita uma resposta diversa da rotação no sentido horário. Portanto, nesses neurônios, existe uma relação entre ação observada e ação executada, entre "expedidor" e "recebedor".

Rizzolatti e seus colegas observaram também que F5 tem por homólogo no homem a área 45 de Brodmann, que faz parte da área de Broca. Mesmo que a analogia seja de início anatômica, encontram-se representações da mão na área de Broca, ao lado de representações dos músculos envolvidos nos movimentos da boca e na pronúncia de palavras. Rizzolatti propõe a ideia de uma relação entre neurônios espelhos e comunicação linguageira, o que estaria em acordo com a teoria de Liberman segundo a qual a percepção da palavra faz intervir a percepção visual do movimento dos lábios e do rosto.

Os dados de imagem cerebral obtidos por Rizzolatti e seus colegas no homem confirmam e estendem os dados de eletrofisiologia constatados no símio. Há ativação das mesmas áreas durante a observação e a execução da tarefa motora de apanhar: sulco temporal médio (área 21) e parte caudal do sulco frontal inferior esquerdo (área 45 de Broca). Há portanto "reciprocidade" no reconhecimento dos gestos de outrem, "ressonância" entre parceiros que se engajam desde então em um diálogo mútuo, com capacidade de imitação e, portanto, comunicação das intenções. Todavia, o trabalho de Rizzolatti acerca dos neurônios espelhos representa apenas uma parte muito modesta do equipamento neuronal envolvido na imitação e na comunicação das intenções que, como veremos, mobiliza processos não somente de reconhecimento de outrem, mas de partilha das recompensas.

Teoria da mente e capacidade de atribuição: as bases neurais

A espécie humana é uma espécie social cujas interações entre indivíduos diferem daquelas das outras espécies vivas. Analisei anteriormente (ver Parte I) as condições para que uma teoria da cooperação de tipo "toma lá dá cá" (Axelrod) pudesse ser válida. Uma estratégia de cooperação, como aquela que leva à resolução do dilema do prisioneiro, requer várias condições para ser estabelecida:

O *reconhecimento mútuo* dos parceiros;
A *memória* dos encontros precedentes;
A *recompensa/punição* quando há cooperação/defecção;
A *territorialidade*, seja um lugar de encontro comum — no momento, a Terra.

O ser humano possui, ademais, diferentemente das outras espécies vivas, a racionalidade *e* a socialidade, que podem ser chamadas de uma *inteligência social*. Esta inclui, além dos traços precedentes, de acordo com Frith e Frith (1999), o conhecimento de *seu lugar* na sociedade, a aquisição de conhecimento a partir dos outros e o ensinamento aos outros de novas competências e *savoir-faire*, isto é, a *pedagogia*.

Há no homem a capacidade única de mentalizar, compreender e manipular os estados mentais de outras pessoas e, portanto, de modificar o seu comportamento — com a "consciência" (*awareness*) de que as outras pessoas têm conhecimentos, crenças, desejos semelhantes ou diferentes dos seus, pelos quais elas organizam seus comportamentos. O conjunto desses traços é reagrupado sob o termo "teoria da mente" (*theory of mind*) ou "postura intencional" (*intentional stance*). Esse "cálculo" das intenções de outrem, que é reconhecido na política desde sempre, imagine-se Maquiavel ou François Mitterrand, tornou-se objeto de uma análise científica na criança. O cenário bem conhecido da história em quadrinhos *Sally-Anne*, explorado por Baron-Cohen e colaboradores em 1996, destaca a noção de falsas crenças: Anne tira uma bola que pertence a Sally de um cesto para uma caixa, e isso na ausência de Sally; Sally entra: onde ela deve procurar a bola? A criança deve compreender que Sally não pode saber onde a bola realmente se encontra, pois estava ausente durante a transferência: ela possui uma "falsa crença" que a criança deve desmascarar.

Os correlatos neuronais da teoria da mente são numerosos. Os pacientes com lesão pré-frontal, notadamente dos córtices orbital e mediano, têm sérios problemas de conduta social. Ademais, a imagem cerebral revela uma ativação do córtex pré-frontal mediano por PET, bem como do córtex frontal lateral inferior e da junção temporoparietal por RNMf durante a realização de tarefas que testam a "teoria da mente". Registros celulares no primata revelam disposições primitivas na origem da teoria da mente:

Respostas distintas (córtex temporal superior STS) *aos movimentos das mãos e aos rostos*, mas não aos objetos inanimados;

Resposta à direção do olhar de outrem para orientar o seu próprio olhar (STS) — atenção partilhada — e "neurônios espelhos" para as performances motivadas (pré-frontal inferior), mas sem distinção entre si e o outro;

Respostas distinguindo o si e o outro, no STS, em que se diferencia a ativação por sons (ou imagens) vindos de outrem, mas não de si (Perrett); ativação de neurônios pré-frontais (mediano e cingular anterior), *antecipando* a produção de movimentos iniciados pelo si e portanto uma representação explícita de si (Shirma, 1991).

Espaço de trabalho consciente, comunicação inferencial e recompensa partilhada: um modelo neuronal de "normalização social"

O modelo sugerido (Changeux, 2002) estende a hipótese neural do espaço de trabalho consciente proposto pelas tarefas "conscientes" com esforço (Dehaene, Kerszberg e Changeux, 1998) (figura 25). Esse modelo distingue os processadores especializados, cuja mobilização é não consciente, e o espaço de trabalho consciente, no qual se formam representações multimodais a partir de neurônios de axônio longo cujo corpo celular se encontra principalmente (mas não exclusivamente) nas camadas 2 e 3 do córtex. De acordo com Von Economo e a maior parte dos anatomistas, esses neurônios se encontram em abundância nos córtex pré-frontal e parietal (figuras 22 e 24). Ora, essas regiões são muito precisamente ativadas pelas tarefas "conscientes", que mobilizam igualmente o giro fusiforme, o tálamo e a amígdala (C. Frith; Dehaene).

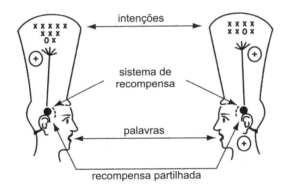

FIGURA 25 – Modelo de aprendizagem da linguagem por recompensa partilhada (apud Changeux, 2002).

O modelo do espaço de trabalho é completado por um esquema de *partilha de recompensa* que permite uma *normalização social* das relações significante-significado pelo jogo da "conversação", na qual várias pessoas dialogam na mesma língua, no mesmo quadro intencional e com representações comuns (ou diferentes). Há seleção de pré-representações que ligam significante-significado em uma proposição tendo um sentido comum partilhado, bem como desestabilização de pré-representações não pertinentes.

A sintaxe e, em seguida, a lógica da proposição se estabeleceriam progressivamente ao longo da interação social. Tanto a imagem cerebral quanto os potenciais evocados destacam diferenças maiores entre tratamento semântico (preferência occipital esquerda) e tratamento gramatical (preferência pré-frontal esquerda) (Neville) e entre nomes (córtex visual e temporal) e verbos (córtex motor, pré-motor e pré-frontal). A medida desses potenciais durante a realização de tarefas de compreensão semântica ou de congruência musical (Besson) revela mudanças significativas dos potenciais evocados (ERP, *event-related potentials*) quando a frase tem um sentido ou quando não tem ("*the pizza was too hot to kill...* [a pizza estava muito quente para matar]) ou quando a melodia está no tom, fora do tom ou com um tempo rítmico que quebra o contorno melódico. Em todos esses casos de incongruência, a amplitude da onda P600 aumenta. Seria um indício da ausência de recompensa ou da percepção de um "desacordo", ou ainda de uma "punição"? Seja como for, existem correlatos neuronais concernentes a essa diferença entre sentido e não sentido que tanto preocupa nossos filósofos (curso de J. Bouveresse, 1995-1996). Sabemos capturar os indícios neuronais que fazem com que a frase "César é um número primeiro" seja um não sentido semântico.

Oliver Houdé e seus colaboradores (2000) compararam as imagens cerebrais de sujeitos que efetuam uma tarefa de tipo perceptual sem esforço, com erro frequente, e a mesma tarefa com esforço para prevenir o erro e ultrapassar o viés perceptual graças a um raciocínio lógico depois da aprendizagem. As imagens obtidas nos dois casos diferem de maneira espetacular, pois observam-se uma ativação "posterior" (occipital) durante a tarefa perceptual sem esforço, e uma ativação "anterior" (rede pré-frontal esquerda com giro frontal médio, área de Broca, ínsula, área pré-motora suplementar) durante a tarefa lógica. As bases neurais da lógica, bem como as "regras epigenéticas" adquiridas por aprendizagem (ver Parte I) que a organizam, são desde então um objeto de ciência acessível a análise objetiva do neurobiologista.

CAPÍTULO 3 As bases neurais da linguagem

Teorias da linguagem*

Em Saussure, a *linguagem* distingue-se da *língua* — o objeto da linguística — que é "ao mesmo tempo um produto social da faculdade de linguagem e um conjunto de convenções necessárias, adotadas pelo corpo social para permitir o exercício dessa faculdade nos indivíduos": é o veículo social da razão e das emoções. Saussure trata igualmente da *fala*, que é a atividade do sujeito falante, cujo "circuito" ele define. Fatos de consciência ou conceitos desencadeiam no cérebro do locutor A uma imagem acústica (fenômeno psíquico) que é transmitida pelos órgãos da fonação (fenômeno fisiológico) nos quais são produzidas ondas sonoras que se propagam da boca de A ao ouvido de B (fenômeno físico). O circuito se fecha do ouvido de B aos conceitos que seu cérebro produz. Acrescenta-se a isso a faculdade de criar "associações ratificadas pelo consentimento coletivo e cujo conjunto constitui a língua [e que] são realidades que têm sua sede no cérebro". A língua é "forma" e não substância, mas "um sentido, uma função existem apenas pelo suporte de alguma forma material". Para Saussure, o *signo linguístico*

---
* Curso do ano de 1990.

une não uma coisa a um nome, mas um conceito a uma imagem acústica — "um significado a um significante". O laço que os une é, com algumas poucas exceções, arbitrário. Em razão de sua natureza sonora, as unidades da língua desenvolvem-se sucessivamente ao longo da cadeia falada, cada termo mantendo com aqueles que o precedem e o seguem relações "sintagmáticas" ou contrastadas. Perpendicularmente a esse eixo, distingue-se em cada ponto um eixo paradigmático sobre o qual se colocam unidades, ou "paradigmas", que podem ser substituídos uns pelos outros por comunicação (cão, gato, pássaro...). Para Saussure, a linguagem é um *sistema formal de signos* "que conhece apenas a sua própria ordem", um sistema de *relações* comparáveis às regras do jogo de xadrez que conferem *funções* às peças do jogo.

A *teoria behaviorista* da linguagem é, por sua vez, oriunda das teses que John Watson exprime em *Behaviorismo* (1925): a linguagem é descrita ali como a soma dos "hábitos verbais" de um indivíduo, e o pensamento, como uma "linguagem subvocal" exercida "atrás dessas portas fechadas que são os lábios". Linguagem e pensamento são reduzidos a comportamentos análogos a outros comportamentos, mas com "substitutos vocais" para cada objeto do ambiente e "equivalências de reações" que criam "economia de tempo e possibilidade de cooperar com outros grupos". A ideia é em seguida retomada por Bloomfield, que, em *Language* [Linguagem] (1933), define uma "resposta linguística como substituto". Em *Verbal behavior* [Comportamento verbal] (1957), Skinner é ainda mais radical ao reduzir a linguagem a "comportamentos objetivos" estímulo-resposta em um contexto de comunicação: a linguagem é analisada de maneira funcional e não formal. Além do estímulo e da resposta, Skinner leva em conta, todavia, "a ação do meio sobre o organismo *depois* que uma resposta foi produzida", isto é, a ocorrência eventual de um reforço. Há produção de *inferências*, elas mesmas acarretando a sua *realização*. Para Skinner, o meio tem um papel na *seleção* das respostas do organismo. Daí sua concepção darwiniana da organização dos comportamentos e da aquisição de linguagem à escala do indivíduo.

O Círculo Linguístico de Praga, com Jakobson, e depois, na França, Martinet, completa a descrição estrutural e funcional do sistema de regras saussuriano com uma descrição funcional cujo objetivo é a comunicação que funda o discurso. Esta é composta de um emissor que envia uma *mensagem codificada*, incluída em um *contexto*, para um receptor com três funções: expressiva (centrada no emissor), conativa (orientada para o destinatário) e referencial (concernente ao conteúdo). Uma contribuição maior do Círculo de Praga é a distinção entre a fonética, ou seja, a análise dos sons, e a fonologia, ou seja, a análise das imagens acústicas. Existe assim uma dupla articulação da linguagem: a primeira é composta da sucessão de conceitos representados por signos ou *monemas*, a segunda, pela sucessão de formas perceptíveis de natureza fônica ou *fonemas*, o todo tendendo ao melhor rendimento funcional.

Com Chomsky e suas obras *Estruturas sintáticas* e *Aspectos da teoria da sintaxe*, acontece uma revolução linguística. Para Chomsky, o importante é explicar a capacidade do homem de produzir, engendrar e compreender enunciados linguísticos em número infinito. Essa capacidade é inata e biologicamente determinada. O ambiente não tem estrutura intrínseca; não há lei, ordem senão interior, e o meio revela essa ordem pela experiência linguística. Não há teoria geral da aprendizagem, mas passagem de um estado inicial, So, geneticamente determinado por etapas sucessivas, a um estado estacionário, Ss, por aplicação da experiência E em Ss. Para Chomsky, a linguagem é um sistema formal *autônomo* cuja função não poderia servir para explicá-la. Ela é análoga às sequências de instruções dadas por um programador a um computador, não importa o substrato neural (dualismo de princípio). A gramática gerativa tem por propósito gerar frases aceitáveis; sua "criatividade" é governada por regras formais, as quais se reagrupam em torno de três componentes: sintático, fonológico e semântico. O componente sintático é subdividido em componente de base (que produz a estrutura profunda) e em componente transformacional (para passar da estrutura profunda à estrutura superficial). Mas o componente de base inclui o léxico, e as regras de inserção lexical e de seleção do léxico introduzem a semântica na sintaxe, ao passo que a proposta original de Chomsky era, ao contrário, deduzir a semântica da sintaxe.

Piaget é mais psicólogo e mais epistemólogo que linguista, mas suas teses tiveram uma repercussão considerável em razão de seu interesse pela criança e pelos processos de aquisição. Para ele, a linguagem é o "revelador ideal" do pensamento, e os enunciados linguísticos "traduzem" os mecanismos da inteligência. A primeira linguagem da criança é egocêntrica e com função emotiva e expressiva: trata-se de monólogos ou de comentários verbais que acompanham a ação e o gesto. Posteriormente, a partir de 5 ou 7 anos, instala-se uma linguagem socializada de função referencial e comunicativa que leva em conta contexto e intenções, e que será aquela do adulto: progressivamente, tem lugar uma descentração da criança do egocêntrico para o socializado. A teoria do conhecimento de Piaget, que é também uma teoria da aprendizagem, baseia-se na ideia de que os "organismos vivos são sistemas ativos de respostas e reorganizações" que "assimilam as características do meio e em contrapartida se acomodam a ele reorganizando-o". Há transferência de ordem, e até transferência de estrutura, do meio para o organismo por processos de fenocópia (que não têm nenhuma realidade biológica). Esse interacionismo vem acompanhado de um construtivismo segundo o qual os conhecimentos são elaborados por um conjunto de escolhas e ações sobre o meio sob a forma de *estados de equilíbrio* sucessivos. A aquisição de um estado dado é integrada àquelas dos níveis superiores. O desenvolvimento cognitivo da criança inclui os estágios sucessivos de aparecimento das primeiras formas de abstração (0-18 meses), de representação e conceitualização (de 2 a 4 anos), de operações concretas (de 4 a 5 anos) e de lógica proposicional hipotético-dedutiva (após 11-12 anos). Para Piaget, a linguagem é apenas uma das diversas manifestações da função simbólica. Ela é baseada em representações, de início imagens mentais, e depois símbolos, enfim signos linguageiros. A inteligência em ação passa progressivamente às operações mentais.

Os psicólogos soviéticos Vygotsky, Pavlov e Luria singularizam-se pela importância que atribuem ao papel da linguagem na comunicação social. De acordo com Vygotsky (1934), a linguagem existe inicialmente como modo de comunicação entre adultos e entre adulto e criança. É *externa* na criança em sua forma e função e, mais tarde, interioriza-se para tornar-se o pensamento. Para ele, a linguagem egocêntrica da criança, contrariamente ao que propõe Piaget, é uma forma de linguagem social.

Enfim, vários biologistas (Jerne, Changeux, Courrège e Danchin, Edelman, Piattelli-Palmarini) interessaram-se pelos *mecanismos "darwinianos"* de aquisição da linguagem, os quais se baseiam no desenvolvimento progressivo da conectividade cerebral e na "seleção" de variações preexistentes dessa conectividade. Essas teorias podem ser aplicadas com muita felicidade à aprendizagem da linguagem (Piattelli-Palmarini).

A despeito de sua engenhosidade e diversidade, a maior parte das teorias sobre a linguagem ainda precisa ser validada no plano experimental. A demonstração da coerência de um fato linguístico por uma teoria qualquer não basta para validar essa teoria se ela não for demonstrada por uma causalidade. Esta é conseguida pelo estabelecimento da relação estrutura-função, isto é, pela pesquisa das bases neurais da linguagem e, em particular, pela colocação em evidência de territórios especializados no uso da linguagem.

Predisposições do cérebro humano para a linguagem*

A comunicação sonora existe em numerosas espécies animais; ela se desenvolve nos símios sob a forma de trocas de vocalizações; alguns chegam a evocar "conversações" entre os chimpanzés. Certamente, os testemunhos diretos das comunicações sonoras nos ancestrais diretos do homem perderam-se para sempre, mas dispomos de dados anatômicos (marcas das artérias meníngeas nos ossos do crânio) e dados culturais (moradias, hábitats, instrumentos, esculturas, pinturas). Do australopiteco ao *Homo sapiens sapiens*, o volume cerebral passa de cerca de 475 cm^3 para 1.325-1.434 cm^3, porém o mais importante para nosso propósito é a organização do córtex parietal posterior e o aumento relativo de superfície do lobo frontal que se manifesta já no *Homo habilis* (Holloway). Com o *Homo erectus*, a assimetria hemisférica já presente no *Homo habilis* (Tobias) torna-se ainda mais pronunciada

---
* Curso do ano de 1999.

Para Holloway, essa reorganização do cérebro deve ser relacionada com o desenvolvimento das comunicações (visuais, auditivas) e do tratamento multimodal da informação à origem da linguagem, o desenvolvimento da competência social e da complexidade da rede de comunicações sociais, a integração visuoespacial e a memória que a acompanha, que leva à fabricação de utensílios e depois, com o tempo, à escrita e, enfim, com a divisão assimétrica do córtex cerebral, cuja combinatória pode ser relacionada com o desenvolvimento de uma inteligência espacial.

O volume do cérebro do homem aumenta 4,3 vezes depois do nascimento (contra 1,6 vez no chimpanzé). Se a morfogênese da arquitetura cerebral é efetuada em vários meses, a sinaptogênese prolonga-se durante anos (até a puberdade). Durante esse período, os traços do ambiente sociocultural e da educação inscrevem-se na rede nervosa em desenvolvimento.

A plasticidade do desenvolvimento sináptico pós-natal permite a transmissão da bagagem cultural de uma geração para outra, bem como sua evolução. Como já notava Darwin, a evolução das línguas pode ser comparada à dos seres vivos e ser descrita sob a forma de árvore filogenética (Greenberg, Ruhlen). O paralelismo observado por Cavalli-Sforza entre evolução de marcadores genéticos (neutros) e evolução das línguas, costumes, regiões, regras morais, sugere que, quando de seus deslocamentos, as populações humanas transportam consigo sua bagagem genética.

A linguagem serve de início de sistema de comunicação verbal dentro das populações humanas. Retomando metáforas célebres no século XIX, ela contribui para o "aparelho distribuidor" (Spencer) dentro do "organismo social" (Saint-Simon, Comte) pela comunicação de sinais, conhecimentos e regras, entre os diferentes parceiros do grupo social. Sistema simbólico de significantes variáveis e arbitrários, a linguagem veicula significados, articulados entre si por regras sinápticas de base, na maior parte comuns e próprios à espécie humana (Saussure).

Convém portanto distinguir entre *envoltório genético*, característico da espécie humana e que faz a diferença entre o homem e o chimpanzé ou o macaco, e a *variabilidade epigenética*, ligada a um desenvolvimento pós-natal excepcionalmente prolongado no homem. A análise comparada das grandes famílias linguísticas por Greenberg ou Ruhlen revela uma diversificação por isolamento geográfico que pode ser organizada sob a forma de uma "árvore filogenética" das línguas. Mesmo se diagramas circulares, como os propõem Hagège e seus colaboradores, colocam em relevo fusões, mortes e nascimentos de línguas, a comparação dos dados linguísticos e genéticos realizada por Cavalli-Sforza e sua equipe vai no sentido de uma evolução "dêmica" das línguas. Os homens se deslocam transportando sua cultura mais do que difundindo sua língua de maneira "*epi*dêmica" de indivíduo para indivíduo. Há mediatização rápida e epidêmica dos saberes, ao passo que a aprendizagem das línguas é lenta, pouco reversível, e faz parte das "bagagens culturais" que as populações veiculam com elas.

Áreas homólogas das áreas de linguagem, em particular da área de Broca, existem no símio, mas não têm a mesma função que no homem. Para Aboitiz e Garcia (1997), os circuitos ativados na linguagem são incluídos em uma ampla rede neurocognitiva e compreendem conexões distribuídas entre os córtex temporal, parietal e frontal (particularmente pré-frontal) que permitem o desenvolvimento de associações multimodais. A área de Wernicke é o lugar de convergência ao nível do qual tais associações (conceitos) adquirem seu correlato fonológico. Essas representações fonológicas se projetam nas áreas inferotemporais que são conectadas à área de Broca, formando um circuito de memória de trabalho para o tratamento e a aprendizagem de vocalizações complexas. Na medida em que esse sistema se conecta ao córtex granular pré-frontal [no espaço de trabalho neuronal consciente], ele se torna capaz de engendrar produções cada vez mais complexas que constituem os primeiros esboços da sintaxe. Em paralelo, se produz uma diferenciação dos hemisférios: o hemisfério direito na análise "icônica" ou pictogene; o esquerdo na análise computacional verbal e semântica.

Neuropsicologia da linguagem*

Desde o início do século XIX, Gall postulou a existência de "territórios corticais" desse tipo. Por seu lado, Dax e, depois, Bouillaud apresentaram na França dados clínicos mostrando que lesões dos "lóbulos anteriores do cérebro" são acompanhadas de perda da fala. Entretanto, a *análise neuropsicológica* da linguagem se inicia realmente com Broca (1861), Wernicke (1874) e Lichtheim (1885). Em 1861, Broca convence o mundo científico do papel privilegiado do hemisfério cerebral esquerdo na produção da linguagem articulada. Ele descreve o caso do paciente Le Borgne, bem como outros casos de "afasia", nos quais o sujeito conserva a compreensão da linguagem e o raciocínio, mas apresenta dificuldades para falar. Em todas essas situações, há lesão na parte posterior da terceira circunvolução frontal esquerda. As primeiras análises de lesões cerebrais mostram a dissociação entre *produção* verbal da linguagem (terceiro giro frontal esquerdo ou "área de Broca") e *compreensão* das palavras (giro temporoparietal esquerdo, "área de Wernicke"), depois revelam a distinção de um "centro de conceitos" (Lichtheim), cuja lesão acarreta uma cegueira mental (Lissauer, 1890) ou *agnosia* (Freud, 1891). O problema colocado, que se segue ao desenvolvimento da "árvore dos *significados*" (com uma organização ao mesmo tempo paralela e hierárquica), é estabelecer uma correspondência entre essa organização neural da semântica e o repertório dos significantes auditivos, e depois visuais no caso da leitura.

Em 1874, Wernicke descreve uma desordem de natureza particular na qual a articulação verbal é conservada, mas dificuldades de linguagem aparecem com uma escolha das palavras e sons alterados, e a produção de um jargão que desafia qualquer sintaxe. As lesões em causa afetam a parte posterior da região temporal do hemisfério esquerdo. Wernicke propõe um esquema que se compõe de uma parte anterior emissora (ou motora) cuja lesão acarreta a afasia de Broca, e de uma parte posterior receptora (ou auditiva) cuja alteração provoca a afasia de Wernicke. Uma

---
* Curso do ano de 2001.

e outra são ligadas por um feixe de fibras corticocorticais, e Wernicke prediz que a interrupção dessa conexão deve acarretar uma terceira variedade de afasia: "a afasia de condução".

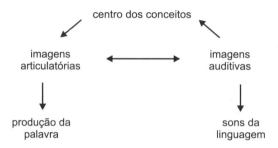

De acordo com Lichtheim, o mais conhecido dos "construtores de esquemas", essa afasia se caracterizaria principalmente pela repetição das palavras. Para explicar o aparecimento da linguagem voluntária da criança, Lichtheim acrescenta ao esquema de Wernicke um "centro conceitual" que recebe mensagens do "centro acústico verbal" e as envia para o "centro de articulação" (esquema acima). A lesão dessas novas vias provocaria afasias "transcorticais" motora ou sensorial. Os neurólogos franceses Charcot (1825) e Grasset (1896) adotarão esses esquemas (insistindo nos "centros" de substância cinzenta), os quais serão retomados com muita exatidão pelos cognitivistas "conexionistas" contemporâneos como Morton (1980) (figura 26).

A essas tentativas localizacionistas opõem-se as reações idealistas de Bergson e, mais seriamente, as teses de John Hughlings Jackson ou Henry Head. Inspirado pelas ideias de Spencer acerca da evolução do cérebro, Jackson (1835-1911) distingue níveis sucessivos de organização dentro do cérebro que vão do simples ao complexo, do rígido ao lábil, do automático ao voluntário, em que cada nível mais elevado controla aspectos mais complexos do comportamento através dos níveis inferiores. Desse modo, a lesão dos níveis mais elevados produz uma "dissolução" que toma o sentido inverso da evolução. Para Jackson, essa dissolução revela várias formas de linguagem: emocional, inferior e superior.

Os centros superiores são os mais autônomos e possuem a "permissão de debater entre si"; eles podem ser a sede de novos arranjos, mais ou

O VERDADEIRO, O BELO E O BEM

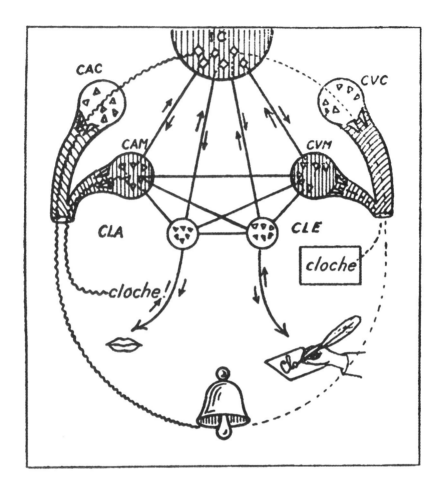

Figura 26 – Modelo do "sino" de Charcot (1885)

O neurólogo Charcot foi o primeiro a introduzir um modelo racional da afasia no quadro de uma teoria geral "associacionista" das bases neurais da linguagem (ESQUERDA). Em seu célebre esquema do sino, ele postula um "centro intelectual comum" (IC) ao qual estão subordinados os "centros de imagens dos objetos". Assim, a ideia de um sino resulta da associação das imagens auditivas, visuais, táteis e outras que a percepção do sino depositou nos centros sensoriais cerebrais (auditivos CAC, visuais CVC). A ideia centralizada do objeto constitui-se independentemente da linguagem. Às imagens do objeto se

AS BASES NEURAIS DA LINGUAGEM

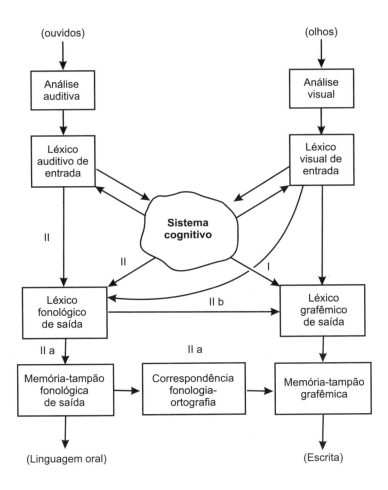

associam as imagens da palavra que representa o objeto no nível de um centro auditivo (CAP) e visual (CVP) das palavras, ao qual se encontram ligados os centros motores da linguagem articulada (CLA) e da linguagem escrita (CLE). Sobre essa base — e aquela das setas que ligam esses centros — Charcot prediz que lesões cerebrais locais acarretam surdez verbal, cegueira verbal, afasia motriz ou agrafia. Esse modelo é sempre atual, como testemunha o modelo recente de Shallice (DIREITA) (apud Shallice, 1988).

Nota-se tanto na figura de Charcot quanto na de Shallice um "centro intelectual comum" (IC) ou um "sistema cognitivo", interpretado como representando o espaço de trabalho neuronal consciente (figuras 22-24).

menos efêmeros e frágeis, dando lugar assim a uma "evolução interna". Para Head (1921), não há "centro" da linguagem, mas "focos preferenciais de integração" cuja lesão "desorganiza uma sequência ordenada de processos fisiológicos".

O método "neuropsicológico" de análise das consequências de lesões vem acompanhado, depois de Penfield e seus colaboradores (1952-1959), de uma cartografia das áreas da linguagem por estimulação elétrica nos pacientes epilépticos à espera de um tratamento por ressecção dos focos epileptogênicos. No sujeito em repouso, a maioria das áreas corticais é "silenciosa" (salvo as áreas corticais primárias). No sujeito falante, a estimulação elétrica por uma corrente alternada (60 Hz durante 2-5 segundos), se é efetuada sobre o hemisfério dominante no nível das áreas de Broca, das áreas de Wernicke, do giro angular ou das áreas motoras suplementares, acarreta uma "síndrome de afasia transitória". Os resultados dessa cartografia elétrica estão geralmente de acordo com aqueles obtidos por lesão. Ojemann (1983) retomou as experiências de estimulação e demonstrou que a estimulação à altura de certos sítios muito precisos acarreta 100% de erros na aptidão para nomear objetos em uma língua, mas não em outra, em um sujeito bilíngue. Outros sítios intervêm seletivamente na imitação orofacial, na memória de curto prazo ou na sintaxe. Enfim, existe uma variabilidade importante na localização cortical da linguagem de um indivíduo a outro e, segundo Ojemann, de um gênero a outro.

Linguistas como Jakobson ou Gagnepain e Sabouraud tentaram interpretar as afasias com base nas aquisições da linguagem. Para esses últimos, tal como para Lashley, as condutas humanas baseiam-se em um "ordenamento seriado" no tempo (*serial order*) ligado à faculdade "planificadora" do córtex frontal. Este interviria na "mediação" entre dois *sistemas evolutivos*: o sistema nervoso e o sistema cultural. A afasia afetaria mais particularmente esse poder de mediação. A afasia de Broca alteraria assim a capacidade geradora sobre o eixo sintagmático (codificação) acarretando:

No plano semiológico: agramatismo, distúrbios da contiguidade com conservação da taxonomia;

No plano fonológico: erros na escolha dos fenômenos, excesso de remanência, perda do fonema como unidade....

A afasia de Wernicke, por sua vez, estaria ligada ao eixo paradigmático (decodificação), acompanhando-se de distúrbios da seleção das palavras com produção de um jargão cujas neoformações verbais não pertencem ao vocabulário.

A análise neuropsicológica leva à distinção clara entre compreensão das palavras e produção da palavra. A *compreensão das palavras* pode ser alterada, de início, no tratamento dos sons da linguagem pela análise acústica (lesão bilateral dos lobos temporais) ou tratamento dos fonemas (lesões hemisféricas esquerdas), depois no tratamento do sentido das palavras com déficit seletivo — por exemplo, da denominação das cores, dos nomes das partes do corpo, das palavras concretas ou abstratas, dos nomes de ação ou dos nomes próprios, por vezes exclusivamente dos nomes de personagens históricas. Tudo se passa então como se o acesso ao "significante" e o próprio "significante" saussuriano fossem dissociados seletivamente da compreensão dos "significados". A *produção da fala* pode, por sua vez, ser seletivamente alterada por lesões cerebrais que acarretam déficits fonêmicos (erros de seleção e de ordenamento dos fonemas) ou cinéticos (ritmos incorretos, acentuação anormal das sílabas). Há portanto dissociação dos processos de "produção" da linguagem dos processos que intervêm em sua compreensão.

As afasias clássicas de Broca e Wernicke foram o objeto de um reexame crítico por Olivier Sabouraud em *Le language et ses maux* [A linguagem e seus males] (1995). Para Sabouraud, esses déficits não são interpretados simplesmente no quadro do signo linguístico saussuriano. Assim, a afasia de Wernicke manifesta-se de início pela produção de um jargão com encadeamento de sílabas, entonação, dicção e prosódia conservada, além de palavras sem nexo, sequências fônicas absurdas (uma corneta leiteira...), neologismos sem significado para o ouvinte, ou ainda o emprego de uma palavra por outra, tudo isso sem que o paciente se dê conta. As produções verbais, abundantes, não possuem nenhuma sintaxe, as frases não são nem construídas nem terminadas, ocorrendo uma ausência de "solidariedade" entre as palavras.

Esses problemas da produção são acompanhados de problemas homólogos da compreensão. Os pacientes não respondem ou respondem mal aos comandos simples do "teste dos três papéis" (Pierre Marie) no qual convém pegar, dar, deslocar seletivamente três papéis de tamanhos diferentes, ou àqueles da "prova das fichas" (De Renzi e Vignolo) na qual se trata de tocar, juntar, separar fichas de formas e cores diferentes. Os pacientes têm dificuldade para produzir definições, para estabelecer referências conceituais, ocorrendo confusão frequente de sentido.

Para Sabouraud, a capacidade linguística se manifesta segundo dois eixos: o eixo do léxico, ou da *taxonomia*, e o eixo do texto, ou da *geratividade*. Nessa perspectiva, a afasia de Wernicke se manifestaria por uma *alteração seletiva* da capacidade *taxonômica*. Haveria prejuízo da "federação" das unidades constitutivas das palavras — em outros termos, dos semas como palavras. O que quer dizer que a gênese dos "significados" saussurianos seria alterada no nível de sua reunião. A afasia de Wernicke se distinguiria portanto de um outro tipo de *afasia* chamada de "condução", na qual a compreensão das palavras se mantém intacta, mas a sua produção é profundamente alterada com *parafasia fonêmica* e impossibilidade de repetir alguma palavra depois de tê-la produzida. Haveria, então, alteração seletiva da produção do significante.

A afasia de Broca é acompanhada de problemas muito diferentes, ocorrendo mutismo, redução da fala, raridade e brevidade das intervenções. Estas são estereotipadas (Tan-tan, Pon-du-pon-dupon, "Bom dia as coisas daqui de baixo") e há incapacidade para improvisar uma frase, por mais simples que seja. A *capacidade gerativa* de produzir a infinidade de expressões e formas que caracteriza a linguagem é afetada. Há igualmente *agramatismo*, isto é, produção de palavras isoladas corretas mas sem formar *proposição*, com acordo termo por termo. As palavras aparecem por ordem de importância ("senhor, valise, andar"), sem artigos, sem conjunções, preposições ou auxiliares. Sua sequência segue um esquema simples mínimo. A compreensão das palavras e das contrassenhas é boa, mas a das frases é alterada. A produção dos fonemas também é afetada, ocorrendo produção de sons anormais e palavras deformadas ("*papina papô*" para máquina a vapor ou "torbeira' para torneira). O afásico de Broca tartamudeia, mas, sobretudo, tem dificuldades para produzir frases bem construídas, para reunir corretamente as palavras (não há texto, não há retórica). Ele conserva a capacidade taxonômica, mas não a capacidade geradora. Em suma, para Sabouraud, o afásico de Wernicke tem dificuldades para "distinguir e classificar sentidos", e o afásico de Broca, "para criar frases e textos".

As afasias de Broca e Wernicke distinguem-se, por sua vez, de outros tipos de distúrbios da linguagem. *A confusão mental* (delírio da criança febril, adulto tomado pela sede, velho senil) manifesta-se por um prejuízo da memória, uma perda da atenção seletiva, uma falta da construção do real, uma denegação da realidade. *As lesões* do *lobo frontal* acarretam um discurso incoerente, uma falta de iniciativa, a utilização inapropriada de objetos ou de tomada da fala com estereotipia e distratibilidade. O sujeito não pode dar-se um plano, produzir uma construção plausível do real percebido, organizar saberes conservados em sua memória em torno de um programa, de um tema definido. Há descontinuidade do discurso cuja coerência é perturbada. Não há então prejuízo da sintaxe, mas da *fabricação do sentido*.

O sistema de "mediação lógica" do signo linguístico proposto por Sabouraud inspira-se nos trabalhos de Gagnepain e resulta da reunião de dois compartimentos: fonético (do significante) e semântico (do significado). Em cada compartimento, dois eixos perpendiculares indicam a taxonomia pelas ordenadas e a generatividade pelas abscissas. Traço e sema são respectivamente marcados nos eixos das taxonomias; fonema e palavra nos da generatividade. A capacidade taxonômica é executada sobre os traços distintivos e os semas; a capacidade gerativa, sobre os fonemas e as palavras.

CAPÍTULO 4 Epigênese do signo*

A aliança entre o significante e o significado

Definição do signo linguístico

Jürgen Trabant fez um breve histórico das definições sucessivas das primeiras palavras. Para Vico (1744), o primeiro homem é assim um *bestione* vociferador na *grande selva di questa terra*; sua primeira palavra é *ious* que imita o barulho do trovão, e essa primeira palavra é o primeiro pensamento. Para Condillac (1746), a primeira palavra é um grunhido inarticulado acompanhado de um movimento do corpo em direção a um objeto desejado; cada grito comunica uma paixão, e a primeira palavra serve para a comunicação intersubjetiva: *ajude-me!* Para Rousseau (1781), o homem originalmente é associal; as primeiras palavras criam o laço social, coordenando a atividade coletiva: *goste de mim!* ou *você gosta de mim?*, exclama a juventude ardorosa.

Ainda no século XVIII, Herder (1772) considera que a linguagem nasceu de uma necessidade cognitiva — *appetittus noscendi*; a primeira palavra é uma impressão acústica que intervém na comunicação por

---

* Curso do ano de 2000.

imitação: a linguagem serve para *compreender* e *comunicar*. Já em Aristóteles encontra-se essa distinção entre os objetos exteriores (*res*), as imagens mentais (*conceptus*) desses objetos e sua comunicação pelas palavras (*vox*). Para Aristóteles, o laço entre *res* e *conceptus* é natural, ele é efetuado por mimetismo, ao passo que o laço entre *vox* e *conceptus* é arbitrário e realiza-se "segundo a tradição". Wilhelm von Humboldt retomará essa classificação reunindo o pensamento e o som em uma única entidade que antecipa o *signo linguístico* de Saussure: a linguagem vai assim além da comunicação dos pensamentos, ela participa da formulação conceitual do mundo.

A ciência dos signos, ou semiótica, tem início com Charles Sanders Peirce (1839-1914). Esse autodidata americano, licenciado em química, engenheiro geodésico dos Estados Unidos, é também filho de matemático e amigo de William James. Ele não será reconhecido em vida pela comunidade dos filósofos ou pela dos linguistas. Mais do que a linguagem, Peirce se interessa pelo *phanéron*, pela "totalidade coletiva de tudo o que, de alguma maneira e em qualquer sentido que seja, está presente na mente, *sem* considerar de modo nenhum se isso corresponde a alguma coisa *real ou não*". Ele distingue três modos de ser: a *primeiridade*, ou seja, o modo de ser aquilo que é... sem referência ao que quer seja de outro; a *segundidade*, isto é, o modo de ser em relação a um segundo ou o individual; e, por fim, *terceiridade*, que coloca em relação recíproca um segundo e um terceiro. O signo exprime a relação triádica da *terceiridade* existente entre um signo, seu objeto e o pensamento interpretante. O signo, ou *representamen*, tem lugar, para alguém, de alguma coisa e cria na mente de uma outra pessoa um signo equivalente ou talvez um signo mais desenvolvido: o *interpretante* do primeiro signo. Donde o esquema na página seguinte (Gérard Deledalle).

Peirce classifica os signos em função do efeito produzido sobre o interpretante, o qual pode ser:

Afetivo: o sentimento, prova de que nos compreendemos;

EPIGÊNESE DO SIGNO

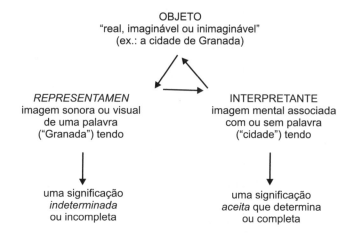

Energético: o esforço físico, muscular, que ele implica;
Lógico: o efeito mental que acarreta uma mudança de hábito.

Para Peirce, "a experiência de um homem não é nada se é isolada". O universo dos signos é uma comunidade, uma democracia na qual os interpretantes não são mais bens exclusivos dos sujeitos, mas um *bem comum* que a linguagem transmite e que é garantia da *realidade* e da *verdade*: "a opinião predestinada a reunir finalmente todos os pesquisadores é o que chamamos de *verdadeiro,* e o objeto dessa opinião é o *real*"; a lógica, por sua vez, "tem sua raiz no princípio social"; quanto ao homem, ele é "o mais perfeito dos signos".

Um pouco mais tarde, Ferdinand de Saussure, que leciona na Universidade de Genebra, ministra três cursos (em 1906, 1908 e 1910), os quais serão redigidos após sua morte por seus alunos e formarão o *Curso de linguística geral,* publicado em 1916. Saussure quer criar uma ciência exata dos signos como uma ciência social sistemática que alie o sociologismo de Durkheim e a psicologia mentalista da época. Ele distingue três níveis: a *comunidade social,* na qual a *língua* constitui "o conjunto das convenções necessárias adotadas pelo corpo social para permitir o exercício da faculdade da linguagem", "associações ratificadas pelo consentimento coletivo", a "origem das marcas depositadas em cada cérebro"; o *indivíduo*: pela *fala* cada indivíduo realiza sua faculdade de linguagem recorrendo à convenção social que é a língua; a *espécie*: a *linguagem* é a faculdade de que os homens dispõem para se comunicarem, comparável com a faculdade de cantar dos pássaros.

Para Saussure, a língua é um sistema de ensino centrado na *palavra,* e o "signo une não uma coisa a um nome, mas um conceito a uma imagem acústica"; é uma "entidade psíquica de duas faces" que une duas "imagens mentais": de um lado, o *significado,* ou seja, o conceito que é a representação do conhecimento que o sujeito tem do objeto e que possui um conteúdo objetivo; de outro lado, o *significante*, ou seja, a imagem acústica que é representativa da sequência sonora. O significante serve para a comunicação pelos sons da realidade a referir. A *designação*, ou criação do signo, é o estabelecimento da relação entre essas "duas imagens" no nível individual pela *aprendizagem*. Para Saussure, o signo é *arbitrário* (não existe nenhuma relação interna entre o conceito representado e a cadeia fônica) e *imotivado* (não tem vínculo natural com a realidade).

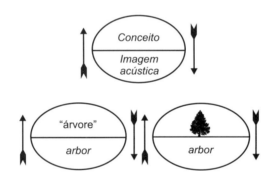

Figura 27 – O signo linguístico de Saussure.

Os *significantes* acústicos formam uma *cadeia*, e há linearidade no tempo do encadeamento dos signos. Se "o pensamento é como uma nebulosa na qual nada é necessariamente delimitado", o signo intervém para criar subdivisões contíguas que possuem um *valor,* propriedade do signo para representar uma ideia. O valor de um signo é determinado por aquilo que o cerca, por suas relações com os outros signos no tempo e no espaço. Enfim, a "língua evolui, por variações (espontâneas, combinatórias) e seleção (uso). Desse modo, a "língua é um vestido coberto de remendos feitos com o seu próprio tecido".

Sinaptogênese e efeitos da experiência ao longo do desenvolvimento

A aprendizagem da linguagem é essencialmente pós-natal, mesmo que o estabelecimento de traços de memória possa acontecer antes do nascimento. No homem, esse desenvolvimento pós-natal é particularmente importante e longo. Lembro aqui que a capacidade craniana do bebê aumenta em 4,3 depois do nascimento, ao passo que esse crescimento é de apenas 1,6 no chimpanzé para tempos de gestação comparáveis (270 dias no homem; 224 dias no chimpanzé). A capacidade craniana atinge 70% do valor do adulto no final de três anos no homem, ao passo que atinge esse valor já no final de um ano no chimpanzé. Todavia, o crescimento pós-natal do volume cerebral não é exclusivo do homem, uma vez que é de 5,9 no rato.

Bourgeois e seus colegas efetuaram um trabalho sistemático de microscopia eletrônica quantitativa no macaco, avaliando a evolução do número de contatos morfológicos definidos por uma terminação présináptica (com vesículas) adjacente a um espessamento pós-sináptico. Eles distinguem cinco fases:

A *fase pré-cortical*, nas camadas primordiais, marginais da subplaca, 60 dias após a concepção;

A *fase cortical precoce*, no nível da placa cortical, no pico da neurogênese, de 70 a 100 dias após a concepção;

A *fase cortical rápida*, a mais importante (90% da densidade total das sinapses), a mais rápida (40 mil sinapses por segundo no córtex estriado), que começa dois meses *antes* do nascimento, é máxima dois meses *depois* e ocorre no nível das espinhas dendríticas;

A *fase estável*, da infância à puberdade, com densidade máxima (seiscentos e novecentos milhões de sinapses por milímetro cúbico);

A *fase de declínio*, da puberdade ao adulto, que é acompanhada da perda de sinapses nas espinhas dendríticas, antes da queda rápida devida à senescência.

As mesmas fases foram encontradas no homem, mas com diferenças de uma área para outra. Enquanto no macaco a evolução é globalmente sincrônica para o conjunto do córtex, no homem a evolução do córtex pré-frontal é mais longa (dez anos) que a evolução do córtex visual primário (dois a três anos) e se inicia mais tardiamente. De outro lado, no macaco, a evolução difere com a camada do córtex considerada: o aumento é contínuo para as espinhas da camada III, mas transitório para aquelas da camada IV. Ademais, certas fases são mais sensíveis à experiência como as fases três, quatro e cinco. Enfim, a duração da fase três alonga-se, visto que passa de 14 dias no rato, trinta dias no gato e 136 dias no macaco para quatrocentos dias no homem. Essa heterocronia epigenética, que se manifesta pela extensão progressiva da fase três, permite o crescimento do número de combinações epigenéticas, devido à extensão do período de plasticidade pós-natal. Ela assegura uma interação sociocultural prolongada propícia à aquisição da linguagem, com um custo em genes particularmente modesto.

Esse arranjo do cérebro ocorre na ausência da liberação de neurotransmissores? Verhage, Sudhof e seus colegas se interessaram, nesse assunto, pelos efeitos da supressão do gene Munc 18-1/ns 1 que codifica uma proteína que intervém no tráfego celular. O camundongo invalidado por esse gene não apresenta nenhum sinal de liberação do neurotransmissor, e o arranjo do cérebro se faz de maneira aparentemente correta: as junções neuromusculares se formam normalmente. Todavia, fenômenos maciços de degenerescência se manifestam, muito particularmente nas regiões formadas precocemente como o tronco cerebral; em compensação, no córtex cerebral, de formação tardia, nenhuma diferença é manifestada entre tipo selvagem e mutante. A atividade evocada, espontaneamente, pela liberação de neurotransmissores parece portanto necessária não para o estabelecimento de estruturas neurais, mas para a sua *estabilização*.

Teoria da epigênese por estabilização seletiva de sinapses

A teoria da epigênese por estabilização seletiva de sinapses foi proposta em 1973 (Changeux, Courrège e Danchin). Parece-me oportuno reexaminar seu alcance, mais de 25 anos depois.

Das premissas biológicas reatualizadas, cinco principais podem ser destacadas:

EPIGÊNESE DO SIGNO

Um envoltório genético determina os principais traços da organização anatômica do cérebro que são próprios à espécie e alterados por mutação gênica, mas conservados depois da supressão de toda liberação de neurotransmissores. Esses são a morfogênese do tubo neural e do cérebro, a divisão, a migração e a diferenciação das células nervosas (e gliais), o estabelecimento da conectividade máxima, a entrada em atividade espontânea dos neurônios da rede e a regulação do agrupamento e da evolução das sinapses pela atividade circulante;

Uma variabilidade do fenótipo da organização neural adulta, evidente nos indivíduos isogênicos, aumenta dos invertebrados para o homem;

Os contatos sinápticos se formam por ondas sucessivas de exuberância e regressão, encaixadas umas nas outras, como uma "janela crítica" para cada onda em que a conectividade é máxima;

A *atividade nervosa* que circula na rede, espontânea e depois evocada por interação com o ambiente, regula a estabilização-eliminação das sinapses durante a janela crítica;

Fenômenos de neurogênese, sinaptogênese e estabilização seletiva persistem, mas de maneira mais limitada, no adulto.

O *formalismo* da evolução sináptica durante a janela crítica é sempre:

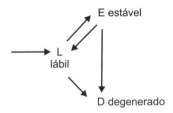

As transmissões L E, L D e E L correspondem respectivamente à estabilização, à regressão e à labilização das sinapses que compõem o *gráfico neural* (soma, sinapse). O *programa neuronal* que inclui a conectividade máxima, os principais estágios do desenvolvimento da rede, as modalidades de estabilização das sinapses lábeis e as capacidades de integração do neurônio são expressões determinadas do programa genético. A *equação de evolução* descreve a evolução da conectividade

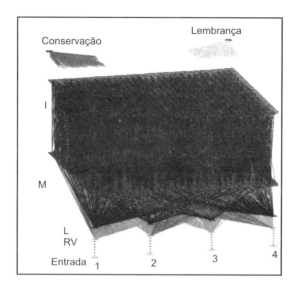

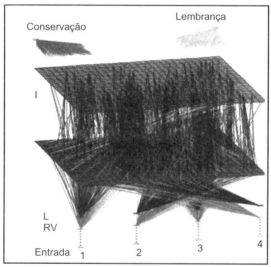

Figura 28a – Epigênese por estabilização seletiva de sinapses.

Simulação no computador do modelo da estabilização seletiva de sinapses durante o desenvolvimento das conexões com seleção por recompensa.
EM CIMA: rede antes da aprendizagem, conexões difusas e abundantes;
EMBAIXO: rede depois da aprendizagem, conexões menos numerosas, coerentes e organizadas (apud Gisiger et al., 2005).

pela mensagem total de atividades aferentes ao soma pós-sináptico durante um intervalo de tempo determinado. O desenvolvimento da *singularidade* neuronal é regulado pela atividade da rede *em formação* que comanda a estabilização seletiva de uma *distribuição particular* de contatos sinápticos entre aqueles presentes no estágio da diversidade máxima. Enfim, e trata-se de uma nova proposição, uma *amplificação* terminal das vias selecionadas pode ser produzida se a atividade estabilizadora se mantém.

Esse modelo tem duas *aplicações maiores*: a *inscrição* de uma distribuição temporal de influxo nervoso sob a forma de um traço estável que pode ser descrito em termos de geometria sináptica; *o fenômeno da variabilidade*, segundo o qual a *mesma mensagem ao entrar* pode selecionar *organizações conexionais diferentes*, mas conduzir a uma relação

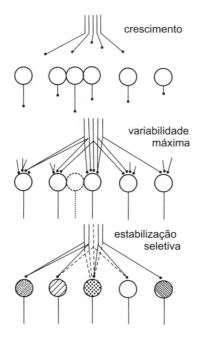

FIGURA 28B – Epigênese por estabilização seletiva de sinapses

Esquema de conjunto mostrando o período de crescimento, inervação máxima e estabilização seletiva pela atividade (apud Changeux, 2002).

entrada-saída idêntica, isto é, ao mesmo comportamento do organismo, e isso a despeito do caráter totalmente determinista do modelo.

Existem dois tipos de modelos alternativos ao da epigênese por seleção.

O modelo inatista: para Chomsky, os "órgãos mentais" são determinados geneticamente e "próprios à espécie"; a "estrutura psicológica intrínseca é rica e diversa"; o "estímulo é pobre". Esse modelo não explica os efeitos críticos da experiência e da criatividade da linguagem, salvo se é completado por mecanismos de seleção.

O modelo empirista: pelos associacionistas, de Aristóteles a Putnam, "tudo o que está na mente esteve antes nos sentidos"; a prática reforça as conexões (lei do uso), o esquecimento os enfraquece (lei do abandono); "o ambiente é estruturado" e "guia o desenvolvimento" (Qartz e Sejnovski) (lamarckismo neuronal). Esse modelo, não obstante, não leva suficientemente em conta a importância de um "envoltório genético" na aquisição da linguagem.

O modelo geral de *seleção sináptica* foi enriquecido por mecanismos moleculares plausíveis que fazem intervir seja *fatores de crescimento*, seja *mecanismos de inibição*. Gouzé e seus colegas propuseram a ideia de uma competição para um sinal retrógrado, fator trófico produzido em quantidade limitada pela célula pós-sináptica e capturado de maneira ativa pelas terminações nervosas em competição. No mesmo sentido, Maffei demonstrou que o "fator de crescimento do nervo" (*nerve growth factor*) administrado durante o período crítico de privação sensorial reduz o efeito desta sobre o desenvolvimento da dominância ocular no córtex cerebral.

As redes de neurônios corticais incluem interneurônios inibidores GABAérgicos ao mesmo tempo que os neurônios excitadores. O muscimol, agonista GABAérgico, inverte assim o efeito da privação sensorial de um olho sobre a seletividade dos neurônios do córtex cerebral: a mutação da descarboxilase do ácido glutâmico, que intervém na síntese do GABA, acarreta uma diminuição do efeito da privação sensorial de um olho sobre o desenvolvimento do córtex cerebral.

A análise detalhada por imagem RNMf e estimulação magnética transcraniana da aquisição da *leitura do braile pelos cegos de nascença* revela igualmente um crescimento da representação somatossensorial da mão que sabe ler e uma ativação occipital das áreas visuais primárias e secundárias que não recebem nenhum estímulo visual no cego de nascença. O córtex visual encontra-se assim recrutado para tarefas táteis espaciais, na ausência de estimulação visual. Ademais, a estimulação transcraniana do córtex visual interfere na leitura do braile: o sujeito torna-se incapaz de dizer se o texto tem um sentido ou não. O modelo mais simples que explica esses resultados é o das conexões corticorticais existentes no nascimento entre córtex somatossensorial e córtex visual, e entre tálamo não visual e córtex visual. No cego de nascença, haveria, ao longo do desenvolvimento quando da aquisição do braile, seleção e amplificação dessas vias em benefício da percepção tátil da escrita.

Neurossemântica

A função primeira da linguagem é comunicar sentido, transmitir a experiência de nosso mundo interior bem como a experiência conseguida no mundo exterior por meio de nossos sentidos.

Os gritos de alarme do cercopiteco

Um primeiro exemplo de comunicação linguística elementar é oferecido pelas vocalizações do símio *Cercopithecus aethiops* (*vervet monkey*), estudados por Cheney e Seyfarth (1990) e dos quais já falei aqui. Um primeiro tipo de comunicação é *o grito de alarme* que indica a presença de um predador, comunica uma emoção e induz uma resposta comportamental definida. Distinguem-se três delas, características respectivamente: do leopardo (os símios sobem nas árvores), da águia marcial (os animais olham para o céu e se escondem nas moitas), da serpente (os símios olham para o solo a fim de evitar o encontro). Há sincronia das respostas, mas sem verificação das respostas do grupo e sem integração (nem empatia nem imitação). As vocalizações funcionam, não obstante, como sinais "semânticos" ou representacionais. Como as palavras no homem, as vocalizações se referem a um objeto particular do ambiente (o predador), ou o substituem, e estimulam o aparecimento desse objeto na mente de um congênere. Esse, não obstante, não é capaz de comunicá-lo a outros membros do grupo em contrapartida.

As comunidades de cercopitecos empregam assim um outro tipo de comunicação oral, mais elevado: os "grunhidos" (*grunts*). Estes se manifestam de um subordinado a um dominante, de um dominante a um subordinado, ou entre indivíduos de grupos diferentes quando estes se deslocam em um espaço aberto. Esses grunhidos acarretam mudanças de orientação do olhar, como uma "conversação", e parecem constituir os primeiros sinais da utilização de uma comunicação verbal em uma situação social recíproca.

O desenvolvimento da produção das vocalizações não faz intervir a aprendizagem. O bebê é "acusticamente correto" desde seu nascimento. Em contraponto, uma maturação importante na relação entre o som e o sentido se produz no jovem. Os símios recém-nascidos não distinguem entre predadores e não predadores: eles respondem indiferentemente a tudo o que voa, aos animais terrestres e às serpentes. Ao ser predisposto a agrupar as diversas espécies em classes, o bebê restringe progressivamente esse repertório às espécies predadoras, águia-coroada e águia marcial ou leopardo. Essa *seleção* é associada ao grito de alarme feito pelo adulto *depois* do grito de alarme do jovem: ou ocorre validação pelo segundo grito e estabilização, ou não ocorrem validação pelo adulto nem seleção. Esses dados estão de acordo com o modelo de estabilização seletiva.

Neuropsicologia do sentido

Depois de Broca, os dados de lesão trazem informações essenciais para a compreensão das bases neurais do "sentido". Lichtheim, desde 1885, propôs um modelo tripartite que inclui, ao lado do "centro das imagens motoras das palavras" e do "centro das imagens auditivas das palavras", em outros termos das bases neurais do *significante* (ou *representamen*), um *centro dos conceitos* homólogo do *significado* (ou interpretante) em Saussure (ou Peirce). Uma predição simples desse modelo é a existência de lesões que afetam seja o próprio centro dos conceitos, seja suas vias de acesso. Na verdade, desde 1870, Finkelnburg descreve pacientes incapazes de identificar e utilizar objetos. Ele qualifica esse problema de *assimbolia*. Alguns anos mais tarde, Munk (1876) procede à ablação no cão das regiões posteriores e superiores do lobo occipital: o cão "vê", desloca-se, mas não confere significação para a água, para os alimentos, para os perigos de uma chama. Essa forma de "cegueira psíquica" ou mental é reconhecida por Lissauer em 1890 no homem e qualificada de *agnosia*.

Com base no exame clínico sistemático de numerosos pacientes com lesões cerebrais, McCarthy e Warrington distinguiram três categorias principais de problemas do reconhecimento dos objetos.

Os problemas da discriminação sensorial: esses problemas se manifestam por déficits de acuidade, de discriminação das formas e das cores. Eles resultam de lesões do lobo occipital (direito/esquerdo) e de qualquer lesão entre olho e cérebro. Eles são interpretados com base na dissociação das vias que intervêm na análise paralela da visão dos objetos;

Os problemas da percepção dos objetos: eles atingem o reconhecimento de um objeto sob todas as suas formas, suas orientações, não importando o ângulo ou o contexto. Os testes empregados são figuras superpostas de objetos, desenhos progressivamente degradados, visões "inabituais", "em escorço". Esses problemas resultam de lesões do hemisfério direito, principalmente do lobo parietal. Não há déficit no reconhecimento e na denominação dos objetos sob um ângulo convencional, mas a *categorização perceptiva* dos objetos é desorganizada. A hipótese de Warrington e James é a de que a lesão perturba a lembrança da representação memorizada dos objetos em razão do número insuficiente de traços visuais distintivos estocados para formar um percepto coerente e permitir uma especificação completa do estímulo. A experimentação de "hipóteses de sentido" sobre o objeto percebido se efetuaria de maneira inadequada (ver o reconhecimento das imagens ambíguas e a contribuição do córtex pré-frontal nas experiências de Logothetis).

Os problemas da significação dos objetos (agnosia associativa): desde 1971, Rubens e Benton descreveram pacientes nos quais a assinalação de uma significação para um objeto reconhecido é perturbada. O paciente desenha uma locomotiva ou descreve um estetoscópio, mas é incapaz de dizer como funcionam ou para que servem. Taylor e Warrington (1971) desenvolveram um teste de emparelhamento visual de objetos de aparência diferente, mas de função semelhante (ou diferente), que permite diagnosticar esse déficit. Esse déficit pode atingir conhecimentos parciais sem afetar a classificação de um estímulo visual em grandes classes de pertencimento (por exemplo: mamíferos, insetos, pássaros) ou por pertencimento a categorias superiores (se o animal vive fora de sua região, se é feroz ou não...). Determinadas lesões podem afetar seletivamente o reconhecimento de certas categorias de objetos e não de outras. Nielsen, desde 1937, descreveu pacientes que apresentam déficits no reconhecimento dos *seres vivos*, mas conservam o reconhecimento dos objetos inanimados. Essas agnosias associativas (Warrington e Shallice, 1984) resultam de lesões do hemisfério esquerdo (cruzamento do lobo temporal e do lobo occipital). McCarthy e Warrington (1990) propuseram o seguinte esquema tripartite que distingue as bases neurais da sensação, da percepção e da significação:

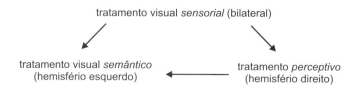

Donde a sugestão que fazem de que existem territórios cerebrais especializados na estocagem dos conhecimentos específicos e organizados com base no conhecimento ao mesmo tempo distribuído, hierárquico e paralelo.

Compreensão da fala: uma abordagem multilinguística

Mazoyer e seus colegas (1993) se interessaram pela imagem PET das bases neurais da compreensão da linguagem em sujeitos monolíngues (francófonos), fazendo com que ouvissem registros em francês (compreendidos) ou em tâmil (não compreendidos).

As cinco condições e resultados correlativos que extraíram são os seguintes:

História em tâmil: somente os giros temporais superiores esquerdo e direito (auditivos) se ativam;

Listas de frases com pseudopalavras: os giros temporais superiores esquerdo e direito se ativam, aos quais se acrescentam os polos temporais esquerdo e direito;

Lista de frases com anomalias semânticas: idem;

Lista de palavras em francês: há ativação dos giros temporais superiores esquerdo e direito *e* do giro frontal inferior esquerdo;

História em francês: a ativação é máxima; a ativação do hemisfério direito se manifesta somente no nível dos giros temporais superiores e do polo temporal; ao contrário, no hemisfério esquerdo, encontra-se a ativação do córtex temporal (superior, médio) e do polo temporal, dos giros frontal inferior (Broca) e pré-frontal superior (área 8).

A compreensão, tal como a sua etimologia o indica: "toma conjuntamente", envolve simultaneamente várias áreas do córtex cerebral e muito particularmente do córtex pré-frontal, ao passo que a ausência de compreensão de uma língua estrangeira se acompanhava apenas da ativação, muito mais limitada, das áreas auditivas. A análise lexical (lista de palavras em francês) envolve a área de Broca em mais áreas auditivas. A análise conceitual, sintática e prosódica acarreta ademais a ativação de áreas pré-frontais. Dificuldades sintáticas crescentes partilham "quantidades" cada vez mais importantes de tecido ativado nas regiões temporal e frontal esquerda. Existem, inequivocamente, correlatos neuronais da compreensão da linguagem.

As palavras e as coisas: a imagem cerebral do sentido

A apresentação das estruturas cerebrais ativadas na armazenagem de um "sentido" particular situa-se no cerne da compressão das bases neuronais do signo linguístico e, muito particularmente, do significado. A imagem cerebral abre várias vias de pesquisa de primeira importância.

Anatomia semântica comum a várias modalidades de acesso

A questão é simples: seria possível assinalar atividades cerebrais comuns e características de um mesmo sentido (portanto, de um significado), não importando a modalidade sensorial de acesso (portanto, o tipo de significante): imagens, palavras ouvidas, palavras lidas? Vandenberghe, Frackowiak e seus colegas (1996) examinaram a imagem cerebral PET de sujeitos submetidos a duas tarefas semânticas simples: a comparação de imagens de tamanhos diferentes de um mesmo objeto com palavras escritas que os representam; o estabelecimento de correspondência de imagens de tamanhos diferentes de um mesmo objeto com palavras escritas igualmente de tamanhos diferentes.

Esses pesquisadores distinguiram três tipos de "geografia cerebral":
As distribuições de ativações próprias às modalidades particulares de acesso ao sentido e tipicamente não semânticas (parietal inferior esquerda para as palavras e sulco occipital médio direito para as imagens);
As ativações de uma rede semântica comum às palavras e às imagens para uma ativação semântica particular (giros occipital superior esquerdo, temporal inferior e médio esquerdo, frontal inferior esquerdo);
As ativações próprias a uma tarefa semântica particular.

Uma experiência similar foi realizada por Friston e sua equipe (1998) com sujeitos cegos, de nascimento e tardios, e com sujeitos sem deficiência. Eles compararam as imagens cerebrais obtidas nesses três tipos de sujeitos seja tatilmente, seja visualmente, com palavras escritas, com um sentido (maçã, justiça) ou desprovidas de sentido. Uma ativação comum "multimodal" foi obtida no nível da área 37 nos três (Broca). Essa área seria o local de armazenagem do conteúdo semântico ou, ao contrário, ela apenas dá acesso a territórios propriamente lexicais (Damásio)?

O reconhecimento de um rosto conhecido *e* a assinalação de um nome próprio a esse rosto oferecem um sistema experimental particularmente adequado para distinguir entre tratamentos pré-semânticos segundo modalidades diferentes de codificação da identidade da pessoa concernida. Gorno Tempini, Frackowiak e seus colegas (1998) conseguiram assim distinguir pela imagem três sistemas de tratamento distintos: as regiões envolvidas na análise perceptual, pré-semântica, dos rostos (giros fusiformes bilaterais e lingual direito); as regiões envolvidas na análise das palavras (córtex temporal esquerdo); o sistema semântico comum no qual se encontra estocado o conhecimento da identidade pessoal (córtex temporal, frontal, área polar).

Anatomia semântica diferencial

Se existem territórios semânticos comuns a *uma* categoria semântica particular, deve-se esperar que territórios distintos sejam envolvidos em categorias semânticas diferentes. Sabe-se que lesões discretas do lobo temporal são suscetíveis de acarretar déficits específicos de reconhecimento dos traços de animais e de instrumentos (inanimados). Alex Martin e seus colegas (Chao et al., 1999) mostraram por imagem PET que territórios corticais distintos são ativados pela apresentação de imagens de animais e de imagens de utensílios, sendo o controle efetuado com imagens sem sentido e imagens de ruído. A apresentação de utensílios acarreta a ativação do lobo temporal esquerdo, mas, sobretudo, em relação ao seu uso, a ativação do córtex pré-motor esquerdo (movimentos imaginados com a mão direita?). Territórios distintos são engajados pela apresentação de animais, em particular o córtex occipital esquerdo (em relação com a complexidade das imagens?).

Chao e sua equipe (1999) utilizaram a ressonância magnética funcional em várias tarefas de visão, emparelhamento, denominação e leitura quando da apresentação respectiva de utensílio (martelo), casa, animal (dromedário) e rosto (criança). Uma diferença maior pôde assim ser observada entre seres vivos (animais e rostos), que provocam a ativação diferencial do giro fusiforme *lateral*, e objetos inanimados (casa, utensílio), que ativam preferencialmente o giro fusiforme *mediano*. Uma análise mais fina, efetuada de maneira comparativa no nível dos giros fusiformes lateral e médio, do sulco temporal superior e do giro temporal médio revelou uma mobilização diferencial quantitativa desses diferentes territórios em função da categoria, e de qualquer modo de estimulação que fosse. A hipótese mais plausível é a de que há modelização de uma "constelação" de territórios correspondentes aos diferentes traços semânticos característicos do sentido considerado. De acordo com Allport (1985), o sentido da palavra telefone mobilizaria, simultaneamente, territórios concernidos pela forma "visual", pela preensão (tátil e cinestésica) e pela ação (motor) e, certamente, pela audição e pela fala. Outro exemplo: a palavra canguru, animal de cor marrom, mobilizaria, além das áreas ativadas pelos animais, as áreas ativadas pela percepção das cores e, igualmente, uma vez que os cangurus saltam, as áreas ativadas pela percepção do movimento.

Afetos associados aos objetos

Os gritos de alarme dos cercopitecos provocam uma resposta emocional que assinala o perigo aos membros do grupo e acarreta um comportamento de evitamento apropriado. O reconhecimento de expressões variadas do rosto é acompanhado também de distribuições de ativações cerebrais características, como a da amígdala para o medo. Da mesma forma, palavras ameaçadoras (perseguição, assassinato, fuzil, faca, veneno etc.), comparadas a palavras neutras (roda, invenção, círculo, moderado, plástica etc.), acarretam uma ativação bilateral do hipocampo, assim como giro lingual (BA19) e para-hipocâmpico posterior (BA30) esquerdo envolvidos nas tarefas de memória.

Do balbucio ao sentido das palavras

Em *Investigações filosóficas*, Wittgenstein preocupa-se com a aquisição, de um lado, do "laço associativo entre a palavra e a coisa" e, de outro lado, da validação do sentido de uma palavra em um contexto definido. Para ele, o critério da significação da palavra é o uso na "linguagem", e as crianças adquirem a sua linguagem maternal pelos "jogos" com seu grupo, que ele chama de "jogos de linguagem".

Dois conjuntos de jogos, muito intrincados entre si, devem, a meu ver, ser distinguidos. De início, são os "jogos cognitivos" que levam à aquisição da semântica, isto é, o estabelecimento de correspondência objeto-representação por seleção de representações mentais, seja por "ressonância", seja por "recompensa": a "universalidade" das representações mentais por um mesmo objeto resultará, em um primeiro momento, e a despeito da variabilidade da organização cerebral, da seleção de uma distribuição de neurônios que codificam traços característicos do objeto. Tem-se, em seguida, os "jogos de linguagem" *stricto sensu*, que associam *vox* e *conceptus*. Os jogos de linguagem sugeridos por Wittgenstein, baseado em Santo Agostinho, foram estudados detalhadamente no livro *Comment la parole vient aux enfants* [Como a fala ocorre nas crianças], de Bénédicte Boysson-Bardies (1996), e em uma revisão de Doupe e Kuhl (1999).

O recém-nascido vocaliza mas não fala

Ao nascer, o bebê não possui um aparelho vocal semelhante ao do adulto. Ele não apresenta curvatura de ângulo direito, como o símio ou o australopiteco, e não produz, desse modo, sons articulados. Progressivamente, a laringe e a epiglote descem no pescoço, a laringe expande-se e a língua tem um papel cada vez mais importante. Aos 3 meses, a criança controla o seu ciclo respiratório; aos 5 meses, controla a fonação; no final do primeiro ano, seu conduto vocal se parece com o do adulto. Ele atinge o controle articulatório do adulto apenas aos 5-6 anos.

A percepção dos sons pelo recém-nascido é medida pelo método de sucção não nutritiva. O bebê que tem fome suga espontaneamente o bico de sua mamadeira quando é estimulado — por exemplo, por um som. Se o sinal sonoro é repetido, o bebê se habitua e cessa de mamar. Em contrapartida, um sinal que o bebê distingue do precedente reativa a sucção. Portanto, é possível, por essa técnica, avaliar as capacidades potenciais do lactente na ausência de uso da linguagem. Eimas e sua equipe mostraram, desde 1971, que os bebês de 4 meses distinguem as sílabas (pa) e (ba). Esse resultado foi confirmado por Mehler, Jusczyk e seus colegas. Eles mostraram que o recém-nascido de 3-4 dias de vida discrimina a quase totalidade dos contrastes acústicos utilizados nas línguas maternas (vozeamento, lugar, articulação). Mehler e Hauser reconheceram em seguida que o macaco tamarino, como o recém-nascido humano, distingue frases pronunciadas em japonês daquelas ditas em holandês e emitidas no sentido normal (mas não produzidas ao inverso). O recém-nascido humano reconhece, por sua vez, a voz de sua mãe e mesmo a língua de sua mãe (russa ou francesa). Ele é sensível não à fonética da língua, mas à sua *prosódia*, ao envoltório musical da fala (ritmo, tempo, melodia, acento e entonação), que marca tanto a fronteira das palavras ou das frases quanto as emoções.

O feto possui um sistema auditivo funcional desde a 25ª semana de gestação, e aproxima-se daquele do adulto a partir da 35ª semana. O meio natural no qual está imerso é marulhoso (ruídos do tubo digestivo, do coração e da respiração), mas a voz da mãe emerge dessa confusão. O registro do ritmo cardíaco do feto revela uma discriminação da ordem silábica ("babi" contra "biba") a partir de 36-40 semanas. O recém-nascido prefere um texto de prosa lido por sua mãe em voz alta durante as seis últimas semanas da gravidez. As estimulações sonoras recebidas pelo feto podem assim contribuir para a "calibragem perceptiva" das vias sensoriais e da percepção auditiva.

Os lactentes percebem a sílaba como um todo a partir dos 2 meses. Eles distinguem dissílabos e trissílabos e a sua organização sequencial. A diferenciação entre hemisférios existe já no feto no plano anatômico (*planum temporale*): a combinação da escuta dicótica e da sucção não nutritiva revela uma discriminação preferencial dos sons da fala pelo hemisfério esquerdo e dos sons musicais pelo hemisfério direito. O recém-nascido possui portanto disposições muito precoces — inatas — à percepção da linguagem.

O *balbucio*

No nascimento, o bebê grita e chora. A partir de 4-5 meses, entrega-se a *jogos vocais*, modulando as variações de suas produções sonoras; ele manipula os traços prosódicos (gritos, grunhidos), o nível sonoro (gritarias, cochichos); pronuncia as primeiras consoantes ([m], [prrr], [brrr]), as primeiras vogais. Com 16 semanas, os primeiros risos aparecem. Aos

5 meses, ele sente um "prazer infinito em brincar com sua voz" e em utilizá-la para comunicar as suas emoções e os seus pedidos. Ele acede rapidamente ao controle de suas vocalizações, ajustando-as às de seus interlocutores e imitando-os. Entre 4 e 7 meses, os movimentos articulatórios se estendem dos [arrheu], [abwa] às pseudossílabas. O *balbucio* aparece. O balbucio "canônico" desenvolve-se com a produção de sílabas pápápá, bábábá..., em média em torno de 7 meses. A combinatória entre consoantes — [p], [b], [t], [d], [m] e vogais centrais baixas — [a], [ae] — é produzida de maneira universal. Rapidamente, instala-se um balbucio "cultural", no qual são reconhecidas entonações, fonações, organizações rítmicas próprias à língua do meio familiar: vogais altas e anteriores das crianças inglesas ou baixas e posteriores das crianças cantonesas (Boysson-Bardies), com uma grande variabilidade de uma criança para outra.

Em paralelo, as capacidades perceptivas evoluem. Gerais e "universais" no recém-nascido, mais amplas do que no adulto, elas se restringem, por "atrição perceptiva", ao longo do desenvolvimento. O espaço acústico, divisado de acordo com Patrícia Kuhl em fronteiras psicoacústicas universais, simplifica-se pelo *desaparecimento* das fronteiras entre categorias não pertinentes e *seleção* dos elementos compatíveis com o meio linguístico (exemplo dos contrastes entre hindi e salish). Um processo de *seleção* das capacidades perceptivas realiza-se portanto ao longo do desenvolvimento, em acordo com a hipótese da epigênese por seleção de sinapses.

Percepção e produção sonoras interagem de maneira recíproca ao longo da evolução pós-natal. Entre 9 e 12 meses, o "balbucio organizado" instala-se, com testes de hipóteses sobre o ambiente familiar e o próprio bebê. *Jogos de linguagem* fonéticos e acentuais se desenvolvem e permitem a aquisição por seleção da entonação e da fonética próprias à língua falada no ambiente familiar e cultural. Os jogos de linguagem levam ao ajuste percepção-produção do recém-nascido à língua materna.

A socialização do bebê

A criança jamais se desenvolve de maneira isolada: ela se encontra sempre envolta em um "universo comunicacional" próprio à espécie. Aos modos de comunicações sociais universais e inatos (expressões faciais, de gestos, de reconhecimentos e de interpretação de mímicas) acrescenta-se o estabelecimento de uma relação determinada entre o corpo dos "significados cerebrais" (universais) e o repertório dos "significantes culturais" (próprios ao grupo social) (Boysson-Bardies). Processos de "normalização" necessários à comunicação interindividual dentro do grupo social se instalam. O recém-nascido emprega o *olhar* para estabelecer um contato com os olhos e a boca do adulto que lhe fala. Ele estabelece por aí um *contexto* de relações emocionais e afetivas fortes que organiza a temporalidade das trocas entre adulto e criança e assegura, desse modo, uma "partilha da semântica".

Condutas de reciprocidade por *imitação* aparecem logo cedo, desde os primeiros dias da vida, com equivalência entre as transformações do corpo próprias ao bebê e as transformações que ele vê no outro. Desse modo, há confirmação do pertencimento ao grupo social, valor de *identificação social* (Boysson-Bardies). A partir dos 5 anos, o bebê estabelece uma correspondência entre falas e movimentos da boca. Aos 3 meses, ele apresenta, de maneira transitória, durante duas ou três semanas, uma curiosa conduta de "cada um por sua vez": mãe e criança se respondem vocalizando, com ecos, sob a forma de "conversação elementar".

Desde cedo, o bebê exprime as suas emoções por gritos, mímicas faciais, batidas dos pés, olhares, sorrisos. Ele os testa com a mãe, cujas expressões imita, explorando suas reações; ele lê em seu rosto a aprovação ou a interdição. Na comunicação dos *afetos* do lactente sucede um interesse pelos objetos, pelos acontecimentos do mundo. Ele partilha uma informação *semântica* com sua mãe. Jogos de olhar, de *atenção partilhada*, facilitam a partilha dessa informação. Tomasello (1999) distinguiu várias etapas nesse processo:

Aos 9-12 meses, verificar a atenção: a criança segue a direção do olhar da mãe para o objeto com a condição de que o objeto esteja bem à vista;

Aos 11-14 meses, seguir a atenção: a criança interpreta precisamente o olhar do adulto, e de dois objetos isola aquele que o adulto fixa;

Aos 13-15 meses, dirigir a atenção: a criança utiliza a linguagem para perguntar o nome de um objeto.

A hipótese proposta (Changeux, 2002) (figura 25) é a de que os mecanismos de atenção partilhada permitem uma *seleção no nível do grupo social por "partilha de recompensas"*.

A aquisição do sentido das palavras

Um recém-nascido adquire a semântica, espontaneamente, de maneira inata, e depois de maneira epigenética por seleção por ressonância ou recompensa. Essa aquisição precede aquela da compreensão do sentido das palavras, e depois aquela, mais tardia, da produção das palavras com sentido e que sucede ao balbucio. O problema central da aquisição do sentido das palavras é aquilo que se chama segmentação — é, por exemplo, a extração da palavra a partir do fluxo contínuo da onda acústica. Sabe-se que o bebê é muito atento à prosódia: ele a explora de maneira progressiva, mas, coisa surpreendente, não da palavra para a proposição, mas em sentido inverso, da proposição para a palavra.

Peter Jusczyk analisou essa *restrição* progressiva do sentido na criança que se encontra em acordo com a hipótese da estabilização seletiva. A partir de 5 meses, as crianças distinguem e preferem histórias que lhes são contadas se pausas são inseridas nas fronteiras das *proposições*. Aos 9 meses, a criança reconhece e prefere as pausas situadas na fronteira entre sujeito e predicado: ela se interessa pelos *sintagmas*. Enfim, aos 11 meses, a sua preferência chega a coincidir pausas com a fronteira das palavras.

A partir de 9 meses, uma criança começa a compreender o sentido das palavras, a relacionar formas fonéticas e significações. Ela associa os repertórios das formas semânticas às formas sonoras. A hipótese aqui (Changeux, 2002) é a de que a correspondência entre hipóteses de sentido e hipóteses sonoras seja efetuada por meio de jogos de linguagem que são acompanhados de uma *seleção* progressiva por *recompensa partilhada* com encadeamento hierárquico.

De 11 a 13 meses, a "compreensão de reconhecimento" na presença do objeto deixa lugar a uma "compreensão simbólica" na ausência do objeto. "Onde está o caminhão?", fala a criança pequena. O número de palavras compreendidas praticamente triplica entre 9 e 16 meses; passa de cem para trezentas nas crianças de maior desempenho, ao passo que para a mediana o número passa de trinta para 180. A produção atrasa por vários meses em relação à compreensão. Ela é em média de dez palavras aos 13 meses, cinquenta aos 17 meses e 310 aos 24 meses. Portanto, não há descontinuidade entre balbucio e primeiras palavras. Como se as primeiras palavras fossem escolhidas entre os sons do balbucio.

Em acordo com a hipótese da estabilização seletiva, existe uma grande *variabilidade* nas produções infantis. Isso vale de uma criança para outra e de um ambiente para outro. Por exemplo, a proporção de verbos entre as cinquenta primeiras palavras varia entre pequenos americanos (3%), pequenos franceses (13%) e pequenos japoneses (mais verbos). O estilo de produção varia igualmente de uma criança para outra. Os dois estilos extremos são o *estilo referencial*, no qual a cadeia falada é recortada em palavras, com frequência monossilábicas, em um vocabulário de nomes, e o *estilo expressivo*, ou holístico, com contorno de entonação e ritmo silábico por longas sequências, além de verbos e adjetivos, e muitos jargões. Pode-se pensar em uma analogia, evidentemente superficial, entre esses dois estilos de elocução e os déficits característicos das afasias de Broca e Wernicke. Não se trata aqui, certamente, de déficits, mas de desenvolvimentos diferenciais.

CAPÍTULO 5 As marcas cerebrais da escrita*

Representar, designar, escrever

A escrita é uma ação exclusivamente humana cuja evolução se tornou possível pela existência, ao mesmo tempo, de predisposições inatas e de propriedade de plasticidade epigenética, características do sistema nervoso em desenvolvimento. Trata-se de uma invenção recente da humanidade, pois foi produzida 3.500 anos antes de nossa era, depois de mais de 100 mil anos de existência do *Homo sapiens sapiens.*

Etimologia

Escrever deriva do latim *scribere*, "traçar caracteres", e remete à raiz indo-europeia *ker/sker*, "cortar", "incisar". A etimologia de *incisão* completa-se com aquela de *graphê* — indo-europeu *gerbh* —, que significa "esfolar". Escrever quer dizer incisar, cortar, arranhar, isto é, introduzir um traço (extracerebral) em um suporte artificial — pedra, osso, cerâmica — que guarda a memória. Em árabe, a raiz *ktb* significa

---

* Curso do ano de 1999.

igualmente "reunir" (letras). Uma outra raiz *zbr* quer dizer "colocar as pedras umas sobre as outras para construir um muro". Enfim, as *runas*, escritas nórdicas, derivam da palavra *runar*: "segredo" ou *runa*: "sussurro". A escrita é um traço em um material estável que reúne signos e detém um sentido para aquele que possui o seu código.

A palavra e o escrito

Para Saussure, "a língua é um sistema de *signos* que exprime ideias", e signos são "associações ratificadas pelo consentimento coletivo", "das realidades cuja sede está no cérebro". "O indivíduo", prossegue Saussure, "tem necessidade de uma aprendizagem para conhecer o jogo." Ele adquire essa aprendizagem na sequência de inumeráveis experiências, de marcas depositadas em cada cérebro, mais ou menos como um dicionário cujos exemplares todos *idênticos* seriam repartidos entre os indivíduos. O *signo linguístico* une, de maneira arbitrária, um conceito e uma imagem acústica, o significado e o significante. Há variabilidade, contingência, dos significantes, mas universalidade dos significados.

O triângulo semântico de Ogden e Richards (1923), que retoma o de Peirce, exprime a distinção entre coisa, conceito e símbolo fônico:

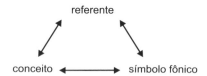

Esse triângulo, não obstante, não leva em conta dois aspectos da linguagem: em primeiro lugar, ele não é simplesmente constituído de *nomes* de objetos, os conceitos se transformam, evoluem; em segundo lugar, como conceitos depositados no cérebro para a conectividade eminentemente variável podem codificar um sentido idêntico de um indivíduo para o outro?

Nas *Investigações filosóficas*, Wittgenstein retoma a questão e pende para o critério da *identidade* de duas representações. Sua resposta é:

"a significação de uma palavra é seu *uso* na linguagem". A criança a adquire por "jogos de linguagem" com *ao menos* um parceiro, a mãe, e ao menos um *objeto* comum. Há identificação de significados por "jogos cognitivos" de atenção partilhada e de designação de um "objeto" comum, e depois estabelecimento de correspondência memorizada por comunicação sonora entre o significado e o significante, de início pronunciado pela mãe, depois repetido pela criança. Ao longo desses primeiros "jogos cognitivos" e dos jogos de linguagem que se seguem, são feitas *validações* (subjetivas), resultantes da intercompreensão (Hinde) entre parceiros.

O escrito

Para Saussure, "a única razão de ser [da escrita] é representar [a linguagem]". A seu ver, a escrita goza de uma "importância imerecida", pelo que evoca as "inconsequências da escrita" e a "tirania da letra". Esse ponto de vista não é partilhado por Jack Goody (1977), para quem a escrita possui duas funções principais: armazenar a informação, marcá-la, memorizá-la, registrá-la, para comunicá-la através do tempo e do espaço; assegurar a passagem do domínio auditivo ao domínio visual, o que permite examinar de outro modo, descontextualizar, pela extração da palavra do corpo da frase, do fluxo do discurso oral, e, desse modo, reorganizar a comunicação oral em profundidade. A introdução do "pictural" pela escrita expande a *visibilidade do ato* jurídico, político, religioso e, logo, científico. O signo gráfico reafirma o pessoal, o individual; com a caligrafia, torna-se assinatura. O seguinte esquema mínimo liga a escrita à linguagem:

Os signos parietais pré-históricos

A partir de 35000 antes de nossa era, o *Homo sapiens* passa a traçar *signos* nas paredes das cavernas. A palavra "signo" é tomada aqui em um sentido muito geral: "relação de referência" (Jakobson) ou "meio de transmissão de uma mensagem entre emissor e receptor" (teoria da informação). Existem, nessas condições, "regras de transformação", que fazem com que a mensagem corresponda a um "signo" determinado. A decifração dos signos pré-históricos permanece, e sem dúvida sempre permanecerá, muito hipotética. Leroi-Gourhan nota que os primeiros grafismos pré-históricos conhecidos (35000 a.C.) são incisões espaçadas regularmente sobre ossos ou pedras: seriam contagens de caça, exercícios de decoração ou ritmos encantatórios (dança) análogos àqueles que foram encontrados nos Churingas da Austrália? A partir de 30000 a.C., aparecem cabeças de animais, associadas a símbolos sexuais, bem como mãos em negativo. A grande arte rupestre das grutas de Chauvet e Lascaux, com paleta de cores de uma extrema riqueza, associa figuras muito *realistas* de animais (bisões, cervídeos, mamutes) e signos *abstratos* totalmente explícitos: traços, linhas de pontos, retângulos... Grafismos geométricos simbolizando os sexos foram notados por Leroi-Gourhan. Entre 9000 e 8000 a.C., a arte parietal desaparece (na França), mas os signos gráficos abstratos (traços ou pontos) persistem com os seixos pintados da gruta de Mas d'Azil. Seria uma primeira escrita "embrionária"? De uma maneira geral, a interpretação dos primeiros signos pré-históricos permanece enigmática.

As "mãos em negativo" prestam-se a discussão devido ao fato de uma fração dessas mãos estar mutilada. Seriam mutilações voluntárias, perdas patológicas de falanges ou um código manual com dedos dobrados ou retocados? Para Leroi-Gourhan, seria um "código silencioso" utilizado pelos caçadores. Com base em correlações, sumárias, entre a frequência de mãos "mutiladas" de um certo tipo e a frequência de certas figuras de animais nas grutas da região, Leroi-Gourhan propõe, por exemplo, que uma mão aberta (inteira) significa: "há um cavalo", e com quatro dedos dobrados: "há um bisão", sendo os resultados da caça consignados em seguida na parede das cavernas. Os signos gráficos "mãos em negativo" transcreveriam portanto não sons, mas antes gestos. Haveria ali correspondência entre um primeiro significante gráfico e um significado? Nesse estágio, a relação com a palavra permanece no mínimo incerta.

Suméria: a invenção da escrita

Admite-se geralmente que a escrita apareceu na Mesopotâmia, na parte oriental do Crescente Fértil que vai do Egito ao golfo Pérsico. Todavia, trabalhos recentes revelaram a existência de traços escritos anteriores, nas Índias.

O período pré-histórico

No Oriente Próximo, encontram-se traços de *Homo erectus* (1,5 milhão de anos a.C.) próximo do lago Tiberíades; posteriormente o *Homo sapiens* aparece com as populações de caçadores-coletores *nômades*. As primeiras choças (15000 a.C.) e as primeiras vilas (12500 a.C.) de várias dezenas de casas (duzentas a trezentas pessoas) situam-se em Mallalah (Jordânia). Os natufianos se sedentarizam, constroem reservas alimentares e utilizam argamassa para erguer casas. Observam-se as primeiras figuras simbólicas da mulher e do touro. Entre 9500 e 8700 a.C. nasce a agricultura, com o cultivo do trigo e da cevada. Em Jericó têm lugar os primeiros cozimentos da argila. Um culto dos crânios (com máscara de gesso) se instala, testemunhando a ancoragem territorial do grupo familiar. De 8700 a 7000 a.C., a agricultura toma impulso; cabras, ovelhas e depois bovídeos e suínos são domesticados. As vilas crescem: em Çatal Hüyük, na Anatólia (7000 a.C.), a cidadela cobre 12 hectares, sem rua, mas com circulação pelos tetos, pinturas murais (caça ao cervo) e estátuas femininas (deusas de fecundidade) nas casas. Entre 6500 e 5300 a.C. aparecem cerâmicas com decoração geométrica simples (Hassuna) e depois motivos decorativos geométricos e figurativos (peixes, pássaros, figuras humanas) (Samarra). Desenvolvem-se vilas com casas em tijolos moldados, mas todas idênticas. Há estocagem coletiva dos grãos e práticas da solidariedade. A organização social é muito igualitária, mas é preciso uma contabilidade para assegurar a redistribuição dos bens. Em Qalaat Djarmo (Curdistão), encontram-se os primeiros *calculi*, pequenos cilindros, bilhas e cones de pedra que provavelmente serviam de fichas para contar: seriam os primeiros *signos* objetivos de um código material partilhado por uma comunidade humana.

A partir de 5300 a.C. organizam-se sociedades hierarquizadas e urbanizadas. A agricultura cereal e a criação de animais são praticadas de maneira intensa. A irrigação se generaliza. A economia torna-se "tentacular" (Bottéro). Grandes edifícios, de caráter monumental, misturam-se às casas comuns. Uma classe de notáveis controla as mercadorias. O poder centralizado desenvolve a contabilidade e os contratos. A *esfera oca* aparece em Susa (3300 a.C.): invólucro de terra cozida, ela contém *calculi* e traz entalhos na superfície que correspondem ao número deles e traços de selos cilíndricos (felinos, figuras geométricas) que "autenticam" o documento. Trata-se provavelmente de mementos de contratos com código partilhado entre as duas partes. Progressivamente a esfera se esvazia de seu conteúdo, as contas anotadas na superfície bastam: a forma se aplaina, e a pequena placa de argila parece. A escrita nasce do "encontro da argila e do junco" que serve para traçar as inscrições.

A escrita pictográfica

Entre 3700 e 2900 a.C., as ruínas de Uruk testemunham um desenvolvimento espetacular da vida urbana. Uruk cobre 250 hectares com de 30 mil a 50 mil habitantes, um "templo branco" de 80 metros de comprimento e um complexo palaciano com reis-sacerdotes. Multiplicam-se as trocas comerciais de longa distância. Os arquivos do complexo cultural e palaciano contam milhares de pequenas placas em argila, testemunhas incontestáveis de uma primeira escrita suméria (3300 a.C.). Esta se compõe de signos pictográficos isolados, figurativos, ainda que esquemáticos.

Esses pictogramas ilustram ao mesmo tempo a estilização e a simbolização que caracterizam toda escrita. Esses primeiros signos gráficos, na maior parte, imitam a coisa designada: a vaca é designada por um triângulo com dois "chifres", o cordeiro, por um signo + no interior de um círculo que representa o cercado; há isomorfismo, ainda que a significação possa ultrapassar largamente a coisa figurada. Os 1.500 pictogramas identificados referem-se principalmente à gestão de bens particulares, à gestão do Estado (tratados, leis), à documentação de fundações (pregos).* Há poucos textos religiosos ou literários. Os primeiros testemunhos da escrita têm, portanto, um fim utilitário e comercial para comerciantes citadinos.

O sistema cuneiforme

O sistema se generaliza no início do terceiro milênio. Ele é o objeto de uma dupla evolução: técnica e funcional. No plano técnico, a maneira de escrever muda; o desenho dos pictogramas realistas na argila fresca demanda um gesto preciso e difícil; os escribas descobrem a marca triangular em forma de "cunha", do junco cortado em bisel. O sistema cuneiforme se desenvolve. As linhas curvas desaparecem; as figuras sofrem uma rotação de noventa graus; os signos tornam-se mais simples, esquemáticos e, posteriormente, francamente abstratos. O isomorfismo desaparece em benefício de uma *combinatória* formal de oito "pregos" de base. No plano neurofuncional, altera-se a relação da figura traçada para a língua falada.

Nos sumérios, o pictograma possui um valor "imagem-símbolo", sem referência direta à pronúncia. Ele registra animal, objeto, conta e mesmo conceito: ele também é ideogramado. O sumeriano é uma língua monossilábica como o chinês, e a correspondência do pictograma com a língua falada teve de ser feita com base em um signo — uma sílaba. A imigração por ondas sucessivas da Mesopotâmia dos acadianos, tribos seminômades de origem semítica vindas da Arábia, introduz o bilinguismo (mito da torre de Babel), que vai fazer com que a escrita evolua de ma-

---

*"Pregos de fundação", artefatos em argila, pedra ou cobre, em forma de pregos ou de figuras humanas, que traziam inscrições do soberano para uma divindade protetora e que podiam ficar ocultos sob as fundações do edifício. (N. do T.)

neira notável. Sumérios e acadianos vivem lado a lado em comunidades urbanas, separados politicamente, mas sem hostilidade. Todavia, suas línguas são muito diferentes. Enquanto a língua suméria é monossilábica aglutinante, a acadiana é polissilábica (em geral trissilábica) e flexional (com declinações e conjugações). Os acadianos, ao utilizarem os ideogramas sumérios cuneiformes para transcrever a sua língua, fazem com que o sistema de notações gráficas evolua. Eles chegam a atribuir a certos signos cuneiformes valores exclusivamente fonéticos, seja retomando-os com ideogramas sumérios, seja criando-os para isso. Silabogramas representarão portanto explicitamente os sons, terão valor de fonogramas. Serão acrescentados a eles determinativos de leitura e complementos fonéticos que vão se misturar a ideogramas sumérios e acadianos. A escrita acadiana da metade do segundo milênio antes de nossa era apresenta uma temível dificuldade ao acumular signos arcaicos ideográficos e inovações gráficas fonológicas.

Assim, uma autêntica escrita desenvolve-se na Mesopotâmia do pictograma (isomorfo ao significado com riqueza de significado) ao ideograma (perda de isomorfia em benefício da codificação abstrata e formal de um significado global), sem representação explícita do som. Com o silabograma aparece a representação do *som,* sem significação intrínseca. A via neural grafossemântica completa-se com uma via grafofônica.

O plurilinguismo funcional resultante da mestiçagem cultural contribuiu portanto para a evolução do sistema gráfico. Lévi-Strauss, em *Raça e história*, sublinhou o caráter inovador daquilo que ele chama de a "coalizão das culturas". A introdução "de grau ou de força" de novos parceiros cria uma "diversificação", seguida de seleção. Oposto ao "evolucionismo sociológico" linear e constantemente em progresso, às "três épocas" de Vico, à "escada" de Condorcet ou aos "três estados" de Comte, ele propõe, em contrapartida, um modelo autenticamente darwiniano da evolução cultural.

Assinalemos, enfim, para completar, que certos especialistas como Pierre Encrevé contestam uma evolução da escrita do figurativo ao simbólico abstrato. De seu ponto de vista, os signos abstratos que são encontrados, por exemplo, nas decorações parietais ou nos vasos antigos da Susiana seriam os autênticos precursores da escrita, a qual teria sido sempre "abstrata".

A evolução do signo

Outras escritas evoluíram, desde a Antiguidade, independentemente do cuneiforme com, por vezes, diferenças notáveis.

O *egípcio*

A escrita hieroglífica é documentada a partir de 3200 a.C. no vale do Nilo, ou seja, um pouco mais tarde que a pictografia sumeriana. Desde esses primeiros testemunhos, a escrita é, *ao mesmo tempo*, pictográfica e fonética. Ela muda pouco na sequência, salvo que seu número de signos aumenta de 700 (segundo milênio) para 5 mil (época greco-romana).

Cada signo é um desenho figurativo estilizado que pode significar: o que ele representa (cabeça de boi para "boi"), o *pictograma*; o que ele simboliza (dois olhos para "vida"), o *ideograma*; como ele é pronunciado, de maneira não significante, o *fonograma* — desde os primeiros textos escritos, um "alfabeto" consonântico de 24 signos é apresentado, o qual explica a relação elevada de signos hieroglíficos (1.419) às palavras gregas (486) levando Champollion a decifrar a pedra de Roseta; e, por fim, o que os signos querem dizer, os *determinativos* que não se pronunciam, mas que precisam o sentido de um grupo designado.

O egípcio apresenta as mesmas categorias de signos que a escrita sumério-ácade clássica, mas com alguns cinco séculos de antecedência. Provavelmente, uma longa evolução precedeu a aparição dos hieróglifos, mas ela nos é totalmente desconhecida. As causas da ausência de evolução do sistema de escrita durante vários milênios são igualmente enigmáticas. Eficácia mágica nas mãos dos sacerdotes? Privilégio conservado pela classe dos escribas (somente 1% da população sabe ler e escrever)? Todavia, em paralelo, aparecem escritas cursivas em *tinta* sobre argila, madeira, couro e sobretudo papiro: a escrita *hierática* que se lê da direita para a esquerda e que segue exatamente as mesmas regras que os hieróglifos (somente a notação gráfica difere) e a escrita *demótica,* mais popular e tardia. Curiosamente, o *estilo* gráfico, ou sobretudo caligráfico, dos manuscritos (alfabéticos) árabes primitivos se parece (ao olhar) com o demótico, ainda que as duas escritas sejam radicalmente diferentes em sua concepção (alfabética *vs* hieroglífica).

O chinês

Uma evolução muito semelhante àquela dos primeiros pictogramas sumerianos se produziu na China, porém mais tardiamente. Os primeiros *signos* arcaicos que testemunham uma autêntica escrita encontram-se sob forma gravada nos ossos oraculares da época Shang (por volta de 1401 a 1372 a.C.), na província de Henan, ao norte do rio Amarelo. Trata-se de testemunhos de osteomancia pela qual o adivinho responde a perguntas oficiais (do rei, dos generais, da aristocracia) para prever o futuro. Ele aplica um tição incandescente na parte interna do osso, o que resulta em uma rachadura em forma de *t* alongado: a orientação (ao acaso) provê a resposta do oráculo, que é anotada com signos escritos. Cerca de 40 mil documentos são conhecidos com um léxico de 4.672 grafias, das quais um terço foi identificado. Esses primeiros signos arcaicos apresentam um caráter pictográfico evidente com representação esquemática — peixe, cavalo, orelha, árvore, boi, montanha etc. Esses signos (*Jiaguwen*) encontram-se, em seguida, nos bronzes (*Jinwen*), e sua grafia evolui, do século XII ao IV, do pictograma figurativo ao ideograma estilizado.

Os primeiros signos arcaicos evoluem para os principais estilos de base:

A escrita dos selos (Xiaozhuan), harmoniosa e bem legível, inscreve-se pela primeira vez de maneira sistemática — o uso do selo o impõe — em um retângulo "virtual". No século III antes de nossa era, Li Si estabelece o *corpus* de 3 mil caracteres cuja forma fixa definitivamente;

A escrita dos escribas (Lishu), mais elegante, toma o lugar e se realiza com um pincel sobre bambu (ou folha) com traços grossos e finos, em um quadrado ligeiramente amassado;

As escritas "regular" (Kaishu), *cursiva* (Xingshu) e *rascunhada* (Laishu) o sucedem respectivamente traçadas por pinceladas sucessivas ou por um só gesto, pelo prazer estético, sem que os traços individuais fossem identificáveis.

Os caracteres da escrita regular se formam por combinatória de oito traços fundamentais: ponto, linha horizontal, linha vertical, travessão, dois traços oblíquos, dois traços alongados. Suas combinações gráficas bastam para que o número de caracteres passe de 8 mil no século I de nossa era para 47 mil no século XVIII e para 55 mil em nossos dias, dos quais 3 mil de uso corrente.

A combinatória gráfica dos traços não é nem totalmente arbitrária nem totalmente sistemática. Uma primeira classificação dos signos distingue as figuras simples das figuras derivadas, formadas de vários elementos. Essas figuras simples reagrupam dois tipos de caracteres: os pictogramas, já mencionados, que representam, na origem, seres animados ou objetos, e os símbolos, que figuram noções concretas ou abstratas. As figuras derivadas compreendem os agregados lógicos que associam dois caracteres existentes para exprimir uma noção abstrata (por exemplo, luz = sol acima da árvore) e os complexos fônicos (ou antes ideofonográficos) que ligam um caractere que traz uma noção de sentido a um outro caractere que indica a pronúncia da palavra (por exemplo, brilhante = o sol + *wang* o rei, com um valor puramente fonético aqui). Existe um número limitado de chaves ou radicais de base — 214 — a partir dos quais os outros caracteres são compostos de maneira relativamente sistemática a partir dos oito traços originais que se inscrevem (com um número máximo de 64) em um quadrado ideal. Esses elementos gráficos de base permanecem sempre identificáveis; há portanto persistência de um certo isomorfismo proveniente dos pictogramas arcaicos. O limite do quadrado ideal se opõe à adição de signos fônicos autônomos e, portanto, ao aparecimento do alfabeto. Enfim, os mesmos caracteres são utilizados para transcrever as numerosas línguas faladas na China (sete línguas Han principais e umas cinquenta línguas minoritárias).

O coreano e o japonês

O sistema de escrita chinês difunde-se nos países vizinhos — na Coreia, desde o século I de nossa era; no Japão, mais tarde, no século VI. Da mesma forma quando do encontro entre sumeriano e acadiano, o sistema gráfico chinês apropriado para uma língua monossilábica deve evoluir para tentar transcrever uma língua polissilábica.

Na Coreia é produzida a simplificação ideal por decisão do rei Sejong que em 443 explora a grafia chinesa esvaziando-a de seu sentido e sistematizando-a. Ele cria, a partir de 28 elementos consonânticos e vocálicos que se agrupam no quadrado, o melhor alfabeto silábico, estritamente fonético, do mundo.

O Japão, por seu lado, adota com o tempo um sistema de escrita mista singularmente complexa. Os caracteres kanji do chinês são conservados, mas são acrescentados a eles signos silábicos kana-katakana para transcrever palavras de origem estrangeira, e hitagana para as palavras de uso corrente. Há 6.355 caracteres kanji utilizáveis em computadores (dos quais 1.945 mais usuais) e 48 caracteres kana. Os caracteres kana derivam dos caracteres kanji por simplificação. Um caractere kana *depois* de um caractere kanji indica uma partícula gramatical; *ao lado de* um caractere kanji, indica a pronúncia. A escrita latina é incorporada progressivamente ao grafismo japonês, mas por muito tempo foi chamada "escrita de caranguejo" em razão de sua progressão horizontal e, também, pela utilização de uma pluma metálica acerada em contraste com a doçura do pincel.

O nascimento do alfabeto

No segundo milênio antes de nossa era, o alfabeto nasce às margens do Mediterrâneo (Síria, Líbano, Israel, Jordânia). Dois grandes sistemas de escrita coexistem nessa época: o sistema sumério-ácade e o sistema dos signos protossinaíticos. Em Ugarit, próximo de Biblos na Síria, os signos ideogramas cuneiformes desaparecem em benefício de um alfabeto de trinta signos cuneiformes que indicam sons isolados — aqui exclusivamente consoantes. Esse primeiro alfabeto derivaria dos cuneiformes acadianos ocidentais semíticos por simplificação acrofônica. Somente a inicial da sílaba acadiana se conserva. No sítio de Serabit-el-Khadim, próximo das minas de turquesa do Sinai exploradas pelos faraós e onde trabalhavam os artesãos semitas, foram encontrados grafites que empregam signos de tipo pictográficos próximos dos hieróglifos egípcios. Os signos recolhidos no Sinai não parecem possuir a mesma significação que os hieróglifos egípcios e parecem transcrever uma língua diferente. Poderia se tratar de um alfabeto dito protossinaítico (1500 a.C.).

Na costa mediterrânea do Líbano vivem populações semíticas próximas dos aramaicos e dos hebreus: os fenícios. Estes criam cidades autônomas na costa mediterrânea, feitorias, e se lançam em um comércio intenso. Inventam o alfabeto fenício (século X) de 21 caracteres estritamente consonânticos. Seria possível que este derivasse do protossinaítico. De origem pictográfica, cada letra resultaria de uma simplificação acrofônica: *aleph*, por exemplo, proviria do pictograma "cabeça de boi", que, depois de uma dupla rotação de noventa graus, daria o A.

Do alfabeto fenício derivam duas linhas principais de escritas: o alfabeto armênio (séculos X a.C. e XIII a.C.), e depois o hebraico quadrado (515 a.C.) e o árabe (século V d.C.); e o alfabeto grego (século IX a.C.), seguido do etrusco (700 a.C.) e do latim (500 a.C.). As vogais aparecem com o alfabeto grego. Donde a mistura das culturas, o multilinguismo, vai fazer evoluir o sistema de escrita. As línguas indo-europeias são ricas em vogais, ao passo que as línguas semitas são sobretudo consonânticas. O alfabeto fenício se enriquece de vogais para transcrever a língua grega.

Essa evolução da escrita constitui um dos exemplos mais bem documentados de uma evolução cultural que apresenta vários traços característicos de uma evolução darwiniana. A escrita se desenvolveu para armazenar, disponibilizar e transmitir os múltiplos saberes acumulados pelas sociedades humanas, tornados muito numerosos para serem conservados nas memórias cerebrais individuais, fossem elas colocadas em comum. Os traços gráficos no Oriente, assim como no Ocidente, parecem ter evoluído do figurativo ao abstrato (do pictograma ao ideograma) e da representação do sentido à representação do som (do fonograma ao alfabeto). Se certos sistemas de escrita evoluíram pouco ao longo dos séculos (hieróglifos egípcios, signos chineses clássicos), outros deram lugar a avanços maiores, principalmente devido a processos de "hibridação" ou de mestiçagens culturais. Estes intervieram como "geradores de diversidade" darwinianos, originando os simbologramas (sumério/ácade), e posteriormente o alfabeto consonântico (egípcio/semítico), o alfabeto com vogais (semítico/indo-europeu) e o alfabeto coreano (chinês/coreano). Os sistemas de escrita existentes foram utilizados para transcrever línguas novas e, desse modo, evoluíram. Limites, além daqueles da língua falada, contribuíram para a evolução da escrita: o suporte (a argila e o cuneiforme na Mesopotâmia, o papiro e os "traços" dos ideogramas na China), o poder mágico da escrita (o quadrado fechado na China), a transcrição dos nomes próprios e das assinaturas (fonogramas em egípcio). Se o poder dos escribas e dos sacerdotes imobilizou a evolução da escrita em numerosas civilizações, a invenção e o uso do alfabeto devem-se à democratização da escrita, principalmente com fins comerciais.

Os circuitos da escrita

Variabilidade da organização anatômica do cérebro humano

A concepção inatista extrema de um determinismo genético total da organização cerebral, que ainda é por vezes defendida, deveria, por princípio, ser acompanhada de uma reprodutibilidade perfeita da anatomia cerebral nos indivíduos geneticamente idênticos. Mas isso ocorre? Lembremos, para começar, que em uma população geneticamente heterogênea existe uma notável variabilidade individual da topologia das áreas de Brodmann, notada, com base em medidas citoarquitetônicas, no nível, por exemplo, das áreas frontais 9 e 46 (Rajkowska e Goldman-Rakic). Essa variabilidade foi confirmada por ressonância magnética funcional: o contorno das áreas visuais ativadas com estímulos visuais adequados revela, depois da normalização do tamanho (em 11 sujeitos de 18 a 35 anos), um desvio-padrão médio da ordem de 0,49 centímetro. Fato notável, uma variabilidade importante persiste entre gêmeos monozigotos para as áreas da linguagem. Tendo escolhido dez pares de gêmeos monozigotos com uma preferência manual concordante e dez pares discordantes (um destro e outro canhoto), Steinmetz e seus colaboradores observaram que todos os destros concordantes ou discordantes apresentavam em comum uma mesma assimetria do *planum temporale* esquerdo, ao passo que todos os canhotos (discordantes) não mostravam assimetria. Parece portanto existir certamente uma variabilidade "epigenética" da topologia das áreas corticais entre gêmeos monozigotos, devida, provavelmente, a uma clivagem variável do blastocisto nas primeiras etapas do desenvolvimento embrionário.

Neuropsicologia da escrita

Depois de Broca, sabe-se que lesões da parte média do lobo frontal esquerdo acarretam problemas da fala, ou afasias. Em 1892, Déjerine descobre a *alexia*, ou cegueira verbal *pura*. Esta se manifesta por severos problemas da escrita ou grafia. O paciente chega a escrever, mas não pode reler. A lesão afeta o feixe de substância branca "que liga o giro angular esquerdo à zona visual geral". Déjerine conclui disso que existe "um centro das imagens visuais das palavras". Como existem alexias *com* agrafia, ele postula que esse centro é *comum* à escrita e à leitura, mas que o acesso a ele a partir das vias visuais pode ser alterado seletivamente, resultando na alexia pura. Recentes pesquisas revelaram uma complexidade maior das vias da leitura e levaram ao abandono desse modelo muito rudimentar.

Sabe-se hoje que as *alexias periféricas* resultam da alteração do tratamento visual das palavras. Por exemplo, as *alexias com soletração*, que não acarretam agrafia, resultam de lesões temporoparietais esquerdas e são acompanhadas de distúrbios graves da leitura: o paciente não pode mais ler as palavras *senão* letra por letra com soletração em voz alta. O tempo levado para ler uma palavra é então diretamente proporcional ao número de letras. Trata-se aqui de uma alteração seletiva da entrada do sistema de leitura antes da divergência fonológico-semântica. A lesão parece afetar um "sistema da forma visual das palavras" (Shallice) e revela um processo neural comum aos sistemas de escritas alfabéticas e ideográficas que envolvem um tratamento "global" da forma das palavras. Em um e outro caso, a leitura faria uso portanto de um léxico de formas visuais, memorizado ao longo da aprendizagem da leitura. Outros tipos de alexias periféricas se manifestam, por exemplo, por erros sistemáticos, seja do início, seja do fim das palavras (alexias por negligência), ou ainda por uma dificuldade para ler linhas de palavras, ao passo que a leitura das palavras isoladas é correta (alexias intencionais).

As alexias centrais, em compensação, afetam as etapas de tratamento *posterior* à análise visual das palavras escritas. Marshall e Newcombe (1973) distinguiram dois tipos de dislexia ou de alexia central:

As dislexias de superfície, que acarretam déficits seletivos da leitura de palavras irregulares (pavão, coro, iate, líquen etc.), ao passo que a leitura das palavras regulares é correta. Aqui as lesões (temporoespaciais) causam um déficit no estabelecimento da correspondência grafismo/fonema. Beauvois e Derouesné observaram pela primeira vez um caso extremo de alexia fonológica que diz respeito seletivamente à leitura

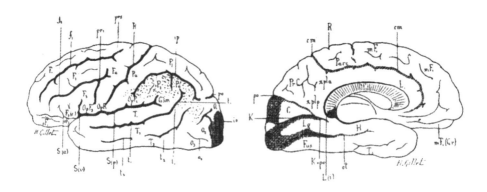

FIGURA 29A – Os circuitos da escrita de acordo com Déjerine: dados lesionais

Caso Courrière de cegueira verbal pura com conservação da leitura dos algarismos e da capacidade de calcular, da escrita espontânea e sob ditado e sem problema do entendimento da palavra. Esse caso demonstra a existência de uma conectividade adquirida de maneira epigenética muito específica da leitura. Áreas hachuradas: extensão da lesão consecutiva a um acidente vascular cerebral (apud Déjerine, 1895).

das não palavras (que não fazem parte do léxico visual) ou àquela das palavras gramaticais (e, se, para...);

As *dislexias profundas ou semânticas*, que se manifestam por déficits seletivos da leitura das palavras em relação ao seu conteúdo de sentido. Por exemplo, de um paciente a outro, as lesões (temporoparietais e/ou

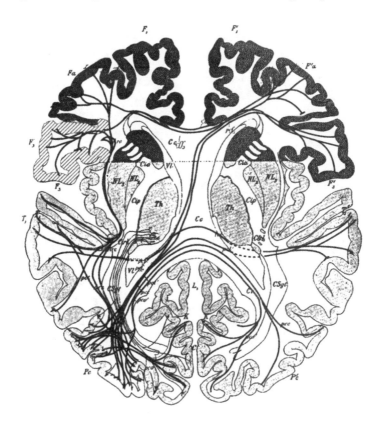

FIGURA 29B – Os circuitos da linguagem segundo Déjerine: dados anatômicos

Conexões envolvidas, de acordo com Déjerine, na linguagem escrita e falada (TRAÇOS GROSSOS). Nota-se a importância das conexões das áreas de Broca (T1) e de Wernicke com o córtex frontal, as áreas motoras e o córtex visual (occipital), bem como a importância das conexões inter-hemisféricas chamadas comissurais. Esta figura ilustra a importância e o número de circuitos suscetíveis de serem codificados pela aquisição da linguagem escrita e falada (de acordo com Déjerine, 1895).

frontais) são acompanhadas de um déficit seja da leitura das palavras abstratas, seja da leitura das palavras concretas.

O modelo que explica o conjunto dessas observações envolve duas vias paralelas.

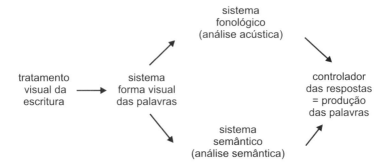

Assim como existem alexias sem agrafias, encontram-se *agrafias sem alexias*. Certas lesões discretas afetam a referência ao léxico mental memorizado que nos faz escrever corretamente as palavras excepcionais (já mencionadas); outras alteram a transcrição das não palavras; outras ainda, o agrupamento das letras em palavras. Existem agrafias apráxicas que causam espera na produção voluntária de gestos; outras que alteram a seleção da forma das letras (maiúscula, minúscula); outras, enfim, que são acompanhadas de erros de orientação, de espaçamento... Novamente, duas vias paralelas foram sugeridas.

O caso do japonês é um pouco particular, na medida em que, como já disse, ele possui dois sistemas de escrita principais: o kanji, à base de

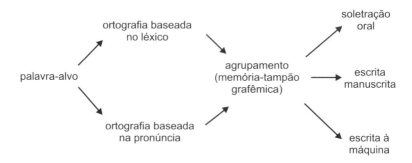

ideogramas chineses, e o kana, de 71 silabogramas. As crianças aprendem o kana na escola antes dos 6 anos; entre 6 e 15 anos, elas memorizam cerca de 2 mil caracteres de kanji (dos 40 mil do dicionário). Em 1900, o neurólogo japonês K. Miura descreveu um paciente aléxico e agráfico em kana que tinha conservado o uso do kanji. Iwata (1984) distinguiu três condições patológicas: a *alexia pura para o kanji e o kana* (lesão do lobo occipital esquerdo); enfim, *a alexia para o kana mas não para o kanji*, mas com agrafia para o kanji e o kana (lesão do giro angular esquerdo), *a alexia e agrafia para o kanji*, sem efeito sobre o uso do kana (lesão do lobo temporal esquerdo). Para explicar esses resultados, esse pesquisador propõe que duas vias distintas intervêm na leitura do japonês: *dorsal* para o kana, *ventral* para o kanji.

Quanto aos iletrados, eles possuem um cérebro cuja organização conexional difere sensivelmente daquele dos adultos que aprenderam a ler e a escrever na infância. Castro Caldas (Portugal) e Ingvar (Suécia) utilizaram a câmera de pósitrons para comparar o débito sanguíneo regional com a ajuda de [^{15}0] butanol de 12 mulheres (63-65 anos) do mesmo meio sociocultural, de mesmas aptidões cognitivas, mas umas iletradas, outras sabendo ler e escrever. Já se sabia que os sujeitos iletrados apresentavam dificuldades seletivas para repetir, de memória, as *não palavras* incluídas em uma lista de palavras usuais. Nas condições experimentais nas quais se trata de repetir palavras e pseudopalavras, observa-se uma dominância parietal inferotemporal esquerda. A diferença pseudopalavras/palavras revela uma ativação do córtex fronto-opercular e da ínsula anterior *direita*, bem como do córtex cingulado anterior *esquerdo*. A aprendizagem da leitura é acompanhada da estabilização de circuitos cerebrais que intervêm no tratamento fonológico de palavras novas. Existem, portanto, interações importantes entre os circuitos da linguagem escrita e aqueles da linguagem oral: a aquisição da linguagem escrita modifica de maneira significativa essas interações.

A imagem funcional da leitura revela, de maneira ainda preliminar, uma contribuição diferenciada de áreas corticais na análise da forma das palavras (áreas visuais primárias e secundárias); a codificação fonológica (área pré-frontal esquerda de Broca [pseudopalavras] e lobo temporal superior esquerdo [rimas e palavras visuais, articulação fonológica]); as

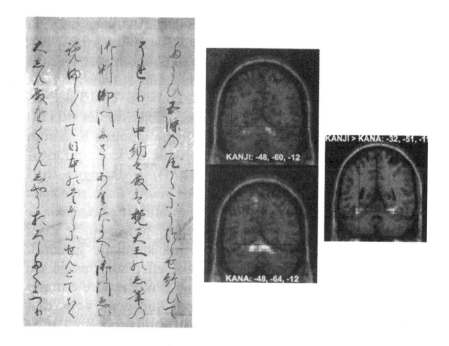

FIGURA 30 – Ressonância magnética funcional do cérebro na leitura do kanji e do kana

Essa imagem cerebral mostra uma diferença clara entre hemisférios no tratamento do kanji e do kana (apud Nakamura et al., 2005).

tarefas semânticas (córtex pré-frontal anteroposterior esquerdo, cingular anterior...). Existem, portanto, várias formas de *plasticidade* de circuitos cerebrais associadas à leitura em domínios de tempo muito variados: atenção (milissegundos), prática (segundos, minutos), aprendizagem (minutos, dias), regras (semanas, meses), desenvolvimento (meses, anos).

Os circuitos da escrita se estabelecem por estabilização seletiva de possibilidades conexionais oferecidas pelo envoltório genético devido a interações prolongadas com o ambiente cultural da criança. A aprendizagem da escrita corresponde a uma "apropriação" de circuitos neuronais preexistentes e imaturos. Os circuitos culturais se inscrevem no cérebro da criança ao longo da vida.

SÍNTESE 2

A consciência, tanto no homem quanto no animal, tornou-se um objeto de estudo para a neurobiologia. Ela conhece, em sua evolução, formas sucessivas cada vez mais ricas. Em face do fenômeno de consciência, cientistas e filósofos mantiveram posições variadas sobre o que pode bem ser a consciência, se é que não existem apenas estados físicos.

Hoje, os neurobiologistas, adotando um ponto de vista evolucionista, associam a consciência aos níveis de organização mais recentes e mais elevados do sistema nervoso central. A neuropsicologia, que estuda as consequências das lesões cerebrais em termos de déficits cognitivos, permite apreender melhor as fronteiras entre consciente e não consciente, e mostra uma surpreendente variedade de problemas e modificações da consciência.

Desde Broca e Wernicke, a linguagem é em dos objetos de investigação prediletos da neurologia e das localizações cerebrais. A introdução do ponto de vista epigenético neuronal (com, em particular, o modelo de estabilização seletiva das sinapses) e mecanismos darwinianos nas discussões contemporâneas dos psicólogos e dos linguistas sobre a linguagem permitiram avanços notáveis a respeito da evolução e da transmissão das línguas como entidades culturais (fenômeno coletivo e não difusão de indivíduo para indivíduo), mas também da aprendizagem das línguas, com resultados significativos em neuropsicologia para o bilinguismo e os mecanismos das diferentes afasias. Uma disciplina nova, a neurossemântica, baseada principalmente no conhecimento de diferentes déficits funcionais e na imagem cerebral, pôde aparecer. Na ontogênese da linguagem no recém-nascido, os jogos vocais precedem a aquisição, espontânea e depois epigenética, do sentido das palavras.

Os diferentes tipos de escrita, seu nascimento e sua evolução histórica, no Oriente Médio ou no Extremo Oriente, podem ser interpretados por mecanismos darwinianos e epigenéticos de variação-seleção, nos quais as mensagens intervêm como geradores de diversidade. A variabilidade real da organização cerebral, atestada mesmo nos gêmeos monozigotos, é traduzida por exemplo nas diferenças de anatomia cerebral entre destros e canhotos. A imagem cerebral, cujos campos de aplicação não cessam de se ampliar, traz, enfim, dados novos sobre os mecanismos da leitura.

Claude Debru

PARTE III Os "átomos psíquicos"

Biologia molecular do cérebro

PRÓLOGO

Esta última parte tem por objetivo esclarecer o enraizamento de nossas disposições cerebrais, de nossa atividade mental e de nosso psiquismo na química e na físico-química das moléculas que compõem o nosso corpo e, em particular, o nosso cérebro. Nesse nível, congregam-se disciplinas tidas como muito distintas, a saber: a biologia molecular, a neurociência e as ciências cognitivas. De certo modo, esse ponto de articulação crítica assinala o abandono definitivo da clivagem corpo-mente: o "filósofo da mente" deve desde então adotar a linguagem difícil do químico e do geneticista.

Em um primeiro momento, examinaremos o poder dos genes — o DNA de nosso genoma — que envolvem a evolução, bem como o desenvolvimento de nosso "aparelho de conhecimento". Em seguida, trataremos da estrutura e das múltiplas funções dessas moléculas-chave que são os receptores dos neurotransmissores, proteínas reguladoras que intervêm na comunicação entre neurônios, alvo de múltiplos agentes farmacológicos, e que, em última análise, controlam os nossos estados de consciência. Decerto, o título dado a esta parte foi tomado emprestado diretamente do filósofo grego Demócrito, o primeiro a empregar, de modo tão premonitório, a expressão "átomos psíquicos".

CAPÍTULO 1 Genes e filogênese*

Meu propósito é trazer documentos e reflexões acerca dos mecanismos evolutivos que contribuíram para a gênese do sistema nervoso e, mais particularmente, para o desenvolvimento do cérebro do *Homo sapiens*, bem como das disposições que lhe são próprias, como a linguagem e a consciência. Desenvolverei aqui três grandes noções: a evolução biológica e a epistemologia evolucionista; a anatomia comparada e a paleontologia do cérebro; enfim, os mecanismos genéticos engajados, de maneira plausível, na evolução e na organização do cérebro.

A questão das origens: criacionismo ou evolucionismo?

Antes do desenvolvimento da ciência, o homem elabora um "pensamento mítico" para descobrir um sentido para os eventos e as experiências, a fim de estabelecer classificações "superiores ao caos" (Lévi-Strauss). As primeiras cosmogonias testemunham esse pensamento selvagem, pré-científico. Os sumérios no terceiro milênio imaginam que a deusa Nammu, "mar primordial", engendrou o céu e a terra, e propõem igualmente várias conjecturas sobre a origem dos homens: geração espontânea

---
* Curso do ano de 1991.

(eles brotaram da terra como arbustos); criação de artesãos divinos pelo trabalho com a argila (Nammu modelou o coração; En-Ki proveu a vida); sacrifício sangrento de divindades (os homens se formaram do sangue de dois deuses Lagma, imolados com esse objetivo). Para os sumérios, o mundo é permanentemente recriado, regenerado e purificado (o tempo é cíclico), mas obedece a uma ordem cósmica criada pelos deuses segundo os "modelos" do templo e da cidade que o rei Gudea vê, em sonho, no céu. Essa é uma das primeiras formulações da "teoria dos modelos celestes" que será retomada pela tradição platônica e que eminentes matemáticos vão perpetuar até nós.

A epopeia de Gilgamesh já faz referência ao "mito do dilúvio", evocado até o século XIX para explicar a evolução. Os pecados da humanidade justificam a intervenção divina por um dilúvio pluvial que submerge a Terra e do qual emerge um "novo mundo" purificado. Para Éliade, a mitologia bíblica (séculos IX-X antes de nossa era) retoma, na narrativa eloísta, o mito arcaico do oceano primordial, bem como a gênese divina do mundo em etapas sucessivas ou "dias". A narrativa yavista integra igualmente o mito sumério da modelagem do homem com o barro (o corpo, de origem material) e sua transformação em ser vivo por um criador que lhe insufla o sopro de vida (alma, de origem divina). O mito ocidental da dicotomia da alma e do corpo deve suas origens aos primeiros textos sumérios assimilados pela tradição bíblica. O mito do jardim do Éden, igualmente de origem mesopotâmica, e o interdito sobre a árvore do conhecimento mantêm a atualidade com os conflitos que opõem o progresso dos conhecimentos científicos, biológicos em particular, a esses sistemas de crença arcaica, ainda vivos em nossos dias.

A esse ramo criacionista, essencialista e dualista da história das ideias sobre a evolução, opõe-se, desde a Antiguidade grega, um ramo, já muito diversificado, de conjecturas materialistas. Para Anaximandro (610-546 a.C.), os primeiros organismos, e o homem, em particular, nasceram no interior de "cascas espinhosas" ou de "peixes" que se abriram por eclosão segundo um processo análogo ao da metamorfose dos insetos. Para Empédocles de Agrigento (492-423 a.C.): "brotava da terra um grande número de cabeças sem pescoço, erravam braços isolados e privados de ombros e olhos vagabundos vagavam tanto que não enriqueciam nenhuma fronte"; então, "esses membros se ajustaram ao acaso dos encontros e muitos outros nasceram sem descontinuar, ajuntando-se àqueles que não existiam"... "o fogo, liberando-se, produziu a raça dos homens". Assim se encontra formulada, sob uma forma poética e arcaica, a ideia de uma combinatória ao acaso, cega — tese central do pensamento darwiniano. Para Demócrito (500-404 a.C.), o mundo é composto de átomos, indivisíveis, indestrutíveis, mas diferentes pela forma, pela ordem e pela posição. Forma-se um "turbilhão pelo qual, ao se chocarem e rolarem em todos os sentidos, eles se separam e os semelhantes se alinham com os semelhantes": uma "geração espontânea" ocorre. Todas as coisas são ilimitadas e se transformam umas nas outras: o tempo cíclico dos sumérios tornou-se um tempo ilimitado para o filósofo pré-socrático. O mundo está em perpétua *transformação*, ele é construído — o homem incluído — a partir de materiais e de formas físicas segundo a intervenção do acaso. Esse sistema se aplica até mesmo ao conhecimento que temos do mundo. Demócrito nota: "da realidade, não conhecemos nada de absolutamente verdadeiro mas somente aquilo que ocorre fortuitamente, em conformidade com as disposições momentâneas de nosso corpo e com as influências que nos atingem e nos tocam".

A ideia platônica de "realidades invariantes", de "essências" oriundas das matemáticas, que compõem uma ordem universal, obra de um demiurgo criador, representa para o evolucionista Ernst Mayr um "verdadeiro desastre" do pensamento ocidental. Para Aristóteles, a natureza passa dos objetos inanimados às plantas e aos animais segundo uma sequência contínua, admitindo igualmente que a ordem do mundo obedece a um "desenho estático". Ele estabelece a noção de *scala naturae*, de "grande cadeia dos seres" que será retomada, na época clássica, por naturalistas piedosos, como John Ray (1691), que percebem a notável diversidade e as espantosas adaptações dos seres vivos. Essa noção se encontra no *Systema naturae* [Sistema da natureza], de Carl Linnaeus (1735) e, sobretudo, na *Natural Theology* [Teologia natural], de William Paley (1802), que o jovem Darwin lerá, e contra a qual reagirá. Para Ernst

Mayr, foi o exame atento dos organismos vivos e de suas relações com o ambiente, proposto pela teologia natural, que não obstante preparou o terreno para o pensamento evolucionista.

Os pais fundadores da ideia moderna de evolução encontram-se entre os filósofos do Iluminismo na França. Maupertuis retorna às ideias de Epicuro sobre o papel do acaso e avança a noção de mutação e de eliminação das variantes defeituosas. Buffon concebe a "possibilidade de uma descendência de ancestrais comuns" para as diferentes espécies vivas de nossos dias e sugere mesmo que "o homem e o símio têm uma origem comum" — ideia que valeu a Vanini ser queimado pela Inquisição um século antes. Ele reagrupa as espécies em função de sua região de origem, de seu comportamento, de sua anatomia interna, e, desse modo, funda a biogeografia, a etologia e a anatomia comparada. Buffon, entretanto, defende a imutabilidade das espécies. Para Diderot, em contrapartida, o mundo vivo é "uma máquina que avança para a perfeição por uma infinidade de desenvolvimentos sucessivos". Ele tem uma visão autenticamente evolucionista de um mundo sem desenho, feito de moléculas em perpétuo devir, com as formas nascidas ao acaso das quais as mais resistentes apenas persistem. Ele estende essas teses ao desenvolvimento das ideias: "a marcha da mente é apenas uma série de experiências" que se efetuam por "seres imaginários" que o cérebro "combina", ao passo que o "raciocínio se faz por identificações sucessivas".

No *Philosophie zoologique* (1809), que publica aos 65 anos, Lamarck pela primeira vez formula o evolucionismo com base em observações sólidas e consequentes. Ele propõe a transformação, lenta e gradual, das espécies segundo linhas filéticas, com ramificações sucessivas ao longo das gerações, e inclui o homem como o seu produto final. Para ele, a "natureza dá à vida animal o poder de adquirir progressivamente uma organização mais complexa". As mudanças de ambiente acarretam uma mudança das necessidades que cria uma mudança dos hábitos; os órgãos modificam-se em seguida segundo duas leis: a *lei do uso e do não uso*: "o emprego mais frequente e mais sustentado de qualquer órgão pouco a pouco fortalece esse órgão, desenvolvendo-o e aumentando-o"; *a lei de hereditariedade* dos caracteres adquiridos: "aquilo que é adquirido pela influência das circunstâncias [...] a raça o conserva, pela geração, aos seus novos indivíduos".

Com *A origem das espécies*, que publica apenas em 1859, Darwin prossegue o caminho de Lamarck, mas vai muito mais longe. Com a teoria da seleção natural, ele propõe o primeiro modelo de *mecanismo* plausível da evolução biológica. Destinado ao sacerdócio, alimentado desde a sua infância por leituras da *Natural Theology*, de Paley, e dos *Principles of Geology*, do criacionista e essencialista Charles Lyell, o jovem Darwin empreende aos 22 anos uma viagem em torno do mundo durante a qual coleta e classifica um número considerável de espécies. Ele fica surpreso com a "distribuição das populações animais encontradas na América do Sul e pelas relações geológicas existentes entre os habitantes presentes e passados desse continente". Em 1837, escreve seus cadernos sobre a "transmutação das espécies" e, em 1844, redige um primeiro manuscrito sobre a origem das espécies. Na versão publicada, ele principia pela descrição da variabilidade das espécies domésticas existente *antes* do ato de concepção e que é prontamente hereditária. No capítulo seguinte, Darwin nota que uma variabilidade análoga é observada na natureza de modo que se torna *arbitrário* distinguir espécies ou variedades. Em seguida, sublinha a importância da *luta pela existência* e, enfim, introduz o princípio da *seleção natural* como mecanismo de "conservação das variações favoráveis e rejeição das variações prejudiciais". Junto desse princípio, acrescenta a noção de seleção sexual que "não depende da luta pela existência mas da luta entre machos pela posse das fêmeas". O *isolamento geográfico* tem um papel decisivo no processo de seleção natural e de divergência dos caracteres que se efetuam de maneira contínua: *natura non facit saltum*. Depois de um capítulo sobre as dificuldades da teoria (raridade das variedades de transições, diversidade dos instintos, órgãos de perfeição extrema), Darwin conclui propondo "um grande sistema natural", "com uma classificação baseada na genealogia", cuja "embriologia revela os protótipos de cada grande classe". Ele se desvencilha de qualquer "plano de criação", "dá novas bases à psicologia pela aquisição gradual de todas as faculdades e aptidões mentais" e lança "uma nova luz sobre a origem do homem e sobre a sua história" (figura 31).

FIGURA 31 – Ilustração de Benjamin Waterhouse Hawkins (1807-1889) para o livro *A origem do homem*, de Charles Darwin (1871)

A epistemologia evolucionista estende e generaliza o modelo darwiniano a outras atividades humanas. Ela é a expressão de um movimento filosófico que, como o afirma D. T. Campbell (1987), leva em conta o status do homem (e de seu cérebro) como produto da evolução biológica e social e que vê na evolução, mesmo sob seus aspectos biológicos, um processo de conhecimento: o paradigma da seleção natural para tais incrementos de conhecimento pode ser generalizado a atividades epistêmicas, tais como a aprendizagem, o pensamento ou o desenvolvimento do conhecimento científico. Desse ponto de vista, as melhores leis científicas não possuem nem uma verdade analítica nem uma verdade absoluta.

Karl Popper é o principal autor contemporâneo a ter desenvolvido e argumentado, desde 1934, em *A lógica da descoberta científica*, o modelo variação-seleção para a ciência: "Escolhemos a teoria", escreve ele, "que tem mais condições de competir com outras teorias; aquela que, por seleção natural, se revela a mais apta a sobreviver... Uma teoria é um utensílio que testamos quando o aplicamos e cuja 'adequação' (*fitness*) julgamos pelo resultado de suas aplicações..." Em *Conjecturas e refutações* (1953), Popper mostra que "tentamos ativamente impor regularidades sobre o mundo"... "por tentativas e erros, ou conjecturas e refutações". As *razões* para aceitar e rejeitar uma teoria científica substituem "a crença razoável" exposta por Hume. Popper completa a perspectiva evolucionista sugerindo que esta implica mecanismos múltiplos que intervêm em *vários níveis distintos*, encaixados uns nos outros e ligados entre si de maneira hierárquica, de modo que a cada nível se produz uma forma de *retenção seletiva*. Essa tese está enunciada no capítulo 6 de seu livro *Conhecimento objetivo* (1972). Nele, Popper opõe as "nuvens", sistemas físicos desordenados, submetidos às leis do acaso, aos "relógios", sistemas físicos regulares, ordenados, altamente previsíveis em seu comportamento. Para um físico newtoniano, se o homem é um sistema físico completo ou fechado, ele se torna inteiramente determinado; do que segue uma ausência total de liberdade. Para Popper, ao contrário, o homem é submetido a um jogo sutil entre "alguma coisa de quase ao acaso" e "alguma coisa como um controle restritivo ou seletivo". Nessas condições, a liberdade corresponderia à margem aleatória introduzida pela variabilidade de cada nível hierárquico (ver também Changeux, 1988).

A reformulação dessas ideias por Campbell (1987) valoriza o caráter *cego* (preferido à noção de "acaso") do processo fundamental de produção de variações: estas independem das condições de ambiente de sua ocorrência; a ocorrência de tentativas individuais é independente da solução; a variação que se segue a uma tentativa infrutífera não é a correção dessas tentativas. O processo global é fundamental para todo êxito indutivo, para todo crescimento de conhecimento e de ajuste do sistema ao ambiente. Além do mecanismo que introduz variações, ele comporta processos de seleção coerentes e mecanismos para preservar e propagar as variações selecionadas. Campbell distingue, de maneira bastante arbitrária, dez níveis nos quais se podem produzir tais processos de variação-retenção seletiva. Entre eles figuram a *solução de problemas não mnemônicos* (locomoção das paramécias, homeostato de Ross Ashby) e os hábitos e instintos; o *pensamento guiado pela visão ou sustentado pela memória*, bem como o trabalho inconsciente do matemático ao longo da invenção matemática mencionado por Poincaré em *Science et méthode* [Ciência e método] (1908) ou então o do artista que para Gombrich (1959) procede por "esquema e correção"; a *exploração de substitutos sociais*: há "economia de cognição" quando os resultados da exploração por tentativa e erro de um membro do grupo são apreendidos por imitação pelos outros membros do grupo; *a linguagem e a acumulação cultural*.

Vários pesquisadores (Dawkins, 1976; Cavalli-Sforza e Feldman, 19871; Lumsden e Wilson, 1981; Sperber, 1987; Changeux, 1983, 1984, 1988, 1990) se interessaram pela produção e pela transmissão epigenética de entidades culturais — "memes" (Dawkins) ou "representações públicas" (Sperber) — nas sociedades humanas. Muitos deles adotam um modelo lamarckiano (Herbert, Simon, François Jacob, Maurice Godelier) de transmissão social. Este pode ser legitimamente substituído por um modelo de comunicação social que faça intervir um processo de variação-retenção seletiva no nível do cérebro, em particular pela transferência da memória de curto prazo na memória de longo prazo (Changeux, 1990). Esse modelo inclui o reconhecimento da novidade, a competência do destinatário com o *corpus* de representações memorizadas e de "pré-representações" (intenções, antecipações), a pertinência do emissor com adequação às pré-representações e à "expectativa" do destinatário, bem como o poder gerativo (criatividade).

Para Popper, a "seleção natural das hipóteses" por conjecturas e refutações leva a uma "árvore do conhecimento em crescimento". O caráter profuso das descobertas científicas faz com que ela apareça antes como uma "rede flamejante" com pontos múltiplos singulares nos quais se constroem novos objetos racionais. Como nota o filósofo, a objetivação, o ordenamento do mundo pela ciência que resulta dela reduzem a teleologia à causalidade e contribuem *in fine* para a sobrevivência da espécie, satisfazendo, desse modo, o princípio darwiniano. Popper encontra-se, todavia, confrontado com o problema corpo-mente. Se ele considera a consciência, a justo título, um "sistema de controle em interação", não é mais consequente consigo mesmo quando recusa identificar os estados mentais a estados físicos e postula dois tipos de *estados* em interação. Essa inconsequência desaparece com o emprego do programa das ciências cognitivas cujo projeto é precisamente estabelecer uma relação causal e recíproca entre os estados de consciência "percebidos" pelo sujeito e seus estados cerebrais.

Tal empreitada só é válida se, tal como Popper e Campbell, se distinguem vários níveis de variação-retenção seletiva na organização neurofuncional do cérebro: no nível *molecular* (variabilidade do genoma, evolução do plano de organização do sistema nervoso) acrescentam-se o nível da conectividade das *redes de neurônios* e os níveis dos *agrupamentos de primeira ordem* (entendimento) e dos *agrupamentos de ordem mais elevada* (razão), todos submetidos a uma variabilidade epigenética, com escalas de tempo cada vez mais breves. A definição dos elementos submetidos à seleção e a compreensão dos mecanismos de seleção envolvidos em cada nível representam um trabalho multidisciplinar de uma extrema dificuldade, sobre o qual falta muito a ser feito.

Anatomia comparada e paleontologia do cérebro

As primeiras formas de vida aparecem na Terra há 3,4-3,1 bilhões de anos, provavelmente com os procariontes, sob a forma de bactérias fotossintéticas. Os primeiros organismos a possuir um verdadeiro núcleo, ou eucariontes, as algas verdes, estão presentes há cerca de um bilhão de anos. Os primeiros organismos multicelulares a possuir um sistema nervoso (celenterados, vermes poliquetos, artrópodes moles e representantes de filos desaparecidos) manifestam-se pela presença de tocas, túneis, traços variados há 640 milhões de anos com a fauna ediacariana. Nos sedimentos do cambriano, depositados há 590 milhões de anos, já estão presentes os fósseis de todos os filos com esqueleto fossilizável, compreendidos aí aqueles dos primeiros cordados, como o gênero Pikaia. Os vertebrados aparecem com os peixes encouraçados ou ostracodermos em sedimentos datando de 510 milhões de anos.

Os organismos eucariontes "unicelulares" mais primitivos, ou protistas, já recorrem a sistemas de sinais químicos de comunicação intercelular como os fatores sexuais do tipo α na levedura, as β-endorfinas na *Tetrahymena* ou o AMP cíclico no *Dictyostelium*, bem como seus receptores. Eles possuem canais iônicos membranários (canais Ca^{++}, K^+...), e propagam potenciais de ação (Ca^{++}). O canal Na^+ sensível a voltagem ainda não está presente: ele só aparece nos animais multicelulares.

Os espongiários ou *diploblásticos* (que se compõem de dois folhetos embrionários e não possuem celoma) são a sede de processos de coordenação multicelular — por exemplo, de contrações rítmicas a cada trinta segundos para as mais rápidas — sem que intervenham autênticas células nervosas ou autênticas células musculares. Max Pavans de Ceccaty destacou a presença de "esboços" de junções de acoplamentos ou de sinapses entre células, as quais, todavia, não chegam a atingir o nível de diferenciação observado nos animais superiores.

Nos cnidários, pólipos e medusas, observam-se neurônios e sinapses bem estruturados. Potenciais de ação autênticos com canal Na^+ sensível a voltagem foram registrados na medusa *Aglantha*, bem como um curioso fenômeno de transmissão sináptica química *bidirecional*. Todas as aminas biógenas, bem como neuropeptídios de tipo FMRF-amidos estão presentes, mas não a acetilcolina. Formas primitivas de transmissão química não sináptica, a distância, chamadas "transmissão por volume" (Fuxe), encontram-se ali com mecanismos de liberação de neurotransmissor "não quântico". Enfim, notou-se que, na medusa *Aglantha*, certos axônios gigantes propagam potenciais de ação Na^+ rápidos para os comportamentos de fuga, ao passo que comportamentos rítmicos de nado lento mobilizam, nos mesmos axônios, potenciais de ação Ca^{++} muito mais lentos. É notável que o sistema nervoso muito primitivo desses celenterados já esteja organizado em torno de uma atividade espontânea endógena que modula a interação com o mundo exterior. Esse princípio funcional muito geral é bem distinto daquele da concepção cibernética "instrutiva" que modeliza o comportamento sob a forma de uma relação entrada-saída.

Nos animais superiores ou *triploblásticos* (que possuem três folhetos embrionários e um celoma), o sistema nervoso segue um plano de organização comum a despeito de diferenças anatômicas importantes. Desde 1826, essa unidade já fora notada por Étienne Serres nos invertebrados, tendo sido estendida aos vertebrados. A principal homologia reside na organização do corpo em segmentos repetidos, ou *metâmeros*, e na fusão de vários deles, previamente, para formar a cabeça e o cérebro. Todavia, nos invertebrados, enquanto os gânglios cerebroides são dorsais, a cadeia nervosa principal é ventral. Nos vertebrados, cérebro e medula espinhal são exclusivamente dorsais. Vários mecanismos foram propostos por Romer para explicar a passagem do sistema nervoso de tipo invertebrado para o de tipo vertebrado: crescimento dorsal da medula espinhal a partir dos gânglios cerebroides; inversão dorsoventral (os vertebrados seriam vermes anelídeos que se deslocam com movimentos do dorso); mudança parcial de polaridade dorsoventral segmentar. Enfim, o sistema nervoso dos invertebrados é composto de gânglios compactos, ao passo que, nos vertebrados, o sistema nervoso é oriundo de um *tubo oco* que possui a vantagem geométrica considerável de poder aumentar por inchaço simplesmente em superfície.

Nos *vertebrados*, a segmentação do sistema nervoso central em neurômeros foi notada desde 1828 por Von Baer. Na maior parte dos vertebrados, o tubo neural do embrião é subdividido em três vesículas — anterior, média e posterior — chamadas prosencéfalo, mesencéfalo e rombencéfalo; o prosencéfalo por sua vez subdivide-se em telencéfalo e diencéfalo. O prosencéfalo recebe as projeções olfativas, o mesencéfalo, as projeções visuais, e o rombencéfalo, aquelas da orelha e da linha lateral. Vaage (1989) distinguiu notadamente no frango dois neurômeros no telencéfalo, seis no diencéfalo, dois no mesencéfalo, dois ístmicos e, por fim, sete a oito no rombencéfalo.

A evolução do cérebro nos vertebrados manifesta-se por um crescimento diferencial de tamanho e complexidade de cada um desses segmentos. Globalmente, o peso do cérebro (Pc) aumenta em relação ao do corpo (Ps) elevado à potência 2/3. De fato, ele é proporcional mais à superfície do que ao peso do corpo. Nessas condições, as diferenças dos pesos encefálicos de espécies de um mesmo grupo biológico, mas de tamanho diferente, recaem todas sobre uma mesma prerrogativa. Pode-se definir assim um "índice de encefalização" $k = Pe/Ps^{2/3}$ correspondente ao peso encefálico da espécie quando seu peso somático é tomado igual à unidade. Desde então, pode-se definir um "índice de progressão" que é a relação do índice de encefalização da espécie considerada com o do insetívoro tomado como unidade de base. Os índices de progressão de prossímios, do orangotango, do chimpanzé e do homem são respectivamente: 3,9; 8,9; 11,3 e 28,8. Uma "encefalização" progressiva certamente tem lugar ao longo da evolução dos vertebrados. Em paralelo, uma "corticalização" ocorre. O córtex mais arcaico, ou paleopálio olfativo, mantém-se dos ciclóstomos aos mamíferos, nos quais dá origem ao lobo piriforme. O córtex antigo, ou arquipálio dorsal, internaliza-se para produzir o hipocampo. O córtex recente, ou neopálio, desenvolve-se de maneira fulgurante dos répteis aos mamíferos superiores, resultando no neocórtex típico de seis camadas superpostas de neurônios.

Duas regras parecem governar a evolução do próprio neocórtex: a passagem de uma organização *transversa* de três camadas para uma organização em seis camadas superpostas; o crescimento *tangencial* de superfície por aumento do número de colunas radiares.

Os dados da patologia humana, em particular aqueles obtidos a partir de déficits congenitais, vêm em apoio dessa proposição. De fato, os "microcérebros" resultam da redução do número de colunas verticais adjacentes, a *microcephalia vera* resulta de uma parada da proliferação transversa, e a síndrome de Zellweger, de uma migração alterada dos neurônios corticais.

Nos *primatas*, o sistema visual desenvolve-se e assegura uma melhor visão binocular, o aparelho olfativo se reduz, a gestação se aperfeiçoa, assegurando uma alimentação eficaz do feto antes do nascimento. O cérebro aumenta de peso com um crescimento de superfície relativa do neocórtex, que se complexifica de sulcos e giros. Certas áreas corticais especializam-se e aumentam a superfície relativa: com as áreas visuais, as áreas temporais e frontais aumentam igualmente a sua superfície. O cerebelo, envolvido no controle visuomotor, se complexifica.

A *hominização* manifesta-se inicialmente pelo desenvolvimento da bipedia. O homem é o único primata vivo francamente bípede. A bacia do homem difere em relação à do chimpanzé pelo ângulo feito pelo ísquio com o osso ilíaco (que permite, particularmente, o desenvolvimento dos músculos traseiros, necessários à posição ereta no homem), bem como pelo alargamento da cavidade pélvica (que assegura a passagem de uma criança de cabeça grande). A bacia do australopiteco é muito semelhante à do homem atual: ele já é um bípede *bona fide*. Portanto, a bipedia precede a expansão do cérebro dos ancestrais diretos do homem. O pé encolhe do chimpanzé para o homem; o torso alonga-se em relação aos dedos, oferecendo um apoio eficaz para a caminhada. O grande artelho não se opõe mais aos outros dedos, ele se alonga e suporta desde então 50% do peso do corpo. A mão permanece primitiva, mas os dedos são mais flexíveis, assim como as articulações do braço. O achatamento dos dedos permite uma melhor sensibilidade tátil. A mão substitui as mandíbulas em seu papel preensor. Estas diminuem de importância, ao passo que a face se reduz, permitindo a descida da laringe, a extensão da faringe e a liberação da língua necessária para a linguagem articulada. A cavidade orbital se fecha, assegurando uma melhor independência de movimento dos olhos. O forame magno desloca-se para baixo e os côndilos occipitais avançam, favorecendo a expansão da caixa craniana.

Ao longo dos cinco últimos milhões de anos, o tamanho do cérebro aumentou ao menos três vezes. Para Jerison, esse crescimento seria estritamente *alométrico*, isto é, em uma relação constante com a massa do corpo. Para Holloway, ao contrário, uma reorganização heterogênea e seletiva do cérebro acompanhou o crescimento relativo de tamanho: haveria evolução *em mosaico*. O índice de progressão do neocórtex passa de dez a sessenta do lêmure ao chimpanzé e sobe até 156 no homem contemporâneo. Contrariamente às ideias de Cajal, nenhum neurônio de um tipo novo é exclusivo do homem. Do chimpanzé ao homem, as áreas sensoriais primárias diminuem de superfície relativa, ao passo que a superfície das áreas de associação aumenta. O *córtex pré-frontal* ocupa 11% do neocórtex no macaco, 17% no chimpanzé e 29% no homem.

Terrence Deacon (1988) tentou encontrar os circuitos de linguagem no símio. Os circuitos que intervêm nas vocalizações do símio dependem de fato do sistema límbico, do diencéfalo e do mesencéfalo. Subcorticais, eles não apresentam homologia evidente com as áreas de linguagem no homem. Ao contrário, a estimulação do ramo inferior do sulco semilunar no símio — homólogo da área de Broca — acarreta a contração das musculaturas facial, oral e laríngea. Igualmente, a área Tpt, homóloga da área de Wernicke, intervém na discriminação entre vocalizações produzidas pelo sujeito e aquelas produzidas por outros indivíduos da

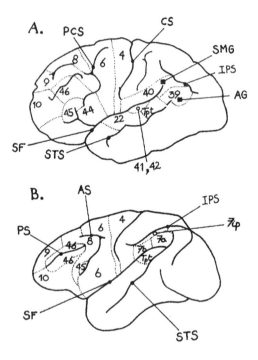

FIGURA 32 – Origens evolutivas das áreas da linguagem do cérebro humano

O cérebro do macaco (B) apresenta áreas homólogas às da linguagem presentes no cérebro humano (A) como a área 45 que faz parte da área de Broca (áreas 44-45) e não é encontrada nos símios primitivos (prosimianos), ou como a área Tpt homóloga da área de Wernicke (áreas Tpt e 22) e que foi descrita nos prosimianos (apud F. Aboitiz, R. Garcia, 1997).

mesma espécie (figura 32). Deacon estabeleceu o mapa das conexões que reúne essas diversas áreas no macaco e mostrou a sua "conservação" do símio ao homem. De acordo com ele, as áreas de linguagem não apareceram *de novo*, mas por "remodelagem quantitativa" e "reorientação funcional", de uma conectividade preexistente. Deacon, por outro lado, comparou o índice de progressão das estruturas laminares (córtex cerebral, hipocampo, cerebelo) dos primatas inferiores ao homem com aquele das estruturas nucleares (estriado, diencéfalo, bulbo) e mostrou que os primeiros crescem muito mais rapidamente que os segundos.

Desde 1836, Étienne Geoffroy Saint-Hilaire já havia notado que o crânio do jovem orangotango se assemelha estranhamente ao de uma criança, ao passo que os crânios adultos são muito diferentes. Em 1926, Louis Bolk propõe considerar o número de caracteres próprios ao homem adulto como caracteres fetais tornados permanentes: "o que é um estágio de transição da ontogênese dos outros primatas tornou-se um estágio terminal no homem". Bolck cita, a título de exemplo, a ortognatia, isto é, a correção do maxilar, a redução da pilosidade, a perda de pigmentação, a forma da orelha, o olho mongólico, a posição do forame magno, o peso elevado do cérebro, a estrutura da mão e do pé, a forma da bacia, a orientação da vagina. Para Stephen Jay Gould, esse é "um atraso geral e temporal do desenvolvimento" que "caracteriza a evolução humana. Esse atraso estabelece uma *matriz* pela qual todas as tendências da morfologia humana devem ser avaliadas". Se a duração de gestação é próxima da dos antropoides, o cérebro, em compensação, continua a crescer em massa e complexidade muito tempo depois do nascimento no homem, contra 11 anos no chimpanzé e sete anos no macaco. A capacidade craniana no nascimento representa 23% da capacidade adulta no homem, contra 40,5% no chimpanzé e 65% no macaco. Em outros termos, o prolongamento do desenvolvimento cerebral, junto a um nascimento antecipado, permite uma interação prolongada com o mundo exterior e, desse modo, uma *mediação neurocultural* mais eficaz.

Os arquivos paleontológicos sobre o cérebro de nossos ancestrais imediatos são muito incompletos. Os driopitecos (19-10 milhões de anos atrás) ou os ramapitecos (14-10 milhões de anos atrás) seriam nossos ancestrais hominoides mais distantes. A divergência com os antropoides atuais teria sido produzida há oito milhões de anos na África. Os chimpanzés teriam persistido no oeste nas florestas tropicais; de acordo com Coppens, os hominoides teriam aparecido no leste, nos altos planaltos de savanas mais secas. Os *australopitecos* estão presentes há 5-3 milhões de anos (capacidade craniana de 400 mililitros); há 2,5-1 milhão de anos, eles coexistem com o *Homo habilis* (~700 mililitros). O *Homo erectus* desenvolve-se entre 1,5 e 0,5 milhão de anos (~800-1.000 mililitros) e deixa lugar progressivamente ao *Homo sapiens neanderthalensis* (~1.600 mililitros), e depois ao *Homo sapiens sapiens* (~1.350 mililitros) a partir de 100 mil anos.

Para Holloway, o cérebro do *Australopithecus afarensis* seria caracterizado por uma redução da área visual 17 e por um crescimento das áreas visuais de "associação" (18, 19) e do lobo parietal inferior visuoespacial (tratamento plurimodal das informações visuais). No *Homo habilis*, o lobo frontal se reorganiza (em particular a área de Broca) e a assimetria cerebral aumenta. Não se sabe se ele falava ou não. O *Homo erectus* caracteriza-se por um crescimento alométrico do tamanho do cérebro, que prossegue no *Homo sapiens* com uma complexificação adicional e um crescimento de assimetria não alométrico.

Utensílios — núcleos, lascas, pedras lascadas — foram encontrados com restos de *Australopithecus gracilis* (3-2 milhões de anos). O *Homo habilis*, por sua vez, utiliza "pedras polidas"; constrói cabanas e participa das atividades cooperativas — caça, colheita, transporte e partilha de alimento, educação das crianças. Ele cria igualmente utensílios secundários. O *Homo erectus* emprega bifaces e vive em acampamentos móveis com divisão do trabalho. Ele domina o fogo entre 1,4 milhão de anos no Quênia e 750000 em Escale, na França; com ele, as culturas se diversificam. Associam-se ao *Homo sapiens* utensílios musterianos talhados muito aperfeiçoados (bifaces, pontas de flecha, talhadeiras, raspadeiras em sílex, osso e marfim). Aparecem as primeiras sepulturas, os primeiros ritos funerários. Uma vida religiosa se desenvolve, talvez associada à antropofagia. Em certos lugares, o *Homo sapiens neanderthalensis* e o

Homo sapiens sapiens partilham culturas idênticas no mesmo momento, separados por alguns quilômetros de distância. Por volta de 35000 a.C. a arte aparece na Europa, mas também na Austrália. Por volta de 10000 a.C. acontece a revolução neolítica com a sedentarização. Nas etapas precoces da hominização, a evolução cultural desenvolve-se em relação com a evolução biológica; nas etapas finais, esse não é mais o caso.

Genética evolutiva da hominização

O *genoma humano*, formado de 46 cromossomos, compõe-se de 3×10^9 pares de bases e de várias dezenas de milhares de genes estruturais dos quais um número muito grande se encontra representado no cérebro. Apenas de 3% a 7% do genoma humano codifica genes estruturais; uma pequena porcentagem interviria em seus elementos reguladores, e o restante ficaria sem função! Entre os genes estruturais, existem numerosas homologias, provenientes provavelmente de duplicações gênicas múltiplas. Entre as famílias de genes que resultam delas, encontram-se os receptores de neurotransmissores, mas igualmente os fatores de transcrição que se exprimem ao longo do desenvolvimento embrionário e contribuem para o "arcabouço regulador" que precede a expressão do fenótipo.

Do *chimpanzé ao homem*, as diferenças *médias* de sequência entre proteínas não ultrapassam 0,8%; entre genomas, fica-se em torno de 1,1% (King e Wilson, 1975). Os cromossomos do homem diferem em relação aos do chimpanzé notadamente por nove inversões pericêntricas, pela fusão dos cromossomos 2p e 2q e por uma deleção no cromossomo 13. Uma maior proximidade é encontrada entre o chimpanzé e o homem. O gorila é igualmente muito próximo, o orangotango, mais distante e o gibão, ainda mais. A distância gênica entre as diversas populações humanas vivas representa entre 1/25 e 1/60 da distância que separa o chimpanzé do homem. Uma vez que o DNA mitocondrial é transmitido de mãe para filha, a análise de amostras tomadas em diferentes populações humanas permitiu a A. C. Wilson construir uma árvore filética na qual todos os ramos levariam a um ancestral comum africano. Essa

"Eva negra" teria vivido há 280 mil-140 mil anos. Seria uma fêmea de *Homo sapiens* ou de *Homo erectus*?

Darwin insistiu sobre a *continuidade* da evolução (*natura non facit saltum*) que ele opõe à descontinuidade dos criacionistas, para os quais o homem apareceu repentinamente por criação divina. Contudo, William Bateson e Hugo de Vries não tardam a introduzir o conceito de mutações discretas do genoma para explicar a origem da diversidade das espécies. Ademais, a própria definição de espécie inclui a noção de descontinuidade. Para Ernst Mayr, uma espécie é definida como uma comunidade reprodutiva (um grupo de populações naturais interfecundas, mas reprodutivamente isoladas de outros grupos semelhantes), uma unidade ecológica (que interage com outras espécies que partilham o mesmo ambiente) e uma unidade genética (formada de um pool gênico intercomunicante). Segundo ele, a segregação em espécies impede uma variabilidade genética, e as espécies são as unidades reais da evolução, cada uma realizando uma "experiência evolutiva" de competência ecológica limitada, mas podendo entrar em competição com outras para um ambiente definido. A segregação de novas espécies seria produzida por isolamento geográfico: o processo de amostragem "ao acaso" de populações pequenas ou diminutas dentro de uma população heterogênea mais ampla seria acompanhado de uma "deriva genética" com "efeito fundador", podendo acarretar, na sequência, mudanças genéticas maciças.

Desde 1944, George G. Simpson nota diferenças de rapidez de evolução consideráveis segundo os grupos e as espécies. Assim, uma espécie atualmente viva de crustáceo, o *Triops cancriformis*, permaneceu o que era há 180 milhões de anos, ao passo que foram necessários apenas três milhões de anos para que o australopiteco se transformasse em Homem. Gould, retomando Simpson, mostra que, em uma mesma linhagem, de "estases" com frequência muito longas, sucedem mudanças muito rápidas ("equilíbrios pontuados"), as quais poderiam muito bem ser explicadas pelo esquema das populações fundadoras de Mayr. As pequenas populações estão sujeitas a mudanças genéticas mais rápidas, e parece plausível que a transição australopiteco—*Homo habilis* corresponda a uma "pontuação", a passagem *Homo habilis—Homo sapiens* parecendo mais "graduada".

Richard Goldschmidt evoca, desde 1920, a ideia de que as mutações de genes agem sobre o desenvolvimento embrionário precoce "realizando em uma única etapa um ponto de partida evolutivo considerável" pela produção de *hopeful monsters*. Em 1929, mutantes de drosófila nos quais um apêndice homólogo aparece em um segmento ao qual ele não pertence — uma pata no lugar de uma antena, por exemplo — são isolados por dois pesquisadores soviéticos. Esses genes são qualificados de "homeóticos", e sua importância potencial na "macroevolução" é sublinhada por Goldschmidt (1940), e depois por Simpson (1944). Sua análise recente bem como a de várias famílias de genes de desenvolvimento (Lewis; Gehring) levaram à formulação de hipóteses originais sobre a sua contribuição na evolução e no desenvolvimento do sistema nervoso nos vertebrados.

A natureza humana *in silico**

Dois artigos publicados nas revistas *Nature* e *Science*, edições de 15 e 16 de fevereiro de 2001, revelaram os primeiros dados de sequenciamento, mesmo que ainda incompletos, do genoma humano. A "natureza humana" encontra-se enfim depositada *in silico* sob a forma de sequências nucleicas. As duas equipes em competição (de 250 a 300 pessoas cada uma) relatam resultados similares, com, no entanto, diferenças substanciais. Esses resultados vêm na esteira de trabalhos anteriores de sequenciamento completo de genomas de organismos unicelulares como o colibacilo ou a levedura (*Saccharomyces cerevisiae*, 1996), e depois multicelulares, como o verme (*Caenorhabditis elegans*, 1998), a mosca (*Drosophila melanogaster*, 2000) e a planta herbácea (*Arabidopsis thaliana*, 2000). Uma análise comparativa desses genomas pôde desde então ser estabelecida.

---

* Curso de 2001.

Como se esperava, nota-se que o tamanho desses genomas cresce com a evolução: de 4,7 milhões de bases (Mb) para *E. coli*, a 13,5 Mb para *S. cerevisiae*, 100 Mb para *Caenorhabiditis*, 165 Mb para *Drosophila* e, enfim, 2.910 Mb para *Homo sapiens*. Nas plantas, o tamanho do genoma é em geral mais elevado e varia de 120 Mb para a pequena crucífera *Arabidopsis* a 2.500 Mb para o milho e mesmo 16 mil Mb para o trigo. Em contrapartida, o número de genes evolui com uma menor amplitude que o número total de bases: de 4.100 para o colibacilo a 6.144 para a levedura, 13.338 para a drosófila, 18.266 para o verme, 25.706 para a *Arabidopsis*, e, por fim, de 20 mil a 39 mil para o homem. O número exato de genes que codificam sequências proteicas no homem ainda é incerto: 32 mil de acordo com o Consórcio Internacional, 39.114 de acordo com Celera (Craig Venter). Os dados recentes sugerem que seria mais baixo ainda, da ordem de 20 mil. Esses valores são claramente inferiores àquele inicialmente sugerido por W. Gilbert e outros biologistas moleculares (da ordem de 100 mil).

A porcentagem de bases ocupadas pelos *genes* varia de 1,1% a 1,4% para os *éxons*, ou sequências codificadoras; de 24,4% a 36,4% para os *íntrons*, sequências não codificadoras intercaladas no corpo do gene estrutural, e de 74,5% a 63,5% para as sequências não codificadoras que separam os genes entre si. Uma fração muito baixa (menos de 1,5%) das sequências do DNA total do genoma humano codifica efetivamente sequências proteicas.

As sequências não codificadoras, as mais abundantes, consistem essencialmente em sequências repetidas (cerca de 50% do genoma). Para os pesquisadores do Consórcio, essas sequências repetidas não são "dejetos", mas uma fonte extraordinária de informações: marcadores passivos da história paleontológica, também são agentes ativos na mudança da forma do genoma. A título de exemplo, no genoma humano existem cerca de 47 genes oriundos de retrotransposição, isto é, de inserções resultantes da transcrição reversa de RNAs em DNAs. Lembremos que duplicações entre cromossomos ou dentro de cromossomos causam doenças genéticas no homem como a adrenoleucodistrofia, ou doença de Charcot-Marie-Tooth. A atividade transpóson, muito eficaz na linhagem humana há 150-80 milhões de anos, cessou há cinquenta milhões de anos; um único transpóson interveio no genoma humano desde a divergência com os chimpanzés e não chegou nem mesmo a ser partilhado por todos os humanos. Se 10% das mutações resultam de transposições no camundongo, esse não é o caso senão de um para seiscentos no homem. As razões do declínio da atividade transpóson no homem não são conhecidas. Isso talvez se deva ao tamanho reduzido das populações ancestrais nas origens da especiação do *Homo sapiens*.

As sequências intercalares intragênicas, ou *íntrons*, constituem a outra categoria importante de sequências não codificadoras do genoma humano. Seu tamanho aumenta ao longo da evolução, dos invertebrados ao homem, ao passo que o dos *éxons* não varia — há talvez um laço com o crescimento do número de genes que apresentam um *splicing* alternativo (22% no verme, mas 35% no homem). O tamanho dos íntrons aumenta nas regiões do genoma pobres em GC; nessas regiões, a distância entre genes aumenta igualmente.

As sequências codificadoras do genoma traduzidas em proteínas constituem o "proteoma" humano, das quais foram identificadas com certeza apenas 60% (em 2001). As funções dos 26.383 genes conhecidos são notadamente a ligação com os ácidos nucleicos (13,5%), a transdução do sinal (12,2%, dos quais 5% de receptores) e as enzimas (10,2%).

Entre as últimas proteínas, é preciso ainda distinguir:

As *"proteínas de manutenção"* (*housekeeping proteins*). Esses homólogos — ortólogos — de proteínas presentes nos genomas da mosca (61%), do verme (43%) e da levedura (46%) formam o "coração do proteoma" humano, que é composto de 1.523 proteínas comuns ao homem e aos invertebrados. Como o seu nome indica, essas proteínas intervêm nas funções de base da vida celular como a divisão celular, a síntese das proteínas ou a glicólise.

As *"proteínas de multicelularidade"*. Essas proteínas distinguem o genoma de um organismo multicelular (o verme *Caenorhabditis*) do genoma de um organismo unicelular (a levedura). Elas compreendem domínios proteicos novos e domínios existentes, cuja expansão é considerável e que contribuem para o agrupamento das células do organismo. Contam-se entre elas as proteínas que intervêm na: *"transdução de sinais inter-* e *intra*celulares (EGF, catenina, fosfotirosinas); a *adesão intercelular* (fibronectina); a *morte celular* (caspases); os *fatores de transcrição* (receptores de hormônios, proteínas homeóticas...); as *interações proteína-proteína*. A distribuição dos genes de multicelularidade sobre os cromossomos revela, no verme *Caenorhabditis*, uma distribuição privilegiada dos genes mais recentes mais nos braços do que no centro dos

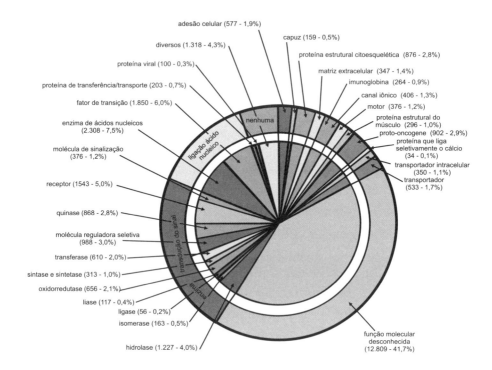

FIGURA 33A – Genoma humano

Distribuição das funções moleculares das proteínas preditas a partir da sequência completa do genoma humano. Nota-se a importância das proteínas envolvidas na transdução dos sinais como os receptores, as proteínas se ligando aos ácidos nucleicos e diversas enzimas (apud Venter et al., 2001).

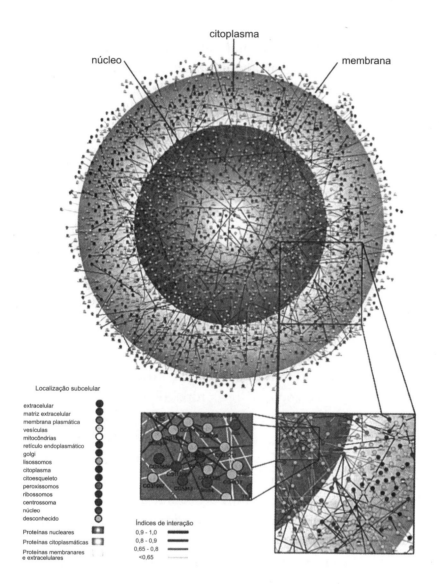

FIGURA 33B – Proteoma da drosófila

Visão global do mapa das associações possíveis entre proteínas codificadas pelo genoma da drosófila e sua distribuição no núcleo, no citoplasma e na membrana celular. A combinatória entre produtos da ação dos genes é considerável (apud Giot et al., 2003).

cromossomos. Trata-se ali de um argumento em favor da teoria da adição terminal de Haeckel? Fenômeno notável: muitos genes responsáveis por doenças neurológicas no homem (esclerose lateral amiotrófica, surdez hereditária, anencefalia, X frágil...) são ortólogos de genes existentes na drosófila, no verme e mesmo na levedura.

As proteínas próprias dos vertebrados e dos homens. Dos invertebrados ao homem desenvolvem-se proteínas implicadas, em particular, na defesa e na imunidade, na transcrição e no citoesqueleto. Somente 7% das famílias de genes são próprias dos vertebrados e do homem, ou seja 94 famílias, das quais 23 especializadas na defesa e na imunidade e 17 próprias do sistema nervoso. As novas arquiteturas proteicas são, de fato, constituídas por reclassificação, adição, deleção de domínios proteicos antigos. Houve evolução por "acreção de domínios" com fusão nas extremidades dos domínios existentes. Genes presentes nos invertebrados multiplicaram-se com desvio de funções: por exemplo, os domínios das imunoglobulinas presentes como proteína de superfície nos invertebrados foram reorientados para a produção de anticorpos nos vertebrados. Certas famílias muito ricas em genes, como os receptores olfativos (906 receptores e pseudogenes), perderam maciçamente a sua função ao longo dos recentes dez milhões de anos na linhagem humana. Inversamente, certos fatores de transcrição multiplicaram-se da mosca ao homem (de noventa a 220 homeogenes): novos domínios apareceram como as sequências KRAB/SCAN, suscetíveis de intervir no agrupamento de fatores de transcrição em oligômeros que formam redes de transcrição.

O *"proteoma do homem neuronal"*. O crescimento de complexidade do sistema nervoso central ao longo da evolução é acompanhado de mudanças significativas do genoma.

O número de genes codificadores da propagação e da transmissão da *atividade nervosa* aumenta: 11 genes codificam o canal Na^+ contra zero no verme e quatro na mosca; o número de genes de receptores de neuromediadores de sete hélices transmembrana aumenta de 146 (mosca) e 284 (verme) para 616 no homem; os genes da mielina (10), das conexinas (14), dos opiáceos (3), do CGRP (3) estão presentes exclusivamente no homem e nos vertebrados.

Os genes do *citoesqueleto* desenvolvem-se de maneira explosiva do verme e da mosca ao homem (actina de 12-15 a 61; anexina de 4-4 a 16; espectrina de 10-13 a 31).

Os genes que intervêm no *desenvolvimento das conexões sinápticas* também proliferam: os genes do fator de crescimento dos nervos NGF (3) e das neurorregulinas (4) só existem no homem; os genes do fator de crescimento dos fibroblastos FGF passam de 1-1 (verme-mosca) a 33 no homem, os das efrinas, de 4-2 a 7, e os de seus receptores de 1-2 a 12. Os genes das caderinas passam de 16-14 a cem, das semaforinas, de 2-6 a 22 no homem.

Enfim, os fatores de transcrição implicados na *morfogênese* aumentam de forma espetacular — por exemplo, o número das proteínas CZH2 de dedo de zinco cresce de 234 (mosca) a 4.500 (homem). As proteínas da morte celular, ou apoptose, como as caspases, ausentes na levedura ou representadas por dois ou nenhum exemplar nos vermes e na mosca, são em número de 16 no homem.

O desenvolvimento do proteoma associado ao desenvolvimento do sistema nervoso corresponde principalmente a uma complexificação da rede conexional. Não obstante, o balanço dos trabalhos de decifração do genoma humano destaca, de um lado, o pequeno número de genes estruturais presentes no genoma humano (*parcimônia*) e, de outro lado, o pequeno número de mudanças gênicas responsáveis pelo enorme crescimento de complexidade do sistema nervoso central (*não linearidade*). Pode-se compreender assim esse paradoxo aparente: se definimos, com Jean-Michel Claverie, a complexidade de um organismo como o número teórico de estados possíveis de seu transcriptoma e se existem apenas dois estados distintos possíveis ON/OFF de cada gene, então N genes codificam 2^N estados. Nessas condições, a complexidade da espécie humana comparada com a do nematode é da ordem de 2^{30000} a 2^{20000}, ou seja, cerca de 10^{3000}, número muito elevado, bem superior ao número total de partículas no universo. Portanto, nao existe limite teórico sério ao número de possibilidades combinatórias. Isso é ainda mais verdadeiro quando se levanta a hipótese de que os estados de expressão gênica são antes graduados que tudo ou nada. O problema que se coloca é antes o inverso: como controlar uma explosão combinatória tão maciça e engendrar, de maneira reprodutível, um organismo suficientemente robusto para resistir à seleção natural?

CAPÍTULO 2 O desenvolvimento da forma do cérebro

Pré-formação ou epigênese?

Desde o século V antes da nossa era, a física milesiana interessa-se pela medida, como, por exemplo, a distância de um barco ou a altura de uma pirâmide (Tales). Ela traça os primeiros mapas geográficos (Anaximandro) e sugere os primeiros modelos concretos de fenômenos naturais até então considerados misteriosos (tempestades, tremores de terra...). Dessa época datam as primeiras definições matemáticas de formas e os primeiros cálculos sobre essas formas. Em seguida, os atomistas (Empédocles, Demócrito) propõem que as formas sejam engendradas por "agrupamento" e "separação" de átomos e que a percepção dessas formas faça intervir imagens ou "simulacros que conservam por muito tempo a ordem e a posição dos átomos do objeto".

Pitágoras e os pitagóricos adotam um percurso oposto ao do positivismo da escola de Tales de Mileto e misturam deliberadamente ciência dos números e esoterismo. Para eles, os números são "o princípio, a raiz, a fonte de toda coisa", e o mundo é produzido por eles. Nessa ocasião, a aritmética se individualiza em ciência autônoma e aparecem as primeiras demonstrações matemáticas. Platão segue o percurso dos pitagóricos e propõe de maneira radical que as ideias, ou formas, se separam das coisas sensíveis, ou substâncias concretas, nas quais elas residem. Elas fazem parte de um mundo à parte e exprimem as verdades eternas, "transcendentes", da geometria. Para ele, a organização do mundo resulta de uma *matemática divina* e realiza-se em conformidade com essas medidas segundo proporções exatas. A mente humana que contemplou as divinas Ideias as reencontra nela mesma à ocasião da experiência sensível: ela "as relembra". As teses platônicas vão reflorescer no século XVII com Descartes e Malebranche e ainda seduzirão muitas mentes, mesmo em nossos dias.

Nesse ínterim, Aristóteles terá rejeitado deliberadamente o pertencimento das ideias a um mundo separado e incitado ao retorno à observação. De acordo com ele, os corpos elementares são compostos de matéria primeira e de sua forma distintiva; esta é identificável por operações *lógicas*, raciocínios que não têm mais nada de metafísico. Se a forma determina a matéria, ela própria é determinada pela função em vista da realização de um fim que assegura a conservação do ser, o seu crescimento e seu florescimento. A "entelequia", ou estado final acabado, marca os limites da realização possível. O finalismo de Aristóteles apoia-se assim em uma cadeia causal cuja direção é oposta à dos atomistas: "o todo determina as partes" e não o inverso. A despeito disso, o método de Aristóteles terá consequências positivas sobre a evolução dos conhecimentos, incitando a uma exploração sistemática das formas naturais e de seu desenvolvimento. A tese das causas finais será vivamente contestada. Diderot e, depois, Darwin e seus sucessores vão contrapor-se a ela com vigor e a substituirão pela dupla variação-seleção. A cadeia causal retomará a dos atomistas: matéria-forma-função com, ademais, um anel de retroação da função sobre a determinação hereditária da matéria como forma constituída por regras de estabilização ou seleção (ver Parte I).

Ao longo do século XVII, as primeiras observações sistemáticas do desenvolvimento embrionário têm lugar e são acompanhadas de um debate sobre a origem da forma. Os defensores da *pré-formação*, inspirados pelas teses platônicas, pensam que "tudo se forma *ao mesmo tempo* no embrião; todos os membros se separam no mesmo momento, pois crescem de maneira que nenhum vem antes ou depois do outro, mas aqueles que são naturalmente maiores aparecem antes dos menores, sem terem sido formados antes..." (Hipócrates). O desenvolvimento é apenas uma expansão de formas preexistentes. A tese oposta, chamada de *epigênese*, postula, ao contrário, uma complexificação progressiva do embrião. Lembremos que, para Aristóteles, a semente do macho traz a "forma", o sangue menstrual da fêmea, a "matéria", e depois entram sucessivamente no embrião as almas "vegetativa", "sensitiva" e "racional". William Harvey, em sua obra sobre a "geração dos animais" (1651), retoma o ponto de vista de Aristóteles sobre a epigênese. Baseando-se em uma descrição fiel dos estágios de desenvolvimento do embrião de frango, ele estima que "os animais perfeitos que têm o sangue... são feitos por *epigênese*, por pós-geração e após-produção, isto é, por graus, parte após parte". Marcello Malpighi opõe-se a essa concepção e, a despeito de observações microscópicas originais, adota uma atitude francamente pré-formacionista. Para ele, o desenvolvimento é apenas um desdobramento daquilo que já existe no ovo. Em *A busca da verdade*, Malebranche, por sua vez, escreve: "Vemos no germe de um ovo fresco que um frango inteiramente formado não foi incubado." A descoberta da borboleta encerrada em seu casulo antes da eclosão por Swammerdam, e depois dos espermatozoides no esperma por Van Leuwenhoek, parece dar razão aos pré-formacionistas (ovistas ou animaculistas) cuja expressão mais extrema se encontra em Charles Bonnet (1720-1793), para quem as formas animais ou "organizações" são criações divinas e conservam-se de geração em geração por "encadeamentos" sucessivos.

O aperfeiçoamento dos métodos de estudos do embrião (microscopia de cortes finos) e o início da embriologia experimental acarretam um deslocamento do debate. Caspar Friedrich Wolff (1759) descreve o aparecimento das primeiras ilhotas sanguíneas, a formação do intestino por delaminação e a dobradura da placa neural em tubo fechado. Desse modo, ele reatualiza a epigênese. Albrecht von Haller (1708-1777) lhe replica que não é preciso confundir invisível e inexistente: "potencialidades" podem existir no ovo ou no embrião *antes* de sua manifestação. Haller introduz o conceito, retomado em seguida por Willhelm His (1874), de que o ovo é um *mosaico de esboços* localizados e pré-formados que não são "marcados morfologicamente e, portanto, não são diretamente reconhecíveis". De modo oposto, Edouard Pflüger defende a ideia de que o ovo é isótropo e equivalente em todas as suas partes. Em apoio à teoria do mosaico, Laurent Chabry, com o ovo de ascídia, e Wilhelm Roux, com o ovo de rã (1887), mostram que a destruição de um ou vários blastômeros nos estágios precoces do desenvolvimento embrionário acarreta a formação de embriões ou de larvas incompletas com déficits que correspondem às células destruídas. Hans Driesch (1891) descobre, por sua vez, sobre o ovo de ouriço-do-mar, que após a separação dos blastômeros nos estágios dois, quatro e mesmo oito pode-se obter, a partir de cada blastômero, larvas *pluteus*, anãs mas normalmente formadas. No ouriço-do-mar, os primeiros blastômeros são "totipotentes": uma "regulação" intervém, reconstituindo o "todo" a partir de um fragmento — Driesch o atribui a uma "entelequia" tomada emprestada diretamente de Aristóteles... Na verdade, o caráter em mosaico ou de regulação do ovo varia de uma espécie a outra, e corresponde ao estabelecimento, mais ou menos precoce, de territórios "determinados" de seu citoplasma. A discussão desloca-se desde então para o terreno da transmissão progressiva de seus determinantes gênicos, ao longo tanto do desenvolvimento do ovo quanto daquele do embrião. Existe uma "predeterminação" do DNA do ovo fecundado e — mas em parte somente, e de uma maneira variável de uma espécie a outra — dos territórios do citoplasma do ovo. As capacidades de "regulação" epigenética existem igualmente e testemunham possibilidades de *interações* entre as partes que *cooperam* para o desenvolvimento da forma global.

Fato histórico notável, um debate semelhante entre elementos e totalidade desenvolve-se no mesmo momento em uma disciplina completamente diferente: a psicologia da percepção. Os associacionistas, com Helmholtz e Pavlov, fundam os processos de percepção sobre a *análise* em elementos (sensações, imagens, lembranças...) e sobre a *associação* por continuidade no tempo e reforço por repetição, ao passo que os psicólogos da *Gestalt*, com Ehrenfels (1890), rejeitam "o atomismo mental". De acordo com esses últimos, os "dados imediatos" da percepção permitem apreender formas globais (*Gestaltqualitäten*) — melodias ou figuras — que não são simplesmente a soma de suas partes, mas são percebidas como inteiramente transponíveis, fazendo entretanto o objeto de uma regulação interior. Para os psicólogos da Gestalt, as formas não têm nada de comum com as Ideias platônicas. Ao contrário, trata-se de unidades orgânicas e um *isomorfismo* existe entre formas psicológicas e formas fisiológicas: "*Was innen ist, ist aussen*", diz Goethe ("o que está no interior está no exterior"). É nos fatos físicos cerebrais que é preciso buscar a noção de forma. O reconhecimento entre forma exterior e forma interior "inata" resulta assim de um *acordo estrutural*. Trata-se, desde então, de compreender como esse acordo é realizado e, em particular, como ele se desenvolve.

O debate inaugurado pelos filósofos gregos sobre a noção de forma permanece aberto. O físico D'Arcy Thompson, por exemplo, em sua obra *On growth and form* [Sobre crescimento e forma] (1917), rejeita o darwinismo e suas variações aleatórias em favor de uma determinação matemática do crescimento, inspirada em Pitágoras e Platão — como o farão alguns matemáticos como René Thom. Do mesmo modo, a noção de "programa genético", frequentemente empregada pelos biologistas moleculares na ausência de dados concretos, possui uma virtude explicativa que não deixa de lembrar a Ideia platônica. Enfim, muitos biologistas, se não se referem explicitamente às causas finais de Aristóteles, fazem uso cotidiano delas, em geral sob forma metafórica, em suas discussões de laboratório.

Genética da forma do corpo: o exemplo da drosófila

Cabe ao biologista identificar os mecanismos moleculares envolvidos na determinação do plano de organização do corpo. Várias famílias de genes delimitam, na drosófila, esse plano, bem como aquele do sistema nervoso. Muitos deles fazem parte desses genes qualificados por Goldschmidt de "homeóticos" e que foram etiquetados por Gehring com a ajuda de uma sequência particular de sessenta ácidos aminados chamada "homeobox".

Assim, o eixo anteroposterior do corpo está sob o controle de genes de efeito maternal de tipo *bicoide* (parte anterior) ou *oskar* (parte posterior) que codificam proteínas de homeobox.

As subdivisões primárias do embrião em cabeça, tórax e abdômen são determinadas por genes zigóticos de tipo *gap* (*hunchback, krüppel, knirps*) cuja mutação acarreta a eliminação de certas partes do corpo e que codificam proteínas de dedos de zinco.

As subdivisões periódicas do embrião chamadas metâmeros, e a polaridade desses segmentos está sob o comando de genes de "regra par" (*runt, hairy, fushi-tarazu...*) e de "polaridade" (*engrailed, wingless...*).

A identidade de cada tipo de segmento cefálico, torácico, abdominal... é especificada por genes homeóticos propriamente ditos (*antennapedia, bithorax*).

O eixo dorsoventral, enfim, é determinado por genes de efeito maternal (*snake, dorsal, toll...*), entre muitos outros.

O próprio sistema nervoso central deriva de células do ectoderma ventral que estão sob o controle de genes de polaridade dorsoventral (*single minded*) ou de genes neurogênicos (*notch*) que limitam a entrada de células ectodérmicas na linhagem neuronal. Os genes que se exprimem mais precocemente são em geral fatores de transcrição, ao passo que os mais tardios codificam proteínas receptoras, proteínas G e proteínas membranárias envolvidas na sinalização intercelular. Genes precoces expressam-se novamente, "redistribuem-se", no sistema nervoso em estados mais tardios — é o caso, por exemplo, de *fushi-tarazu*.

A ideia de uma conservação do plano de organização do corpo e do sistema nervoso dos invertebrados aos vertebrados encontra-se concretizada pela identificação, nos vertebrados, de genes de desenvolvimento, homólogos aos da drosófila. Uma sequência de homeodomínio serviu assim para identificar no camundongo, e depois no homem, uma família de quatro grupos de genes Hox (homólogos de *antennapedia* da drosófila). Outras famílias homólogas de genes *engrailed, even skipped, caudal, paired* da drosófila foram isoladas no camundongo. Muitos desses genes, nos camundongos, expressam-se no sistema nervoso central de maneira segmentar como Hox 2.1, 2.6, 2.7, 2.8, Hox 2.9, Int2, Krox 20. A inativação por recombinação homóloga do gene Hox 1.5 acarreta um déficit segmentar restrito no nível da tireoide; a do gene Int1, homólogo do *wingless* da drosófila, provoca um déficit do mesencéfalo e do cerebelo. Portanto, há margem para pensar que genes dessa natureza determinam o desenvolvimento do sistema nervoso central tanto nos invertebrados quanto nos vertebrados (figura 34).

Enfim, esses genes podem estar sujeitos a mutações chamadas heterocrônicas, que acarretam diferenças em sua expressão temporal ou na expressão dos genes que eles controlam. Vários foram assim identificados no nematoide *Caenorhabditis*: elas acarretam seja uma aceleração, seja um atraso do desenvolvimento avaliado pelo número de divisões celulares. A diferença entre o *Amblystoma mexicanum* (neotênico em forma larvar aquática) e o *Amblystoma tigrinum* (salamandra terrestre), por exemplo, deve-se à mutação de um gene de controle que provavelmente participa na estimulação hipotalâmica ou hipofisária.

Um modelo genético plausível de desenvolvimento evolutivo dos vertebrados pode portanto ser proposto sobre essa base* e ser colocado

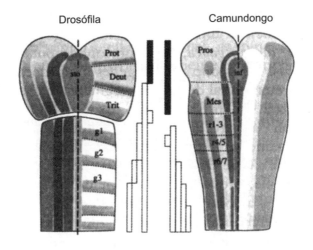

FIGURA 34 – Analogia do desenvolvimento do sistema nervoso na drosófila e no camundongo

Expressão comparada de diversos genes de desenvolvimento na drosófila (Drosophila) e no camundongo (Mus) no mesmo estágio de desenvolvimento do tubo neural, aberto aqui sob a forma de placa neural. Nota-se a grande similitude existente no plano de expressão desses genes (diversos tons de cinza) em um inseto e em um vertebrado (apud D. Arendt e K. Nübler-Jung, 1999).

---

* Curso de 1991.

sob o controle (1) de *genes de polaridade dorsoventral* (tipo *Toll*), cuja atividade diferencial com os segmentos do corpo governa a organização seja dorsal (vertebrados), seja ventral (invertebrados) do sistema nervoso; (2) de *genes que determinam a formação* seja de um tubo oco (vertebrados), seja de uma cadeia ganglionar sólida (invertebrados); (3) de *genes de segmentação e/ou homeóticos,* cuja atividade acarreta uma parcelização e uma expansão diferencial das áreas corticais (proliferações celulares transversas e tangenciais). O cérebro anterior ou telencéfalo (que compreende os segmentos ou neurômeros pr1 e pr2 no frango) poderia, de fato, reunir ao menos cinco neurômeros nos mamíferos coincidindo com os esboços do córtex cerebral qualificados de paleo-, arqui- e neopálio (occipital, parietotemporal e frontal). Os genes que determinam a organização desses três últimos neurômeros poderiam intervir de maneira privilegiada na evolução do cérebro do australopiteco ao homem.

Alcance dos resultados obtidos com a drosófila

O fato de que existem importantes homologias entre a drosófila e os vertebrados no nível gênico não significa que os elementos genéticos homólogos se expressam exatamente da mesma maneira ao longo do desenvolvimento nesses diferentes grupos de animais.

Na drosófila, as coordenadas espaciais do embrião são determinadas *antes* da fecundação devido à expressão de genes de tipo *dicephalic* ou *toll* ao longo da ovogênese. As duas rupturas de simetria implicados devem ser buscadas nas relações topológicas do ovócito com as células alimentadoras. Nesse aspecto, o ovo da drosófila é predeterminado e "em mosaico". O caso do ovo de anfíbio (xenopo) é diferente. Certamente, ele é posto com uma polaridade anteroposterior marcada por um polo animal pigmentado que corresponde ao ponto de ligação sobre o ovário, mas não possui polaridade dorsoventral. Esta é determinada pelo ponto de penetração do espermatozoide, que, nas condições normais de gravidade, marca a face ventral e, por seu meridiano, o plano de simetria bilateral. A primeira ruptura de simetria resulta da ligação do ovócito ao ovário; a segunda, da entrada do espermatozoide (Ancel e Wittenberger; Gerhart).

O ovo dos mamíferos representa uma situação mais extrema. O ovo parece totalmente isótropo *depois* da fecundação até o estágio oito. A passagem do estágio oito ao estágio 16 é acompanhada da distinção de dois tipos celulares: as células externas formam o *trofectoderma*; as células internas, o embrião propriamente dito. Uma primeira ruptura de simetria aparece no estágio 32, quando a massa celular interna é separada de uma parte do *trofectoderma* e forma o blastocelo. O ponto de ligação da massa celular interna sobre o *trofectoderma* define a polaridade dorsoventral do embrião. O aparecimento da polaridade anteroposterior acontece em seguida. Smith (1985) estudou a orientação das coordenadas espaciais do embrião implantado de quatro dias e meio em relação àquelas do útero no camundongo. De acordo com ele, essa orientação é estatisticamente *fixa*. Smith propõe que o ambiente do embrião no útero (tecidual, hormonal...) determina as suas coordenadas espaciais. Certamente, a hipótese ainda precisa ser verificada.

Seja como for, os momentos críticos nos quais as duas rupturas de simetria fundamentais que determinam as coordenadas espaciais do embrião são produzidas diferem, portanto, de um grupo zoológico ao outro. Eles intervêm ao longo da ovogênese na drosófila, ao fim da ovogênese e no momento da fecundação no xenopo e após a fecundação no camundongo. Não obstante, não se exclui que determinantes gênicos homólogos entrem em jogo e que as diferenças de espécies apareçam à altura do processo de distribuição ou de redistribuição de seu produto citoplásmico. Uma maneira de pôr à prova essa hipótese seria buscar os homólogos de *dicephalic, toll, dorsal...* nos vertebrados.

Em última instância, ocorre que o desenvolvimento de ovo a ovo apareça como um desdobramento, no tempo e no espaço, de um "fluxo" de interações gênicas cuja rede dinâmica inclui convergências e divergências de sinais reguladores bem como reemprego de determinantes gênicos. Há, ao mesmo tempo, epigênese por expressão diferencial de genes e pré-formação por codificação estável da informação genética no nível do DNA e de certos produtos gênicos no nível do citoplasma. Portanto, não há mais motivo para recorrer às "Ideias platônicas" a fim de interpretar o desenvolvimento e a propagação das Formas animais.

Turing e a evolução do cérebro

As pesquisas teóricas e experimentais no domínio da epigênese embrionária baseiam-se, na maior parte, explicitamente ou não, na teoria de Turing, exposta em 1952 em seu artigo "The chemical basis of morphogenesis" [As bases químicas da morfogênese]. De acordo com Turing, um "sistema de substâncias químicas chamadas morfogenes reagindo conjuntamente e espalhando-se através do tecido explica adequadamente o fenômeno principal de morfogênese". Todavia, é preciso que interações entre reações químicas ocorram com autocatálise, retroação, trocas cruzadas, e que venham a dar lugar a processos não lineares com *ruptura de simetria*. O desenvolvimento embrionário resultaria então da ativação (ou inativação) diferencial, progressiva e concertada, no espaço e no tempo, dos quase 20 mil genes do genoma humano. A *rede de comunicação intergênica* com autocatálise local e inibição de longa distância (Meinhardt e Gierer, 1974) introduziria as condições de não linearidade requeridas para produzir as rupturas de simetria. A hipótese parece plausível, uma vez que tais processos de difusões foram notados ao longo das primeiras etapas do desenvolvimento da drosófila (Nusslein-Volhard), e também, diretamente (Prochiantz) ou indiretamente, com relés de sinalização no plano membranário, nos vertebrados (Kerszberg e Changeux).

A biologia molecular nos ensina que tal rede pode ser construída nos fatores de transcrição. Essas proteínas reguladoras se fixam a sequências gênicas especializadas na regulação, ou *promotoras*, inicialmente identificadas por Jacob e Monod (1961) e localizadas, em geral, a montante da parte codificadora dos genes estruturais. A hipótese (Kerszberg e Changeux, 1994) é a de que a rede se constrói por interação entre fatores de transcrição difusíveis que se reuniriam em vários tipos de *oligômeros* lidos de maneira diferencial pelas sequências promotoras (figura 35a).

O DESENVOLVIMENTO DA FORMA DO CÉREBRO

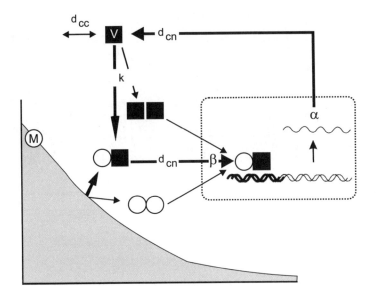

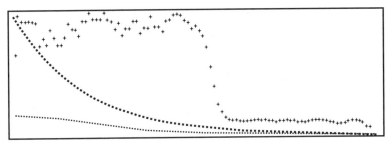

Figura 35A – O modelo de morfogênese associado a um gradiente de morfogene difusível

Esse modelo visa explicar um processo de morfogênese com base na "leitura" de um gradiente contínuo de uma substância difusível ou morfogene M (círculos). O mecanismo de leitura sugerido por Kerszberg e Changeux (1994) baseia-se na ideia de que o morfogene é um fator de transcrição suscetível de se associar sob forma de hetero-oligômero alostérico a um outro fator de transcrição V ou vernier (quadrados negros) sintetizado pelo embrião. Ele forma um anel autocatalítico na regulação da expressão do gene V e desse modo faz uma fronteira abrupta de expressão gênica posicionando essa fronteira ao longo do gradiente (embaixo) (apud Kerszberg e Changeux, 1994).

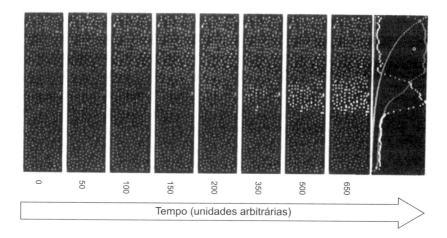

FIGURA 35B – Simulação da evolução no tempo da expressão de genes suscetíveis de formar fronteiras e faixas de formas variadas

Essa evolução no tempo ao longo do desenvolvimento embrionário também pode servir de modelo de evolução biológica do cérebro; por exemplo, da expansão do córtex frontal no cérebro dos mamíferos (apud Kerszberg e Changeux, 1994).

O exemplo mais simples, já apresentado em O *homem neuronal*, é o da junção neuromuscular onde se forma uma fronteira de expressão gênica "virtual" que envolve os núcleos subneurais. A "comunicação gênica" postulada envolve entre tantas outras um fator de transcrição de tipo Myo D, que regula sua própria transcrição no "promotor" do gene que o codifica. Um exemplo mais complexo é a leitura de um gradiente morfogenético que posiciona uma faixa de expressão gênica ao longo do desenvolvimento do embrião.

Seguindo esse modelo, *um fator morfogenético difusível ou morfogene* de origem maternal une-se, sob a forma de um "hetero-oligômero", a um *fator de transcrição* de origem embrionária ou zigótica. Formar-se-ia assim um tipo de "sinapse molecular" entre um produto de genes expresso inicialmente no ovo e um outro expresso pelo embrião em desenvolvimento. A *atividade do hetero-oligômero* sobre a transcrição do fator zigótico difere daquela dos homo-oligômeros resultante da polimerização de um ou outro desses componentes. A simulação do modelo *in silico* prevê o posicionamento de uma faixa ao longo do eixo anteroposterior do embrião e seu deslocamento em função de mudanças menores, por exemplo do gradiente de morfogene difusível (figura 35b).

Em um trabalho ulterior (Kerszberg e Changeux, 1998), foi proposto um modelo de formação da placa neural pelo jogo de interações entre fatores de transcrição e pelo controle gênico da adesão intercelular e dos movimentos celulares, conduzindo seja à invaginação de um *tubo*, seja à delaminação dos neuroblastos e sua compactação sob a forma de uma *cadeia ganglionar*.

Esses diferentes modelos poderiam por fim explicar dois aspectos importantes da evolução do sistema nervoso central: de um lado, a formação seja de um tubo oco (vertebrados), seja de uma cadeia ganglionar (invertebrados); de outro lado, a expansão diferencial e a parcelização do córtex cerebral nos mamíferos.

Os dados de Barton e Harvey (2000) sobre a comparação do volume do córtex nos insetívoros e nos primatas primitivos (strepsirrinos e haplorrinos) são explicados com base em uma evolução em mosaico com correlação entre estruturas religadas funcionalmente entre si. Essa explicação vale para a expansão diferencial do córtex pré-frontal: do gato (3,5%) ao macaco (11,5%), ao chimpanzé (17%), e depois ao homem (29%), bem como para a diferenciação das áreas da linguagem: reorganização do córtex parietal superior, crescimento do lobo frontal no *Homo habilis* e reforço da assimetria hemisférica no *Homo erectus*. Esses modelos, que permanecem ainda muito hipotéticos, mereceriam, a meu ver, mais interesse do que suscitam nos biologistas moleculares de hoje.

Crítica da noção de programa genético

Se continua difícil resolver atualmente o paradoxo evolutivo da não linearidade entre complexidade genética e complexidade cerebral, pode-se fazer notar que ele se apoia na comparação do genoma do ovo fecundado e da organização do cérebro adulto. Entretanto, é claro que a complexidade do sistema nervoso não pode ser compreendida simplesmente pelo exame do adulto: ela se constrói progressivamente ao longo do desenvolvimento embrionário e pós-natal.

Sydney Brenner, entre outros biologistas moleculares, propôs que um tal processo de desenvolvimento fosse determinado por um "programa genético" presente no ovo fecundado. Essa noção foi questionada, a justo título, por Gunther Stent. O conceito de um programa unitário evidentemente é oriundo da cibernética, cujos modelos se aplicam corretamente à célula bacteriana, mas, quando se passa da bactéria ao homem, não se pode escrever simplesmente que "a complicação de organização corresponde a um alongamento do programa" (F. Jacob). Não somente o DNA possui uma estrutura linear, porquanto o desenvolvimento se efetua nas três dimensões de espaço, mas o termo programa subentende centro de comando único. Ora, este existe materialmente sob essa forma apenas no ovo fecundado: ele se "deslocaliza" desde as primeiras etapas do desenvolvimento embrionário.

Nesse estágio, torna-se útil substituir o esquema organismo-"máquina cibernética" por aquele de organismo-"sistema" (Bertallanffy). O "sistema", conjunto de elementos em interação entre si (e com o ambiente), será definido pela enumeração dos elementos que o compõem, pela descrição de seus estados e das transições entre esses estados, pelas relações entre elementos e suas regras de interação. A noção abstrata de programa-faixa magnética encontra-se assim substituída pela descrição exaustiva de um conjunto de processos espaço-temporais. Passando do vocabulário teórico ao vocabulário observacional, o elemento torna-se a célula embrionária (de número, posição e estágio variáveis em função do tempo), as regras de interação, as trocas recíprocas de sinais entre células (ainda muito mal conhecidas), o estado, o repertório de genes "abertos" ou "fechados".

O abandono do conceito de "programa genético" incita a uma observação da realidade, ao mesmo tempo a mais precisa e a mais completa, que coloque o acento sobre a contribuição das interações entre células no desenvolvimento do organismo e no estabelecimento da complexidade do adulto.

Em tal contexto, a expressão "determinismo genético", se for conservada, cobre processos muito diferentes quando se trata da estrutura primária de uma proteína ou de "faculdades" muito integradas como aquelas da linguagem humana (Chomsky). No primeiro caso, existe uma relação unívoca e inequívoca entre a sequência das bases do gene estrutural e a sequência dos ácidos aminados da proteína. No segundo, relaciona-se a uma função cerebral que emprega conjuntos celulares consideráveis cuja disposição foi construída progressivamente ao longo do tempo e não necessariamente de maneira sincrônica: não é mais possível então fazer corresponder um gene a uma função.

A compreensão do determinismo das funções muito integradas como a linguagem passa portanto, em princípio, por aquela das comunicações estabelecidas *entre* células embrionárias, e depois nervosas, ao longo do desenvolvimento. A tarefa talvez não seja tão irrealista quanto parece. De fato, as próprias comunicações entre células poderiam ser determinadas por um pequeno número de genes especializados, e a entrada em ação de alguns desses genes de "comunicação" em etapas críticas do desenvolvimento seria acompanhada de efeitos maiores sobre a organização do sistema. A "simplicidade de uma adição seria traduzida pela complexidade de uma integração" (modificado segundo F. Jacob). O paradoxo da complexificação do cérebro, com base em uma mudança relativamente restrita do número de genes ao longo da evolução da espécie humana, torna-se então plausível se os produtos desses genes intervêm, ao longo do desenvolvimento cerebral, em processos "integrados" de comunicações.

CAPÍTULO 3 A variação do cérebro*

Mecanismos genéticos da variação do sistema nervoso

Em *An introduction to genetics* [Introdução à genética] (1939), Sturtevant e Beadle definiram a genética como "a ciência da hereditariedade e da variação". O exame da *variabilidade* da organização funcional do sistema nervoso faz parte portanto da análise dos mecanismos genéticos que determinam essa organização.

Dentro de uma espécie geneticamente heterogênea como a espécie humana, observa-se uma variabilidade individual significativa da massa e mesmo da histologia do cérebro. Ray W. Guillery analisou quantitativamente essa variabilidade no corpo geniculado lateral. Dos 58 cérebros examinados, um provinha de um nigeriano albino que havia morrido por uremia e apresentava, de acordo com os resultados obtidos no gato siamês, uma reorganização maior das diversas camadas desse centro. Os outros mostravam sinais de fusão mais ou menos estendidos entre as oito camadas do corpo geniculado; em alguns, o segmento de oito camadas chegava a faltar completamente. As causas de uma variabilidade tão importante, até então insuspeitada, não são conhecidas senão no caso

---

* Parte do curso do ano de 1980.

do albino no qual as alterações observadas resultam, inequivocamente, de uma mutação gênica única.

Toda variabilidade individual devida à heterogeneidade genética é consideravelmente reduzida, senão abolida, quando se comparam indivíduos oriundos de um mesmo clone (*Daphnia magna* [crustáceo], *Poecilia formosa* [peixe]), ou fazendo parte de linhagens consanguíneas (*Caenorhabditis elegans* [nematoide], gafanhoto, camundongo). No caso de *Daphnia magna* ou *Caenorhabditis elegans*, o número total das células que compõem o sistema nervoso não varia. Contam-se exatamente 258 neurônios no *Caenorhabditis elegans*. Em um vertebrado como o camundongo, a variância do número de neurônios é, na prática, difícil de estimar devido ao valor elevado dos números concernidos. Os trabalhos de Wimer et al. (1976) sobre o hipocampo mostram entretanto que essa variância existe, mas é inferior àquela observada de uma linhagem consanguínea a outra. A reprodutibilidade da organização celular do sistema nervoso em um vertebrado é menos fiel do que aquela observada em um pequeno invertebrado, nematoide ou crustáceo.

A variabilidade da conectividade não se superpõe necessariamente àquela do número de neurônios. O número de sinapses por neurônio pode atingir vários milhares, e uma variância fenotípica da conectividade pode existir mesmo nos organismos nos quais o número de neurônios é fixo. A apreciação do "grão" dessa conectividade requer a observação ao microscópio eletrônico de cortes em séries completas de indivíduos isogênicos (Levinthal et al., 1976), seguida da reconstrução de neurônios identificáveis e de sua arborização. Constata-se uma variância significativa do número e da distribuição dos ramos axônicos. Até mesmo o número de sinapses (morfológicas) flutua. Todavia, elas conservam uma regularidade na distribuição entre neurônios identificados.

No caso do gafanhoto-peregrino, Pearson e Goodman (1979) conseguiram comparar, ao mesmo tempo, a morfologia do axônio de um interneurônio cerebral particular — o *"descending contralateral movement detector"* ou DCMD [detector de movimento descendente contralateral ou DMDC] (por injeção intracelular de corante) — e o estado funcional de suas conexões sinápticas com os neurônios motores que comandam os músculos das patas (por registro eletrofisiológico). Fato notável: de 28 indivíduos examinados, o axônio do DCMD detém-se no nível do terceiro gânglio torácico para nove deles; no nível do primeiro gânglio abdominal para 16 deles; por fim, no nível do segundo ou terceiro gânglio abdominal para três deles. Observa-se, portanto, no gafanhoto, uma variância fenotípica importante da conectividade funcional entre os indivíduos de uma mesma colônia consanguínea. Mesmo no caso das espécies de número fixo de neurônios e, *a fortiori*, nos outros casos, a organização funcional do sistema nervoso não é exatamente *reproduzível* de um indivíduo isogênico a outro.

Essa variância fenotípica da conectividade foi notada por toda parte em que foi pesquisada, e pode-se levantar a hipótese de que ela testemunha um modo particular de desenvolvimento do sistema nervoso. Nesse quadro, nos interessamos não mais pela variabilidade de um mesmo neurônio identificável de um indivíduo isogênico ao outro, mas pela variabilidade das células nervosas tomadas, em um mesmo indivíduo, dentro de uma população "morfologicamente homogênea". Tomemos o caso do gafanhoto e da inervação motora das patas. Em cada pata existem músculos extensores rápidos e lentos. Wilson e Hoyle (1978) compararam a morfologia de dois neurônios motores particulares A e B que se encontram nos três gânglios torácicos de mesma posição e com uma morfologia muito próxima. Todavia, enquanto o neurônio A, nos dois primeiros gânglios, inerva os músculos extensores rápidos e o neurônio B os extensores lentos, o inverso é produzido no terceiro gânglio. Neurônios em aparência idênticos e oriundos dos mesmos neuroblastos embrionários adquirem assim uma especialização funcional diferente nos gânglios torácicos anteriores e posteriores.

O caso das células de Purkinje do cerebelo é completamente exemplar. No gato adulto, contam-se vários milhões de células de Purkinje, mas poucos caracteres morfológicos permitem distinguir uma célula de Purkinje de sua vizinha. Todavia, na área de projeção dos músculos do olho, o registro unitário permite distinguir, por exemplo, aquelas que respondem ao estiramento do músculo reto lateral direito (por uma diminuição do ritmo de descarga) daquelas que respondem ao estiramento do reto mediano esquerdo (por um crescimento do ritmo de descarga). Em outros termos, ainda aí, uma especialização funcional existe no nível de uma população em aparência morfologicamente homogênea. Cada célula de Purkinje possui, de fato, uma "singularidade" que permite distingui-la de sua vizinha. Essa noção toma todo seu sentido quando se retrata a origem embrionária dessas células — por exemplo, segundo o método das quimeras: não se constata então nenhuma relação direta entre a topologia das células de Purkinje no adulto e a sucessão das divisões dos precursores embrionários. Ao longo da migração que segue as últimas divisões dos precursores das células de Purkinje, elas se redistribuem de maneira estatística na camada que leva o seu nome. Quando atingem sua posição final, elas são equivalentes: possuem o mesmo estado diferenciado e, provavelmente, o mesmo repertório de genes abertos, que se diversificará ulteriormente.

A singularização da célula nervosa consistirá portanto em um crescimento de sua "anisotropia" funcional, permitindo distingui-la de sua vizinha. Ela poderá resultar, por exemplo, de uma localização diferencial de moléculas de receptores de neurotransmissor que, distribuídas de maneira uniforme na superfície da célula embrionária, vão se agregar sob certas terminações nervosas. Já mencionei (ver o capítulo 4 da Parte II sobre a epigênese) que, quando se formam, os primeiros contatos sinápticos aparecem em número claramente superior àqueles que persistem no adulto. Essa exuberância sináptica é apenas transitória: ela deixa lugar a uma estabilização seletiva de alguns contatos privilegiados que conferem ao neurônio a sua especificidade funcional ou "singularidade" (figura 28).

Participação da atividade nervosa espontânea no desenvolvimento do sistema nervoso

Defendo aqui a tese de que a "atividade" da rede nervosa em desenvolvimento intervém nessa "singularização". O termo atividade designa, para mim, o conjunto dos processos que, direta ou indiretamente, são produzidos por uma mudança das propriedades elétricas da membrana neuronal. Esta inclui a propagação do potencial de ação, os processos de transmissão sináptica (e de modulação) química e o acoplamento elétrico. Essa escolha se justifica por várias razões. De início, todo fenômeno elétrico membranário pode levar a uma integração no nível celular. Em seguida, no quadro do modelo "sistêmico", a atividade propagada pela rede de neurônios em desenvolvimento representa um modo de *interação* entre elementos, células e órgãos (centros nervosos, órgãos dos sentidos, efetuadores...) que assegura ao mesmo tempo integração e diversificação. Devido às propriedades de convergência e divergência próprias da rede nervosa, essa atividade introduz uma combinatória nova de sinais. Enfim, a atividade espontânea, presente desde cedo no desenvolvimento embrionário, pode ser modulada ou mesmo prorrogada pela atividade evocada que resulta da interação do organismo em desenvolvimento com o mundo exterior. A combinatória de sinais endógenos encontra-se "enriquecida" pelos sinais evocados. Estes podem então participar da singularização que, nos mamíferos e no homem em particular, prossegue por muito tempo depois do nascimento, em particular no córtex cerebral. A hipótese da participação da atividade nervosa na regulação do desenvolvimento embrionário permite introduzir uma importante economia de genes na complexificação do sistema nervoso.

No plano da observação experimental, fenômenos elétricos variados foram observados desde os primeiros estágios do desenvolvimento embrionário e mesmo no ovo virgem. Assim, o ovócito de xenopo responde à acetilcolina por uma despolarização, bem como à dopamina ou à serotonina por uma hiperpolarização (Kusano et al., 1977). No axolotle, um acoplamento elétrico eficaz existe entre os primeiros blastômeros segmentados; no momento da formação da goteira neural, aparece uma diferença de potencial de membrana entre células ectodérmicas (cerca de -30 mV) e células nervosas presuntivas (-44 mV); quando o tubo neural se isola do ectoderma, o acoplamento elétrico com este desaparece. Sinais de atividade regenerativa (reativação) aparecem na membrana dos neuroblastos, mas não se manifestam ainda, nesse estágio, por potenciais de ação (Warner, 1973).

A atividade elétrica do sistema nervoso do embrião foi estudada sobretudo no frango. Em 1885, William Thierry Preyer notava que, em três dias e meio de incubação, o embrião é animado, no ovo, por movimentos espontâneos. Os movimentos, inicialmente unilaterais, que invadem progressivamente o corpo do embrião tornam-se alternativos e periódicos (atividade de tipo I). Do 9º ao 16º dia, movimentos de conjunto, breves, de grande amplitude e arrítmicos, aparecem: o embrião encolhe e estende suas patas, bate as asas, abre e fecha seu bico (atividade tipo II). Enfim, do 17º dia à eclosão, movimentos estereotipados e coordenados se desenvolvem com uma sequência temporal regular; é o caso do comportamento que permite ao pinto quebrar a casca e sair do ovo (atividade do tipo III). A frequência do conjunto dos movimentos é máxima por volta do 11º dia (20-25 movimentos por minuto), isto é, no momento em que se diferencia a inervação motora; ela decresce em seguida até a eclosão.

Esses movimentos espontâneos, bloqueados pelo curare (Levi-Montalcini e Visintini, 1983), coincidem com uma atividade elétrica de mesma frequência na medula: inequivocamente, a motricidade embrionária é de origem neural. Registros eletrofisiológicos efetuados a partir da medula de embriões dependem, desde cinco dias, das unidades de descarga periódica regular e das unidades de descarga em rajadas. As descargas em rajadas polineurais de grande amplitude e com atividade retardada tornam-se cada vez mais frequentes. Elas se propagam para o conjunto da medula e são responsáveis pelo desencadeamento dos movimentos (Provine, 1972). Experiências de transecção precoce (40-50 horas) da medula espinhal nos níveis cervical e torácico (Oppenheim, 1973), bem como de extirpação das raízes dorsais sensoriais mostram que apenas os movimentos tipo III estão sob comando supraespinhal e requerem o arco reflexo medular trissináptico. Em compensação, os movimentos de tipos I e II são de origem estritamente espinhal e resultam de uma atividade elétrica espontânea dos motoneurônios medulares.

Essa hipótese de um papel eventual da atividade elétrica espontânea na singularização neuronal certamente só tem sentido se o estabelecimento dessa atividade não "custa" mais informação estrutural do que a atividade que ela supõe determinar. Por isso nos detivemos na definição dos elementos moleculares mínimos responsáveis por uma atividade elétrica espontânea. Fomos ajudados nessa tarefa pela observação de que essa atividade é, com mais frequência, de tipo oscilatório.

Em um primeiro momento, foram definidas as condições termodinâmicas requeridas para o aparecimento de oscilações. Para Prigogine e seu grupo, elas só podem aparecer em um sistema termodinâmico "aberto" em permanente troca de energia com o mundo exterior. Ademais, esse sistema deve estar em um estado de regime estável, mas sem equilíbrio. Essas "estruturas dissipativas" podem aparecer quando das *relações não lineares* existentes entre fluxo e forças devidas, por exemplo, à existência de interações cooperativas e de efeitos de retroação entre elementos do sistema.

No plano experimental, dois modos de oscilações devem ser distinguidos no sistema nervoso. Alguns aparecem nas cadeias de neurônios e dependem diretamente da organização dessas cadeias: é o caso dos circuitos engajados no comando dos movimentos respiratórios nos vertebrados ou da marcha em alguns insetos. Outras oscilações aparecem no nível das células isoladas como as oscilações responsáveis pela atividade embrionária espontânea. Entre esses osciladores "celulares", distinguem-se osciladores citoplasmáticos membranários.

A cadeia enzimática da glicose pode ser tomada como exemplo de oscilador citoplasmático. Ela dá lugar a oscilações mantidas, tanto *in vivo* (levedura) quanto *in vitro* (extrato acelular de músculo) (Hess, 1979; Goldbeter, 1980). A fosfofrutoquinase tem um papel crítico nessas oscilações, pois é o objeto de uma regulação negativa de tipo retroativo pela ATP, "produto final" da cadeia, e de uma regulação positiva ao mesmo tempo por seu substrato, a frutose 6-fosfato (efeito cooperativo), e pelos precursores de baixa energia da ATP, ADP e AMP. A enzima oscila entre dois estados extremos: no estado atividade, o substrato (efetuador positivo) desaparece e o nível de ATP (efetuador negativo) aumenta até que a enzima se encontre no estado inibido; no estado inibido, o substrato e a ADP, efetuadores positivos, acumulam-se até a reativação da enzima. As propriedades reguladoras da enzima conferem a "não linearidade" requerida para o aparecimento de oscilações em um sistema que se encontra "aberto" devido ao fluxo de entrada permanente de substrato.

Os neurônios que liberam rajadas (de molusco), como a célula R15 do gânglio abdominal da aplísia (Strumwasser, 1965; Meech, 1979), constituem um dos melhores exemplos conhecidos de oscilador membranário. A célula R15, mesmo isolada de todas as suas aferências, produz rajadas de 10-20 potenciais de ação a cada 5-10 segundos com a regularidade de um relógio. Essas rajadas se inserem em um "oscilador de base" composto de dois canais *lentos*, distintos daqueles engajados no potencial de ação: *um canal seletivo para o Ca+* cuja abertura, sensível ao potencial, é acompanhada de uma corrente entrante, despolarizante, de Ca^{++} (ou Na^+); *um canal seletivo para o K+*, cuja abertura, ativada pelo Ca^{++} presente no *interior* da célula, é acompanhada de uma corrente de saída, hiperpolarizante, de K^+. A despolarização regenerativa (efeito cooperativo positivo) associado à abertura do canal Ca^{++} lento acarreta um aumento da concentração de Ca^{++} intracelular que, ao ativar o canal K^+ lento (retroação positiva), provoca uma mudança de potencial de sinal oposto àquele que permitiu a sua entrada.

Devido à existência desses anéis reguladores, oscilações lentas aparecem. Quando o potencial da membrana ultrapassa o limiar de gênese dos potenciais de ação, descargas em rajadas aparecem na crista das ondas lentas. Essas descargas engajam canais iônicos *rápidos* cuja abertura acarreta mudanças iônicas suscetíveis de modular o oscilador de base. A abertura dos quatro tipos de canais mencionados acarreta uma fuga passiva de íons compensada permanentemente por um intenso bombeamento ativo pelas ATPases membranárias. Esse sistema membranário muito simples se classifica portanto na categoria dos sistemas termodinâmicos "abertos".

O esquema descrito com o oscilador de base dos neurônios que liberam rajadas (de moluscos) aplica-se, com poucas modificações, às oscilações de potencial das fibras de Purkinje do coração ou das células secretoras β do pâncreas. Provavelmente, ele também explica as descargas em rajadas que se desenvolvem espontaneamente nos neurônios da medula espinhal ao longo da embriogênese. O preço a pagar em genes para uma atividade desse tipo se reduz evidentemente a alguns genes estruturais.

A atividade elétrica espontânea fetal e o sono paradoxal

Uma atividade elétrica espontânea pôde ser observada nos embriões (ou fetos) de vertebrados toda vez que foi pesquisada (figura 36). Nos humanos, em particular, movimentos espontâneos aparecem ao longo do segundo mês, quando o feto tem ainda menos de 4 centímetros; eles afetam a cabeça e o tronco e se parecem com os movimentos de tipo I do embrião do frango.

Durante o terceiro e o quarto meses, os movimentos se generalizam ao conjunto do feto, aparecem os primeiros reflexos, bem como a mímica facial com movimentos de sucção e deglutição (o feto bebe o líquido amniótico). Esses movimentos que começam a ser percebidos pela mãe mantêm-se após a secção suprabulbar, sendo, portanto, de origem espinobulbar. Eles apresentam analogias com movimentos de tipo II do embrião de frango.

Do quarto ao sexto mês, movimentos cada vez mais especializados se desenvolvem — por exemplo, os movimentos respiratórios regulares que se tornam estáveis a partir do quarto mês. Esses movimentos, modificados por secção suprabulbar, são análogos aos movimentos de tipo III.

Tal como no frango, ocorre uma fase de aceleração e, depois, de desaceleração ao longo do desenvolvimento fetal, com um máximo (2-10 movimentos por minuto) por volta do oitavo mês. Uma atividade elétrica espontânea evidentemente acompanha os movimentos do feto. Os primeiros registros dessa atividade foram obtidos no tronco cerebral dos fetos de setenta dias (Bergstrom, 1969). Ela prossegue, diversificando-se, ao longo dos meses seguintes (figura 36).

De um ponto de vista estritamente metodológico, deve-se notar que essas pesquisas foram iniciadas em quadros conceituais totalmente diferentes segundo se tratava de embrião de frango ou de feto humano.

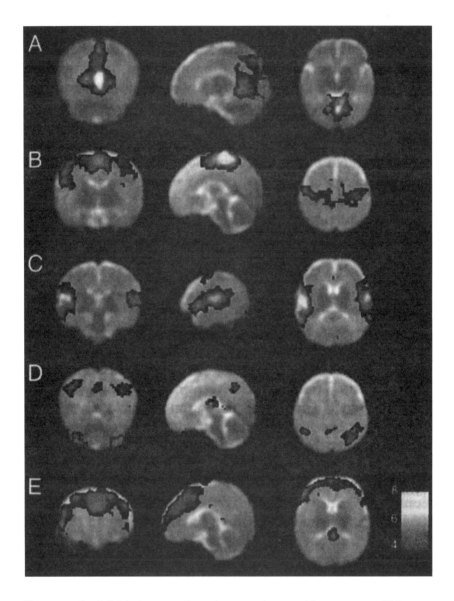

FIGURA 36 – Atividade espontânea de um recém-nascido prematuro (25 semanas de gestação) registrada por ressonância magnética funcional

Distinguem-se cinco circuitos principais. Um deles (E) é semelhante ao circuito do espaço de trabalho neuronal consciente (apud Fransson et al., 2007).

A técnica de registro empregada no homem, a eletroencefalografia, impôs uma apreciação muito global da atividade elétrica cerebral e, desse modo, concentrou-se sobre as suas manifestações mais evidentes, as que coincidem com a alternância dos estados de vigília e sono (Jouvet, 1977). Os estudos sobre o "sono" no adulto revelaram a existência de centros de comando de atividade oscilante periódica, constituídos por conjuntos de neurônios localizados em diversos núcleos da região da ponte. Estes, por suas abundantes ramificações axonais (divergentes), distribuem sinais a um grande número de regiões, e até ao conjunto do cérebro. É assim que o *locus coeruleus* anterior comanda a vigília ou a rafe anterior comanda o sono lento. A atividade paradoxal— o "sono paradoxal" de Jouvet — que aparece durante o sono lento é constituída por um conjunto de fenômenos elétricos espontâneos de alta voltagem que se traduzem por movimentos oculares e uma queda geral do tônus muscular. Todavia, essa atividade elétrica, de origem subcerúlea, não se manifesta como no embrião por movimentos (a não ser o dos olhos). Estes não aparecem, durante o sono, senão depois da destruição de um centro que os bloqueia no nível medular (Jouvet, 1977).

Ao longo do desenvolvimento, o oscilador subcerúleo entra em ação apenas tardiamente — entre o 10° e o 25° dia *depois* do nascimento no gato (Adrien, 1978). De algum modo, ele toma o lugar dos osciladores medulares ativos no embrião e no feto. É possível, mas não foi demonstrado, que a atividade paradoxal (com frequência identificada com o "sonho") tenha no adulto um papel similar àquele da atividade espontânea embrionária — por exemplo, para assegurar a manutenção da singularidade neuronal perturbada pela atividade diurna ou então, ao contrário, para consolidar um traço criado pela interação com o ambiente.

No embrião, a atividade nervosa registrada é estritamente endógena. Na medida em que os órgãos dos sentidos se tornam funcionais, a atividade evocada toma passo, durante o estado de vigília, sobre a atividade espontânea. No homem, o sentido do tato aparece muito precocemente. A partir do 49° dia de vida intrauterina, o feto responde assim às estimulações táteis dos lábios. Entre o quinto e o sétimo mês, a inervação sensorial dos dedos está praticamente completa. O aparelho vestibular torna-se funcional entre o 90º e o 120º dia; e o sentido auditivo (seguido pelas variações do ritmo cardíaco), entre o 180º e o 210º dia. Potenciais evocados por um flash luminoso foram registrados no prematuro que abre os olhos a partir da 29ª semana após a concepção. Essas funções sensoriais fetais estão longe de ter o mesmo desempenho que as do adulto. A maturação dos órgãos dos sentidos, caracterizada por uma diminuição do limiar de sensibilidade e por uma diminuição do tempo de latência, prossegue por muito tempo após o nascimento.

O homem nasce com um cérebro cujo peso é da ordem de 300 gramas, o qual cresce cerca de cinco vezes antes de atingir o seu peso adulto. A título de comparação, lembremos que o peso, no nascimento, do encéfalo do chimpanzé já representa 60% de seu peso adulto. No cerebelo, as divisões das células granulares prosseguem após o nascimento e o essencial da sinaptogênese é pós-natal. No córtex cerebral, tanto no gato como no homem, as arborizações dendríticas e as sinapses se acomodam após o nascimento. Cragg (1975) estima que, na área 17 do córtex visual, o número médio de sinapses por neurônio passe de algumas centenas a mais de 12 mil entre o 10º e o 35º dia seguinte ao nascimento; depois esse número diminui de maneira significativa (entre 20%-30%) até atingir o seu valor adulto. Portanto, é legítimo pensar que a atividade evocada pela interação com o ambiente, preponderante nesse estágio, toma o lugar da atividade espontânea e regula desde então o desenvolvimento dessas sinapses.

Crítica da posição empirista

Adotando um ponto de vista empirista, seria possível pensar que a interação com o mundo exterior provoca uma atividade "interna" do sistema nervoso cujas características seriam diretamente ligadas aos tipos de sinais físicos recebidos pelos órgãos dos sentidos. Na verdade não existe nada disso. Os potenciais de ação circulante no nervo auditivo são assim de natureza idêntica aos registrados no nervo óptico. A análise do funcionamento dos órgãos dos sentidos, no nível celular, permite mesmo ir mais além. Na maior parte dos casos, o efeito do sinal físico consiste em uma modulação da atividade espontânea, a qual, evidentemente, preexiste à interação com o ambiente. No gato, por exemplo, a iluminação da retina é acompanhada de uma variação da atividade das células ganglionares ("on"), que passa de quarenta a setenta impulsões por segundo (Barlow, 1968). Ainda no gato, os primeiros sinais de atividade espontânea aparecem oito dias após o nascimento, ou seja, *antes* da resposta à luz. Outro exemplo: no nível do nervo aferente dos receptores vestibulares, registra-se, no adulto, uma importante atividade espontânea; quando a posição da cabeça muda, essa atividade varia, no gato, entre cinco e 35 impulsões por segundo (média de 20). No rato (Curthoys, 1979), a atividade espontânea, registrada no nível do nervo vestibular a partir do nascimento, aumenta próximo de seis vezes durante os 20 primeiros dias que se seguem ao nascimento. A "sensibilidade" ao sinal evolui de maneira paralela. Podem-se registrar os sinais dessa atividade até o nível dos neurônios dos núcleos vestibulares e mesmo do córtex cerebelar. Os receptores sensoriais constituem portanto osciladores "periféricos" cuja atividade contribui, para uma parte importante, à atividade espontânea registrada no nível dos centros nervosos. *In fine,* a interação que leva a uma modulação do ritmo dos osciladores sensoriais periféricos vai manifestar-se pela regulação dos osciladores centrais.

Concebe-se portanto por qual mecanismo molecular uma atividade evocada à altura de osciladores periféricos pode modular, em um prazo mais ou menos longo, a atividade de osciladores centrais. O estabelecimento desse "traço" no plano neuronal, segundo esse esquema, requer apenas um pequeno número de macromoléculas, receptores, ciclases, os quais, sobretudo, podem ser empregados para tarefas diferentes em outros tecidos. O custo em genes estruturais, mais uma vez, parece particularmente limitado. Enfim, contrariamente a certas teorias bioquímicas da "memória", nenhuma síntese de espécies moleculares *novas* é mais necessária para que apareça uma modificação durável de propriedades neuronais na sequência de uma interação do organismo com o seu ambiente.

CAPÍTULO 4 A descoberta dos receptores de neurotransmissores*

Os neurotransmissores e seus receptores intervêm muito cedo na evolução das espécies animais. Eles já estão presentes nos celenterados, hidras e medusas, e seus genes estruturais evoluíram relativamente pouco desde então. Ancestrais do receptor nicotínico da acetilcolina de nosso cérebro são encontrados até mesmo nas bactérias mais arcaicas! Ao longo dos últimos anos, esses conhecimentos se desenvolveram com tamanha amplitude que este permanece, de longe, o mais conhecido de todos os receptores de neurotransmissores e constitui um de seus melhores modelos de referência (cf. Changeux e Edelstein, 2005).

Breve história dos conceitos de agente farmacológico e de receptor

Nas origens, a prática médica está intimamente ligada a uma relação com o sobrenatural, estabelecendo um personagem particular do grupo social: o *xamã*. Este, pela técnica do êxtase, entra em um estado de "transe durante o qual a sua alma e o seu pensamento deixam seu corpo e sobem ao céu ou descem sob a terra" (Eliade). Desse modo, ele

---
* Curso de 1984.

adquire um conhecimento que serve para cuidar da doença (Bean e Vane). Seu poder de curar se encontra diretamente associado ao êxtase. Esse "pensamento mágico" constitui de fato uma primeira tentativa de explicação do mundo natural. O xamã apodera-se da doença como objeto, ele elabora uma primeira representação dela. Ao fazer isso, vale-se de plantas para ele mesmo poder aceder ao êxtase (alucinógenos) e ao mesmo tempo expulsar os maus espíritos do corpo do paciente. Estabelece-se assim um primeiro repertório de plantas ativas. As práticas xamânicas, que persistem em nossos dias em alguns pequenos grupos sociais de caçadores-coletores, encontram-se na maior parte das sociedades humanas e parecem corresponder a um estágio definido de sua evolução. Seus traços foram encontrados em uma tumba de Shavidor (Iraque), datando de 60 mil anos antes de nossa era, na qual os polens de oito plantas medicinais foram identificados nas proximidades do esqueleto.

Na Mesopotâmia, entre 3 mil e mil anos antes de nossa era, numerosos documentos escritos em cuneiforme atestam o desenvolvimento de uma medicina arcaica ainda próxima das práticas xamânicas. A doença é uma punição divina (consecutiva a uma falta) e a cura resulta de uma purificação-remissão (do pecado) ou *catharsis*. Aparece então o termo *pharmakon* (em grego) para designar a ação mágica exercida por meio das plantas para curar (mas também envenenar) ainda atribuída ao "demônio" que habita o remédio (ou o veneno). Ao mesmo tempo, se desenvolve o inventário sistemático das plantas medicinais e substâncias minerais ou animais ativas. Nas tabuinhas da biblioteca de Assurbanipal, leem-se 250 nomes de plantas medicinais — entre elas, a mandrágora, o rícino, a helebora, o meimendro, mas também a papoula e a cânabis. As virtudes do ópio e do haxixe já eram conhecidas dos mesopotâmios.

Esse repertório vai aumentar ainda mais com os egípcios e os gregos, mas é com esses últimos apenas que uma autêntica medicina racional aparece e se desenvolve. O meio cultural presta-se a isso. A coexistência e o respeito de escolas de pensamento diferentes, o desenvolvimento das discussões públicas que desfazem progressivamente o segredo e o mistério, o aparecimento de médicos profissionais distintos dos sacerdotes, a distinção entre diagnóstico e tratamento, bem como o exame crítico dos efeitos do tratamento, fazem com que a medicina se libere progressivamente do irracional. O *pharmakon* perde seu conteúdo mágico. De remédio purificador, torna-se medicamento, *agente farmacológico*.

Com Dioscórides (século I em Roma), Galeno (século II) e depois os médicos árabes Al-Razi (Rhazés, 923) ou Ibn Sina (Avicena, 980-1037), a farmacopeia continua a se enriquecer, em particular com os conhecimentos da medicina oriental. Momentaneamente, a alquimia e a escolástica monástica fazem reviver as ideias e práticas da medicina arcaica. Com o Renascimento, o retorno às origens gregas e à discussão crítica impõe de maneira definitiva a racionalidade na terapêutica médica.

Paracelso introduz a noção de *princípio ativo* ou "quintessência" e também aquela, essencial, de *dose* ativa. Von Haller recomenda experimentar todo medicamento em um sujeito são antes de introduzi-lo na farmacopeia! Enfim, com Lavoisier, multiplica-se a identificação das espécies químicas. O agente farmacológico é desde então uma *substância química definida pela ação tóxica ou medicamentosa, que modifica de maneira precisa o estado do organismo, são ou doente*. Essa noção levará milênios para se separar do pensamento mágico por podas sucessivas de significações supérfluas e eliminação do conteúdo simbólico com ajuste ao real por "estabilização seletiva" do *sentido* que, enfim, tem hoje.

Com Claude Bernard e seus precursores (Fontana, Brodie), a análise da ação dos agentes farmacológicos toma um contorno experimental. Em uma notável série de experiências (1844-1856) sobre os efeitos do curare, Claude Bernard demonstra sucessivamente que o curare paralisa os músculos esqueléticos sem interferir nos batimentos do coração; não bloqueia nem o nervo motor nem o músculo, mas a *ação* do nervo sobre o músculo; não tem efeito sobre o sistema sensorial, "ele destrói o movimento, mas não tem ação sobre o sentimento"; afeta as partes periféricas do sistema nervoso, mas não as partes centrais.

Certamente, Claude Bernard erra o caminho quando crê que o curare age pelas terminações motoras remontando até a medula espinhal. Não obstante, essa restrição do campo de ação da droga, essa "localização" do efeito tóxico para um órgão definido e o emprego do veneno como "bisturi químico" constituem um progresso importante na compreensão do modo de ação dos agentes farmacológicos. Para além do órgão propriamente dito, Claude Bernard perde-se em conjecturas; ele fala de "lesão vital", de ação "imaterial", sem compreender o laço existente entre o caráter químico de uma substância e seu efeito fisiológico. Os progressos convergentes da química orgânica e da nascente "bioquímica" darão acesso ao nível de compreensão que faltava a Claude Bernard. Em 1869, Crum-Brown e Fraser sintetizam sais de amônio quaternário que, como o curare, paralisam. Eles declaram então "que existe uma relação entre a ação fisiológica de uma substância e a sua composição e constituição química". Louis Pasteur, na sequência de suas experiências sobre os tartaratos, sublinha a importância da "*dissimetria molecular* própria às matérias orgânicas que intervêm em um fenômeno de ordem fisiológica" (1860). Posteriormente, Emil Fischer sintetiza 16 isômeros de glicose e mostra que apenas quatro deles são fermentescíveis e apresentam uma parentela estereoquímica inequívoca: "a enzima e o glicosídeo", escreve ele, "devem adaptar-se um ao outro como uma *chave* a uma *fechadura* para poderem efetuar uma ação química um sobre o outro" (1898).

Paul Ehrlich, depois de seus primeiros trabalhos sobre os corantes que, de acordo com ele, se fixam às "cadeias laterais" de uma "molécula protoplásmica gigante", interessa-se pelo mecanismo da reação toxina-anticorpo: "será preciso admitir", ele nota, "que essa capacidade de ligar os anticorpos deve ser remetida à existência de um agrupamento atômico específico pertencente ao complexo tóxico". Enfim, John Newport Langley (1905-1906), retomando as experiências de Claude Bernard, estuda os efeitos comparados da nicotina e do curare sobre o músculo do frango, pelo que ele mostra o efeito "agonista" do primeiro e "antagonista" do outro. Langley descreve a localização pontual imediatamente abaixo do nervo da área de sensibilidade à nicotina e demonstra que esta persiste após a desnervação, concluindo: "a substância do músculo que se compõe com a nicotina ou o curare não é idêntica à substância que se contrai. Convém ter um termo para esse constituinte especialmente excitável, e eu o chamei *substância receptiva,* ou *receptor.* De um tecido ao outro, as diferenças observadas serão devidas aos diferentes caracteres das substâncias receptivas". O conceito de receptor-substância química elimina definitivamente toda referência ao vitalismo, ainda presente em Claude Bernard. O percurso analítico que leva a uma *localização* cada vez mais fina do alvo dos agentes farmacológicos, associado a uma pesquisa de suas bases *materiais* oriunda dos dados das ciências físicas e químicas, terá um papel determinante na definição do conceito de receptor farmacológico.

Os conceitos de agente farmacológico e de receptor adquirem total sentido quando são associados a um terceiro conceito, distinto dos precedentes: o de neurotransmissor químico. Interessando-se pela "transmissão da excitação" do nervo motor ao músculo, Du Bois-Reymond sugere, desde 1877, dois mecanismos: "ou existe na fronteira da substância contrátil uma *secreção simuladora* [...] ou o fenômeno é de natureza *elétrica*". Mais tarde Elliott (1905), depois de ter demonstrado que a "uretra de gato se contrai da mesma maneira pela excitação dos nervos hipogástricos e pela injeção de adrenalina", conclui que a "adrenalina (de fato, a noradrenalina) pode ser o *estimulante químico* liberado sempre que a impulsão chega à periferia". O *receptor* desse estimulante químico, chamado depois *neurotransmissor*, toma seu lugar naturalmente na superfície do músculo, em função da terminação nervosa (figura 37).

Várias décadas serão necessárias para que esse esquema da transmissão sináptica química seja definitivamente aceito — salvo por Lorente de Nó e Nachmansohn — concorrentemente a um modo de transmissão puramente elétrico. Os fatos mais importantes invocados em favor do papel da acetilcolina como neurotransmissor na junção nervo-músculo são os seguintes:

A acetilcolina é a mais ativa de todas as substâncias naturais (ou de síntese) para a contração do músculo (Dale, 1914);

A estimulação do nervo vago provoca a diminuição das batidas do coração pela secreção de um "vagus-stoff" cuja degradação pela acetilcolinesterase é bloqueada pela eserina (Loewi e Navratil, 1926);

A acetilcolina é liberada pela terminação nervosa (Dale et al., 1936) e a estimulação repetida do nervo acarreta o esgotamento da acetilcolina da terminação quando a sua síntese é bloqueada pelo hemicolínio.

FIGURA 37A – A placa motora: sinapse entre nervo motor e músculo esquelético

À ESQUERDA: *em microscopia óptica, observa-se que no adulto cada fibra nervosa motora estabelece um único contato com uma fibra muscular (apud S. Ramón y Cajal, 1909).*

À DIREITA: *em microscopia eletrônica, nota-se o contato "descontínuo" entre a terminação nervosa (que contém vesículas repletas de acetilcolina) e a fibra muscular com o espessamento da membrana subsináptica onde se encontram acumuladas as moléculas de receptor da acetilcolina (apud R. Couteaux, 1978).*

Electrophorus electricus
30-50.000 sítios por μm²

Torpedo mamorata
10-20.000 moléculas por μm²

FIGURA 37B – Localização do receptor nicotínico e da placa motora.

À ESQUERDA: *localização do sítio receptor da acetilcolina com uma toxina de veneno de serpente radioativa (grãos negros, traços da emissão radioativa na emulsão fotográfica) na membrana subsináptica por microscopia eletrônica (apud Bourgeois et al., 1972).*

À DIREITA: *primeira observação das moléculas de receptor da acetilcolina na membrana subsináptica por microscopia eletrônica após criofratura (apud Cartaud et al., 1973).*

A contribuição da eletrofisiologia

Os primeiros trabalhos que se seguiram à elaboração do conceito de receptor por Ehrlich e Langley dizem respeito, antes de tudo, à análise quantitativa da resposta a um agente farmacológico particular. O dispositivo experimental mais frequentemente empregado é o "órgão isolado" (músculo, intestino), do qual se registram as contrações sobre um tambor revestido de fuligem. Mede-se a *cinética* do desenvolvimento da resposta e a sua *amplitude* máxima com diluições variadas de substância ativa. Os modelos matemáticos empregados inspiram-se diretamente nos trabalhos dos físico-químicos e enzimologistas sobre a catálise enzimática (Henri, 1903; Michaelis e Menten, 1913): eles postulam a existência de um complexo (receptor-agente farmacológico) homólogo do complexo (enzima-substrato). Todavia, à diferença do substrato, o agente farmacológico ligado ao receptor não é transformado: sua ligação reversível no sítio ativo do receptor basta para desencadear a resposta. O efeito dos agonistas é bloqueado por análogos de estrutura sem que mude a amplitude da resposta observada, mas com diminuição aparente de afinidade. Esses últimos são qualificados de *antagonistas competitivos*, e, no quadro dos modelos matemáticos empregados, supõe-se que se ligam no mesmo sítio que os agonistas e de uma maneira mutuamente excludente sem todavia desencadear ali uma resposta. Outros agentes bloqueadores diminuem em primeiro lugar a amplitude da resposta sem modificar a afinidade aparente: eles são qualificados de *não competitivos* e supõe-se que se ligam em sítios distintos do sítio ativo.

O ajuste dos dados experimentais pelas equações teóricas oriundas desses diversos modelos enfrenta todavia duas dificuldades: a resposta medida é apenas muito indiretamente ligada à reação inicial agonista-receptor e, em geral, não lhe é diretamente proporcional; as cinéticas medidas nessas condições são limitadas pela difusão e concernem apenas, muito indiretamente, à ligação do efetuador ao receptor.

Foi o emprego dos métodos de registros eletrofisiológicos, desenvolvidos a partir da década de 1930, que permitiu vencer essa dupla dificuldade. Em 1938, Göpfert e Schaefer registram, com a ajuda de eletrodos extracelulares, a primeira resposta "indireta" da fibra muscular à estimulação da fibra nervosa motora ou potencial pós-sináptico (ou ainda "de placa"). Trata-se de uma despolarização de cerca de 10-20 milivolts (negativo no interior) que se desencadeia bruscamente (com um prazo de cerca de 0,3 milissegundo ou prazo sináptico) e declina com um t1/2 de cerca de 1-3 milissegundos. Ela pode ser "simulada" por aplicação local de acetilcolina injetada com a ajuda de uma pipeta (iontoforese) no nível da placa motora.

Graças a esse método, Del Castilho e Katz (1954-1957) chegam a analisar em detalhe a ação de diversos agonistas e antagonistas colinérgicos e propõem um modelo cinético diretamente inspirado nos trabalhos sobre a acetilcolina à qual se referem explicitamente:

$$R + A \longleftrightarrow RA \longleftrightarrow RA^* \text{ (aberto)}$$

R é o "receptor (em seu sentido restrito)", A, a acetilcolina-substrato, e RA*, o "composto despolarizador".

Além de uma melhoria considerável da resolução no tempo, os métodos eletrofisiológicos trazem uma informação essencial sobre a natureza do "curto-circuito" (Fatt e Katz, 1950) provocado pela acetilcolina. No caso da placa motora dos vertebrados, ela acarreta um crescimento seletivo da condutância nos cátions: Na^+, K^+, Ca^{++} (mudanças de condutância no ânion Cl^- ocorrem no caso do receptor "inibidor" do ácido gama-aminobutírico).

Tomando a medida da condutância membranária máxima como índice do número de canais iônicos abertos pelo agonista, é possível desde então construir curvas dose-resposta muito mais próximas do mecanismo elementar da resposta do que aquelas obtidas pelos métodos padrão da farmacologia. As constantes de dissociação *aparentes* obtidas são de 20-50 μM para a acetilcolina (400 μM para a carbamilcolina). Esse domínio de concentração está próximo daquele da acetilcolina no espaço sináptico quando da passagem do sinal nervoso (0,3-1,0 mM) (Kuffler e Yoshikami, 1975; Katz e Miledi, 1977).

Todavia, um dos limites insuperáveis desses registros eletrofisiológicos é o de que eles dizem respeito exclusivamente à resposta iônica suscetível de acarretar uma modificação dos parâmetros elétricos da membrana. A inferência dos dados de ligação do neurotransmissor a partir da resposta que ele produz não pode portanto ser sugerida senão a título de hipótese. A elucidação do *mecanismo* de abertura do canal pela acetilcolina requer obrigatoriamente a medida direta de sua ligação, a qual constitui igualmente a porta de entrada dos métodos bioquímicos e físico-químicos sobre um sistema que pode desde então se tornar inteiramente *a*celular. Além disso, continua sendo necessário imaginar um mecanismo molecular capaz de explicar a transdução do sinal químico em sinal elétrico no nível elementar. Isso será feito com certas pesquisas realizadas em um outro domínio completamente diferente: o da biologia molecular de enzimas reguladoras bacterianas, as quais são submetidas a uma regulação, não por um neurotransmissor intercelular, mas por um sinal metabólico intracelular.

O receptor da acetilcolina, proteína alostérica?

Em 1961, o trabalho sobre enzimas reguladoras bacterianas — a desaminase da L-treonina e a transcarbamilase do aspartato — destaca três grupos de fatos (Changeux, 1961):

A inibição da atividade dessas enzimas pelo produto final da cadeia metabólica que age como sinal regulador por retroação negativa. O antagonismo entre o substrato que se liga ao sítio ativo e o produto final é "aparentemente" competitivo a despeito do fato de que esses dois compostos possuem estruturas "estéricas" diferentes;

A presença de efeitos cooperativos para a ligação do substrato e/ou do efetuador regulador tal como são encontrados para a ligação do oxigênio à hemoglobina;

A abolição por métodos químicos (reativos de -SH) ou físicos (calor de 50°C) da sensibilidade ao sinal regulador sem perda de atividade enzimática, mas com desacoplamento concomitante dos efeitos cooperativos (fenômeno de *desacoplamento*, chamado na época erroneamente de "dessensibilização").

Esses dados são interpretados com base em um modelo distinto do modelo clássico de interação direta por impedimento estérico. Esse último, lembremos, postula que duas categorias de sítios topograficamente distintos intervêm na ligação específica do substrato e do sinal regulador e que a sua interação é *indireta* ou *alostérica* (Changeux, 1961; Monod e Jacob, 1961) (figura 38a). Uma transição conformacional, chamada transição alostérica, assegura o acoplamento entre sítios distintos. No texto de 1963 (Monod, Changeux e Jacob, 1963), essa transição é vista como resultante de um "ajuste induzido" (*induced fit*), acarretado pela ligação do efetuador regulador e/ou do substrato (Koshland, 1959) que se manifesta por uma mudança do estado de agregação da molécula proteica.

O texto de 1965 (Monod, Wyman e Changeux, 1965) adota um ponto de vista radicalmente diferente. Supõe-se que a *transição alostérica*, em lugar de ser "induzida" pela ligação dos ligantes, preexista àquela sob a forma de um equilíbrio conformacional R $\rightleftharpoons$ T entre um estado relaxado (R) ativo e um estado (T) inativo.

A *molécula de proteína* não muda de estado de agregação quando da transição; supõe-se que ela seja composta de subunidades idênticas organizadas em "oligômero", possuindo ao menos um eixo de simetria (cristal impenetrável), e que a transição conformacional altere as relações entre subunidades (restrição quaternária), conservando inteiramente as propriedades de simetria da molécula.

A *afinidade de um (ou de vários) ligante(s)* muda quando acontece a transição de um estado ao outro. Em outros termos, a regulação acontece por deslocamento de um equilíbrio conformacional preexistente em favor do estado ao qual o ligante possui a afinidade mais elevada. Em decorrência disso, distinguem-se uma função de *estado* R e uma função de *ligação* T que exprimem respectivamente a fração de proteína no estado R e a fração de sítios ocupados pelo ligante. Essa propriedade distingue, inequivocamente, esse *modelo concertado* (seletivo ou "darwiniano") de qualquer outro modelo (instrutivo ou "lamarckiano") baseado na indução da mudança conformacional pelo ligante (Koshland, Nemethy, Filmer, 1966). Os trabalhos de estrutura efetuados ao longo das décadas que se seguiram à proposição do modelo de 1965 confirmaram, de modo geral, a sua validade, certamente com exceções (Perutz, 1989).

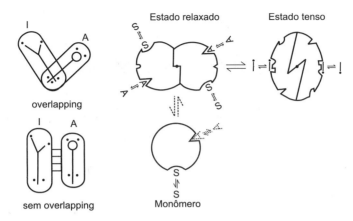

FIGURA 38A – Sítios alostéricos e transições alostéricas

À ESQUERDA: Primeiro modelo proposto em 1961 para explica a interação reguladora elementar entre o substrato (A) (a treonina) e o inibidor regulador (I) (a isoleucina) da treonina desaminase do colibacilo:
superposição: interação por impedimento estérico,
sem superposição: interação "alostérica" entre sítios topograficamente distintos (apud J.-P. Changeux, 1961).
À DIREITA: Modelo de transição conformacional concertado de Monod-Wyman-Changeux, 1965 (apud J.-P. Changeux, 1965).

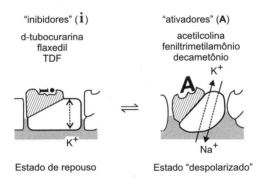

FIGURA 38B – Extensão do modelo alostérico ao receptor da acetilcolina

O sítio de ligação da acetilcolina no qual se fixam "ativadores" e "inibidores" é proposto como sítio alostérico, e o canal iônico no qual passam íons sódio e potássio, como sítio ativo. Postula-se que o receptor exista sob um estado canal fechado (estado de repouso) e canal aberto (estado "despolarizado") (apud J.-P. Changeux, 1969).

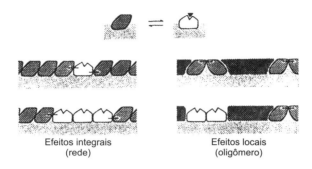

Efeitos integrais
(rede)

Efeitos locais
(oligômero)

FIGURA 38C – Receptores alostéricos membranários

A integração do receptor à membrana impõe limites estruturais (eixo de simetria perpendicular ao plano da membrana) e permite uma eventual associação em rede bidimensional cooperativa (observada recentemente com os receptores quimiotáticos bacterianos) (apud J.-P. Changeux, 1969).

Nem o texto de 1963 nem o texto de 1965 fazem alusão à possibilidade de que a transdução eletroquímica na sinapse possa fazer intervir mecanismos alostéricos no nível das membranas excitáveis. Essa ideia, mencionada pela primeira vez em 1964, só será desenvolvida nos textos de 1966, 1967 (Changeux e Kittel) e 1969 (Changeux e Podleski).

Ela é acompanhada de duas proposições:

A transdução do sinal químico em sinal elétrico faz intervir uma proteína transmembranária que compreende um domínio "receptor" que fixa o neuromediador e um domínio "biologicamente ativo" que compreende o canal iônico: seu acoplamento é assegurado por uma transição conformacional da molécula (figura 38b);

Os efeitos cooperativos observados na resposta ao neuromediador resultam seja de uma organização em rede ilimitada dos elementos receptores, seja de sua associação em oligômero finito transmembranário possuindo um eixo de simetria perpendicular ao plano da membrana (figura 38c).

A comprovação experimental dessas proposições necessitava da identificação *in vitro* de um receptor envolvido na transdução eletroquímica:

o primeiro a ser isolado será a proteína receptora da acetilcolina, que se trata igualmente do alvo de uma droga muito consumida, a nicotina, daí seu nome de "receptor nicotínico".

O órgão elétrico da arraia-torpedo e a identificação do receptor da acetilcolina

A obtenção dos primeiros dados de ligação diretamente associados ao receptor da acetilcolina tornou-se possível (Changeux, Kasai e Lee) em 1970 com o emprego de um tecido particularmente favorável, o órgão elétrico do gimnoto ou peixe-elétrico. Esse órgão especializado na produção de descargas elétricas (0,5 ampères, 250 volts gimnoto; 50 ampères, 20-60 volts arraia-torpedo) é composto de células multinucleadas, eletroplacas ou eletrócitos, cada uma recebendo várias centenas (ou milhares) de sinapses, todas idênticas entre si, para um total de 10^{11} a 10^{12} sinapses por órgão (gimnoto). O tecido elétrico é portanto, ao mesmo tempo, extremamente rico em sinapses colinérgicas e muito homogêneo, o que o torna particularmente propício aos estudos bioquímicos (Nachmansohn, 1959). Outra vantagem: a eletroplaca é uma célula gigante que se disseca e com a qual se registra sem dificuldade a resposta elétrica aos agentes farmacológicos ativos sobre o receptor. A eletroplaca isolada cria assim o elo que falta entre fisiologia e bioquímica. Enfim, o órgão elétrico presta-se ao fracionamento subcelular. Centrifugações sucessivas permitem purificar, a partir de homogenados de órgão elétrico, fragmentos de membrana que se fecham sobre si mesmos em vesículas fechadas ou "microssacos". Equilibrados com íons permeantes marcados, esses microssacos respondem à presença de acetilcolina por um aumento de fluxo iônico passivo. A farmacologia dessa resposta *in vitro* é perfeitamente idêntica àquela da eletroplaca (Kasai e Changeux, 1971).

Fragmentos de membrana desse tipo podem portanto servir, de início, para a identificação do sítio receptor por métodos de ligação e, em seguida, para o isolamento da molécula que o carrega. As primeiras tentativas de marcação do sítio receptor esbarraram na multiplicidade dos sítios de ligação de ligantes radioativos empregados (flaxedil [Chagas], curare [Ehrenpreis]), e na ausência de especificidade (de Robertis). Uma etapa decisiva na identificação desse sítio foi vencida com o emprego de uma categoria completamente diferente de marcadores: as pequenas proteínas tóxicas (6 mil a 7 mil daltons) presentes nos venenos de várias espécies de serpente (Bungarus, Naja) (Lee e Chang, 1966). Essas toxinas-α se fixam com uma afinidade muito alta (de K_D 10^{-9} a 10^{-11} M) e uma extrema seletividade ao sítio receptor. Elas puderam servir para identificá-lo seja por deslocamento de agonista colinérgico radioativo (Changeux et al., 1970), seja por ligação direta após marcação radioativa (Miledi et al.,1971).

A molécula que carrega esse sítio, solidamente ligada à membrana celular, passa em solução aquosa sem perder as suas propriedades de ligação na presença de detergentes não desnaturantes (colato, desoxicolato, Triton X 10) (Changeux et al., 1970). A partir daí, ela pode ser purificada até a homogeneidade por cromatografia de afinidade sobre grânulos de toxinas-α ou ligantes colinérgicos imobilizados. Quatro categorias de fatos demonstram inequivocamente que a proteína purificada é certamente o receptor fisiológico:

Os agonistas e antagonistas colinérgicos são ligados por essa proteína na mesma ordem de afinidade que a eletroplaca isolada;

A imunização de um animal de laboratório pelo receptor de peixe desencadeia uma paralisia autoimune análoga à miastenia grave no homem, e os anticorpos assim obtidos bloqueiam a resposta fisiológica;

*Os anticorpos antirreceptores e as toxinas-*α marcam seletivamente a proteína receptora no nível da membrana pós-sináptica;

A proteína purificada, uma vez reinserida nas duplas camadas lipídicas artificiais, regula os fluxos de íons permeantes com as mesmas características de quando ela é integrada naturalmente à membrana pós-sináptica. A proteína purificada contém portanto o canal iônico, o sítio receptor da acetilcolina, bem como o mecanismo de acoplamento "alostérico" entre essas duas categorias de sítios.

A proteína receptora purificada, obtida a partir do órgão elétrico do peixe, possui uma massa molecular de 290 mil daltons e resulta do agrupamento de cinco subunidades em oligômero pentamérico (Hucho e Changeux, 1973). Esse oligômero (α2 βγδ) é composto de quatro cadeias de massa molecular *aparente* 40 mil (α), 50 mil (β), 60 mil (γ) e 66 mil (δ) daltons (Reynolds e Karlin, 1978; Raftery et al., 1980). Ela contém dois exemplares do sítio de ligação da acetilcolina e das toxinas-α. As cadeias α são marcadas por ligantes de afinidade covalentes do sítio receptor e, portanto, carregam todo ou parte desse sítio. Os bloqueadores não competitivos da resposta iônica, supostamente fixos no nível do próprio canal iônico, ligam-se a um sítio comum às quatro cadeias do receptor e estão presentes em um único exemplar por oligômero.

As quatro cadeias do receptor atravessam a membrana e são associadas em "feixe" compacto, grosseiramente cilíndrico, de dimensão 110 Å para 90 Å (figura 39a). Vista ao microscópio eletrônico (Cartaud, Stroud), a forma leve apresenta-se como uma roseta centrada de 90 Å de diâmetro na qual aparecem, depois da análise de imagem, cinco massas desiguais correspondendo às cinco cadeias, duas das quais, as menores, situadas a 2h e a 6h (portanto não adjacentes), são reforçadas pela toxina-α e podem portanto ser identificadas com as cadeias α (Bon et al., 1984). Os trabalhos recentes de microscopia eletrônica de alta resolução de Unwin e de cristalografia com os raios X oferecem hoje uma imagem detalhada da estrutura do receptor em nível atômico (figura 39) (ver Changeux e Edelstein, 2005).

Genética molecular do receptor da acetilcolina

O desenvolvimento de um teste de ligação específico do sítio receptor e, depois, a purificação da proteína receptora foram duas etapas decisivas no progresso das pesquisas sobre o receptor da acetilcolina. A aplicação dos métodos da genética molecular ao estudo do receptor constituiu uma terceira etapa, também fundamental.

Métodos de purificação de grande escala permitiram obter quantidades suficientes de subunidade-α do receptor de arraia-torpedo para que a sequência dos aminoácidos NH_2-terminais pudesse ser estabelecida em

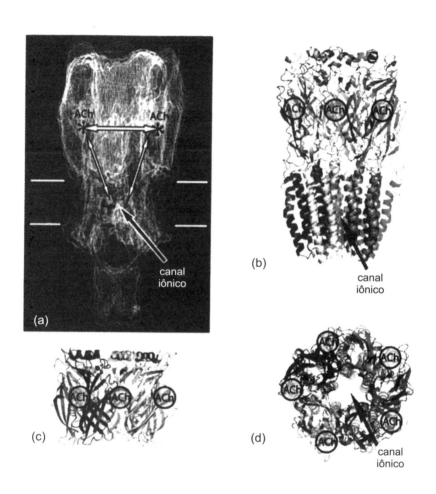

FIGURA 39A – Estrutura do receptor da acetilcolina em nível atômico

(a) Microscopia de alta resolução da molécula de receptor demonstrando que os sítios de ligação da acetilcolina (ACh) e o canal iônico são topograficamente distantes uns dos outros e, portanto, sua interação é alostérica (apud Unwin, 2000). (b) Modelo molecular de receptor da acetilcolina de tipo neuronal α7 (simetria pentamérica perfeita) e (c), (d), da proteína que liga a acetilcolina de molusco: nota-se a localização do sítio de ligação da acetilcolina na interface entre subunidades (apud Changeux e Taly, 2008).

A DESCOBERTA DOS RECEPTORES DE NEUROTRANSMISSORES

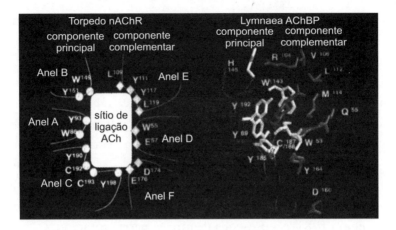

FIGURA 39B – Sítio receptor da acetilcolina

Dados bioquímicos e genéticos (Corringer et al., 2000) e dados estruturais (Brecj et al., 2001) (apud Changeux e Edelstein, 2005).

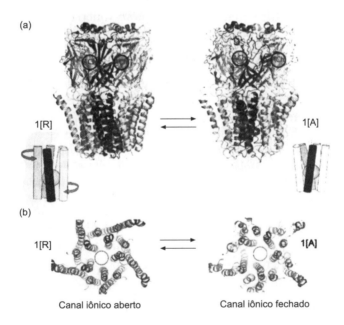

FIGURA 39C – Modelo de transição alostérica por "torção quaternária"

O esquema mostra os estados ativos e de repouso em vista lateral (a) com o movimento das subunidades e de frente (b) com a abertura e o fechamento do canal iônico (apud Changeux e Taly, 2008).

meu laboratório pelo método de degradação de Edman automatizado (Devillers-Thiéry et al., 1980). Notáveis homologias de sequência (de 35% a 50% de identidade) foram então notadas por essa técnica entre as quatro cadeias do receptor (Raftery et al., 1981).

Uma vez que esses dados foram adquiridos, os DNA complementares (DNAc) do RNA mensageiro citoplasmático puderam ser clonados e a sequência proteica de cada uma das subunidades deduzida (Noda et. al., 1982, 1983; Devillers-Thiéry et al., 1983). Essas sequências apresentam homologias importantes sobre toda a sua extensão, em acordo com a hipótese de uma evolução a partir de um gene ancestral comum (Raftery et al., 1981) e a presença de uma simetria rotacional ("pseudo") de ordem cinco da molécula de receptor (Changeux, 1981), como era esperado com uma proteína alostérica.

A análise da distribuição dos aminoácidos hidrófilos/hidrófobos ao longo da sequência das quatro cadeias provoca a sua subdivisão em vários domínios: dois hidrófilos, um grande, outro pequeno, e quatro hidrófobos. O grande domínio hidrófilo NH_2-terminal dispõe-se sobre a face externa, sináptica; o pequeno, sobre a face interna, citoplásmica, da membrana. Os quatro domínios hidrófobos, de cerca de vinte aminoácidos cada um, formam hélices-α transmembrana. O canal iônico resulta, por sua vez, do agrupamento de cinco cadeias do receptor, em sua parte comum, no eixo de "pseudo" simetria da molécula (figura 39a). A expressão do receptor funcional a partir dos DNAc clonados codificadores para cada uma das cadeias do receptor foi obtida (Mishina et al., 1984). Quando os RNA mensageiros das quatro cadeias são introduzidos no oócito de xenopo, obtém-se um receptor que liga a α-bungarotoxina e produz canais iônicos sensíveis à acetilcolina de maneira semelhante ao receptor nativo. A proteína receptora de 290 mil daltons, sozinha, basta portanto para obter as principais propriedades biofísicas e farmacológicas da resposta fisiológica à acetilcolina.

Propriedades funcionais do receptor da acetilcolina

Paralelamente à aquisição desses dados estruturais, que se situam desde então no nível atômico, desenvolveram-se, com frequência em paralelo, os conhecimentos sobre as propriedades funcionais do receptor. Por muito tempo, esses conhecimentos se basearam exclusivamente na medida de parâmetros elétricos cujos limites já sublinhei. Entretanto, um importante progresso foi realizado nesse domínio com o crescimento notável de resolução na análise do efeito fisiológico da acetilcolina: "parece possível" escreviam assim Katz e Miledi em 1970, "que, durante a aplicação contínua da acetilcolina à placa motora, os efeitos estatísticos de bombardeamento molecular pudessem ser discerníveis por um aumento de *ruído* membranário superposto a uma despolarização média mantida". Esse "ruído", diretamente associado ao efeito dos agonistas, foi efetivamente registrado e analisado em termos seja de efeitos de descarga (Katz e Miledi, 1972), seja de abertura-fechamento (tudo ou nada) de canais discretos (Anderson e Stevens, 1973). O registro de flutuações de canais únicos com a forma predita pelo segundo modelo foi em seguida realizado por Neher e Sakmann (1976). Era evidente que, de um agonista ao outro, a amplitude da flutuação elementar, de condutância γ, não variava, enquanto o tempo médio de abertura t mudava (carbamilcolina 11 milissegundos; acetilcolina 26 milissegundos; suberildicolina 45 milissegundos).

A abertura dos canais iônicos, ou *ativação*, ocorre nas condições fisiológicas, quando da liberação de uma "impulsão química" de acetilcolina altamente concentrada (10^{-4}-10^{-3} M) e durante um tempo muito breve (< milissegundo). Quando o neurotransmissor é aplicado sobre a membrana pós-sináptica durante vários segundos ou minutos e em concentrações que podem ser mais baixas, a amplitude da resposta de permeabilidade diminui de maneira reversível em função do tempo: há portanto *dessensibilização* (Katz e Thesleff, 1957). As transições de ativação e de dessensibilização foram encontradas *in vitro* pelo método de medida dos fluxos iônicos sobre preparações de membranas purificadas e mesmo a partir de receptor purificado reconstituído sob forma funcional dentro de bicamadas lipídicas (Popot et al., 1976, 1981; Anholt et al., 1981). A curva de variação dos fluxos iniciais com a concentração de acetilcolina é ligeiramente sigmoide (n_H ~ 1,7-2,0) com um K_D aparente 40-80 µM e se superpõe praticamente à curva dose-resposta obtida por medidas eletrofisiológicas em condições de voltagem imposta. Igualmente, as duas fases, rápida e lenta, da dessensibilização se encontram *in vitro*.

Os fragmentos de membrana purificados e o receptor reconstituído possuem, portanto, todas as propriedades funcionais do complexo receptor-canal iônico reconhecidas *in vivo* pela medida de parâmetros elétricos. Esses sistemas apresentam todavia a vantagem única de permitir, nas mesmas condições, a medida da ligação de agonistas e o estabelecimento de relação dessa ligação com a abertura do canal iônico.

Os primeiros estudos de ligação balanceada da acetilcolina e de outros ligantes colinérgicos revelam uma afinidade muito elevada (K_D ~ 10^{-8} M) da acetilcolina para o sítio receptor nos domínios de concentração três ordens de grandeza mais baixos que a concentração de acetilcolina na fenda sináptica durante a transmissão do influxo nervoso. Ora, uma afinidade tão elevada é incompatível com a estimulação repetitiva da placa motora, o tempo de residência médio de acetilcolina sobre seu sítio podendo atingir 100 milissegundos. Na verdade, a análise cinética da ligação da acetilcolina (Weber et al., 1975) ou de análogos fluorescentes (Heidmann e Changeux, 1979) pôde mostrar que, em repouso e na ausência de agonista, o receptor liga a acetilcolina com uma baixa afinidade (K_D ~50 µm) e que a mistura rápida com aquele desencadeia uma cascata de transições que resulta, lentamente, no estado de alta afinidade do receptor. Um modelo de quatro estados explica tais cinéticas de ligação (figura 40a). R é o estado de repouso. A afinidade pela acetilcolina aumenta de R — A — I — D, na qual R — A é muito rápida (não definido), ao passo que as transições para I e D se situam, respectivamente, em domínios de tempo que vão da fração de segundo a vários segundos ou minutos.

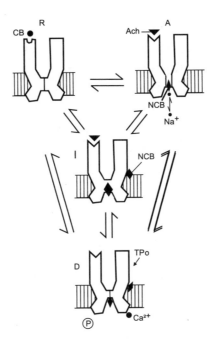

FIGURA 40A – Estados conformacionais múltiplos do receptor da acetilcolina

A exposição prolongada do receptor à acetilcolina acarreta uma redução da amplitude da resposta de impermeabilidade iônica ao neurotransmissor. Os modelos de dessensibilização propostos fazem intervir vários estados conformacionais que fixam diversos ligantes com afinidades diferentes: R estado de repouso; A estado ativo com o canal aberto; I e D estados dessensibilizados fechados cuja afinidade pela acetilcolina (ACh) é superior à do estado ativo (apud Changeux, 1990).

A comparação desses dados de ligação com os dados de fluxo nos mesmos domínios de tempo (Heidmam et al., 1983) sugere que o canal está aberto no estado A (estado *ativo*) e fechado nos estados de afinidade elevada I e D (estados *dessensibilizados*). Em acordo com o modelo de Katz e Thesleff (1957), a dessensibilização da resposta identifica-se com a(as) transição(ões) lenta(s) para o estado inativo da alta afinidade. Esse esquema, por outro lado, está de acordo com o modelo de transição "concertado" proposto pelas proteínas alostéricas (Monod et al.,1965). Em particular, o estado D preexiste espontaneamente à ligação de antagonistas (20% no repouso) e pode ser estabilizado de modo balanceado por ligantes "alostéricos" outros que não o agonista (os bloqueadores não competitivos, por exemplo) (Heidmam et al., 1983). Enfim, a análise cinética da ligação covalente de um bloqueador não competitivo, a clorpromazina, no seu sítio único de ligação (comum às cinco subunidades), demonstra que o acesso desse sítio à clorpromazina aumenta de maneira espetacular nas condições de povoamento do estado A. Esses resultados estão de acordo com a hipótese segundo a qual somente esse sítio faz parte do canal iônico. A clorpromazina servirá para a identificação do canal iônico por marcação de afinidade.

Novidades sobre os receptores-canais

O primeiro aminoácidos do sítio ativo é identificado na cadeia α com um marcador de afinidade reagente às cisteínas (Kao et al., 1984). Na verdade, a situação se mostra complexa. O emprego de um marcador de afinidade mais ubiquitário revela que vários aminoácidos entram na composição dos dois sítios ativos presentes por molécula de receptor em três anéis da cadeia α: A, B e C (Galzi et al., 1991). Os principais aminoácidos marcados são de tipo aromático e criam uma "corbelha eletronegativa" complementar do amônio quaternário. Um quarto anel D, carregado pelas cadeias não-α, participa da estrutura de dois sítios ativos (com dois outros anéis E e F) (figura 39b). Esses dados estão de acordo com o fato de que esses dois sítios não são farmacologicamente idênticos e se encontram situados, como no caso das proteínas alostéricas clássicas, na interface entre subunidades.

A marcação covalente do sítio de alta afinidade dos bloqueadores do canal realizada com a clorpromazina (Giraudat et al., 1986, 1987) e o metil trifenil fosfônio (Hucho et al., 1986) identifica o segmento hidrófobo MII como aquele que forma as paredes do canal iônico de maneira pseudossimétrica em torno do eixo de rotação de ordem cinco (Hucho et al., 1986; Girauldat et al., 1987). Experiências de mutagênese dirigida, efetuadas inicialmente pelas equipes de Numa e Sakmann, e depois pela nossa, em colaboração com a de Bertrand em Genebra, confirmaram o papel de MII no transporte dos íons (figura 39a). Em particular, um anel próximo da face citoplásmica interviria na seletividade iônica e na diferença entre receptores "inibidores" (como o receptor do GABA cujo canal é seletivo para os ânions cloro) e receptores "excitadores" (como o receptor nicotínico cujo canal é seletivo para os cátions).

A distância entre sítios de ligação dos efetuadores colinérgicos e sítio de alta afinidade dos bloqueadores do canal é de 21-35 Å, a ordem de grandeza da distância medida entre hemes na hemoglobina. Por esse motivo, a interação entre esses dois sítios entra na categoria das interações *alostéricas* de acordo com a definição geral de 1963. A presença de efeitos cooperativos positivos entre sítios de ligação da acetilcolina, o caráter discreto de tudo ou nada da abertura do canal iônico e a estrutura quaternária oligomérica da molécula de receptor entram no quadro do modelo elaborado em 1965. Todavia, a organização pseudossimétrica da molécula com um único eixo de rotação perpendicular ao plano da membrana e a interconversão em cascata da molécula entre vários estados conformacionais conferem propriedades não convencionais provavelmente ligadas à disposição transmembranária da molécula receptora (figuras 39 e 40).

A maior parte dessas propriedades é encontrada com os receptores do $GABA_A$, da glicina e da serotonina ($5HT_3$) que compõem, com o receptor nicotínico, uma superfamília de receptores igualmente acoplados a canais iônicos. Esses receptores são também o alvo de agentes farmacológicos poderosos como os benzodiazepínicos (receptor GABA) ou a estricinina (receptor glicina). Um esquema hipotético de evolução dos receptores dessa família destaca, em uma primeira etapa, a aquisição da simetria: a gênese de oligômeros simétricos que asseguram a formação de um canal transmembranário, a cooperatividade, a flexibilidade e, portanto, a transdução eletroquímica. Em uma segunda etapa, constata-se uma ruptura parcial de simetria por formação combinatória de hetero-oligômeros que acarretam uma diversificação funcional considerável.

Outros avanços do conhecimento no domínio dos receptores-canais: a filiação entre os receptores aniônicos do GABA e da glicina com os receptores catiônicos da serotonina ($5HT_3$) e da acetilcolina. O ancestral comum hipotético teria existido há 2,5 bilhões de anos, provavelmente nos procariontes. O receptor aniônico mais antigo parece ser o da glicina. Em ambos os casos, a formação de hetero-oligômeros seria tardia. Ela estaria na origem da diferenciação dos sítios dos benzodiazepínicos no caso do receptor do GABA. O conjunto desses dados, obtidos com os receptores-canais, favorece a hipótese segundo a qual o receptor da acetilcolina e seus homólogos são *bona fide* proteínas alostéricas mas membranárias e, desse modo, possuem propriedades originais que lhes são próprias (Changeux e Edelstein, 2005).

Os receptores de sete hélices transmembrana

Os receptores de sete hélices transmembrana compõem uma família extremamente vasta de moléculas. Os conhecimentos que temos deles provêm, de um lado, de trabalhos sobre a bacteriorodopsina da *Halobacterium halobium* e, de outro lado, de pesquisas sobre a rodopsina (ver Parte I, figuras 9a e 9b) e os receptores de neuromediadores (e de hormônios) ligados a proteínas G.

A bacteriorodopsina serve de bomba de prótons movida pela luz no caso da bactéria halófita muito primitiva *Halobacterium halobium*. Ela é composta de uma única espécie proteica de massa molecular 26 mil com uma molécula de retinol por 26 mil daltons. No escuro, o retinol está sob a forma *all-trans* e estabelece uma base de Schiff com a proteína. À luz, o retinol se isomeriza em menos de dez picossegundos sob a forma 13 *cis*, e depois retorna ao estado inicial, no escuro, formando um ciclo com vários intermediários e com liberação de prótons. A estrutura tridimensional da molécula de rodopsina obtida por Henderson e seus colaboradores, com a ajuda de um método de microscopia eletrônica com baixas doses de elétrons, revela um dobramento da cadeia polipeptídica sob a forma de uma "serpentina" de sete hélices transmembrana que compõem um "feixe" com um bolso central no qual se ligam o retinol e um canal axial para os prótons. Uma mudança conformacional intervém no ciclo de fotoativação que afetaria principalmente a parte mais citoplásmica da molécula. Trata-se, certamente, de uma transição alostérica no sentido primeiro do termo, uma vez que a distância entre retinol e face citoplásmica é da ordem de 12 Å.

A rodopsina dos vertebrados constitui 90% das proteínas dos bastonetes da retina (ver Parte I, figuras 9a e 9b). Ela se compõe de uma única cadeia de 348 aminoácidos, dos quais 50% são integrados à fase membranária, como a bacteriorodopsina, sob a forma de uma serpente de sete hélices transmembrana. A fotoativação da rodopsina acarreta a ativação alostérica da proteína G heterotrimérica ($\alpha\beta\gamma$) (ou transducina) que é associada à face citoplásmica da rodopsina. Ela acarreta igualmente uma ativação da fosfodiesterase do GMP depois da queda do nível intracelular de GMP cíclico que provoca o *fechamento* do canal de Na^+: a membrana plásmica se hiperpolariza.

Os receptores de neuromediadores e de hormônios ligados às proteínas G compõem uma imensa família de proteínas homólogas de sete hélices transmembrana que compreendem um outro tipo de receptor da acetilcolina chamado muscarínico. O carro-chefe desses receptores é o receptor β2-adrenérgico, cujo DNA foi clonado por Lefkowitz e sua equipe desde 1986, ou seja, cerca de quatro anos depois do receptor da acetilcolina (*cf.* Lefkowitz et al., 2008). De uma maneira geral, todos os receptores apresentam um perfil de hidropatia similar ao da rodopsina, com sete segmentos hidrófobos transmembranários de cerca de 20-25 ácidos. No caso do receptor β2-adrenérgico, a maior parte das hélices participa da formação da bolsa na qual se aloja o neuromediador, com uma contribuição privilegiada das hélices II e VII. No caso dos receptores de peptídeos, os sítios de ligação fazem intervir anéis de aminoácidos extracelulares. A transdução do sinal efetua-se por meio de uma transição conformacional que assegura o acoplamento "alostérico" entre o sítio de ligação do neuromediador e o sítio de interação citoplásmico da proteína G.

O modelo concertado de transição alostérica (Monod-Wyman-Changeux, 1965) aplica-se aos receptores-canais mediante a consideração de uma cascata de transições conformacionais B — A — I — D entre estados ativos e estados dessensibilizados. O caso dos receptores de sete hélices transmembrana parece menos evidente, salvo se se considerar o próprio receptor monocatenário como um "oligômero" covalente de sete "subunidades α-helicais" ou que ele se associe consigo mesmo na membrana em oligômero "lábil" (até agora não identificado). A interpretação das propriedades funcionais de receptores ligados a proteínas G no quadro do modelo alostérico supõe a existência de vários estados conformacionais R, R*, R*G em lugar dos R e RG do modelo clássico bem como a interconversão espontânea, na ausência de ligante, de R em R*, que os ligantes farmacológicos estabilizariam seletivamente. O conjunto dos resultados obtidos com os receptores — receptores-canais ou receptores ligados a proteínas G — concilia-se bem com a hipótese de que se trata de proteínas alostéricas membranárias; esses resultados ilustram a diversidade e a riqueza funcional dessas proteínas.

CAPÍTULO 5 Os mecanismos celulares e moleculares da aprendizagem*

A aprendizagem e suas apostas

O cientista propõe "modelos" ou representações simplificadas e formalizadas da realidade exterior, comparando aqueles com esta por meio da experiência, e demonstrando, ou não, a validade deles com base em "critérios explícitos e solucionáveis" (Granger, 1980). O filósofo enuncia "teses", de caráter dogmático, que se referem aos problemas da prática científica e se verificam justos, ou não, na medida em que contribuem, ou não, "para extrair uma justa posição desses problemas" (Althusser, 1967).

A *aprendizagem* pode ser definida como toda modificação estável do comportamento ou das atividades psicológicas atribuível à "experiência" do sujeito. Seu sentido é mais geral do que aquele de *memória*, pois diz respeito à disponibilidade e ao emprego de uma aprendizagem. De fato, a memória é a propriedade de conservar informações, mas igualmente de restituí-las ou reconhecê-las. Ela inclui um processo de estocagem (retenção) *e* um processo de recordação (reatualização). Ambos, aprendizagem e memória, certamente intervêm no estabelecimento de um

---

* Cursos dos anos de 1985 e 1995.[1]

traço material estável ou "engrama". Fala-se igualmente d*a,* ou *das,* memória(s) de um computador como *dispositivos* capazes de conservar e restituir um dado ou o resultado de um tratamento parcial. Na psicologia, a noção de memória está ligada à de estado de consciência (ou de vigilância). Para William James (1890), "a memória propriamente dita, ou [...] *secundária*, é o conhecimento de um antigo estado psíquico que reaparece na consciência depois de ter desaparecido"; ela se distingue da memória imediata, ou *primária*, "com o sentido do tempo, o sentido de um presente limitado a alguns segundos". Essas memórias primária e secundária foram depois qualificadas de memória de *curto* e *longo prazos.*

As apostas filosóficas das pesquisas sobre a aprendizagem e a memória dizem respeito a dois temas principais: a origem das ideias ou, mais geralmente, do conhecimento, no quadro geral das relações do organismo, do homem, com o mundo exterior; as relações do corpo e da mente, ou *mind-body problem*, para os anglo-saxões.

O debate sobre as origens do conhecimento foi colocado, desde a Antiguidade grega, por Platão no *Teeteto* e no *Fédon*. O jovem Teeteto exprime assim a posição *empirista* do filósofo sofista Protágoras: "Parece-me que aquele que sabe alguma coisa sente aquilo que sabe, e, tanto quanto eu possa julgar nesse instante, a ciência não é outra coisa senão a sensação." E Sócrates responde que não são os órgãos dos sentidos, mas "a alma que faz em todos os objetos o exame dos comuns" (*Teeteto*). Concluindo disso que é preciso, "ou então que tenhamos nascido com o conhecimento das realidades em si e que as guardemos por toda vida, ou então que aqueles dos quais falamos que aprendem não façam outra coisa senão se lembrar e que a ciência seja reminiscência" (*Fédon*). Esse último ponto de vista, *racionalista* e *inatista*, será retomado no século XVII por Descartes, que escreve: "encontro em mim uma infinidade de ideias de certas coisas" ou ainda: "parece-me que não aprendo nada novo, mas sobretudo que me recordo daquilo que já sabia outrora; isto é, que percebo coisas que já estavam em minha mente". Kant e, depois, mais próximo de nós, o linguista Chomsky adotam uma atitude similar. Para Chomsky, órgãos mentais e órgãos físicos são "próprios da espécie" e "geneticamente determinados" e "a estrutura psicológica intrínseca é rica e diversa": a interação com o mundo exterior *revela* disposições inatas ou oriundas do desenvolvimento considerado autônomo e não traz *nenhuma ordem* suplementar nas disposições do indivíduo. O que leva seu colega Fodor a afirmar, de maneira radical, "que não há teoria da aprendizagem (conceitos) e que, em um certo sentido, certamente não pode haver uma"!

A tese empirista enunciada por Protágoras, e retomada por Aristóteles, situa-se exatamente no oposto do ponto de vista cartesiano. Para Aristóteles, a alma única e imaterial é, na hora do nascimento, uma *tabula rasa*, uma "folha de papel branco" sobre a qual se escreve a experiência do sujeito. A mente, no início, é vazia e se *enriquece* — sua ordem aumenta — com a experiência: assim, "nada está na mente que não tenha estado inicialmente nos sentidos". "É porque algo dos objetos exteriores penetra em nós que vemos as formas e que pensamos", prossegue Epicuro, tese que os filósofos ingleses clássicos, Locke e depois Hume, vão desenvolver e precisar. O aforismo aristotélico — "não há ideia sem uma impressão anterior" — completa-se, em Locke, por proposições relativas à origem do pensamento humano que resultaria da *associação* das ideias simultaneamente (composição) e sucessivamente no tempo (encadeamento). Hume, por seu lado, escreve: "para mim parece-me que há três princípios de conexão entre as ideias, a saber, semelhança, continuidade no tempo e no espaço e relação de causa e efeito". Coube, portanto, aos empiristas ingleses formular uma primeira teoria geral da aprendizagem.

A tese selecionista, ou darwinista, procede, ao mesmo tempo, das teses inatistas e empiristas. Do racionalismo, ela toma emprestado um "gerador *interno* de diversidade", que, por um processo combinatório, cria espontaneamente *variações* múltiplas. Do empirismo, ela extrai um "mecanismo de seleção" que retém algumas dessas combinações (ou variações) ou as rejeita devido à troca de sinais com o mundo exterior. Notemos que ela já se encontra esboçada na gênese de Empédocles de Agrigento (490-435 antes de nossa era). No século XVIII, Maupertuis e, depois, Buffon insistem sobre a ideia da produção transitória dos monstros. Buffon, por exemplo, nota: "animais sem boca não podiam viver, outros que careciam de órgãos para geração não podiam se perpetuar: os únicos que restaram são aqueles nos quais se encontravam a ordem e a conveniência". Em sua famosa *Carta sobre os cegos*, Diderot prossegue, depois de ter, também ele, mencionado a hipótese dos monstros, pela visão de uma "máquina que avança à sua perfeição por uma infinidade de desenvolvimentos sucessivos" e chega a um mundo que é "a casa da sorte".* Um século mais tarde, Darwin expõe e desenvolve a tese que desde então leva o seu nome e sobretudo a ilustra com exemplos precisos. É à "conservação das *variações* favoráveis e à destruição das que são prejudiciais", escreve ele, "que apliquei o nome de *seleção natural* ou de sobrevivência do mais apto".

É notável que antes mesmo de ser formulada explicitamente, a propósito da evolução biológica, a tese selecionista transpareça em certos textos de Hume: "formar monstros", escreve ele, "e unir formas e aparências discordantes, isso não custa mais problemas à imaginação do que conceber os objetos mais familiares". Inspirado diretamente por Darwin, Taine propõe que "na luta para viver (*struggle for life*) a cada momento estabelece-se entre todas as nossas imagens aquela que na sua origem foi dotada de uma maior energia, [e] que guarda, a cada conflito, pela própria lei da repetição que a funda, a capacidade de derrotar seus rivais". Enfim, para William James, "*to think is to make selections*" ("pensar é efetuar seleções").

Às apostas filosóficas que dizem respeito às relações do sujeito com o mundo exterior acrescenta-se, como já disse, o debate milenar sobre o corpo e o espírito ou antes o psíquico e o corporal. As teses monistas consideram o "conjunto das coisas redutível à unidade no plano da substância", seja ao espírito, monismo espiritualista, seja à matéria, monismo materialista. O dualismo postula, por sua vez, "dois princípios essencialmente irredutíveis: o espírito e a matéria". Se o monismo espiritualista, defendido pelo bispo Berkeley, quase não desperta mais a atenção em nossos dias salvo em alguns círculos, as teses dualistas, de Platão a sir John Eccles ou de Descartes a Bergson, tomaram diversas formas: independência

---

* De acordo com Paolo Quintili (*Élément de physiologie*, Denis Diderot, Paris, Honoré Champion, 2004), trata-se certamente de "*sort*" [sorte] (*fatum*), mas um erro do copista o transformou em "*fort*" [forte].

total do corpo e do espírito, sincronia, paralelismo ou "interação" entre eles. A despeito de seu caráter de compromisso, a tese interacionista foi repetidamente levada em consideração ao longo da história pelos filósofos ocidentais. Certamente, o problema essencial continua a ser "o ponto de encontro" no qual se situa essa hipotética interação entre o corpo e o espírito: glândula pineal (Descartes), corpos estriados (Willis), hemisfério direito (Eccles)? Bergson escreve, em *Matéria e memória*: "Se portanto o espírito é uma realidade, é no fenômeno de memória que devemos tocá-lo experimentalmente. Desde então, toda tentativa de derivar a lembrança pura de uma operação do cérebro deverá revelar à análise uma ilusão fundamental" ou ainda: "é preciso que a memória seja, a princípio, uma potência totalmente independente da matéria".

Essas teses, difíceis de serem defendidas hoje em dia, se opõem naturalmente ao monismo materialista. No alvorecer da filosofia grega, Demócrito (e depois Epicuro e Lucrécio) o enuncia claramente: "digo que a alma (com frequência dizemos inteligência) na qual residem o princípio e a regra de nossas ações não é menos uma parte de nosso corpo que as mãos, os pés e os olhos [...] A alma, essa substância tão móvel, deve ser formada dos átomos menores, mais lisos e mais arredondados..." Retomado em particular por La Mettrie, o barão de Holbach ou Cabanis na França no século XVIII, a tese materialista toma uma forma mais precisa na Alemanha no século XIX com Brücke, Helmholtz, Du Bois-Reymond e seu célebre "juramento fisicalista", segundo o qual "somente forças físicas e químicas agem no organismo, a única tarefa autenticamente científica vindo a ser a de 'descobrir' o modo específico ou a forma da ação dessas forças físico-químicas".

A evolução das teorias e dos modelos experimentais de aprendizagem

Nascimento da psicologia experimental

Antes de 1860, a psicologia é considerada um ramo da filosofia e não tem o status de ciência experimental. Ela nasce com o surgimento de *Elemente der Psychophysik* [Elementos de psicofísica] de Fechner no qual figura, pela primeira vez, a noção de *medida* em psicologia. Para Fechner, dualista militante, a "psicofísica" é "a ciência exata das relações funcionais ou das relações de dependência entre o corpo e o espírito que se manifesta por seu equacionamento matemático". Assim ele propõe sua célebre lei segundo a qual "a sensação evolui como o logaritmo da excitação". Em seu *Handbuch der physiologischen Optik* [Manual de óptica fisiológica], Helmholtz, inspirando-se no empirismo anglo-saxão, propõe uma teoria dos fenômenos perceptivos, em particular da visão das cores. Ele traça a via da psicologia fisiológica de Wundt, primeira abordagem deliberadamente fisiológica da psicologia. Wundt considera, não obstante, a introspecção o método primeiro da psicologia de laboratório. Nesse sentido, ele difere de Kant e de Comte, que a rejeitam por falta de generalidade e objetividade. Sua medida dos tempos de reação, baseada na introspecção, permanece, ainda hoje, um dos métodos mais empregados na psicologia experimental.

As origens da psicologia comparada

Contemporâneo de Darwin mas influenciado pelas ideias de Lamarck, Herbert Spencer inaugura a psicologia comparada. Ele escreve em seus *Princípios de psicologia* que, "se a doutrina da evolução é verdadeira, sua implicação inevitável é a de que a mente pode ser compreendida pela observação de como ela evoluiu". Empirista, Spencer propõe que os instintos se desenvolvem por "associação" a partir de reflexos. Lamarckista, ele sugere que a repetição ao longo das gerações acarreta sua hereditariedade. Curiosamente, Darwin, em *A expressão das emoções no homem e nos animais*, partilha um ponto de vista semelhante...

A contribuição essencial desses precursores da etologia é seguramente a promoção do comportamento animal como "modelo" da mente humana. Essa ideia se desenvolve e é enriquecida com Romanes, Fabre, McDougall, sob a forma de uma descrição anedótica de *variedades* de instintos tidos como hereditários e característicos da espécie. De acordo com McDougall (1908), haveria assim mais de mil instintos no homem. Reagindo contra o método anedótico e seu antropomorfismo, Lloyd

Morgan (1984) limita ao máximo a "vida mental" dos animais e tenta conciliar os dados subjetivos obtidos pelo método introspectivo e os dados objetivos dos comportamentos e das funções fisiológicas.

O estudo objetivo do comportamento de aprendizagem

Por meio do desenvolvimento de métodos de estudos objetivos do comportamento animal e de sua análise experimental, três eminentes pesquisadores — Thorndike, Pavlov e Watson — fundaram as bases daquilo que desde então se conveio chamar de a "teoria geral da aprendizagem" (*learning theory*).

Em seu livro *Animal intelligence* [Inteligência animal] (1898-1911), Thorndike denega toda vida mental aos animais e adota as teses empiristas. Hábil experimentador, ele propõe um programa de estudo da aprendizagem animal e, para isso, desenvolve "testes". Sua célebre "caixa problema" (*puzzle box*) comporta, por exemplo, um pedal de abertura para a porta pela qual se deve sair para alcançar o alimento: o animal faminto aprende a sair da gaiola apoiando-se no pedal e, ao marcar o tempo que ele leva para fazer isso em função do número de tentativas, obtém-se uma curva de aprendizagem. Para Thorndike e, mais tarde, para Skinner, é a experiência da recompensa que implanta a ideia do ato (condicionamento operante) e não o inverso. Ele sugere em seguida que a associação "de um certo ato com uma certa situação percebida significa que o animal forma ou *reforça conexões* entre certas células". Teórico de talento, Thorndike completa essa interpretação conexionista com "leis gerais" da aprendizagem. De acordo com sua "lei do efeito" (*law of effect*), "quanto maior é a satisfação (ou o desconforto), maior é o reforço (ou o enfraquecimento) da ligação". A aprendizagem implica *tentativas* e *erros*, que são seguidos de uma *seleção* baseada no prazer-desprazer. De empirista, Thorndike torna-se selecionista. A "lei do exercício" (*law of exercise*) enuncia que "o uso reforça as conexões, o não uso as enfraquece ou acarreta o esquecimento".

Abertamente organicista e materialista como Thorndike, Pavlov aborda em 1910, com a idade de 51 anos, as funções superiores do cérebbro, depois de uma longa carreira consagrada à fisiologia das glândulas digestivas. Em sua introdução às *Lições sobre a atividade do córtex cerebral*, que resumem o conjunto de suas pesquisas sobre o tema (1926), ele menciona três fontes de inspiração: os trabalhos sobre as *localizações* cerebrais de Fritsch e Hitzig e de Ferrier; os trabalhos sobre os *reflexos* de Descartes a Sherrington e, mais particularmente, os de Setchenov, que, desde 1863, descobre a inibição dos reflexos espinhais pelo córtex cerebral e propõe que "todos os atos da vida consciente ou inconsciente são reflexos" ou "cadeias de reflexos"; enfim, o *método experimental* de Thorndike. Para Pavlov, "a associação dos reflexos constitui a base fundamental das atividades nervosas no homem e no animal". Existem portanto no pensamento de Pavlov ao mesmo tempo um componente racionalista (os reflexos inatos dos quais ele faz derivar os instintos) e um componente empirista (a associação ou "agregação" desses reflexos).

O principal resultado de sua pesquisa é a descrição do condicionamento clássico. Um cão ao qual se apresenta pó de carne saliva sistematicamente: o pó de carne é um *estímulo incondicional*. O tique-taque de um metrônomo não tem espontaneamente esse efeito, mas, se é apresentado de maneira repetida *antes* do pó de carne, acaba por desencadear, sozinho, a salivação do cão: ele se torna *estímulo condicionado*. Há assim a criação de uma associação que, segundo Pavlov, corresponde à formação de uma *ligação* entre dois pontos do córtex consecutiva à "coincidência no tempo" de sua excitação. Esse modelo conexionista de aprendizagem se quer universal e substituto objetivo da introspecção que Pavlov rejeita deliberadamente.

Semelhante rejeição da introspecção encontra-se em Watson, que denega igualmente toda referência à consciência, à atividade mental, e retém, por preocupação de extremo rigor e de "parcimônia", apenas o *comportamento* (*behavior*). Sua doutrina, qualificada assim de behaviorismo, limita-se às relações causais que podem existir entre estímulo e resposta, à relação entrada-saída dos cibernéticos. Watson conserva de Pavlov o esquema do condicionamento clássico, mas o despoja de seus componentes conexionistas e racionalistas: o cérebro se reduz a uma "caixa-preta" que perde igualmente seus atributos "mentais", mesmo os mais característicos da espécie humana. A reação aos excessos empiristas do behaviorismo anglo-saxão não se fará esperar, e virá da Europa.

A *etologia*

Oriunda da psicologia comparada do século XIX perpetuada pelos zoologistas, a etologia adquire seus títulos de nobreza com Tinbergen e Lorenz. De acordo com eles, a noção de instinto é vazia de sentido; somente devem ser levadas em consideração a observação e a análise dos comportamentos próprios à espécie na natureza ou em ambientes seminaturais reconstituídos. O comportamento compõe-se de *atos motores* invariantes, adaptados e herdáveis, chamados "esquemas de ação fixas" (*fixed action patterns*), empregados por "mecanismos inatos de desencadeamento" (*innate releasing mechanisms*) sensíveis a "estímulos sinais" (*sign stimuli*). Determinados por centros cerebrais definidos, eles são próprios à espécie e desenvolvem-se independentemente da prática individual. A única exceção a essa regra: o estabelecimento de uma "impressão" (*Prägung*) durante um período sensível do desenvolvimento. Precisemos, todavia, que a impressão difere radicalmente do condicionamento pavloviano por seu caráter irreversível (sem extinção), por seus traços *supra*individuais ou categoriais e por sua aquisição anterior às reações comportamentais que ela orienta (comportamento sexual, por exemplo).

Os excessos desse programa racionalista certamente foram objeto de vivas críticas. As de Lehrman (1953) parecem as mais pertinentes, para quem o inatismo de comportamentos — mesmo tão simples quanto bicar grãos quando se é um frango — está sujeito a cautela. As experiências de isolamento permitem somente definir a influência eventual de *outros* organismos, mas em nenhum caso do próprio animal. De outro lado, similitudes de comportamentos não significam necessariamente, como o supõe Lorenz, uma origem filética comum e, por conseguinte, bases neurais idênticas. As críticas de Lehrman atraem portanto a atenção para uma eventual "epigênese" dos comportamentos ao longo do desenvolvimento e para a identificação precisa de suas bases neurais, negligenciadas pelos primeiros etologistas. O aporte maior da etologia é o de que "a aprendizagem não pode se desenvolver sem orientação genética" própria à espécie (Marler e Terrace, 1984).

A abordagem "cognitivista"

A reação antiempirista da etologia ao behaviorismo clássico desdobra-se de uma reação de uma ordem inteiramente diferente que parece evocar o conceito aristotélico de "unidade da alma". Sem retornar a qualquer dualismo, ela se preocupa em distinguir um reflexo condicionado pavloviano, qualificado de comportamento *molecular*, de outras entidades qualificadas de *molares*, pois referem-se a um nível de integração mais elevado. Desde 1857, Helmholtz tinha aliás notado a existência de constantes perceptuais (por exemplo, o tamanho de um homem qualquer que fosse a sua distância em relação ao observador) que ele explicava com base em "inferências inconscientes". Essas unidades "mentais" adquiridas por aprendizagem segundo um esquema empirista interviriam na resolução dos problemas de percepção.

De modo racionalista, os psicólogos da *Gestalt* postulam, no início do século XX, um reconhecimento global da forma por estruturas mentais inatas. Suas pesquisas sobre o comportamento dos antropoides (gorila, chimpanzé) colocam em evidência estratégias de resolução de problemas (emprego de um bastão para atingir uma banana) (Köhler, 1917; Yerkes, 1916) difíceis de explicar com base no condicionamento clássico. Em *Purposive behavior in animals and men* [Comportamento propositivo nos animais e nos homens] e *Cognitives maps in rats and men* [Mapas cognitivos nos ratos e nos homens], Edward Tolman opõe-se de maneira radical à doutrina do reforço e postula que todo comportamento aprendido é o produto da *intenção* do animal e do *conhecimento* que ele tem do mundo exterior. De acordo com ele, um comportamento intencional recorre a um estado mental particular, ou *antecipação* (*expectation*), que precede o ato e persiste até a sua realização. A antecipação que, por exemplo, diz respeito à distância ou ao circuito a percorrer para atingir o alimento é construída no cérebro do rato a partir de objetos ou de situações percebidas, memorizadas ou inferidas com base em experiências anteriores. A aprendizagem consistiria, nessas condições, no estabelecimento estável dessas antecipações, ou "apresentações" (Lloyd Morgan), sem que intervenha necessariamente uma recompensa imediata. Essas apresentações participariam da formação de "mapas mentais" do ambiente e da associação "neutra" de estímulos, e chegariam a se encadear em raciocínios.

Em um texto fundamental datado de 1949, *The Organization of Behavior* [A organização do comportamento], Donald Hebb dá às especulações de Tolman uma base concreta quando postula a existência de "agrupamentos celulares" que se formam na sequência da estimulação repetida de receptores sensoriais que podem "agir brevemente como um sistema fechado depois que a estimulação cessou" e "constituem a instância mais simples de um processo de representação (imagem ou ideia)". Deliberadamente empirista, Hebb propõe um mecanismo celular de gênese do agrupamento consecutivo à estimulação sensorial: "quando o axônio de uma célula A está suficientemente próximo para excitar uma célula B e, de maneira repetida e persistente, participa-se de sua descarga, um processo de crescimento ou mudança metabólica ocorre em uma ou em duas células de tal modo que aumenta a eficácia de A para contribuir para a descarga de B". Em outros termos, a associação funcional entre neurônios requer um fato anatômico de convergência entre fibras nervosas e a sincronia de descarga de dois ou três axônios convergentes. Um mecanismo "molecular" próximo do esquema pavloviano serve para a formação de um agrupamento "molar" de neurônios.

Teorias recentes

Ao longo dos últimos anos, as ciências da aprendizagem foram marcadas, além do progresso geral da neurociência e da informática, por aportes teóricos vindos da imunologia, da biologia molecular e da física.

Em um artigo clássico intitulado "Antibodies and learning: selection *versus* instruction" ["Anticorpos e aprendizagem: seleção *versus* instrução"], Jerne sugeriu em 1967 estender ao sistema nervoso os modelos seletivos que se provaram exatos no caso da síntese dos anticorpos. No sistema nervoso, cada indivíduo (em particular no homem) mostraria uma plasticidade de aptidão para aprender que reúne a totalidade de todos os instintos desenvolvidos filogeneticamente. A aprendizagem seria baseada na *diversidade* de uma parte do DNA ou na plasticidade de sua tradução em proteína que controla em seguida a "rede sináptica efetiva", ela mesma substrato dos "instintos". Jerne escreve: "Não ficaria surpreso se o DNA se encontrasse envolvido na aprendizagem e concebo que a produção por uma célula neuronal de certas proteínas que chamo 'sinaptocorpos' (*synaptobodies*, por analogia com *antibodies*) permitiria a essa célula reforçar ou deprimir algumas de suas sinapses ou desenvolver outras." Todavia, Jerne esquece que a seleção de um anticorpo age sobre a proliferação diferencial do linfócito relativo à recombinação gênica adequada, enquanto, no homem, os neurônios praticamente cessaram de se dividir quando a aprendizagem ocorreu.

Daí a proposição (Changeux, Courrège e Danchin, 1973-1976) de que a seleção diz respeito não a "variações" gênicas, mas a combinações de sinapses e, desse modo, intervém como fator de regulação de expressão gênica ou ainda de *epigênese*. Um "envoltório genético" determinaria então as regras de proliferação, diferenciação, crescimento e estabilização dos neurônios e das sinapses ao longo do desenvolvimento. Em um estágio "sensível" desse desenvolvimento, a conectividade atingiria seu máximo e, em consequência, toda a sua diversidade. A atividade da rede, espontânea ou evocada, estabilizaria seletivamente certas combinações sinápticas, enquanto as outras regressariam. A formalização matemática desse modelo darwinista leva ao enunciado do teorema chamado de "variabilidade", segundo o qual uma mesma relação entrada-saída pode ser obtida, depois da aprendizagem, por estabilização de redes conexionais distintas (ver capítulo 4 da Parte II).

Em 1979, Edelman estende o modelo darwinista não mais somente ao desenvolvimento nem mesmo à aprendizagem, mas também às funções superiores do cérebro. De acordo com ele, a unidade de função seria um "grupo" de 50 a 10 mil neurônios ativos conectados de maneiras muito variadas. Um repertório primário seria pré-especificado ao longo do desenvolvimento. Portanto, a seleção colocaria em jogo uma função de reconhecimento com limiar e reteria, entre as combinações do repertório primário, as que têm uma "probabilidade" de recrutamento ulterior mais elevada para uma distribuição dada de sinais de entrada.

Um modelo de aprendizagem por seleção é proposto pouco depois (Heidmann, Heidmann e Changeux, 1984), o qual diz respeito aos agrupamentos cooperativos de neurônios ativos (objetos mentais). A descrição formal desses estados de atividade recorre aos métodos da mecânica estatística (Little, 1775; Hopfield, 1982; Peretto, 1983) e inclui a regra de Hebb segundo a qual a eficácia sináptica muda quando as atividades pré- e pós-sinápticas coincidem no tempo. Esse modelo postula que a interação com o mundo exterior por meio de um "percepto" leva à seleção por "ressonância" de uma pré-representação variável no tempo e no espaço, donde sua qualificação de "darwinismo neuronal". Esse modelo foi retomado na sequência (Dehaene e Changeux, 1989, 1991).

Receptores alostéricos e modelos moleculares de aprendizagem

Os mecanismos fundamentais da aprendizagem podem ser buscados em vários níveis de organização:

No nível molar, aquele dos agrupamentos cooperativos de neurônios (Hebb, Heidmann et al., 1982, 1984; Dehaene e Changeux, 1989, 1991), e até de alguns neurônios "cardinais" (Barlow) tendo sob sua autoridade populações importantes de neurônios;

No nível celular, aquele do número de neurônios e de suas conexões, da eficácia das sinapses que eles recebem e estabelecem, bem como da aptidão para gerar impulsões elétricas;

No nível molecular, stricto sensu, aquele das proteínas reguladoras suscetíveis de integrar *vários* sinais de comunicação no tempo e no espaço.

O receptor da acetilcolina oferece um exemplo, particular, mas muito conhecido, de proteína alostérica suscetível de servir para a elaboração de modelos elementares de aprendizagem no nível pós-sináptico. Sua forma pentamétrica contém o canal iônico e todos os elementos estruturais necessários à regulação de sua abertura, bem como os sítios primários

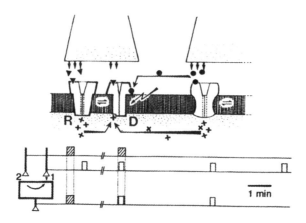

FIGURA 40B – Receptores alostéricos e aprendizagem

EM CIMA. *Modelo hipotético de regulação de eficácia sináptica baseada nas transições alostéricas do receptor nicotínico: a atividade da sinapse da direita regra a efetividade da sinapse da esquerda no receptor pós-sináptico. A coincidência temporal entre sinais condicionais e não condicionais é lida no receptor pós-sináptico.*
EMBAIXO. *A simulação no computador desse mecanismo explica o condicionamento clássico (apud Heidmann e Changeux, 1982).*

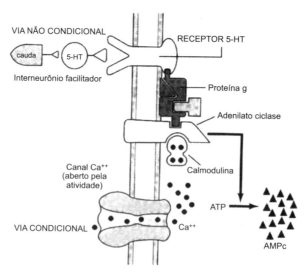

FIGURA 40C – Modelo molecular proposto por Kandel para o condicionamento clássico na aplísia *(apud Kandel et al., 1991)*
Comparar com a figura 40B.

de ligação da acetilcolina carregados, ao menos em parte, pelas cadeias α. A molécula fixa igualmente efetuadores alostéricos — por exemplo, os bloqueadores não competitivos e os íons cálcio, em sítios distintos dos precedentes.

Os registros eletrofisiológicos de alta resolução (*patch clamp*) e as cinéticas químicas de ligação rápida de agonistas ou de bloqueadores não competitivos demonstram a interconversão da molécula de receptor entre vários estados conformacionais discretos dos quais alguns são acessíveis de maneira espontânea na ausência de agonista. Os principais estados distinguidos são: o estado de repouso (R), o estado ativo (A), o estado intermediário (I) e o estado dessensibilizado (D). Os efetuadores estéricos e alostéricos do receptor afetam essas transições. Enfim, os campos elétricos afetam as cinéticas de dessensibilização (figura 40a).

A existência desses efeitos sugere que uma regulação de "segunda ordem" poderia intervir na abertura do canal iônico pela acetilcolina. A presença de *vários* sítios distintos na mesma molécula permite uma convergência topológica. A escala de tempo, *lenta*, das transições introduz restrições temporais e garante a integração. Vários sinais aos quais a molécula de receptor é sensível (campos elétricos, Ca^{++}) podem desde então servir de "indicadores de atividade" das sinapses vizinhas e, certamente, do próprio neurônio pós-sináptico.

O modelo molecular de aprendizagem em nível sináptico sugerido (Heidmann e Changeux, 1982; Changeux e Heidmann, 1984; Dehaene e Changeux, 1989, 1991) tira partido da existência de proteínas alostéricas transmembrana (receptores de neurotransmissores, canais iônicos etc.) suscetíveis de existir sob ao menos dois estados de atividade (abertura de um canal iônico ou atividade enzimática) distintos e com uma localização subcelular fixa. O neurotransmissor presente e os diversos sinais fisiológicos produzidos na vizinhança do sítio pós-sináptico considerado regulam o equilíbrio conformacional entre esses dois estados e, desse modo, a eficácia da resposta biológica produzida localmente pelo efetuador considerado (figura 40b).

O modelo formalizado deu lugar a simulações no computador de regulação *homossináptica*, por estabilização diferencial do estado R (facilitação) ou do estado de D (depressão) pelo efetuador liberado pela sinapse considerada. Modelos de regulação *heterossináptica* que fazem intervir a estabilização cruzada do receptor de uma sinapse pelos sinais fisiológicos oriundos de outras sinapses foram igualmente tratados. O esquema do "condicionamento clássico" aparece como um caso particular de regulação heterossináptica no qual a coincidência no tempo de dois sinais convergentes no mesmo estado alostérico cria um "efeito sinérgico" na transição para esse estado (figura 40B). Esse modelo molecular pode servir para estabelecer "laços associativos" entre neurônios tanto no modo empirista quanto no modo seletivo. Nesse último caso, a atividade espontânea do neurônio pós-sináptico, componente essencial das pré-representações, intervém na regulação do equilíbrio alostérico. Condições de "ressonância" podem então ser definidas.

Um modelo celular de aprendizagem: o caso da lesma-do-mar (aplísia)

A aplísia, ou lesma-do-mar, presta-se às pesquisas sobre a aprendizagem pelas seguintes razões:

A simplicidade de seu sistema nervoso: cinco pares de gânglios, totalizando cerca de 20 mil neurônios;

A presença de neurônios e de agregados de neurônios identificáveis: certos neurônios de dimensões gigantes (soma ~ 1 mm) (cerca de 55 por gânglio abdominal) são fáceis de identificar; eles se encontram de um indivíduo ao outro na mesma posição no gânglio e apresentam a mesma distribuição de descargas espontâneas, o mesmo mapa de sensibilidade aos neurotransmissores, a mesma síntese de neurotransmissor e a mesma conectividade;

A existência de comportamentos elementares cujas bases neurais podem ser buscadas em neurônios, ou em agregados de neurônios, identificáveis. Desenvolvido e finalizado por Arvanitaki (1942), Tauc, Gershenfeld e seus colaboradores na década de 1960, esse sistema modelo foi objeto de pesquisas sistemáticas sobre a aprendizagem no laboratório de Kandel na Universidade de Columbia (Kandel, 2008).

Kandel distingue quatro categorias de unidades comportamentais na aplísia: os *atos reflexos*, como a retração do sifão e da brânquia, que ele caracteriza por uma resposta graduada e sujeita a aprendizagem; os *atos fixos* em tudo ou nada resistentes à aprendizagem, como a liberação de tinta; os *comportamentos complexos*, encadeamentos de atos motores fixos como a locomoção ou a alimentação; por fim, os *comportamentos superiores*, que fazem intervir uma interação social como o acoplamento.

O reflexo de retração da brânquia ou do sifão é desencadeado pela estimulação mecânica (jato d'água) da parede do sifão. Ele ativa agregados de neurônios sensoriais e dos neurônios motores identificados do gânglio abdominal (por exemplo L7) cuja atividade unitária pode ser relacionada diretamente com o desencadeamento e com a atualização do reflexo. O reflexo branquial é o objeto de uma regulação *homossináptica*. A repetição da estimulação do sifão acarreta uma diminuição de amplitude da resposta, ou *habituação*. Esta não resulta de uma modificação da resposta dos neurônios sensoriais nem da dos neurotransmissores, mas de uma diminuição de eficácia da (ou das) sinapse(s) sensório-motora(s). O efeito é estritamente pré-sináptico: resulta de uma redução do número de quanta de neurotransmissor liberados sem mudança de tamanho da resposta elementar a um quantum de transmissor. O registro do potencial de ação no neurônio sensorial cuja terminação axonal é modificada revela um encolhimento deste (em presença de tetraetil amônio, bloqueador do canal de K^+). De acordo com Kandel e seus colegas, esse encolhimento se deveria a uma diminuição das correntes de cálcio entrantes, o que acarretaria uma redução do neurotransmissor liberado na terminação.

A habituação do reflexo branquial é o objeto de uma extinção espontânea que pode ser acelerada de maneira considerável pela estimulação da cabeça do animal. Essa *desabituação* faz intervir uma outra categoria de sinapses, oriundas de interneurônios (L28, L29), eles mesmos em contato com os neurônios sensoriais da cabeça. Essas sinapses ocorrem — provavelmente — nas terminações sensoriais motoras "habituais" e têm por efeito ampliar o número de *quanta* liberados, aumentando a entrada de cálcio. A regulação de eficácia da sinapse sensório-motora encontra-se portanto comandada pela entrada de Ca^{++}.

Ademais, o efeito de desabituação — ou de facilitação heterossináptica — pode ser estimulado pela aplicação de serotonina ou pela injeção de AMP cíclico no neurônio sensorial. O AMP cíclico pode ele mesmo ser substituído pela subunidade catalítica da proteína quinase dependente de AMP cíclico, e a injeção de um inibidor específico da proteína quinase em um neurônio sensorial tem o efeito oposto.

O esquema proposto por Kandel é portanto o seguinte:

serotonina → aumento do AMP cíclico → ativação proteína quinase → aumento das correntes de Ca++ → aumento de liberação do neurotransmissor

O substrato da proteína quinase dependente de AMP cíclico é, de acordo com Kandel, uma população particular de canais de K^+ responsáveis por uma corrente particular chamada corrente S. Os registros de canais únicos, sob voltagem imposta, a partir de fragmentos de membrana isolados (*patch clamp*), efetuados por Siegelbaum e seus colaboradores, mostram com efeito que o *número* desses canais diminui seja após estimulação da adenilato ciclase serotonina-sensível, seja, *in vitro*, após adição de quinase.

Kandel e seus colaboradores estenderam essa análise a uma situação experimental que lembra o condicionamento pavloviano clássico. O estímulo condicional é uma estimulação tátil moderada do sifão que provoca nele uma baixa retração. O estilo incondicional é, quanto a ele, a estimulação forte da cauda que acarreta uma retração maciça do sifão e da brânquia. O emparelhamento desses dois modos de estimulação é acompanhado de um crescimento de amplitude da resposta condicional em um fator de três aproximadamente. O efeito desse emparelhamento se reduz a um alongamento do potencial de ação no neurônio sensorial que, por sua vez, acarreta um aumento da liberação de transmissor e, da amplitude da resposta.

O modelo molecular proposto por Kandel para explicar o efeito de coincidência no tempo dos estímulos condicionais e incondicionais é o seguinte (figura 40c). A sinapse do hipotético interneurônio serotonérgico com o axônio da sinapse sensório-motora seria o alvo do efeito. A adenilato ciclase serotonina-sensível veria sua atividade aumentada pela coincidência temporal da liberação de serotonina e do potencial de ação no axônio do neurônio sensorial. Esse aumento de atividade resultaria da entrada de cálcio associada ao potencial de ação axonal. O complexo receptor-ciclase, sozinho, integraria, no mesmo espaço e tempo, os sinais convergentes oriundos do interneurônio (incondicional) e do neurônio sensorial (condicional). Esse esquema, ao menos no plano formal, está em acordo com o modelo de regulação alostérica (Heidmann e Changeux, 1982), enquanto esse aspecto da aprendizagem curiosamente não foi examinado pela equipe de Kandel.

Seguindo esse esquema, ainda bastante interpretativo, a etapa de aprendizagem propriamente dita, que satisfaz às exigências de convergência topológica e de coincidência temporal, se situa no nível pós-sináptico de uma sinapse axo-axonal. A regulação de liberação do neurotransmissor resultante seria secundária e constituiria, de algum modo, uma etapa de "leitura" (*read out*) da aprendizagem inicial.

O modelo celular de aprendizagem estudado por Kandel e seus colaboradores tem o mérito de se articular em torno de mecanismos moleculares simples. Estes (intervenção de AMP cíclico, de proteínas quinases...) não têm necessariamente a generalidade esperada. Existem muitos outros sistemas de segundos mensageiros suscetíveis de participar de uma aprendizagem celular desse tipo. Ademais, não se conhece ainda a totalidade dos neurônios e dos circuitos que intervêm nessa aprendizagem relativamente simples. Outros modos de regulação poderiam naturalmente intervir nas espécies superiores, mobilizando sistemas diferentes (cerebelo, hipocampo etc.). Enfim, o esquema proposto segue estritamente o modo empirista. Ele é apenas muito indiretamente ligado ao reflexo condicionado pavloviano, já que o condicionamento não acarreta mudança qualitativa da resposta, mas somente uma mudança quantitativa. O cérebro humano não se reduz à simples coleção de bilhões de gânglios da aplísia.

CAPÍTULO 6 Química da consciência*

Nosso cérebro é composto de células nervosas compostas de moléculas, e as comunicações sinápticas entre células nervosas colocam em jogo sinalizações químicas. Além disso, sabemos que nossos estados de consciência "mudam" entre a vigília e o sono e que é possível precipitar a transição para o sono por agentes químicos, como os soníferos. Todos nós sabemos igualmente que, em uma operação cirúrgica, o primeiro gesto do médico é o de nos adormecer pela injeção de um anestésico geral que nos faz perder a consciência. O problema desde então colocado aos neurobiologistas é, portanto, certamente aquele da química pela qual certos sistemas de neurônios controlam os nossos estados de consciência.

Química dos estados de vigília e sono

Na origem

Os primeiros "pensamentos selvagens" sobre a vigília, o sono e o sonho recorrem a um espírito imaterial que viajaria no espaço e no tempo, dando lugar a sonhos proféticos ou permitindo o diálogo com os mortos.

---
* Curso do ano 2002.

As teorias psicológicas desenvolvidas na Antiguidade já rompem com esse ponto de vista. Para Aristóteles, o sonho é uma atividade da alma que não tem nada de metafísica. Igualmente para Bergson, muito tempo depois, o sonho seria de origem retiniana. Lembremos ainda que, para Freud, o cérebro é um receptáculo passivo de "energia" que apareceria quando do sonho e corresponderia ao ressurgimento de desejos inconscientes quando as forças repressivas do ego são relaxadas.

Teorias neurobiológicas

Henri Piéron, professor do Collège de France no início do século XX, trouxe os primeiros dados sobre a "química do sono", que ele compara ao efeito das drogas sobre o despertar. Em experiências notáveis, Piéron chega a transferir por via sanguínea "hipnotoxinas" de um cão privado de sono para um cão recebedor a fim de induzir esse último a um comportamento de sono profundo. Existem portanto fatores químicos do sono.

Os primeiros trabalhos neuroanatômicos realizados por Goltz (1892) sobre os centros do sono mostram que a ablação do córtex no cão não altera os ritmos de vigília/sono. Igualmente, monstros "anencéfalos" humanos choram e sorriem, como se apresentassem alternância da vigília e do sono. Existem portanto geradores não corticais dos estados de consciência.

Em 1936, o neurofisiologista belga Bremer pratica secções do tronco cerebral e registra o eletroencefalograma do animal após a operação. Ele constata que o cérebro isolado, obtido por secção anterior, é submetido permanentemente ao sono lento, enquanto o "encéfalo isolado", após a secção posterior do tronco cerebral, é submetido à alternância normal vigília/sono. Se o despertar cortical requer a integridade do tronco cerebral, isso ocorre pela persistência das aferências sensoriais? Para responder a essa questão, Moruzzi e sua equipe efetuaram secções laterais do tronco cerebral, as quais suprimem as vias sensoriais ascendentes e medianas. Eles observaram que a supressão das vias ascendentes não tem efeito. Em contrapartida, uma secção mediana abole o ritmo vigília/sono e acarreta um eletroencefalograma do tipo sono. Pode-se deduzir disso que existe uma estrutura distribuída no tronco cerebral — a "formação reticulada" — que intervém no despertar independentemente das aferências sensoriais e cujas projeções anteriores mantêm o córtex cerebral em vigília ativa.

Batini e Moruzzi, em 1958, realizaram outros tipos de secções no rato que permitem obter o despertar permanente ou o sono permanente. Eles concluem que existem centros reguladores distintos na formação reticulada que contribuem para a regulação dos estados de sono. Entre 1970 e 1980, Jouvet, por sua vez, coloca em evidência neurônios colinérgicos e noradrenérgicos do *locus coeruleus* que interviriam no despertar. Existiriam portanto neurotransmissores do despertar e do sono. Para Barbara Jones, em 2002, não existiria centro específico nem do despertar nem do sono, mas conjuntos de neurônios organizados em "sistema", distribuídos no tronco cerebral. Esse sistema de neurônios utilizaria neurotransmissores ou neuromoduladores diferentes.

Os sistemas neuromoduladores

Os neurotransmissores do despertar

Barbara Jones (2005) reuniu os principais dados concernentes aos neuromoduladores do ciclo vigília/sono.

O *glutamato*, que é abundante na formação reticulada ascendente e nas projeções talamocorticais não específicas, é assim considerado o principal neurotransmissor do despertar. Ele seria essencial para o despertar cortical e o tônus muscular que o acompanha.

A *noradrenalina* seria também um promotor importante do despertar. Ela é liberada pelos neurônios do *locus coeruleus*, cuja atividade é elevada durante a vigília, diminui durante o sono lento e desaparece durante o sono paradoxal. A descarga máxima desses neurônios seria produzida quando há atenção, reação de orientação e estresse acarretando efeitos de ativação do sistema simpático. Os agonistas do receptor α1 adrenérgico provocariam o despertar fechando os canais de potássio nos neurônios talamocorticais, acarretando desse modo despolarização e ativação cortical. Os receptores α2-adrenérgicos teriam um efeito oposto.

A *dopamina*, como a noradrenalina, é um promotor de despertar, mas a atividade dos neurônios dopaminérgicos da substância negra e da área tegumentar ventral não varia em média com a vigília e o sono, a não ser por seu ritmo: rajadas durante o estado de despertar ou de recompensa positiva, resposta tônica durante o sono. As drogas que aumentam o efeito da dopamina (anfetamina, modafinil) estimulam a ativação cortical e o despertar cortical como a noradrenalina.

A *histamina* estimula o despertar. Os neurônios histaminérgicos do núcleo tuberomamilar do hipotálamo posterior descarregam durante o despertar; as drogas anti-histaminérgicas causam a sonolência.

A *serotonina* acarreta um despertar calmo com saciedade e precedente ao sono. Ela é liberada pelos neurônios da rafe em sua projeção ascendente para o cérebro anterior, mas também descendente para a medula. A lesão desses neurônios acarreta insônia, mas sua estimulação não provoca o despertar. Sua atividade espontânea aumenta durante o despertar e diminui durante o sono lento. As drogas que diminuem o efeito da serotonina acarretam a insônia com um aumento do comportamento alimentar, sexual e agressivo.

A *acetilcolina* estimula a ativação cortical durante o despertar e durante o sono paradoxal, e a lesão dos neurônios colinérgicos do cérebro anterior acarreta um déficit de ativação cortical e de atenção. Os neurônios colinérgicos são ativados durante o despertar, mas também durante o sono paradoxal. Os agentes farmacológicos que diminuem a atividade do receptor *muscarínico* acarretam o sono lento com déficit de atenção e memória. Os inibidores do receptor *nicotínico* podem também agir como anestésicos gerais, enquanto um agonista como a nicotina induz o despertar cortical e um aumento da vigilância.

A *orexina* ou *hipocretina* estimula o despertar e a alimentação. Trata-se de peptídeos presentes no hipotálamo médio e posterior cuja ausência, que pode ser devida a uma lesão genética, causa a narcolepsia. Esses peptídeos estimulariam o *locus coeruleus*, os neurônios histaminérgicos e colinérgicos.

Os neurotransmissores do sono lento

O GABA é o neuromediador inibidor mais comum do sistema nervoso central. Ele está presente nos interneurônios inibidores, mas também nos neurônios inibidores com projeções longas. Ele contribui para o estabelecimento das atividades oscilatórias no sistema límbico e no neocórtex, e impõe um ritmo lento inibindo os sistemas ativadores. Os neurônios GABAérgicos bloqueiam as entradas sensoriais do tálamo, em particular durante o sono lento. Eles amortecem igualmente a ativação cortical por conexões de longa distância oriundas da base do cérebro anterior. Como inibem localmente os neurônios colinérgicos, controlam desse modo os estados de vigília e sono. Eles participam igualmente do controle do sistema simpático. As drogas e os agentes farmacológicos que facilitam a transmissão GABAérgica, como o pentobarbital, funcionariam como anestésicos gerais, enquanto os benzodiazepínicos acarretariam a passagem ao sono lento, diminuindo a atividade cortical. Outros mediadores do sono como a somatostatina e a corticostatina, ou ainda a adenosina, facilitam o sono lento.

Os neurotransmissores do sono paradoxal

A *acetilcolina* é o principal neuromediador do sono paradoxal. Ela está presente nos neurônios do tegmento pontomesencefálico, cuja destruição bloqueia o sono paradoxal, e que descarregam durante o despertar e o sono paradoxal com um máximo de atividade durante o sono paradoxal. O carbacol injetado na formação reticular oropontina causa o sono paradoxal por ação nos receptores nicotínicos e muscarínicos.

A *noradrenalina*, a *serotonina* e a *histamina* têm um papel permissivo na gênese do sono paradoxal. Os neurônios que contêm esses neuromediadores cessam de ser ativos antes e durante o sono paradoxal. Eles agiriam de maneira recíproca com os neurônios colinérgicos durante o ciclo vigília/sono. A dopamina seria liberada durante o sono paradoxal, mas não durante o sono lento. Ela corresponde à ativação das emoções e das alucinações que acompanham o sonho? O GABA bloqueia as "entradas" sensoriais do sono paradoxal. A liberação do GABA é máxima durante o sono paradoxal no *locus coeruleus* e na rafe. O GABA contribuiria igualmente para a atonia muscular notada durante o sono paradoxal. Todos esses exemplos mostram, inequivocamente, que existe uma neuroquímica, certamente complexa, da regulação fisiológica dos estados de vigília e sono.

Os anestésicos gerais

Da descoberta à prática

Antes do século XIX, as operações cirúrgicas eram efetuadas com os pacientes despertos. O álcool e a morfina eram utilizados para acalmar a dor, mas de maneira perigosa e pouco eficaz. O primeiro anestésico geral utilizado foi o óxido nitroso, N_2O, ou protóxido de azoto, sintetizado pela primeira vez por Josefh Priestley (1733-1804), pastor inglês, em seguida acusado de bruxaria. Humphrey Davy (1778-1829) prossegue a investigação sobre esse gás, e experimenta o protóxido de azoto sobre si mesmo e sobre várias pessoas. Ele constata que o N_2O provoca uma analgesia e uma perda de consciência. O produto é então utilizado nas tendas de circos itinerantes a título recreativo e também para produzir creme chantili. Davy sugere que seja usado para mitigar a dor cirúrgica, mas sua sugestão não é seguida: na época, crê-se no valor redentor do sofrimento caro ao cristianismo. Michel Faraday (1791-1867) descobre, por sua vez, o poder narcótico dos vapores de éter e o utiliza a título recreativo. É Henri Hickmann (1801-1830) que, trabalhando com animais, descreve um estado de "animação suspensa" que permite operá-los sem dor.

Coube aos dentistas a utilização dos anestésicos gerais de maneira sistemática. Horace Wells (1815-1848) experimenta em si mesmo o N_2O durante uma extração dentária efetuada por seu colega John Riggs. O gás lhe foi oferecido pelo diretor do Circo do Gás Hilariante. É igualmente um dentista, William Green Morton, que utiliza o éter sulfúrico pela primeira vez durante a extração de um dente. O termo "anestesia" é criado por Olivier Holmes em 1847. Posteriormente, descobre-se o clorofórmio. James Simpson, professor em Glasgow, utiliza-o para aliviar as pacientes durante o parto. O clorofórmio é denunciado pelo clero como "armadilha de Satanás que na aparência é benéfica às mulheres" mas "rouba" de Deus os choros de súplica por ajuda. Todavia, em 1853, a rainha Vitória dá à luz o seu sétimo filho sob anestesia...

A anestesia geral passa a ser praticada. Ela se distingue da anestesia local, que não causa perda de consciência, mas somente uma perda de sensibilidade dolorosa local ou regional. Distingue-se assim a anestesia da analgesia, que leva à abolição da percepção dolorosa. Distinguem-se igualmente os anestésicos gerais por inalação de agentes gasosos ou voláteis (como o N_2O) e por via intravenosa (como o pentobarbital).

Química dos anestésicos gerais

Os voláteis

O éter sulfúrico foi o primeiro a ser utilizado sistematicamente em cirurgias. Todavia, ele acarreta efeitos secundários: náuseas, vômitos pós-operatórios e irritação das vias respiratórias. Ademais, é um explosivo... O halotano é muito utilizado. Apresenta poucos efeitos secundários, não é explosivo, mas pode produzir paradas respiratórias e cardiovasculares e ter efeito sobre o fígado. O N_2O é inodoro e não explosivo, porém é menos eficaz. Ele é utilizado com mais frequência junto com algum outro anestésico geral. Outros gases não puderam ser utilizados, como o metoxiflurano, que é muito poderoso, porém mais lento que o halotano, e o enflurano, que é mais rápido que o metoxiflurano, mas pode causar epilepsias.

Os injetáveis

Distinguem-se, dentre os anestésicos gerais injetáveis, os agentes indutores (como o barbiturato, a tiopentona, o pentobarbital) e os anestésicos de base, como a quetamina, próxima da fenciclidina, que pode produzir delírio e alucinações. O diazepam é um ansiolítico e um sedativo que

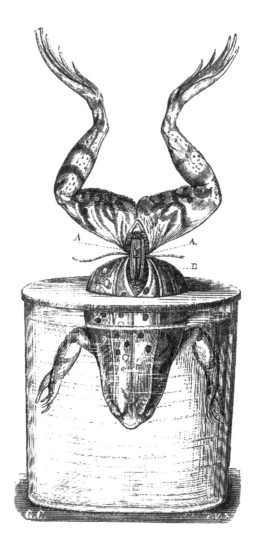

Figura 41 – Claude Bernard e a anestesia geral

Figura extraída das Leçons sur les anesthésiques et sur l'asphyxie *[Lições sobre os anestésicos e sobre a asfixia] ministradas por Claude Bernard em 1874 no quadro do curso de medicina do Collège de France. Essa figura mostra que a anestesia geral provocada pelo clorofórmio presente no frasco se produz nos centros nervosos e se propaga pelos nervos (A) e não pelos vasos sanguíneos (B) suturados no meio do corpo da rã (apud Claude Bernard, 1874).*

age sobre um receptor GABA. Em geral, esses anestésicos são utilizados em combinação com outros tipos de anestésicos ou de agentes farmacológicos — analgésicos (morfina, dolosal, palfium), neuroplégicos (clorpromazina ou prometazida) ou mesmo curarizantes, quando são previstas secções de músculos.

Eletroencefalografia

Os registros da atividade elétrica cerebral são feitos com a ajuda de eletrodos posicionados no couro cabeludo. Esses diferem de maneira marcada entre a vigília e o sono. Durante a anestesia geral, observa-se uma modificação profunda dos registros elétricos. Ao longo da anestesia pelo propofol, por exemplo, três níveis de anestesia puderam ser assim distinguidos:

Nível 1, os pacientes respondem ainda às ordens verbais;

Nível 2, eles ficam profundamente amansados, têm uma má articulação da palavra e respondem lentamente às ordens verbais;

Nível 3, os pacientes ficam totalmente inconscientes.

Quando da passagem do nível um ao nível três da anestesia, a potência relativa das ondas sigma (10 a 15 Hz) aumenta, e em seguida a das ondas gama (30 a 60 Hz) decresce ao nível três.

A imagem funcional

Ao longo da anestesia geral, o débito sanguíneo cerebral, medido por tomografia por emissão de pósitrons, diminui 20% de maneira global (Fiset et al., 1999). Quando se aumenta a concentração de propofol, há também diminuição da atividade regional do tálamo, do córtex parietooccipital, do cúneo, do pré-cúneo, do córtex orbitofrontal e do córtex cingulado posterior. Em compensação, observa-se um aumento relativo do débito sanguíneo cerebral no cerebelo, no córtex frontal mediano e no polo temporal esquerdo, correlacionado com a diminuição observada no tálamo, no mesencéfalo e no córtex orbitofrontal esquerdo. Essas experiências mostram uma diminuição do débito sanguíneo cerebral concomitante no tálamo e na formação reticulada ascendente do mesencéfalo, estrutura neural conhecida por participar na regulação dos níveis de consciência. Trabalhos recentes efetuados por diversos grupos de pesquisadores, entre os quais aqueles de Laureys (figura 23), confirmam uma diminuição significativa da rede envolvida no espaço de trabalho neuronal consciente (ver capítulo 1 da Parte II).

Os mecanismos de ação na fase membranária

Quatro tipos de mecanismos foram sugeridos.

Os mecanismos que implicam o estado físico da membrana

Os trabalhos muito antigos de Overton (1901) e Meyer (1899-1901) sugeriram que os anestésicos gerais modificam o estado físico da membrana celular e mudam em particular o dos lipídios. Eles determinaram a concentração mínima que produz uma imobilização reversível dos girinos em uma bacia e compararam essas concentrações com a solubilidade dos produtos experimentados nos lipídios. Meyer nota que a narcose começa quando uma substância quimicamente indiferente atingiu uma certa concentração molar nos lipídios da célula. A relação entre atividade anestésica e solubilidade nos lipídios foi confirmada por estudos ulteriores.

Os mecanismos que implicam volume da fase membranária

Em acordo com essa hipótese, Miller e seus colegas (1973) mostraram que girinos, imobilizados por adição de anestésico geral, retomavam de maneira reversível seus movimentos quando era aplicada uma pressão hidrostática de 100 atmosferas. A análise quantitativa sugere que a anestesia ocorre quando o volume da fase lipídica aumenta cerca de 0,4%. Essa mudança de volume provocada pelos anestésicos gerais modificaria as transições conformacionais de proteínas membranárias que contribuem para a atividade elétrica da célula nervosa.

QUÍMICA DA CONSCIÊNCIA

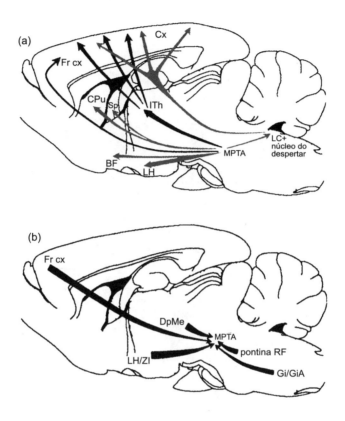

FIGURA 42A – Área da anestesia geral do mesencéfalo (MPTA) no rato

De acordo com Devor e colaboradores, a microinjeção local de pentobarbital ou de um outro agonista "alostérico" do receptor GABA numa região do mesencéfalo chamada MPTA acarreta uma anestesia geral reversível no animal. A figura representa esquematicamente conexões eferentes (A) e aferentes (B) dessa área "mesopontina-tegmental" da anestesia geral (apud Sukhotinsky et al., 2007).

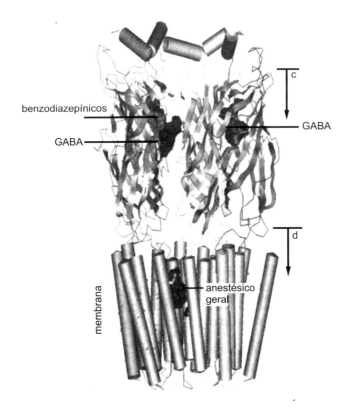

FIGURA 42B – Sítio dos anestésicos gerais sobre o receptor $GABA_A$

Localização de diversos sítios de importância farmacológica em um modelo molecular do receptor $GABA_A$: 1. no domínio membranar: o sítio do etomidato, anestésico geral. 2. no domínio sináptico: o sítio do GABA, o neurotransmissor se distingue do sítio homólogo dos benzodiazepínicos, ativador alostérico (apud G. D. Li et al., 2006).

Os mecanismos que implicam a fluidez da fase membranária

De maneira geral, os estudos de espectroscopia por ressonância de spin evidenciam um aumento da fluidez dos lipídios membranários pelos anestésicos gerais, mas em concentrações muito mais elevadas que aquelas eficazes para a perda de consciência.

Os mecanismos que implicam a formação de hidratos

Em 1961, Paulin e Miller sugeriram, independentemente, que os anestésicos gerais "congelariam" as moléculas de água na forma de um complexo anestésico-hidrato na superfície da membrana celular que interferiria com suas propriedades fisiológicas. A correlação entre formação de hidratos e efeitos farmacológicos é muito menos eficaz no caso em que há solubilidade nos lipídios.

Os receptores dos anestésicos gerais

A teoria dos efeitos "não específicos" dos anestésicos gerais foi questionada pela observação de uma estereosseletividade em seu modo de ação. Assim, o isômero óptico do isoflurano, S^+, é 50% mais eficaz que S^-. Igualmente, certo isômero do pentobarbital revela-se duas vezes mais poderoso que um outro. Esse fenômeno foi observado com muitos anestésicos gerais. Vários alvos são possíveis (Franks, 2008).

Os canais iônicos

Os anestésicos gerais são conhecidos por inibir os canais de sódio, potássio ou cálcio. Todavia, a concentração que acarreta a perda de consciência é muito mais baixa que aquela necessária para bloquear os canais iônicos. Única exceção: a corrente de potássio inibidora sináptica que é ativada por baixas concentrações de anestésicos gerais, e de maneira reversível (Franks e Lieb, 1988). Esse efeito estereosseletivo sobre um canal homólogo ativado pelos anestésicos gerais foi igualmente descoberto nos neurônios de mamíferos (Lazdunski). Trata-se portanto de um alvo plausível.

Os receptores ligados a canais iônicos

Os *receptores do glutamato de tipo NMDA* poderiam ser o alvo privilegiado de certos anestésico gerais como a quetamina, a penciclidina, o MK 801 e a conotoxina G que agem todos como *bloqueadores* não competitivos reversíveis do canal. Para Flohr, o efeito anestésico geral resultaria da inibição do receptor NMDA.

Os *receptores nicotínicos da acetilcolina* poderiam igualmente ser *bloqueados* pelos anestésicos gerais no canal iônico. A quetamina se ligaria assim ao segmento M2 do canal iônico. A marcação de afinidade por um anestésico geral radiativo (J. B. Cohen et al.) evidenciou um sítio ligando M2 a M1 e M3: haveria, nessas condições, um *sítio alostérico específico* dos anestésicos gerais agindo sobre as transições alostéricas do receptor. Os *anestésicos locais* são bem conhecidos por se ligarem a um sítio de alta afinidade localizado no nível do canal iônico nos segmentos transmembranários M2, onde estabilizariam o receptor em um estado dessensibilizado.

O *receptor inibidor do GABA* poderia, por fim, ser ativado pelos anestésicos gerais. Essa é mesmo a hipótese mais plausível. O pentobarbital, efetivamente, aumenta cerca de três vezes a afinidade da resposta do receptor GABA. O halotano e o propofol teriam o mesmo efeito. A análise dos resultados por imposição de voltagem sugere que esses anestésicos gerais aumentariam a frequência de abertura do canal de cloro mas não agiriam sobre a condutância elementar. Os benzodiazepínicos têm um efeito que é diferente daquele dos anestésicos gerais, de tal modo que poderia havido aí uma potencialização mútua com os anestésicos gerais. A análise dos sítios de ligação dos anestésicos gerais (J. B. Cohen; R. Olsen; Li et al., 2006) permitiu identificar um sítio comum a esses compostos (figura 42b): os diferentes anestésicos gerais se fixariam no nível de aminoácidos situados nos segmentos membranários M1, M2 e M3. Estes acarretariam um prolongamento do efeito do neurotransmissor e, desse modo, uma modificação do eletroencefalograma da qual participariam de maneira determinante interações entre interneurônios e inibidores.

Os *circuitos neuronais específicos*

Os sistemas reticulotalâmicos ou o sistema septo-hipocâmpico seriam, para alguns (Ma et al., 2002), o alvo privilegiado de certos anestésicos gerais. O grupo de Devor (Sukhotinski et al., 2007), em todo caso, provou, no rato, a existência de neurônios especializados da região mesopontina cuja inativação farmacológica específica causa a anestesia geral do animal (figura 42a).

O conjunto dos resultados obtidos pelo estudo dos ciclos vigília/sono e pelas pesquisas sobre o alvo dos anestésicos gerais mostra portanto que certamente existe uma química, complexa, da regulação dos estados de consciência que faz intervirem múltiplos neurotransmissores, mas em grupos de neurônios distintos, e na qual os receptores alostéricos têm um papel importante.

CAPÍTULO 7 A significação da morte*

O ponto de vista de um neurobiologista evolucionista

Os progressos recentes da neurociência e sua integração a uma dinâmica evolutiva que inclui os processos culturais e a sua história nos convidam a repensar certas questões filosóficas tão centrais quanto a significação da morte.

A morte é um fenômeno biológico capital em relação direta com a evolução das espécies. Entretanto, ela tomou uma dimensão singular na história da humanidade. Se Buffon escreve acertadamente que "a morte é tão natural quanto a vida", em contrapartida, numerosos fundamentalismos filosóficos e religiosos, que colocaram e ainda colocam o caráter sagrado da vida, sacralizam a sua interrupção: a morte. Mais do que nunca, me parece oportuno retornar hoje à proposição de Buffon, enriquecendo-a com tudo aquilo que aprendemos recentemente sobre as predisposições cognitivas próprias à espécie humana.

Sabe-se em particular que o cérebro do homem contém dispositivos neuronais necessários à consciência de si. Esses dispositivos participam do exame que todo ser humano faz de seu destino individual — espe-

---
* Texto de 2001.

cialmente de sua morte — com referência à memória do passado e às intenções orientadas para o futuro. Sabe-se também que dispositivos cognitivos, particularmente desenvolvidos na espécie humana, intervêm na vida social, notadamente na representação de outrem como um outro si-mesmo, ao qual são atribuídos conhecimento, crenças, intenções e emoções na experiência de uma vida que termina inexoravelmente na morte.

As hipóteses que o homem projetou sobre o fenômeno da morte evoluíram ao longo da história cultural da humanidade. A "Santa obscuridade", para retomar os termos de Bossuet, a impossível compensação objetiva da morte e a rejeição de seu pertencimento à ordem da natureza foram propícias para a invenção dos mais diversos mitos pelas sociedades humanas. Esses mitos cederam progressivamente a interpretações racionais e científicas prontamente mais apaziguadoras, uma vez que, em nenhum caso, elas consideram a inelutabilidade da morte um mal ou um sofrimento necessário, mas fazem dela um simples fato biológico de evolução.

A morte não é exclusiva do homem

O homem partilha a morte com todos os seres vivos superiores, animais ou vegetais. Unicamente os micro-organismos unicelulares, como as bactérias, podem escapar dela. Quando as condições são favoráveis, a célula que as compõe cinde-se em duas células idênticas, que, por sua vez, vão produzir duas células idênticas etc. Certamente, as bactérias apresentam fenômenos de sexualidade, mas esses seres vivos elementares não possuem, propriamente falando, "corpo mortal". Quando as condições de meio se tornam desfavoráveis, a divisão para. A célula pode sobreviver ou desaparecer por dissolução; ela também pode formar um esporo resistente que reproduz uma célula perpetuada por divisão, desde que as condições se tornem favoráveis. Em meio adequado, cada célula sobrevive integralmente em sua descendência. É uma forma muito concreta de perpetuação eterna da vida, de "vida eterna" que não tem aqui nada de mito.

Ao longo da evolução, a morte se manifesta apenas com o aparecimento dos *organismos multicelulares*: esponjas, medusa, corais, hidras de água doce. Esses organismos se compõem de centenas e até milhões (por vezes muito mais) de células que se diferenciam em vários tipos dentro do organismo: células epidérmicas, células musculares ou nervosas, mas também e sobretudo células que intervêm na reprodução sexuada.

Auguste Weismann, em 1883, propôs distinguir nos organismos multicelulares:

A *linhagem germinal*, cujas células são primariamente espermatozoides e ovócitos e são capazes de se multiplicar no interior do corpo do adulto e sobretudo de perpetuar a vida, no exterior deste, pela fecundação;

As *linhagens somáticas*, que constituem um "corpo mortal", cuja duração de vida é limitada de alguns dias a centenas de anos, raramente mais.

A perpetuação da espécie pela reprodução sexuada e a fecundação efetua-se com uma perda considerável de material vivo. "Esse desperdício" de energia ocorre inicialmente com a organização do soma como corpo, cuja duração de vida máxima é delimitada por um envoltório genético próprio à espécie. O desperdício é ainda maior nos gametas, liberados fora do organismo em condições tais que uma fração muito baixa deles produzirá um novo organismo. Uma ampla maioria desses gametas, células vivas certamente, morrerá sem participar da reprodução, ainda que isso ocorra por emissões noturnas, "pecado dos clérigos" nos homens, ou ciclo menstrual das mulheres, na ausência de relações sexuais. Não se pode portanto seguir o legislador ou o teólogo quando estes definem a fecundação como o "começo da vida". Mesmo se são haploides, espermatozoides e óvulos possuem, inequivocamente, um status de "vivo", mais fundamental até mesmo que o ovo diploide que formam ao se fundirem. Essas células constituem, de fato, o traço de união mais elementar que existe entre as gerações. Mesmo se suas chances de sobreviver são imensamente baixas, a mediação de alguns "felizes eleitos" é fundamentalmente análoga, sem ser idêntica, à contribuição da simples célula bacteriana na perpetuação da espécie. Pode-se portanto falar, com Auguste Weismann, de "continuidade do plasma germinativo" por intermédio dos gametas ou, sob uma forma um tanto metafórica, de "imortalidade da linhagem germinal".

Se unicamente os seres vivos superiores possuem um "corpo mortal", a condição de "mortal" não é, de modo algum, exclusiva do homem. O homem herdou isso de sua ascendência evolutiva, de seus ancestrais mais longínquos, sem dúvida anteriores aos espongiários e aos celenterados. O genoma humano contém determinantes genéticos específicos que são partilhados com curiosos ancestrais. Esses genes intervêm ao longo do desenvolvimento na ocasião da segregação das linhagens germinais e somáticas dentro do embrião e para regular a duração de vida do *soma* de uma maneira própria à espécie.

A primeira categoria desses determinantes genéticos faz parte dos numerosos genes de desenvolvimento — por exemplo, os genes homeóticos, que determinam as múltiplas etapas de expressão gênica, sucessivas e paralelas, que intervêm na morfogênese embrionária e na diferenciação celular. A totalidade desses genes é conhecida no caso do verme *Caenorhabditis*, cujo sequenciamento completo do genoma acaba de ser divulgado. Encontram-se ali genes codificadores para fatores de transcrição (receptores hormonais, reguladores da informação de posição...) e para moléculas engajadas nas interações e nas comunicações intercelulares, bem como na transdução do sinal (moléculas de adesão, peptídeos e seus receptores...). É dentro deles que se recrutam genes que definem o gênero e a linhagem germinal, notadamente os genes que determinam a morte "programada" (ou apoptose) de certas células embrionárias bem definidas. Esses são, por exemplo, os genes que codificam as "caspases" (enzimas proteolíticas) cuja ativação acarreta a apoptose.

Uma segunda categoria de genes, não tão bem definidos, contribui para a evolução temporal do envoltório somático do corpo, de sua maturação ao seu envelhecimento, e depois à sua morte. Citemos, por exemplo, os genes do envelhecimento precoce da síndrome de Werner, ou aqueles responsáveis pelas formas familiares de demência de início precoce do tipo Alzheimer (presenilina 1, α-amiloide, apolipoproteína E). Recentemente, foram identificados genes, por exemplo no verme ou na drosófila, cuja mutação pode modificar a longevidade. Os mutantes *daf 12* de *Caenorhabditis* têm, por exemplo, uma longevidade multiplicada por três, e até por quatro. Homólogos desses genes podem existir no homem.

Ao lado desses mecanismos genéticos intrínsecos que delimitam um "quadro da longevidade", processos extrínsecos de condições de vida, como os progressos da medicina, têm um papel importante na desaceleração do processo de envelhecimento e no prolongamento da duração de vida. Em cinquenta anos, a expectativa de vida das mulheres aumentou em vinte anos, e a dos homens, em 18. Esse controle da duração de vida pelas condições que o homem criou para si não elimina a inelutabilidade da morte. Um fator, em geral circunstancial, de desencadeamento a acarreta de maneira irreversível: parada cardíaca, hemorragia cerebral, câncer ou doença infecciosa. Não obstante, os avanços da pesquisa biomédica fazem com que esses fatores de desencadeamento se tornem a cada dia mais fáceis de controlar, e é preciso esperar que eles façam progressivamente desaparecer o conceito de "morte natural". O controle das circunstâncias desencadeadoras acabará, sem dúvida brevemente, com o caráter aleatório da hora da morte em benefício da decisão médica e/ou pessoal de uma parada de vida previsível e deliberada. Deve-se esperar que, nos anos vindouros, cada morte medicalizada se torne, de fato, uma eutanásia praticada com dignidade com o acompanhamento dos cuidados paliativos adequados?

A significação evolutiva da morte não está simplesmente ligada ao aparecimento da sexualidade. Ela existe já nos unicelulares e assegura uma diversificação genética que favorece, segundo os termos de François Jacob, a "bricolagem" evolutiva. A clivagem soma/germe acompanha o aparecimento da multicelularidade, mas qual é sua vantagem evolutiva? A passagem à multicelularidade interessa os teóricos da evolução. A transição evolutiva que levou ao agrupamento de células únicas em organismo seria compreendida, de acordo com Michod, com base em uma "seleção de grupo", de uma seleção da *cooperação* entre células. O organismo — "grupo de células" — apresenta várias vantagens evolutivas. De início, o simples fato de uma cooperação entre células o torna menos vulnerável a degradações possíveis de suas partes. Essa multicelularidade permite, ademais, uma diversificação funcional dentro de um mesmo organismo e um crescimento de complexidade estrutural e de especializações fisiológicas inacessíveis à célula única. A seleção é exercida sobre o fenótipo "mortal" cujos múltiplos órgãos especializados, por exemplo na nutrição, na reprodução, na percepção e na motricidade, na cognição e na consciência, aumentam, de maneira fulgurante, as capacidades de sobrevivência. E o soma armazena a linhagem germinal que se encontra, ademais, protegida contra os efeitos deletérios do metabolismo.

O cérebro do homem e a consciência da morte

Fato ainda mais importante: nosso sistema nervoso e nosso cérebro desenvolveram-se ao longo da evolução como próteses cognitivas de nosso corpo cuja sobrevivência elas reforçam. Acima de tudo, possuímos um cérebro pelo simples fato de que somos multicelulares diferenciados e que nosso soma é mortal.

Mais especificamente, o cérebro do homem tem suas origens na história evolutiva dos mamíferos superiores que foi produzida ao longo dos quatro últimos milhões de anos em nosso planeta. Por seu nível de complexidade, ele possui o status metafórico de um organismo instalado no organismo. Esse "órgão da alma" se especializa na regulação, tanto *dentro* do corpo quanto *entre* seres humanos.

O cérebro faz parte integralmente do soma. Sua fisiologia é, não obstante, muito particular, pois sua organização "incorpora" — o termo é particularmente adequado —, além da evolução genética das espécies (que define as grandes linhas arquiteturais de sua organização funcional), a evolução *epigenética* das conexões sinápticas entre células nervosas quando dos primeiros estágios do desenvolvimento, mas também da idade adulta. A interação com o mundo exterior, físico, social ou cultural deposita traços na rede nervosa estabilizando seletivamente distribuições de *conexões* e distribuições de *eficácias* de contatos sinápticos. Seguem-se capacidades de memória, armazenagem e recordação de informação cuja estabilidade de longo prazo pode se estender por toda uma vida.

Essa capacidade de memória tem por consequência o desenvolvimento de uma cultura transmissível de maneira epigenética de cérebro a cérebro dentro do grupo social. Esses traços, em geral, são etiquetados com uma tonalidade emocional que é a assinatura de suas condições de seleção. Toda representação produzida pelo cérebro resulta da mobilização diferencial e seletiva de populações de células nervosas por atividades químicas e elétricas coerentes. A geografia dinâmica desses estados de atividade define o seu "sentido". Esses objetos mentais possuem uma materialidade física tão evidente que parece inconcebível supor a sua perpetuação — a imortalidade — fora da organização neuronal "mortal" que as produziu e de sua transmissão epigenética. Esses objetos mentais são perceptivos, motores, concretos ou abstratos.

O cérebro do homem possui, ademais, dispositivos especializados na representação do eu como sujeito imediato de experiência e que não se estende no tempo. Shaun Gallagher e Chris Frith recentemente propuseram um modelo neurocognitivo que distingue o *sentido do eu* que *causa* uma ação (que atiraria áreas pré-motoras e córtex pré-frontal) e o *sentido do eu* que *sofre* uma experiência sensorial (que atiraria o cerebelo). Com Ricoeur e Gallagher, pode-se igualmente distinguir um *"eu narrativo"*, que se estende no tempo e inclui as memórias do passado e as intenções para o futuro; seus traços são provavelmente amplamente distribuídos em nosso cérebro. Enfim, Damásio bem recentemente tentou vencer as dificuldades existentes para precisar as relações entre o *eu-central* (*core self*) e o *eu-autobiográfico* (*autobiographical self*), sugerindo um modelo neural original dessa relação. Ainda que bem pouco desenvolvidas, essas ideias ilustram a plausibilidade de uma neurobiologia do *eu* e de sua percepção.

Essas diversas capacidades de representar o (ou sobretudo os) *eu* se desdobram, desde a infância e depois no adulto, da capacidade de representar *outrem*. Isso se manifesta precocemente, em particular pela imitação, e depois pela atribuição ao outro de estados mentais: conhecimentos, crenças, intenções e emoções. Os "neurônios espelhos" do córtex pré-motor identificados por Rizzolatti seriam mobilizados pela imitação, ao passo que os conjuntos de neurônios do córtex pré-frontal ventromediano teriam um papel essencial naquilo que se convencionou chamar de a empatia e o raciocínio social.

Nessas condições, o cérebro do *Homo sapiens* possui os dispositivos que lhe permitem tomar consciência da duração limitada de sua própria vida e de compará-la com a de outrem. A ancoragem emocional da representação do *eu*, em particular do eu-autobiográfico, e do eu de outrem — o próximo mas também o distante —, é, como mostrou Damásio, particularmente poderosa. Essa componente emocional, unida à estabilidade da memória instalada em nossas redes cerebrais, cria um estado cerebral de "ruptura" diante da morte. Segue-se um "sofrimento moral". Pode-se ver nesse sofrimento que acarreta o desaparecimento irreversível do outro e, por antecipação, a sua própria morte um brutal estado de "falta", a ausência irremediável de "resposta gratificante", uma desarmonia violenta entre o esperado e o real.

A certeza da morte, da própria morte como daquela do outro, parece absurda, contrária à razão, injusta, pois não oferece, fora do mundo do conhecimento científico, justificação imediatamente compreensível de sua irremediável universalidade. O sofrimento diante da morte é o sofrimento diante de um inexorável destino cuja causalidade evolutiva parece fora de expectativa, escapando da razão e da vontade.

Os mitos da morte

O *Homo sapiens* enterra os seus mortos. Ele é o primeiro, na história evolutiva dos ancestrais do homem, a tomar consciência do caráter trágico desse fenômeno biológico. Seu cérebro vai tentar ativamente buscar causas, inventar "modelos" ou "teorias explicativas".

Essa capacidade "projetiva" no cérebro do homem aparece muito precocemente. Sabe-se, por exemplo, que os bebês atribuem *intenções* a simples figuras geométricas que se deslocam em uma tela de computador. O cérebro do homem, desde a mais tenra idade, é um "superprodutor" de significados. É notável que os primeiros testemunhos da escrita na China (sobre os ossos oraculares da época Shang) sejam de tipo divinatório e tentem dar sentido a linhas de fraturas presentes em peças ósseas e distribuídas estritamente ao acaso, isto é, precisamente sem nenhum sentido.

O homem, por seu cérebro, é ao mesmo tempo uma espécie racional e uma espécie social. Como escreve Durkheim, "o único meio que temos de nos libertar das forças físicas é o de lhes opor forças coletivas". O cérebro dos homens reunidos em sociedade produziu, portanto, como "modelo explicativo", "representações coletivas" eficazes no plano social (mitos, crenças, poderes mágicos, forças sobrenaturais...) que foram transmitidas de geração a geração, de cérebro a cérebro. Essas representações coletivas permitem organizar *o tempo,* não somente *o seu,* mas aquele objetivamente pensado por *todos os homens* de uma mesma civilização. Elas trazem uma paz interior, um reconforto pela estimulação em nosso imaginário de sistemas de recompensa que ativam neuromediadores moduladores (dopamina, *opiáceos*). Ousaria dizer que o "ópio do povo" adquire assim uma plausibilidade neural?

Colin Renfrew, na sequência do antropólogo americano Rappaport, sublinhou, em sua análise da arqueologia da religião, a importância da invenção de agentes sobrenaturais, misteriosos e exteriores ao poder dos homens em seus primeiros "modelos explicativos". Sua invenção ofereceu uma visão coerente da natureza do mundo, de suas origens e do futuro da humanidade em situações nas quais, para o homem primitivo, bem poucos dados objetivos eram disponíveis. Essas representações, esses objetos mentais, colocavam em harmonia as inquietudes do indivíduo e a vida do grupo social das quais extraía as suas razões de sobreviver. Como estavam no nível do grupo social, eles proviam confiança e reforçavam a coesão do grupo. O caráter imaginado — e imaginário — dessas representações míticas servia mesmo para fins menemotécnicos por sua transmissão epigenética. A "vestimenta simbólica" tinha também um papel essencial na aplicação das prescrições morais: as "sanções divinas" têm mais peso simbólico no imaginário humano do que as simples "sanções sociais".

A significação da morte deu lugar, portanto, a inúmeras representações míticas que se diversificaram nas múltiplas culturas surgidas ao

Figura 43 – A morte dançando a cavalo

Reprodução moderna de uma xilogravura original de A grande dança macabra de Troyes *de 1486. O tema da dança macabra constituiu-se em um Ocidente traumatizado pela peste negra no final do século XIV. Esboçando um quadro dos costumes e da sociedade da época, o motivo da ronda das mortes ilustra a igualdade dos homens diante da morte.*

longo da evolução recente da humanidade. O mito mais difundido em nossa cultura ocidental, frequentemente qualificado de órfico-platônico, baseia-se no dualismo do corpo e da alma. Supõe-se que as funções cerebrais são distintas do corpo mortal e capazes de se perpetuarem de maneira autônoma, e não degradável, fora do corpo morto. Essa mitologia retomada pelo judaísmo-cristianismo postula a existência de um mundo do "além" onde as almas se perpetuam. Não obstante, todas as angústias continuam possíveis, uma vez que não há retorno desse hipotético reino dos mortos onde as almas são submetidas ao irremediável "peso" do último Julgamento. No Oriente, considera-se, de modo oposto, que a vida e a morte dependem dos poderes imanentes da natureza, e evita-se recorrer a divindades específicas, aos atributos normativos fora do alcance dos humanos. Mais próximo de nossa cultura, a filosofia grega pré-socrática, com os atomistas como Demócrito, e depois Epicuro, recusa a opção dualista e vê a morte na simples desagregação do organismo biológico. Portanto, não se deve aspirar a uma possível imortalidade, mas aceitar as leis da natureza, sejam elas trágicas, com serenidade. Na verdade, esses primeiros pensadores gregos antecipam em 2.500 anos as posições contemporâneas da neurociência. A alma e a sua imortalidade não correspondem, hoje em dia, a nenhum dado científico objetivo. Toda função cerebral para quando o eletroencefalograma se torna plano. Os osciladores neuronais, engajados na alternância dos estados de vigília e sono, se desativam. Os circuitos talamocorticais se desorganizam. A perda de consciência torna-se irreversível. Os tecidos cerebrais acabam por se decompor, e as redes de proteínas reguladoras se desintegram.

A despeito desse saber científico, a crença na imortalidade da alma e na ressurreição dos mortos persiste, entre outras notáveis invenções do cérebro humano. Para Durkheim, ela tem uma função social essencial: contribuir para "assegurar a perpetuidade da vida do grupo" e para "tornar inteligível a continuidade da vida coletiva". Compreende-se que ela esteja ainda ancorada no cérebro de nossos contemporâneos.

Tendo dito isso, vivemos um momento da história de nossas sociedades no qual esses mitos tenazes, por mais poderosos que sejam, estão tendendo a perder as suas forças. Os limites do irracional aceitável se restringem. Cabe-nos imaginar novas representações coletivas das quais o poder simbólico e a eventual ritualização secular saberão trazer um pouco mais de conforto que a perspectiva de um cruel julgamento das almas em face desse destino biológico natural — essa decomposição material — da qual nenhum de nós pode escapar. Dostoievski, em *Os irmãos Karamazov*, coloca na boca de Ivan Fedorovitch as seguintes palavras: "Se não há imortalidade da alma, tampouco há virtude, logo tudo é permitido." Pierre Alexandrovitch lhe responde que a sua teoria não é senão uma baixeza e prossegue afirmando: "A humanidade encontrará nela a força de viver para a virtude, mas sem crer na imortalidade da alma. Ela a encontrará no amor pela liberdade, pela igualdade, pela fraternidade..." Cabe a nós, igualmente, construir um ritual coletivo e solidário da memória, um acompanhamento "empático" da finalidade da vida que tornem a inelutabilidade da morte tolerável para nosso *eu*, bem como para aquele de outrem.

SÍNTESE 3

O estudo da genética, da morfogênese e da bioquímica do cérebro permite construir uma ciência unificada da mente. A complexidade das possibilidades combinatórias contidas na conectividade cerebral é definível, mas ultrapassa a imaginação, enquanto os genes que determinam a morfologia, o crescimento e a bioquímica do sistema nervoso são em número relativamente restrito. No interior desse envoltório genético, a epigênese da massa cerebral e de sua conectividade, prolongada por muito tempo depois do nascimento no homem, permite a "mediação neurocultural". A noção de "programa genético" válida para as bactérias perde a sua pertinência quando aplicada ao homem e ao seu cérebro. O papel das "comunicações celulares" na criação de funções cerebrais elevadas oferece novas perspectivas de pesquisa. Na mesma linha, a variabilidade da conectividade cerebral é manifesta, nos insetos e mesmo entre indivíduos portadores do mesmo genoma. Essa especificação chega no nível do neurônio individual que possui uma singularidade em suas conexões e sua função resultante da própria atividade da rede neural em desenvolvimento. O conceito central nas neurociências é aquele da atividade espontânea do neurônio, de modo oscilatório, cujos mecanismos bioquímicos são conhecidos e que tem um papel funcional particular ao longo da ontogênese antes e depois do nascimento, sob a forma do sono paradoxal. A interação com o mundo exterior insere-se em uma atividade espontânea preexistente, na modelagem da conectividade neuronal.

Os neurotransmissores e receptores de neurotransmissores (dos quais o primeiro conhecido foi o receptor da acetilcolina, isolado por

Changeux) são os atores moleculares da conectividade, cerebral e da epigênese, por sua síntese, liberação e distribuição variáveis no neurônio e em sua periferia. Protótipo dos "receptores-canais", o receptor da acetilcolina é uma molécula alostérica de estrutura conhecida, que comporta um sítio de fixação do neurotransmissor e um canal iônico, de modo que o acoplamento entre essas duas partes permite a transformação de um sinal químico em fenômeno elétrico membranário, com propriedades de regulação "cooperativa". A aprendizagem é desde então justiçável por uma abordagem celular baseada nessas propriedades, por convergência de diferentes sinais sobre uma mesma estrutura molecular que influenciam a resposta — donde a possibilidade de uma regulação "heterossináptica", dotada igualmente de interessantes propriedades temporais de coincidência ou de não coincidência das ações. O fato de que fenômenos que no homem têm uma evidente dimensão física, como a aprendizagem, possam encontrar sua base em mecanismos moleculares extremamente sutis é um dado recente em apoio de uma "química do espírito", enriquecida desde então pelos desenvolvimentos da neuroquímica dos estados de vigilância (vigília, sono lento, sono paradoxal) e também da anestesia. Vigilância e supressão da vigilância apoiam-se em mecanismos definíveis e complexos. Progredindo ainda mais sobre os fenômenos e mecanismos da consciência, é possível propor substratos neuronais para as diferentes funções e sentidos do eu e da representação de outrem, despojando de toda substância a ideia de uma alma substancial existente por si e dotada de imortalidade. A morte cerebral corresponde à dissolução e à desativação das redes neuronais.

Claude Debru

PARTE IV   Onde estamos hoje?

Do Homem neuronal *ao*
Homem de verdade: *perspectivas**

---
* Curso do ano de 2006.

PRÓLOGO

Este último texto vem finalizar um ensinamento que se estendeu durante trinta anos no Collège de France. Desde minha lição inaugural de 1976, a aposta era clara: carregar a tocha da biologia molecular e colocar à prova os seus paradigmas e os seus métodos do estudo do cérebro e de suas funções mais integradas (consciência, pensamento). Onde estamos trinta anos depois? As próximas páginas propõem-se a fazer um balanço tanto dos fatos novos quanto das perspectivas de pesquisa concebíveis para as próximas décadas.

O rápido desenvolvimento das ciências do cérebro: um pouco de história

O homem neuronal foi publicado em 1983: ele resume e sintetiza meus sete primeiros anos de ensino no Collège de France. Sua filosofia biológica é clara. Ela segue na mesma linha de Claude Bernard, Louis Pasteur e Jacques Monod. Trata-se de tentar estabelecer uma relação causal pertinente entre estrutura e função que leve em conta os níveis de organização sucessivos da matéria nos seres vivos: do nível mais elementar, o dos átomos das moléculas, aos níveis mais elevados, que se manifestam no caso do cérebro pela gênese do pensamento consciente.

Na era da biologia molecular, todas as unidades celulares ou subcelulares de base da rede nervosa, bem como os sinais de comunicação que as investem, definem-se em termos de moléculas ou de edifícios moleculares organizados. Portanto, parece legítimo estender à neurociência o conceito de "materialismo instruído" proposto por Bachelard para a química. Antecipando o evolucionismo, o padre Meslier, em seu célebre testamento, já escrevia de maneira profética: "para fazer com que a matéria de uma pedra ou de um monte de areia comece a pensar, é preciso que ela se altere, se modifique e se transforme em animal, em homem vivo". Nosso cérebro é compreendido desde então como a síntese de múltiplas evoluções encaixadas: evolução dos ancestrais do *Homo sapiens* (no nível do genoma), evolução ontogenética do embrião e desenvolvimento pós-natal (no nível das redes de neurônios), dinâmica evolutiva do pensamento e evoluções sociais e culturais. De modo que o discurso pronunciado por Thomas Huxley diante da British Association

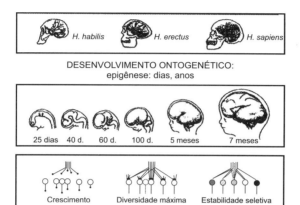

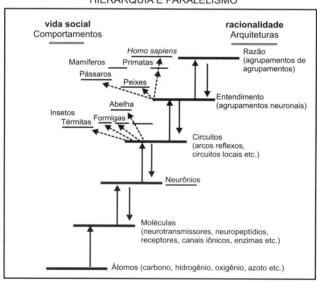

FIGURA 44 – O cérebro do homem, síntese de múltiplas evoluções

Múltiplas evoluções encadeadas do nível molecular às funções cognitivas e à consciência, bem como à vida social e cultural.

de Belfast em 1874 parece de uma inacreditável atualidade: "a argumentação que se aplica aos animais é igualmente boa para os homens, pois [...] todos os estados de consciência em nós, como neles, são imediatamente causados por mudanças moleculares da substância cerebral [...] somos autômatos conscientes".

A ambição cartesiana de descrever as funções do sistema nervoso em termos de "rede conexional" e de construir máquinas que rivalizassem com o cérebro do homem concretizou-se por volta de 1920, na sequência de uma série de tentativas iniciadas com a máquina de calcular de Pascal. É a época da construção das primeiras máquinas de calcular elétricas (1920), a qual será seguida trinta anos mais tarde por aquela dos *supercomputadores* (1951). Alan Turing (1936) e, depois, John von Neumam (1940-1950) teorizam acerca dessa questão: "Como uma máquina pode pensar?", interroga-se assim Turing no célebre artigo no qual descreve a teoria matemática da "máquina" que leva o seu nome. Com a *cibernética* (1948), uma equipe multidisciplinar, que congrega matemáticos (Wiener, Von Neumann), fisiologistas (McCulloch) e um antropólogo (Bateson), interessa-se pela noção de ação finalizada e introduz a ideia de pilotagem por retroação. Destacam-se nesse momento duas ideias-forças: a do "modelo" e a de "sistema". O modelo torna-se uma representação simplificada teórica (matemática) ou mecânica (máquina) do cérebro e de suas funções; o sistema descreve a interpenetração, a interação, de elementos constitutivos que formam um todo funcional cujas propriedades são mais que a soma dos elementos constitutivos. Ao movimento cibernético sucede o projeto da *inteligência artificial*, com McCarthy, Shannon, Simon, cujo objetivo é escrever programas informáticos que demonstrem teoremas matemáticos. As primeiras tentativas de modernização das funções cognitivas aparecem em 1956 com *The logic theorist* [O teórico lógico] (Simon, Newell), depois em 1957 com o *General problem solver* [Solucionador geral de problemas], cujo princípio é resolver todos os problemas de mesmo tipo (traduzir as línguas, jogar xadrez, tomar decisões...).

Paralelamente aos progressos das ciências do cérebro (com Broca, Cajal, Hodgkin e Huxley) e aos desenvolvimentos matemáticos e mecânicos da cibernética e da inteligência artificial, emerge na década de 1950 uma nova disciplina, essencialmente comportamental: *a psicologia cognitiva*. Em relação aos métodos da psicologia experimental alemã do século XIX, baseada em parte na introspecção, desenvolve-se em território anglo-saxão o estudo objetivo dos comportamentos, baseado na observação "exterior" do animal em seu ambiente natural: obra notadamente de John Watson e do behaviorismo (1913). Desde 1948, entretanto, Tolman quebra o tabu introduzindo a noção de intenção e de mapas cognitivos no animal e no homem. Com George Miller e Jerome Bruner (1956) multiplicam-se os trabalhos sobre as estratégias mentais de sujeitos confrontados com tarefas cognitivas (como, por exemplo, a famosa definição do "número mágico" 7), bem como sobre as capacidades e os limites das funções cognitivas no homem.

De outro lado, a linguística teórica toma um novo impulso com Noam Chomsky e suas *Estruturas sintáticas* de 1957. A gramática gerativa e as regras de produção da linguagem em geral vão levar ao estabelecimento de softwares que vão traduzir as regras da gramática universal e deverão permitir a um computador falar, traduzir e até mesmo pensar! "O pensamento", nota Chomsky, "é para o cérebro o que o *software* é para a máquina (*hardware*)." O *software* basta para explicar os processos mentais, retoma o filósofo Jerry Fodor, em *Le langage de la pensée* [A linguagem do pensamento], de 1975, e não importando qual o tipo de máquina, sejam microprocessadores ou neurônios. O estabelecimento da relação precisa com o cérebro é supérfluo, sem interesse, e até votado ao fracasso. Numerosos filósofos e psicólogos acertam o passo. Essa "descerebralização" das funções cerebrais, que retoma certa forma de dualismo ontológico, assinala na verdade os limites do percurso cognitivista. As pesquisas empíricas sobre as funções cognitivas, com ou sem relação com as ciências do cérebro, prosseguem não obstante com Mehler, Morton e Shallice para o homem, Maler, Noteboom e os Premack para o animal.

Um evento de importância capital marca o ano de 1971: a primeira reunião da Society of Neuroscience nos Estados Unidos. Cerca de 1.100 cientistas encontram-se reunidos nesse dia (hoje, eles são mais de 50 mil), representando disciplinas tradicionais das ciências do cérebro (anatomia, fisiologia, neuroquímica e farmacologia), todavia com uma "expansão" maior para as duas "fronteiras", do que dão testemunho:

A entrada forte da biologia molecular com, em 1967, a análise sistemática dos primeiros mutantes de comportamento da drosófila por Benzer e do camundongo por Sidman; em 1970, o isolamento do primeiro receptor de neuromediador, o receptor da acetilcolina por nossa equipe pastoriana; em 1973, a formulação da regra de aprendizagem de Hebb em termos moleculares por Stent. Desde então, parece legítimo fundamentar o estudo das funções superiores do cérebro em bases moleculares.

A emergência da psicologia cognitiva e sua ancoragem na fisiologia cerebral (despontar da neuropsicologia, continuidade do estudo das consequências das lesões cerebrais, na tradição de Broca, com Luria, Geschwind, Hécaen), que acompanham os desenvolvimentos da psicofísica (Shepard), da psicologia da criança (Mehler) e do comportamento animal (Rescorla, Nadel).

A imagem cerebral, que cria uma nova ponte entre psicologia e cérebro na sequência dos desenvolvimentos tecnológicos maiores da tomografia cerebral computadorizada (McLeod, Cormack e Hounsfield, 1970), a qual dará acesso à tomografia por emissão de pósitrons (PET), e da ressonância magnética funcional (RNMf) (Mansfield e Lauterbur).

O homem neuronal apareceu nesse contexto, portanto no momento em que a neurociência tinha sido definitivamente estabelecida. De certo modo, ele é o seu manifesto e oferece uma primeira síntese desse novo campo que trata de biologia molecular, mas também de "objetos mentais", de "problemas de consciência" e de "substância do espírito". Depois de 1983, houve importantes progressos, como vamos ver agora, com o sequenciamento de numerosos genomas (entre os quais o genoma humano), o desenvolvimento de novos modelos (neurocomputacionais) de funções cognitivas e de um estudo desde então científico dos processos conscientes.

O "poder dos genes"

Num dos capítulos de *O homem neuronal* foi mencionada a invariância dos traços próprios à espécie na organização do cérebro, bem como as variações anatômicas (cerebelo) e do comportamento (drosófila, grilo) acarretadas por mutações gênicas. Assinalei igualmente o paradoxo da "não linearidade" evolutiva notada entre o crescimento de complexidade da organização do cérebro (e dos comportamentos que o acompanham) e a invariância aparente do conteúdo de DNA no núcleo celular do camundongo ao homem. Para explicar esse paradoxo, eu propunha um modelo de combinatória espaço-temporal de expressão dos genes ao longo do desenvolvimento, baseado nos esquemas propostos por Monod e Jacob nas conclusões do simpósio de Cold Spring Harbor de 1961. Trinta anos mais tarde, as ideias de Monod e Jacob conservaram a sua validade, mas se enriqueceram consideravelmente com os múltiplos "tesouros ocultos" revelados pela sequência completa de vários genomas de eucariontes.

Um primeiro ponto diz respeito à origem do mundo animal. Com base em dados de sequência (ainda parciais) de dois cnidários, o coral *Acropora* e a anêmona-do-mar *Nematostella*, Technan e seus colaboradores (2005) propuseram uma origem única do mundo animal. As esponjas aparecem como o ancestral comum dos cnidários, os quais, por sua vez, se apresentam como o ancestral comum dos deuterostômios e dos protostômios. Na origem das esponjas, pode-se mesmo sugerir um ancestral comum hipotético unicelular do tipo coanoflagelados, protozoários coloniais existentes ainda em nossos dias.

A despeito desse caráter ancestral comum do genoma dos cnidários, ele apresenta uma complexidade e uma diversidade genética superiores àquelas dos eucariontes superiores e do homem. Encontram-se nele autênticas sequências gênicas bacterianas e vegetais (como a demetil menaquinona metiltransferase, que intervém no metabolismo do ácido abscísico), que foram perdidas ulteriormente nos eucariontes superiores, genes que codificam proteínas reguladoras (ligantes TGFβ) ou ainda fatores de transcrição (*snail, slug, scratch*) que serão encontrados sob uma forma muito diversificada nos eucariontes superiores. A *perda de genes* parece, portanto, ter tido um lugar importante na evolução dos genomas.

É sabido que a notação do genoma humano, com seus três bilhões e cem milhões de pares de bases, revela apenas 20 mil a 25 mil sequências gênicas (íntrons + éxons). Os éxons codificadores representam sozinhos apenas 1,2% de nosso genoma. Portanto, existe uma maioria de sequências não codificadoras, mas estas são de natureza muito diversa. Contam-se 20 mil pseudogenes inativos, número equivalente ao dos genes codificadores. Os íntrons gênicos representam 31% da sequência total. Ademais, o número de elementos transponíveis incorporados ao genoma humano é gigantesco: corresponde aproximadamente a 44% da sequência total do genoma! Ele inclui 8% de autênticos retrovírus endógenos, 33% de elementos transponíveis diversos (SINE e LINE) e 3% de verdadeiros transpósons suscetíveis de serem efetivamente transpostos por um mecanismo de "copiar-colar". Esses elementos transponíveis parecem ter tido um papel maior na evolução do genoma dos vertebrados, integrando-se a ele por ondas sucessivas que causam mutações e/ou reorganizações cromossômicas.

As sequências codificadoras do genoma humano revelam funções bem definidas. Os genes das "proteínas de manutenção" (*housekeeping proteins*), que constituem uma fração maior do genoma dos eucariontes unicelulares (levedura: 46%) ou multicelulares (verme: 43%), intervêm no metabolismo fundamental da célula e em sua duplicação. As "proteínas de multicircularidade", que distinguem o verme da levedura, compõem-se de sistema de transdução dos sinais intercelulares (tipo EGF), de proteínas de adesão intercelular (tipo fibronectina), de fatores de transcrição (tipo receptores hormonais e proteínas homeóticas) etc. As famílias de genes próprios aos vertebrados e ao homem incluem em particular aquelas especializadas na defesa imunológica e no desenvolvimento do sistema nervoso. O "proteoma da mente" próprio ao *Homo sapiens* compreende proteínas especializadas na gênese, na propagação e na transmissão dos sinais nervosos (os opiáceos e o CGRP são novos em relação à mosca), genes do citoesqueleto (65 genes de actina contra 15 na mosca) ou o desenvolvimento das conexões (32 genes do NAF contra zero na mosca, 12 contra dois para as efrinas, 113 contra 17 para as caderinas). Enfim, os genes que codificam os fatores de transcrição "explodem" (KRAB, 204 contra zero; proteínas de dedo de zinco, 564 contra 234).

A *distribuição* dos "genes da mente" no genoma ainda não é perfeitamente conhecida. Pode-se todavia afirmar que, de uma maneira geral, os genes estruturais não são distribuídos ao acaso no genoma humano. Caron e seus colaboradores (2001) observaram notadamente reagrupamentos importantes em "agregados" separados por "desertos". Alguns desses grupos concernem a genes que intervêm no câncer, outros no plano de organização do corpo (HOX) ou nas proteínas do sangue (globinas) e, parece que igualmente, na especificação de certas regiões do cérebro, como o hipotálamo e o córtex cerebral (Boon et al., 2004). Existem expressões coordenadas de genes para as funções cerebrais, com partilha dos promotores, abertura comum da cromatina? A questão está posta. Bejarano e sua equipe descobriram em 2005 elementos "ultraconservados" (UCE) no genoma humano. Esses 481 UCE são constituídos de duzentos pares de bases, 100% invariantes, do camundongo ao homem, compostos de elementos ativadores, de promotores de genes adjacentes, parcialmente sobrepostos. Seriam caixas reguladoras resistentes às mudanças evolutivas e que determinariam estruturas essenciais do desenvolvimento do organismo, como o plano de organização do cérebro? Não se sabe. Portanto, a saga continua...

Depois de O *homem neuronal*, várias descobertas importantes na biologia molecular modificaram, senão enriqueceram, nossa compreensão do genoma humano e de sua expressão. Trata-se de início de genes que codificam os RNA que não são traduzidos em proteínas. Conhecem-se os RNA antissentidos; os RNA de interferência são de outra natureza. Esses são RNA de dupla fita uma das quais se associa à proteína RISC, ao passo que a outra busca e se emparelha com o RNA mensageiro alvo, que ela corta em dois. Trata-se aí de um mecanismo novo de "censura" da expressão gênica. Os micro-RNA de interferência são produtos da transcrição de genes reguladores de 21 a 25 nucleotídios que não codificam proteínas. Encontram-se cerca de oitocentos no genoma. Alguns deles têm um papel fisiológico reconhecido — por exemplo, lin-4 para a cronologia dos estágios larvários da drosófila ou lsy-6 para a determinação da assimetria direita-esquerda dos neurônios ASE no *Caenorhabditis*.

Os *splicings* constitutivos e alternativos são conhecidos desde a descoberta dos genes fragmentados e dos íntrons. Os progressos recentes trataram da análise detalhada dos mecanismos enzimáticos colocados em jogo e da generalidade do mecanismo. No homem, o número total de RNA mensageiros é superior a 100 mil, ou seja, quatro vezes mais do que o número de genes, e testemunha a abundância dos mensageiros resultantes de *splicing* alternativo. Um caso notável é o da neurexina, proteína sináptica que se associa à neurolignina e cujo gene estaria na origem de 2 mil RNA mensageiros maduros diferentes. Mais de 10% das doenças hereditárias estariam associadas a mutações nas junções entre éxons e íntrons. Do verme ao homem, a frequência dos genes que mostram um *splicing* alternativo teria aumentado de 22% a 35%, respectivamente.

As origens genéticas do cérebro humano

Os trabalhos sobre os genes e o cérebro frequentemente atiçam o fogo de críticas maldosas enquanto na realidade a universalidade do homem e de seu cérebro deve ser buscada em seus genes. Um grupo fino-americano (Thompson et al., 2001) comparou por RNM os cérebros de um conjunto de quarenta sujeitos, composto de dez pares de gêmeos dizigotos de mesma idade, mesmo sexo, mesma preferência manual e mesmo nível social. Ocorreu nessa ocasião que existia uma correlação perfeita na distribuição da substância cinzenta nos verdadeiros gêmeos nas áreas frontais, sensório-motoras e perissilvianas (da linguagem). Uma correlação muito menos elevada foi observada entre gêmeos dizigotos, em particular nas áreas já mencionadas, exceto para as áreas correlatas da linguagem em 90%. O "poder dos genes" é, portanto, bem considerável na anatomia macroscópica do cérebro.

Atualmente, a identificação dos eventos genéticos na origem do cérebro do *Homo sapiens* ainda é muito imperfeita. Não obstante, podem ser citadas duas séries de resultados recentes. Inicialmente, a identificação dos genes da microcefalia, que traz uma informação, muito preciosa, sobre o crescimento do tamanho do cérebro que se produziu na linhagem humana "dos símios ao homem". A microcefalia é uma doença hereditária mendeliana que se manifesta por uma redução diferencial do volume do cérebro à terça parte de seu valor normal (cerca de 400 cm^3, ou seja, como o cérebro do australopiteco). Ela é observada em 2% dos recém-nascidos* e se manifesta por dois tipos de síndromes:

Um funcionamento elevado: o cérebro é um cérebro "miniatura", mas com uma plicatura cortical simplificada; as crianças caminham aos 2 anos, suas capacidades de linguagem permanecem muito limitadas; os genes ASPM e MCHP1 em homozigotos ou SHH em heterozigotos causam o déficit;

Um funcionamento reduzido: o cérebro apresenta anomalias anatômicas, o retardo mental é profundo, com espasticidade e mortalidade em tenra idade; outros genes intervêm, como ARFGEF2 ou ATR.

A "seleção positiva" em favor dos genes cuja mutação acarreta a microcefalia pode ser seguida, de "maneira teórica", quando se compara, na sequência desses genes, a taxa de substituições não sinônimas Ka (com mudança de aminoácido) com as taxas de substituições sinônimas Ks. Uma seleção positiva ocorre efetivamente para os genes ASPM e MCPH1, que mostram uma evolução acelerada na linhagem humana (dos antropoides ao homem para ASPM e dos símios aos antropoides para MCPH1) (Gilbert et al., 2005). A bioquímica do produto desses genes revela uma surpresa espantosa. As proteínas ASPM e MCPH1 regulam a proliferação dos neuroblastos. De fato, são proteínas associadas aos microtúbulos que intervêm na formação do fuso acromático. Elas controlam o número e a orientação das divisões celulares no neuroepitélio e, desse modo, basicamente, o tamanho do cérebro (Gilbert et al., 2005; Bond e Woods, 2005).

---

*Os dados epidemiológicos sobre a microcefalia são bastante limitados. A incidência varia consideravelmente de um país para outro, sendo estimada em 1/100 mil nos países nórdicos e até 1/10 mil na Inglaterra. Uma média mundial foi recentemente estimada em 1/25 mil-1/50 mil nascimentos. (NIH, 2009; www.orpha.net) (*N. do R.T.*)

A evolução de outros genes que se exprimem no cérebro foi estudada segundo o mesmo método da relação Ka/Ks. Dorus e seus colaboradores (2004) puderam mostrar que:
Os genes que se exprimem no sistema nervoso central evoluem mais rapidamente que os genes de manutenção dos roedores aos primatas;
Os genes de desenvolvimento tipo microcefalia são, entre os genes do sistema nervoso, os que evoluem com mais rapidez;
Os genes da mente evoluem mais rapidamente nos ancestrais diretos do homem do que nas outras linhagens. Essa evolução prossegue em nossos dias? Os pesquisadores acreditam que sim. Teria havido uma aceleração da evolução da microcefalia há 37 mil anos (com a explosão do comportamento simbólico na Europa) e de ASPM há 5.800 anos, justamente antes da fundação da primeira vila no Oriente Próximo (Balter, 2005). A evolução estaria ainda em curso...

Depois de O homem neuronal, foram identificados novos ancestrais possíveis da linhagem humana. Entre eles, o *Sahelanthopus tchadensis*, descoberto por Brunet e sua equipe (2002), o qual possui um crânio que se parece com o do chimpanzé, de costas, e com o do australopiteco, de frente. Ele teria vivido entre seis e sete milhões de anos na bacia do Tchad, na África, e portanto seria mais antigo que o *Australopithecus* e que o *Ardipithecus*, e quase contemporâneo do *Orrorin tugenensis*. Questão não resolvida: trata-se de um ancestral da linhagem propriamente humana, da linhagem dos antropoides (uma fêmea de gorila), ou, ao contrário, um ancestral comum às duas linhagens? É difícil dizê-lo. Contemplamos uma evolução "exuberante" dos ancestrais do homem cuja genômica detalhada nos seria muito útil.

O sequenciamento do genoma do chimpanzé não foi completado, mas o que se conhece dele já é muito instrutivo. Há apenas 1,2% de diferenças genéticas entre o chimpanzé e o homem, ou seja, em última análise, 18×10^6 mudanças de pares de bases, ao que parece, devidos principalmente a eventos cromossômicos relativamente macroscópicos: fusão (os cromossomos 2p e 2q do chimpanzé fundem-se em um único cromossomo 2p + q no homem), mas também translocações, inversões, duplicações. A árvore filogenética hipotética, baseada nas homologias de sequência, coloca a divergência homem/chimpanzé há 4-8 milhões de anos, a divergência homem/gorila há 5-8 milhões de anos, e a divergência homem/orangotango há 12-15 milhões de anos — o chimpanzé sendo mais próximo do homem e o orangotango mais distante.

Um aspecto bastante inesperado dos trabalhos sobre o genoma humano é a demonstração da grande *variabilidade* de um *indivíduo* para *outro*. O 0,1% de diferença de sequência interindividual é de vários tipos (Paabo, 2003). Existem assim:

As variações em "blocos". "Blocos haplótipos" de 5 mil a 200 mil pares de base (pb) fazem de nosso genoma um *mosaico*. Dos 928 que foram estudados na África, na Ásia e na Europa, 51% estão presentes nos três continentes, 72% em dois deles e 28% em apenas um único continente. Nesse último caso, 90% encontram-se na África, onde há a maior variabilidade. No exterior da África, encontra-se o conjunto das variações africanas, o que faz da África o berço da humanidade. O *Homo sapiens* teria se desenvolvido entre 50 mil e 200 mil anos a partir de uma população de cerca de 10 mil indivíduos de origem africana. O homem de Neandertal contribuiu para o *pool* genético do homem moderno (dados do DNA mitocondrial)? De acordo com Paabo, não, mas esse ponto de vista é contestado. Quanto à variabilidade genética de natureza "étnica", ela corresponde a apenas 10% da variabilidade genética global da espécie humana. A variabilidade interindividual em termos de blocos haplótipos é muito mais importante, e o genoma de um indivíduo na Europa pode ser muito mais próximo daquele de uma pessoa da África ou da Ásia do que daquele de uma outra pessoa na Europa.

As variantes estruturais. Variantes de menor amplitude, ou SNP, sequências de DNA curtas de menos de mil pb (inserções, deleções, inversões, duplicações), são uma outra fonte de variabilidade importante. Encontram-se cerca de 10 milhões nas populações humanas (um nucleotídio em trezentos no genoma de um indivíduo). Ao lado dos SNP, variantes microscópicas ou submicroscópicas de maior tamanho, 3 Mpb ou mais, visíveis com frequência após coloração cromossômica (como para a trissomia do 21), são abundantes (Fenk et al., 2006). De cem genomas individuais estudados, foram identificados seiscentos genomas variando em ao menos 100 Mb: portadores de variações do número de cópias (de 12 a cem por indivíduo "são"), de inversões (frequentemente consequências dos fenótipos patológicos como hemofilia, distrofia, síndrome de Williams ou de Angelman, presente em de 5% a 9% da população geral). A variabilidade de tipo SNP ou submicroscópica é considerável nas populações humanas e é responsável por diferenças interindividuais quantitativas concernentes a resposta a medicamentos, predisposição a doenças, capacidades de aprendizagem. Enfim, a integração recente de retrovírus foi examinada no chimpanzé (Jern et al., 2006) cujo genoma, comparado ao do homem, mostra dois grandes grupos de γ-retrovírus (PtG1 e PtG2) presentes no chimpanzé e não no homem e dois outros grupos comuns. Fato surpreendente: as sequências dos retrovírus PtG1 e PtG2 encontram-se no genoma de dois babuínos e de um macaco. Tratar-se-ia de uma transferência horizontal *entre* espécies devida à infecção do chimpanzé por suas presas?

O proteoma e a morfogênese cerebral: de uma a três dimensões

A genômica humana revela a cada dia novos genes candidatos que nos permitem compreender melhor a evolução do "genoma da mente", mas mostra igualmente uma variabilidade considerável dos genomas individuais que pode contribuir para a variabilidade das disposições cerebrais normais e patológicas. Passemos agora ao plano de organização do corpo e do cérebro, em particular. Seu estabelecimento resulta de uma combinatória de regulações de expressões gênicas organizada no espaço e no tempo. Arendt e Nübler-Jung (1997) mostraram como a transição de uma organização com cadeia nervosa ventral (poliquetos) para uma organização com cadeia nervosa dorsal (cordados) se reduz a movimentos de gastrulação de uma extrema simplicidade que poderiam estar sob o controle de um número reduzido de genes de tipo homeótico. De outro lado, eles sublinharam uma grande similitude existente entre a expressão dos genes de desenvolvimento do sistema nervoso na drosófila e no camundongo, em particular para a distribuição longitudinal do produto desses genes, sendo a distribuição segmentar mais variável. A conservação do plano de organização molecular do sistema nervoso em desenvolvimento é notável da mosca ao camundongo, mas também ao homem...

Essas ideias retomam e incrementam aquelas já presentes em *O homem neuronal*, mas insistem ainda nos mecanismos próprios à complexificação da organização do cérebro que se desenvolveu no quadro desse plano de organização. Um traço singular, mas que pode ser de importância geral, é o crescimento diferencial de superfície de certos territórios cerebrais. O exemplo mais evidente é o do neocórtex, cuja expansão em relação aos córtex arcaicos assinala a evolução dos mamíferos. Mais discreta, mas não menos importante, é a expansão da superfície relativa do córtex frontal, que, de 3,5% no gato e 8,5% no macaco esquilo, passa a 11,5% no macaco rhesus, 17% no chimpanzé e 29% no homem (Fuster, 1989).

Um modelo experimental simples ajuda na compreensão dos mecanismos em jogo: o do papel dos fatores de transcrição ao homeodomínio EmX2 e "paired-box" Pax6 na especificação das áreas corticais no camundongo. Essas duas proteínas estão presentes no epitélio dorsal telencefálico sob a forma de gradientes rostrocaudais opostos: para EmX2, alto nível caudal; para Pax6, alto nível rostral. Foram criados camundongos mutantes invalidados para cada um desses genes. As consequências sobre a diferenciação das áreas corticais foram medidas seja com a caderina 8 (áreas motoras rostrais), seja com a caderina 6 (áreas somatossensoriais laterais) no camundongo EmX2—/—. Como previsto, observa-se uma expansão posterior dos territórios rostrais. No camundongo Pax6—/—, em compensação, é o contrário que se produz: os territórios laterocaudais progridem para a frente. Pode-se portanto conceber que genes desse tipo, Pax6 em particular, regulam a superfície cortical relativa ocupada pelo córtex frontal.

Sabe-se a partir de Brodmann que as áreas corticais se definem por uma citoarquitetura homogênea, delimitadas por fronteiras abruptas. A questão da expansão de uma área cortical coloca-se portanto em termos de deslocamento de uma fronteira. O modelo computacional (Kerszberg e Changeux, 1994) responde a essa questão com um custo molecular muito modesto. Ele se baseia em um mecanismo geral de expressão de um gradiente de difusão de um morfogene embrionário e da formação de fronteiras de transcrição gênica, tal como se pode observar nas etapas precoces do desenvolvimento na drosófila.* A posição da fronteira muda em função da forma do gradiente inicial de morfogene, mas também da afinidade do complexo transcricional que ele compõe com produtos de genes embrionários e de sua eficácia. Mudanças muito modestas na estrutura dos fatores de transcrição podem ter consequências dramáticas na posição de fronteiras e, portanto, da complexificação do cérebro...

Epigênese por estabilização seletiva das sinapses

O capítulo sobre a "epigênese" foi o que obteve maior impacto em *O homem neuronal*. Retomado e aprofundado em *O homem de verdade*, publicado em 2002, ele conservou toda a sua validade. Entretanto, vale fazer uma notação acerca do uso da palavra "epigênese": ela é cada vez mais utilizada pelos biologistas moleculares do desenvolvimento no sentido de regulação da expressão dos genes ao longo da embriogênese, essencialmente no nível da cromatina (modificações covalentes das histonas etc.). No artigo inaugural de 1973 (Changeux, Courrège, Danchin), o termo era utilizado para especificar um mecanismo de estabilização seletiva das sinapses pela atividade que tem lugar, bem mais tarde, ao longo do desenvolvimento fetal e pós-natal. É sabido que esse mecanismo

---

* Certos produtos de genes maternos formam um gradiente anteroposterior como *bicoide*; outros formam uma fronteira abrupta como *hunchback*; outros, enfim, formam uma faixa transversal como *Krüppel*. O modelo diz respeito à formação de uma fronteira de expressão de um gene zigótico (que se exprime a partir dos núcleos do embrião *hunchback* chamado Vernier [V]) em uma posição definida ao longo de um gradiente anteroposterior contínuo de um morfogene M. A ideia de base é a de que M e V cooperam para regular a expressão do gene V, de modo que é graças a uma concentração crítica de M que se forma suficientemente de complexo MV para que o gene V seja transcrito. Isso se concretiza quando se supõe que V e M formam vários dímeros possíveis que se fixam ao promotor do gene V, sendo o dímero MV o mais eficaz para estimular a transcrição. A fronteira é portanto definida pela concentração de MV, que depende de M e da atividade transcricional do gene V. Uma autocatálise ocorre na formação do heterodímero MV. Donde uma fronteira de expressão gênica muito rígida.

de seleção darwiniana não genética contrasta com a hipótese inatista da "validação funcional" de Hubel e Wiesel e com aquela, mais empirista, do "crescimento orientado". O teorema de variabilidade segundo o qual *"different learning inputs may produce different learning organizations and neuronal functioning abilities, but the same behavioral ability"* ["estímulos de aprendizagem diferentes podem produzir organizações diferentes de aprendizagem e habilidades neuronais de funcionamento, mas a mesma habilidade comportamental"] responde às críticas dos cognitivistas como Fodor, para quem não haveria interesse em tentar um laço entre neurologia e psicologia, uma vez que essa relação é eminentemente variável.

Papel da atividade espontânea na epigênese por seleção

Esse aspecto, muito importante, da teoria original (Changeux e Danchin, 1976) foi retomado em O *homem neuronal* em uma seleção do capítulo sobre a epigênese intitulado "Os sonhos do embrião". Posteriormente, Lamberto Maffei e Carla Shatz prosseguiram a análise do sistema visual e demonstraram a presença de uma atividade espontânea importante na retina fetal que se encontra propagada sob a forma de onda coerente que um efetuador nicotínico (a epibatidina) desorganiza (Shatz). Camundongos invalidados pela subunidade β2 (e α4) do receptor nicotínico permitiram demonstrar a importância maior dessa atividade espontânea no desenvolvimento das vias visuais até o córtex cerebral. Esses camundongos mutantes que tinham perdido toda ligação de nicotina de alta afinidade manifestavam uma alteração própria da segregação das projeções retinianas sobre o corpo geniculado dorsolateral (CGL) e sobre o colículo (Rossi et al., 2001), além de uma reorganização fisiológica do CGL, tanto para a organização ocular quanto para a retinotopia e a resposta ON/OFF. Constatam-se ao mesmo tempo ganhos e perdas de função (Grubb et al., 2003). Enfim, o mapa retinotópico da retina sobre o colículo superior era alterado nos camundongos β2 (Mrsic-Flogel et al., 2005). A atividade espontânea "organizada" da retina é portanto bem *necessária* ao estabelecimento das vias visuais, da retina ao colículo e ao córtex visual.

Epigênese cruzada entre modalidades sensoriais distintas

Outro desenvolvimento teórico recente decorre das notáveis experiências de reaferentação conduzidas entre vias sensoriais de modalidades distintas, como a visão e a audição. Diderot, Helvétius e os Enciclopedistas já se perguntavam como seria a representação do mundo em um sujeito que possui mil dedos ou cujo nervo auditivo teria sido substituído pelo nervo óptico. Ele veria o mundo de outro modo? A experiência foi realizada por Sur e seus colaboradores (1998) com o furão recém-nascido. Quando retiraram o colículo superior e as áreas visuais primárias, bem como outras vias, eles puderam observar que a retina se projeta daí sobre o corpo geniculado medial (CGM) das vias auditivas. Algumas semanas depois da operação, os axônios visuais terminavam no CGM, e células do CGM responderam a estímulos visuais. Melhor: as células do córtex auditivo responderam a formas luminosas de maneira seletiva à orientação como as células complexas do córtex visual! O córtex auditivo primário do animal normal mostra uma representação *uni*dimensional da cóclea, ao passo que o do córtex auditivo reaferentado apresenta um mapa *bi*dimensional da retina (Roe et al., 1990); já os módulos de orientação visual e as conexões horizontais de longa distância são semelhantes no córtex auditivo reaferentado àqueles encontrados no córtex visual normal. Frost e seus colegas (2000) precisaram o comportamento de discriminação visual de estímulos variados (preto/branco, riscos horizontais/verticais, quadrados etc.) em um teste de aprendizagem no hamster após ou sem reaferenciação do córtex auditivo por vias visuais. O resultado é inequívoco: os animais reaferentados têm um comportamento muito semelhante ao dos animais normais. A permutação das aferências sensoriais acarreta, sem dúvida alguma, uma reorganização global das vias cerebrais em benefício da via sensorial privilegiada.

Compensação sensorial nos sujeitos cegos

Na tradição grega antiga e na tradição bíblica, o cego é apresentado como uma "base de dados viva" particularmente confiável: Homero é cego, e o Talmude de Jerusalém (Tractate Shabat 6b) defende que "as tradições citadas pelo rabino Sheshet não são sujeitas a dúvida, pois ele é cego". Em sua *Carta sobre os cegos*, Diderot, por sua vez, destacou as notáveis competências táteis do cego, que ele já considerava superiores ao normal. A imagem cerebral revelou de fato o rearranjo da organização funcional do cérebro nos cegos. Na década de 1990, a equipe de Goffinet constatou por PET uma ativação do córtex visual no sujeito cego durante a leitura tátil do braile. Essa ativação das áreas primárias *e* secundárias é bilateral, enquanto, nas mesmas condições, observa-se a sua desativação no sujeito normal. Os métodos de potenciais evocados e de RNMf confirmaram uma reaferentação profunda do córtex cerebral no sujeito cego, em particular das áreas visuais pelos estímulos táteis somatossensoriais. Ademais, Bückel (1998) e Cohen (1999) descobriram que estas diferem nos cegos de nascença e nos cegos tardios. Cohen mostrou notadamente que, se a cegueira se manifesta depois da idade crítica de 14-16 anos, a ativação do córtex visual primário é menor que nos cegos de nascença. Além disso, a estimulação magnética transcraniana (TMS) das áreas occipitais acarreta erros na leitura do braile no cego, ao passo que permanece sem efeito na leitura tátil de caracteres romanos em relevo em um sujeito que enxerga (em contrapartida, erros aparecem se a TMS é aplicada no córtex parietal). Um acidente vascular cerebral que causa uma lesão occipital em uma mulher cega de nascença sabendo ler o braile acarreta assim uma alexia do braile. Enfim, se um sujeito adulto que enxerga tem os olhos vendados durante cinco dias, observa-se um recrutamento das áreas occipitais pelos estímulos táteis! Há crescimento rápido de conexões? Ou então ativação de conexões laterais já presentes? A questão merece ser examinada.

Goldrick e Kanics (2003) estudaram de maneira quantitativa a acuidade tátil no sujeito cego e mostraram uma melhora no desempenho manifestada por uma acuidade semelhante à de um sujeito de mesmo sexo, mas 23 anos mais jovem. Amedi e seus colaboradores (2003), por sua vez, compararam uma tarefa "cognitiva" de geração de verbo por audição e uma tarefa de "memória verbal" (recordação de uma lista de nove nomes abstratos após uma semana). Ocorreu que os sujeitos cegos apresentam o mesmo desempenho que os sujeitos que enxergam para a tarefa de geração de verbo, mas desempenhos aumentados para a tarefa de memória verbal. Fato notável: as áreas visuais se ativam durante a realização da tarefa de memória verbal. Não se trata portanto de uma reorganização "global" do córtex visual, mas certamente de uma reorganização específica "epigenética" própria ao cego, relativa à leitura tátil e às tarefas de memória verbal.

Envoltório genético da epigênese conexional

A teoria inicial da estabilização seletiva das sinapses definiu, sob o termo "envoltório genético", o conjunto dos determinantes genéticos que intervêm na orientação axonal: o reconhecimento do alvo, a aderência sináptica, a estabilização (ou a eliminação) dos contatos precoces. Uma das aquisições importantes destes últimos anos foi a demonstração de alterações patológicas da epigênese conexional consecutivas às perturbações do envoltório genético. Essas perturbações poderiam estar na origem de doenças graves na criança. Dislexia, autismo e retardo mental ligado ao X frágil são, mais particularmente, produzidos por alterações patológicas do envoltório genético da epigênese sináptica.

A *dislexia* manifesta-se por problemas da leitura na criança, e numerosos genes candidatos foram identificados. Um gene candidato particularmente interessante, descoberto por um grupo finlandês (Hannula Jouppi et al., 2005), é homólogo do gene de orientação axonal chamado ROBO1, identificado na drosófila e cuja ativação é acompanhada no camundongo pela perturbação dos axônios do cérebro que cruzam a linha mediana.

O *autismo* foi descrito em 1943 por Leo Kanner como um déficit no desenvolvimento das relações sociais recíprocas, um "problema do contato afetivo" que aparece na criança de 3 anos. Quatro vezes mais frequente nos meninos do que nas meninas, esse problema é acompanhado de uma aceleração do crescimento axonal no cérebro entre 6 e 14 anos. Bourgeron e seus colaboradores identificaram dois *loci* no cromossomo X associados ao autismo que correspondem às *neuroligninas* 4 e 3. Essas neuroligninas são proteínas de adesão presentes do lado pós-sináptico da sinapse e que se associam às neurexinas, proteínas já mencionadas pela extrema diversidade das formas obtidas por *splicing* alternativo. Propus a hipótese de que a alteração das neuroligninas interferiria na sinaptogênese cortical e afetaria mais seletivamente os neurônios de axônios longos que intervêm diretamente no espaço de trabalho consciente. Estes se encontrariam mais vulneráveis devido à relação muito elevada entre volume axonal e volume somático.

A *síndrome do X frágil* é a forma mais frequente de retardo mental provocado por uma anomalia da extremidade do braço longo do cromossomo X. O gene responsável, identificado por Jean-Louis Mandel e seus alunos em 1991, foi chamado de FMR1. A região codificadora é de 1,9 kb, e as mutações responsáveis pelo X frágil encontram-se no exterior dela. Essas mutações resultam da expansão de tripletos CGG: 230 a mil dentre elas acarretam a perda de função. A proteína FMRP interage com proteínas CYFiP, as quais, por sua vez, interagem com RAC1, que é uma GTPase que intervém na reorganização da actina e portanto do citoesqueleto neuronal envolvido na estabilização sináptica!

Biologia molecular da epigênese por seleção

Em O *homem neuronal* citei os trabalhos, então em andamento, sobre a biologia molecular do desenvolvimento da junção neuromuscular. Uma importante etapa tinha sido superada, com a identificação do receptor da acetilcolina e os meios de estudar a sua distribuição ao longo do desenvolvimento embrionário. De início repartido uniformemente na fibra muscular embrionária, o receptor acumula-se progressivamente sob a terminação motora localizada no meio da fibra muscular para formar a junção neuromuscular, ao passo que o receptor extrassináptico desaparece. Uma compartimentação da expressão gênica tem lugar e diz respeito essencialmente à transcrição. De acordo com o modelo proposto por Changeux, Klarsfeld e Heidmann (1987), os "primeiros mensageiros" implicados são: seja fatores neurotróficos (neuregulina, CGRP, AGRIN etc.) para o *domínio juncional,* seja a atividade elétrica (e a entrada de Ca^{++} que acompanha a despolarização) para o *domínio extrajuncional.* A esses primeiros mensageiros correspondem cadeias de transdução do sinal diferentes, as quais, finalmente, controlam fatores de transcrição distintos, que, por sua vez, se fixam a elementos de DNA diferentes, presentes nos promotores dos genes que codificam subunidades do receptor. Os resultados experimentais, ao longo das últimas décadas, confirmaram amplamente esse modelo.

"Problemas de consciência"

Esse é um título já utilizado em uma seção de um capítulo importante de *O homem neuronal* consagrado aos "objetos mentais", quando abordei a questão, popularizada na sequência por Francis Crick e Gerald Edelman, e amplamente debatida, não tanto dos *"correlatos* neuronais da consciência" (*neural correlates of consciousness*), mas, antes, das *bases neurais da consciência.* Na página 197, escrevi: "No nível de integração no qual nos situamos desde então, aquilo que se conveio chamar de a 'consciência' define-se como um sistema de regulação global que diz respeito aos objetos mentais e seus cálculos. Uma maneira de abordar a biologia do sistema de regulação consiste em examinar os diversos *estados* e identificar os mecanismos que fazem passar de um estado ao outro." O exemplo das alucinações e depois o das transições vigília-sono e do papel da formação reticular com seus diversos sistemas neuromoduladores estavam presentes. Sugeria que vias recíprocas, de retorno, do córtex para o tronco cerebral, contribuem para uma "integração entre centros" e que do "jogo dessas regulações encaixadas nasce a consciência". Desse modo, apliquei à consciência o conceito de "reentradas", utilizado por Edelman para a seleção das sinapses, ideia retomada ulteriormente pelo próprio Edelman para a consciência. O "cálculo das emoções" foi igualmente mencionado com uma citação de Sartre para quem "a emoção seria um modo de existência da Consciência", o que me levou a sublinhar o papel das emoções na evolução dos "cálculos conscientes". Enfim, concluí com a proposição de que "o homem desde então não tem mais nada a fazer com a 'Mente', basta-lhe ser um homem neuronal". Por certo, esse mesmo ponto de vista foi retomado bem depois por Francis Crick em *The Stupefying Hypothesis* [A hipótese estupeficante] (1994).

A estratégia que adotamos em seguida, essencialmente Stanislas Dehaene e eu mesmo, para um estudo científico da consciência, apoia-se na estratégia de elaboração de "modelos", método inicialmente adotado com Philippe Courrège e Antoine Danchin em 1973. Esses modelos têm por objetivo "representar um comportamento ou um processo 'mental' com base em uma arquitetura neural mínima mas realista e em distribuições de atividade, se possível em termos matemáticos" e "no estabelecimento de relações causais entre um comportamento específico ou mesmo um processo mental *subjetivo* e medidas neurais *objetivas*, que podem ser comprovadas experimentalmente do nível molecular ao nível cognitivo". Todo teórico é entretanto consciente do fato de que, por ser uma "produção de seu cérebro", "o melhor modelo não proverá jamais [...] uma descrição completa e exaustiva da realidade".

Essa estratégia de modelização de fato não é nova: ela prossegue e amplia uma longa tradição pastoriana que já era a da biologia molecular. Desde então, ela se aplica a níveis de organização cada vez mais elevados, a começar pelos modelos de epigênese por seleção de sinapse, no nível das *redes de neurônios,* e depois à sua extensão a *conjuntos importantes de neurônios* segundo os modelos da física estatística (Toulouse, Dehaene e Changeux, 1985). Esse último modelo possui a propriedade interessante, que vai além do modelo clássico de Hopfield (1982), de funcionar como um "palimpsesto". Em lugar de arruinar-se de maneira catastrófica quando se acrescenta cada vez mais memória, ele desenvolve um regime estacionário no qual unicamente as memórias recentes podem ser recordadas, as memórias mais antigas apagando-se progressivamente. Essa propriedade global de armazenamento da memória depende de fato de propriedades microscópicas particularmente simples — por exemplo, o número médio de sinapses por neurônios (Nadal et al., 1986). O modelo que se seguiu (Dehaene, Changeux, Nadal, 1987) voltou-se para a aprendizagem de sequências temporais, como o canto dos pássaros. Ainda aí, o mecanismo simples da "tríade sináptica" cria uma ordem global: esta introduz uma sequência temporal obrigatória na ativação de duas sinapses. Ademais, o modelo postula uma arquitetura macroscópica em três camadas de "grupos de neurônios", religados entre si por tríades sinápticas. Enfim, a produção espontânea de "pré-representações" de sequências indo de um grupo de neurônios ao outro permite uma *seleção por ressonância* com o percepto de entrada. Uma aprendizagem de sequências temporais por seleção pode a partir daí ser produzida.

A modelização de funções cognitivas (Dehaene, Changeux, 1989, 1991) encontra-se no projeto de construir um "organismo formal" capaz de efetuar tarefas de resposta diferida de tipo A não B, ou *"delayed matching to sample"*, e tarefas de classificação de cartas de Wisconsin, sabendo que o desempenho nessas tarefas depende da integridade do córtex pré-frontal. Todas demandam um "esforço mental" (o termo "esforço consciente" poderia ter sido utilizado, mas, por prudência, não o foi). A arquitetura de base do organismo formal proposto apoia-se em dois princípios:

A *distinção de dois níveis de organização*: um nível de base sensório-motor e um nível superior (análogo do *supervisory attentive system* de Shallice), no qual se situa um gerador de diversidade codificado por grupos de neurônios-regras cuja atividade varia alternativamente de um grupo ao outro;

A *intervenção de neurônios de recompensa* — ou de reforço positivo ou negativo — na seleção da regra que concorda com o sinal recebido do mundo exterior (dado por exemplo pelo experimentador).

O modelo de 1991 permite ainda: a memorização das regras testadas com a possibilidade de rejeitar regras por raciocínio; o teste interno das regras em curso por autoavaliação; enfim, a detecção de coincidência entre regra antecipada e sinal de recompensa por receptores alostéricos presentes em sítios estratégicos.

O *teste da torre de Londres*, que, também ele, mobiliza o córtex pré-frontal, foi igualmente objeto de uma modelização (Dehaene e Changeux, 1991), que propõe uma síntese entre uma organização hierárquica, um sistema de avaliação ascendente e um sistema de planificação descendente, que permite organizar sequências de deslocamentos sucessivos que levam à realização de um objetivo definido.

Com o curso de 1992, o ano que se segue à publicação do modelo da tarefa de Wisconsin, o tom muda. Esse curso é consagrado muito explicitamente às *bases neurais dos estados de consciência* e de atenção. Nessa ocasião, retomo as diversas definições da consciência: "sentimento interior" de Lamarck em 1809; "novos estados agrupados que se intercalam entre os estados agrupados primitivos e criam uma consciência independente do meio exterior" de Spencer (1955); um "meio interior" mental análogo ao meio interior de Claude Bernard; um dos níveis hierárquicos mais elevados, "os menos organizados, os mais complexos e os mais voluntários" para Hughlings Jackson (1870-1882); "corrente de consciência" dinâmica para William James (1890). Mais recentemente, Llinas, Crick e Edelman interessaram-se pela consciência, mas nenhum propôs um modelo neurocomputacional explícito. Bernard Baars (1988), em compensação, propôs, em *A cognitive theory of consciousness* [Uma teoria cognitiva da consciência], um modelo psicológico no qual ele distingue processos encapsulados, não conscientes, e espaço de trabalho consciente, mas sem base neuronal pertinente. Nesse curso, sugeri estender o modelo da tarefa de Wisconsin de 1991 ao "compartimento consciente" de Bernard Baars.

Seguiu-se então um longo trabalho de reflexão. Ao término de cinco anos, foi possível propor um modelo plausível das bases neuroanatômicas do espaço de trabalho consciente de Baars. Este foi definido como um espaço de simulação, supramodal, de ações virtuais, no qual se avaliam objetivos, intenções, programas de ação etc., em referência à interação com o mundo exterior, às disposições inatas, ao eu e à história individual, às normas morais e às convenções sociais internalizadas sob forma de traços de memória de longo prazo. A hipótese fundamental desse modelo (Dehaene, Kerszberg e Changeux, 1998) é a de que os neurônios piramidais do córtex cerebral, que possuem axônios longos e são suscetíveis de ligar áreas corticais distintas e até mesmo hemisférios cerebrais, frequentemente de maneira recíproca, constituem a base neural principal do espaço de trabalho consciente. Esses neurônios, observados inicialmente por Ramón y Cajal, estão presentes, essencialmente, mas não exclusivamente, nas camadas II e III do córtex cerebral e são particularmente abundantes nos córtex pré-frontal, parietotemporal e cingulado, formando de algum modo um "circuito neuronal" do espaço de trabalho consciente. É completamente notável que tarefas cognitivas que dão acesso à consciência acarretem uma ativação desse circuito, enquanto este não se ativa durante o tratamento não consciente (tarefas de mascaramento ou de piscada atencional). Ademais, esse circuito é muito fortemente inibido no estado vegetativo, na anestesia geral ou no coma (Laureys). Enfim, a dinâmica do acesso à consciência pôde ser medida recentemente por métodos eletroencefalográficos no modelo da piscada atencional que revelaram um máximo de amplitude entre 300 e 400 milissegundos (Sergent et al., 2006, Del Cul et al., 2007). Esse acesso é tardio (comparado com os dados de Zeki) e se produz de maneira brutal em "tudo ou nada". O modelo de 2003 (Dehaene, Sergent e Changeux) explica esse efeito de limiar com base em conexões de retorno — de cima para baixo — dos neurônios do espaço de trabalho consciente para as áreas sensoriais primárias e secundárias. A comparação entre dados teóricos e experimentais é satisfatória. Penso que essa é a primeira tentativa "de sucesso" de modelização conexionista do acesso à consciência.

Todo modelo conexionista realista que leva em conta o imenso número de neurônios cerebrais e de suas interconexões choca-se muito rapidamente com uma explosão combinatória. Existem dispositivos cerebrais que "codificam" essa combinatória, os quais, no homem, são adquiridos pela aprendizagem. Donde a propriedade de "regra epigenética" que se constrói na sequência de raciocínios, cálculos, julgamentos etc. e evita inumeráveis e inoperantes tentativas e erros, restringindo o número de escolhas possíveis no espaço de trabalho consciente (Changeux, 2002). As consequências são importantes na matemática, na linguística, na estética e na ética. Pode-se conceber a seleção e a memorização de uma "regra eficaz" como a seleção de uma distribuição de conexões, de estados concertados de conjuntos de neurônios, transmissíveis de maneira epigenética, no nível do grupo social, por um mecanismo de imitação ou de recompensa partilhada. Trata-se, evidentemente, de um dado de primeira importância para quem se interessa, como é o meu caso, pelas relações entre neurociências e ciências humanas. O que nos leva aos temas do verdadeiro, do bem e do belo que seguimos ao longo desta obra...

Enriquecer o conhecimento

Retornamos, portanto, às três questões de Platão sobre o Belo, o Bem e o Verdadeiro, fora certamente de todo contexto essencialista.

Consideremos de início a *obra de arte* e a *neuroestética*. A obra de arte é destinada à comunicação intersubjetiva das emoções, ela possui um poder evocador que torna conscientes as memórias de longo prazo (não conscientes) e a sua assinatura emocional, que faz com que possam ser partilhadas (por empatia), e que possui, por isso, uma pluralidade de significações. Uma obra de arte é um poema visual construído sobre a rima e o contraste entre elementos visuais (Humphrey, 1980). No plano neurobiológico, supõe-se que o prazer estético mobilize, de uma maneira concertada, conjuntos de neurônios que reúnem as representações mentais mais sintéticas elaboradas pelo córtex pré-frontal com a atividade do sistema límbico (Changeux, 1987). O "percepto", que, para Michel Onfray, nos "paralisa de espanto e admiração por sua eficácia estética, brutal, imediata, siderante", corresponde, a meu ver, a um acesso global de múltiplas representações neurais, atuais e memorizadas, visuais e emocionais, no espaço de trabalho neuronal. As predisposições neuronais à experiência estética são de início as vias visuais e as múltiplas áreas organizadas de maneira paralela e hierárquica, da retina ao córtex frontal, com a análise do movimento, da profundidade e da organização espacial (via dorsal) e com o reconhecimento dos objetos, dos rostos, da percepção das cores (via ventral); vêm, em seguida, os circuitos neuronais das emoções, tais como os descreve Panksepp (1992) para o sistema límbico, com subconjuntos para as motivações, os desejos (dopamina), as agressões, as cóleras (acetilcolina), os medos e pânicos, enfim para as aflições (opiáceos). De acordo com as hipóte-

O RÁPIDO DESENVOLVIMENTO DAS CIÊNCIAS DO CÉREBRO...

FIGURA 45 – *O homem brincando com seu futuro* (desenho original de S. Carcassonne)

ses consideradas, o sistema límbico está estreitamente interconectado ao córtex pré-frontal. Trabalhos de RNMf recentes (Jacobsen et al., 2006) mostram efetivamente uma mobilização frontocingular para o julgamento estético, enquanto uma mobilização parietomotora ocorre para o julgamento de simetria.

As regras epigenéticas implicadas nas criações artísticas são:

A *adequação ao real* ou *mimesis*: essa regra de imitação do real pelo artista está longe de ser seguida universalmente;

O *consensus partium*, ou regra da harmonia das partes com o todo. Essa me parece muito geral: mesmo no caso das obras abstratas, ou "pop", há composição;

A *parcimônia*, que também é bastante geral: para Herbert Simon (1997), é um critério de beleza de uma proposição científica e, certamente, de uma obra de arte, na medida em que explica muito a partir de pouco;

A *novidade*, que é universal: ela luta contra a fadiga estética, o já visto, o demasiado visto, e incita o artista à renovação;

A *tranquilidade*, o fato de sonhar em liberdade, a catarse;

O *exemplum*, as "belas ideias", veiculadas pela concepção do mundo do artista, sua mensagem ética universal.

Passemos agora ao sentido estético, já presente no pássaro. Sua origem evolutiva é múltipla. Intervêm:

A *seleção sexual* (Darwin): a beleza serve de publicidade, de sinal adequado de boa saúde, de "aptidão" evolutiva (*fitness*);

A *seleção de grupos* (Sober e Wilson): a arte serve para reforçar os comportamentos cooperativos na sobrevivência geral da espécie;

A *arte sem limite normativo reconcilia o homem consigo mesmo* ao vivenciar experiências estéticas comuns — intercomunitárias — em escala planetária.

A natureza e a destinação das *normas morais*, a *neuroética*, diferem radicalmente daquela das regras da arte, no sentido de que ela não diz respeito à comunicação intersubjetiva de nenhum prazer estético, mas a regras de vida deliberadas e conscientes do indivíduo dentro do grupo social, tendo como primeira visada a regulação dos conflitos interindividuais. Enquanto a arte não progride, mas se renova constantemente, as normas morais são suscetíveis de evoluir com as condições de vida que continuamente aperfeiçoam o progresso da ciência e da técnica. É, aliás, o papel dos comitês de ética contribuir para essa evolução.

As predisposições neurais envolvidas na normatividade ética incluem:

A *empatia* ou a capacidade do indivíduo de representar para si os estados mentais de outrem, de atribuir aos outros conhecimentos, crenças, emoções, de reconhecer uma eventual diferença/identidade entre os estados mentais dos outros e os seus;

A *inibição de violência ou a simpatia,* que consiste em deter o gesto que leva ao sofrimento alheio e, eventualmente, prestar socorro.

As regras epigenéticas que vão contribuir para o estabelecimento de normas morais incluirão a distinção entre as prescrições convencionais próprias a uma cultura definida e as obrigações morais comuns à maior parte, senão a todas as sociedades. A declaração dos direitos do homem de 1789 e sobretudo a declaração universal de 1948 exprimem essa vontade de universalidade.

Restam as *representações científicas*. Seu objetivo é contribuir para a busca de "verdades objetivas" universais e cumulativas que acarretem um progresso dos conhecimentos, das técnicas e da indústria. As predisposições neurais incluem aquelas já mencionadas da estética e da ética, com, ademais, a capacidade de *distanciação,* de distinção de um ponto de vista centrado sobre si, ou egocêntrico, de um ponto de vista exterior, ou alocêntrico (Berthoz).

Aqui, as regras epigenéticas vão antes de tudo ser aquelas da racionalidade de uma proposição, com as regras da lógica, mas igualmente o exame crítico e o debate público, tendo em vista selecionar a solução que funciona, a solução mais adequada ao real, a mais aceitável para todos e, portanto, a mais universal. Um dos traços mais críticos do movimento científico é o de aceitar a revisão de uma "verdade" estabelecida e igualmente *progredir* constantemente no conhecimento do mundo e de nós mesmos. A dinâmica da ciência baseia-se tanto na proposição de modelos teóricos, nas representações mentais de um objeto, de um processo, de um universo etc., quanto na comprovação experimental pela demonstração pública, pela validação, pela invalidação, pela evocação de novas teorias, pela imitação, pela inovação e pela competição em uma rede internacional de pesquisadores que evolui com o tempo e o espaço.

O tema do Belo reagrupa as atividades estéticas sob a forma de uma comunicação intersubjetiva que implica as emoções, em harmonia com a razão, e reforçam o laço social, sem progresso mas em constante renovação. O tema do Bem remete à normatividade ética, à busca de uma vida feliz do indivíduo com os outros no grupo social, enquadrada por normas racionais com progresso nas condições de vida. O Verdadeiro é a aspiração da pesquisa científica no encalço de verdades objetivas racionais, universais e cumulativas, com constante questionamento crítico mas progresso dos conhecimentos. Cada um desses temas diz respeito a "representações sociais" de tipo distinto.

Conclusão

O belo, o bem, o verdadeiro

Na terceira parte dos *Elementos de fisiologia* consagrada aos fenômenos do cérebro, Diderot sugere com humor que "o homem sábio é apenas um composto de moléculas loucas" e afirma algumas linhas mais à frente: "a organização e a vida, eis a alma; ainda que a organização seja tão variável!...". Meu propósito nesta obra, que resume várias décadas de ensino no Collège de France, é precisamente deixar circular livremente a reflexão do nível da molécula ao nível da "alma", de baixo para cima e de cima para baixo, através do conjunto de nosso cérebro. É tentar apreender, passo a passo, com humildade mas também por vezes com sucesso, as condições de estabelecimento e a evolução um tanto errática — *tesseras agitans* ("agitando os dados") — dessa prodigiosa organização.

Meu último curso acabou sob a forma de um inventário e de um esboço de um programa futuro, no qual o abandono de toda referência a uma "harmonia preestabelecida" imaginária e a incitação a um ascetismo salutar da reflexão dão acesso a uma nova concepção do homem, de suas origens e de seu futuro, com base em uma integração transdisciplinar pertinente que reúne a biologia, a neurociência, as ciências do homem e das sociedades e a história das civilizações humanas. Essa nova abordagem leva ao reexame das três questões fundamentais de Platão sobre o Belo, o Bem, o Verdadeiro, depois de ter abandonado o seu contexto essencialista original em benefício de uma concepção unitária dos saberes, como já proposto pela Enciclopédia. Cada uma delas depende, em suma, de objetos mentais comunicáveis de cérebro para cérebro dentro de um grupo social. Cada uma delas implica "representações sociais" epigenéticas, mas de tipos diferentes. O Belo seria assim veiculado sob a forma de sínteses singulares e harmoniosas entre emoção e razão que reforçariam o laço social; o Bem consistiria na busca de uma vida feliz de cada um com os outros na sociedade; enfim, o Verdadeiro seria a busca incessante de verdades objetivas, racionais, universais e cumulativas, com constante questionamento crítico e progresso dos conhecimentos assim engendrados.

Mas qual é o sentido ou o uso disso tudo?

Para responder a isso, mencionarei um texto de 1972 de René Cassin, prêmio Nobel da Paz, ao qual sou muito apegado, e no qual ele sublinhava a "parte imensa da ciência na concepção, no desenvolvimento e no respeito prático dos direitos do homem". Cassin reconhecia que as invenções práticas da indústria humana, bem como o desenvolvimento da medicina racional, da Grécia antiga até as biotecnologias contemporâneas, contribuíram diretamente para aliviar a dor dos homens. Desde o Renascimento, a aspiração à liberdade de exame (notadamente a liberdade de crença) vai de par com o florescimento da liberdade de expressão, intrínseca ao pensamento criador da ciência. O desenvolvimento da ciência acarretou, indiretamente, o reconhecimento progressivo dos direitos do homem.

Hoje, o progresso fulgurante da neurociência permite superar mais uma etapa. Como escrevi em *O homem de verdade*, um melhor conhecimento do homem e da humanidade permite "valorizar a diversidade das experiências pessoais, a riqueza das diferentes culturas, a multiplicidade de suas concepções do mundo". Esse saber deve "favorecer a tolerância e o respeito mútuo com base em um reconhecimento de outrem como outro eu-mesmo pertencente a uma mesma espécie social oriunda da evolução das espécies". Não obstante, considerando as nossas disposições cerebrais, isso não será feito espontaneamente e sem esforço; será sempre uma responsabilidade difícil. Em um mundo frágil de futuro incerto, nos cabe incitar sem descanso o cérebro dos homens a inventar um futuro que permita à humanidade aceder a uma vida mais solidária e mais feliz para e com cada um de nós.

Bibliografia

ABOITIZ F. e GARCIA R., "The evolutionary origin of language areas in human brain. A neuroanatomical perspective", *Brain Research Reviews*, dec. 1997, vol. 25, iss. 3, p. 381-396.

ARENDT D. e NÜBLER-JUNG K., "Comparison of early nerve cord development in insects and vertebrates", *Development*, 1999, 126, p. 2309-2325.

ARISTÓTELES, *Histoire des animaux*, Paris, Gallimard, "Folio", 1994.

_____, *Métaphysique*, Paris, Flammarion, "Garnier-Flammarion", 2008.

_____, *Poétique*, Paris, Le Livre de Poche, 1990.

AXELROD R., *Donnant donnant. Théorie du comportement coopératif*, Paris, Odile Jacob, 1992.

ATLAN H., *Entre le cristal et la fumée. Essai sur l'organisation du vivant*, Paris, Seuil, 2001.

AVANZINI G., LOPEZ L., KOELSCH S., MAJNO M. (éds.), *The Neuroscience and Music*, vol. II, 2006, *Annals*, New York Academy of Sciences.

BAARS B. J., *A Cognitive Theory of Consciousness*, Cambridge, Cambridge University Press, 1998.

BARON-COHEN A., LESLIE M. e FRITH U., "Mechanical, behavioral and intentional understanding of picture stories in autistic children", *Brit. J. Dev. Psychol.*, 4, 1986, p. 113-125.

BARRESI J. e MOORE C., "Intentional relation and social understanding", *Behav. Brain Sc.*, 19, 1996, p. 107-154.

BERNARD C., *Leçons sur les anesthésiques et sur l'asphyxie*, 1874.

BERTHOZ A., *Le Sens du mouvement*, Paris, Odile Jacob, 1997.

_____, *La Décision*, Paris, Odile Jacob, 2003.

BIANCHI L., *La Mécanique du cerveau et la fonction des lobes frontaux*, Paris, Librairie Louis Arnette, 1921.

BLOOMFIELD L., *Language*, Nova York, Holt, 1933.

BOURDIEU P., *Méditations pascaliennes. Élements pour une philosophie négative*, Paris, Seuil, 1997.

BOURGEOIS L., *Solidarité*, Le Bord de l'Eau, 2008.
BOURGEOIS J.-P., "Synaptogenesis, heterochrony and epigenesis in the mammalian neocortex", *Acta Pædiatr.*, suppl. 422, 1997, p. 27-33.
BOURGEOIS J.-P. e RAKIC P., "Changes in synaptic density in the primary visual cortex of the macaque monkey from fetal to adult stage", *J. Neurosci.*, 13, 1993, p. 2801-2820.
BOURGEOIS J.-P., RYTER A., MENEZ A., FROMAGEOT P., BOQUET P. e CHANGEUX J.-P., "Localization of the cholinergic receptor protein in Electrophorus electroplax by high resolution autoradiography", *FEBS Letters*, 01/09/1972, 25(1), p. 27-133.
BOYSSON-BARDIES B. de, *Comment la parole vient aux enfants*, Paris, Odile Jacob, 1996.
BUSER P. e IMBERT M., *Neurophysiologie fonctionnelle*, Paris, Hermann, 1987.
CANGUILHEM G., *Du développement à l'évolution au XIXe siècle*, Paris, PUF, 1962.
CARTAUD J., BENEDETTI E. L., COHEN J. B., MEUNIER J.-C. e CHANGEUX J.-P., "Presence of a lattice structure in membrane fragments rich in nicotinic receptor protein from the electric organ of Torpedo marmorata", *FEBS Letters*, 15/06/1973, 33(1), p. 109-113.
CAVALLI-SFORZA L., *Gènes, peuples et langues*, Paris, Odile Jacob, 1996.
_____, *Évolution biologique, évolution culturelle*, Paris, Odile Jacob, 2005.
CHANGEUX J.-P., "The feedback control mechanisms of biosynthtic L-threonine deaminase by L-isoleucine", *Cold Spring Harbor Symp. Quant. Biol.*, 1961, 26, p. 313-318.
_____, "Sur les propriétés allostériques de la l-théorine déaminase de biosynthèse VI. Discussion générale", *Bull. Soc. Chim. Biol.*, 1965, 47, p. 281-300.
_____, "Remarks on the symmetry and cooperativity of biological membranes", *in* Engstrom A. e Strandberg B. (éds.), *Symmetry and Function of Biological Systems at the Macromolecular Level*, Nobel Symposium 11, Wiley & Sons, 1969, p. 235-256.
_____, *L'Homme neuronal*, Paris, Fayard, 1983.
_____, "Functional architecture and dynamics of the nicotinic receptor: An allosteric ligand-gated ion channel", *Fidia Research Foundation Neuroscience Award Lectures*, 1990, 4.
_____, *Raison et plaisir*, Paris, Odile Jacob, 1994.
_____, *L'Homme de vérité*, Paris, Odile Jacob, 2002.
_____, *Gènes et culture*, Paris, Odile Jacob, 2003.
_____, e Connes A., *Matière à pensée*, Paris, Odile Jacob, 1989.
CHANGEUX J.-P., COURRÈGE P. e DANCHIN A., "A theory of the epigenesis of neural networks by selective stabilization of synapses", *Proc. Natl. Acad. Sci. USA*, 70, 1973, p. 2974-2978.
CHANGEUX J.-P. e DEHAENE S., "Neuronal models of cognitive functions", *Cognition*, 33, 1989, p. 63-109.

CHANGEUX J.-P. e DEHAENE S., "Hierarchical neuronal modeling of cognitive functions: From synaptic transmission to the Tower of London", *C. R. Acad. Sci. Paris*, 321, 1998, p. 241-247.

CHANGEUX J.-P. e DEHAENE S., "The neuronal workspace model: Conscious processing and Learning", in Menzel R. (éd.), *Learning Theory and Behavior*, vol. 1, *Learning and Memory: A Comprehensive Reference* (J. Byrne, éd.), Oxford, Elsevier, 2008, 4 vol., p. 729-758.

CHANGEUX J.-P. e EDELSTEIN S.J., *Nicotinic Acetylcholine Receptors*, Paris, Odile Jacob, 2005.

CHANGEUX J.-P. e RICŒUR P., *La Nature et la règle. Ce qui nous fait penser*, Paris, Odile Jacob, 1998.

CHANGEUX J.-P. e TALY A., "Nicotinic receptors, allosteric proteins and medicine", *Trends Mol. Med.*, 2008, 14(3), p. 93-102.

CHENEY D. L. e SEYFARTH R. M., *How Monkeys See the World*, Chicago, Chicago University Press, 1990.

CHOMSKY N., *Structures syntaxiques*, Paris, Seuil, 1969.

_____, *Aspects de la théorie syntaxique*, Paris, Seuil, 1971.

_____, "Language and nature", *Mind*, 104, 1995, p. 1-61.

COUTEAUX R., *Recherches morphologiques et cytochimiques sur l'organisation des tissus excitables*, Paris, Robin et Mareuge, 1978.

Crick F., *Une vie à découvrir*, Paris, Odile Jacob, 1989.

_____, *L'Hypothèse stupéfiante*, Paris, Plon, 1995.

CRICK F. e KOCH C., "Some reflexions on visual awereness", *Cold Spring Harbor Symp. Quant. Biol.*, 55, 1990, p. 953-962.

DAMASIO A., *L'Erreur de Descartes. La Raison des émotions*, Paris, Odile Jacob, 1997.

_____, *Le Sentiment même de soi. Corps, émotions, conscience*, Paris, Odile Jacob, 1999.

DARWIN C., *La Descendance de l'homme et la sélection sexuelle*, Paris, Reinwald, 1881.

_____, *L'Origine des espèces*, Paris, Flammarion, "Garnier-Flammarion", 1992.

_____, *L'Expression des émotions chez l'homme et les animaux*, Paris, Rivages, 2001.

DAWKINS R., *Le Gène égoiste*, Paris, Odile Jacob, 1996.

DEACON T., *The Symbolic Species*, Nova York, W. W. Norton and Co, 1997.

DEHAENE S., *La Bosse des maths*, Paris, Odile Jacob, 1987.

DEHAENE S., *Les Neurones de la lecture*, Paris, Odile Jacob, 2007.

DEHAENE S. e CHANGEUX J.-P., "A simple model of prefrontal cortex function in delayed-response tasks", *J. Cognitive Neurosci.*, 1, 1989, p. 244-261.

_____, "The Wisconsin card sorting test: theoretical analysis and simulation of a reasoning task in a model neuronal network", *Cerebral Cortex*, 1, 1991, p. 62-79.

DEHAENE S. e CHANGEUX J.-P., "Development of elementary numerical abilities: A neuronal model". J. *Cognitive Neurosci.*, 5, 1993, p. 390-407.

DEHAENE S., CHANGEUX J.-P., NACCACHE L., SACKUR J. e SERGENT C., "Conscious, preconscious, and subliminal processing: A testable taxonomy", *Trends in Cognitive Sciences*, 2006, 10, p. 204-211.

DEHAENE S., KERSZBER G. M. e CHANGEUX J.-P., "A neuronal model of a global workspace in effortful cognitive tasks", 1998, PNAS, 95, p. 14529-14534.

DEHAENE S., SERGENT C. e CHANGEUX J.-P., "A neuronal networkmodel linking subjective reports and objective physiological data during conscious perception", *PNAS*, 2003b, 100, p. 8520-8525.

DÉJERINE J., *Anatomie des centres nerveux*, 1895.

DEL CUL A., BAILLET S. e DEHAENE S., "Brain dynamics underlying the nonlinear threshold for access to consciousness", *Plos Biology*, 2007, vol. 5, n° 10.

DENTON D., *Les Émotions primordiales et l'éveil de la conscience*, Paris, Flammarion, 2005.

DESCARTES R., *Traité de l'homme*, Paris, Gallimard, "La Pléiade", 1987.

_____, *Dioptrique*, Paris, Gallimard, "La Pléiade", 1987.

_____, *Traité des passions de l'âme*, Paris, Vrin, 2000.

DE WAAL F., *Le Bon Singe*, Paris, Bayard, 1997.

DIDEROT D., *Éléments de physiologie*, Paris, Honoré Champion, 2005.

_____, *Le Rêve de d'Alembert*, Paris, Garnier-Flammarion, 1990, p. 70.

DIDEROT D. e D'ALEMBERT, *Discours préliminaire de l'Encyclopédie*, Paris, Vrin, 2000.

DISSANAYAKE E., *Homo Aestheticus. Where Art Comes from and why*, Seattle, University of Washington Press, 1992.

DUBOIS J., HERTZ-PANNIER L., DEHAENE-LAMBERTZ G., COINTEPAS Y. e LE BIHAN D., "Assessment of the early organization and maturation of infants' cerebral white matter fiber bundles: A feasibility study using quantitative diffusion tensor imaging and tractography", *Neuroimage*, 2006, 30, p. 1121-1132.

EDELMAN G., *Neural Darwinism*, Nova York, Basic Book, 1987.

_____, *Topobiology: an Introduction to Molecular Embryology*, Nova York, Basic Books, 1988.

_____, *The Remembered Present. A Biological Theory of Consciousness*, Nova York, Basic Books, 1990.

_____, *Biologie de la conscience*, Paris, Odile Jacob, 1992.

_____, *Plus vaste que le ciel. Une nouvelle théorie générale du cerveau*, Paris, Odile Jacob, 2004.

EDELMAN G. e TONONI G., *Comment la matière devient conscience*, Paris, Odile Jacob, 2000.

ELSTON G. N., "Cortex, cognition and the cell: New insights into the pyramidal neuron and prefrontal function", *Cerebral Cortex*, 2003, 13, p. 1124-1138.

FISHMAN Y., VOLKOV I., NOH M., GARELL P., BAKKEN H., AREZZO J., HOWARD M. e STEINSCHNEIDER M., "Consonance and dissonance of musical chords: neural correlates in auditory cortex of monkeys and humans", *J. Neurophysiol.*, 2001, 86, p. 2761-2788.

FODOR J., *The Language of Thought*, Hassocks, Harvester Press, 1976.

———, "Fixation of belief and concept acquisition", *in* M. Piattelli-Palmarini (éd.), *Language and Learning*, Cambridge, Mass., Harvard University Press, 1980, p. 149.

———, *La Modularité de l'esprit*, Paris, Minuit, 1986.

FONTENELLE B. de, *Entretiens sur la pluralité des mondes*, Paris, Flammarion, Garnier- Flammarion, 1998.

FRANSSON P., SKIÖLD B., HORSCH S., NORDELL A., BLENNOW M., LAGERCRANTZ H. e ADEN U., "Resting-state networks in the infant brain", *Proc. Natl Acad. Sci. USA*, 2007, 104, p. 15531-15536.

FREUD S., "Esquisse d'une psychologie scientifique", in *La Naissance de la psychanalyse*, Paris, PUF, 1996.

GEHRING W., *La Drosophile aux yeux rouges*, Paris, Odile Jacob, 1999.

GIOT et al., "A protein interaction map of Drosophila Melanogaster", *Science*, 2003, vol. 302, p. 1727-1736.

GISIGER T., KERSZBERG M. e CHANGEUX J.-P., "Acquisition and performance of delayed-response tasks: a neural network model", *Cerebral Cortex*, 2005 15(5), p. 489-506.

GOULD, S. J. e LEWONTIN R. C., "The spandrels of San Marco and the panglossian paradigm. A critique of the adaptationist programme", *Proceedings of the Royal Society of London*, 1979, séries B, vol. 205, n° 1161, p. 581-598.

GRICE H. P., "Meaning", *Philosophical Rev.*, 66, 1957, p. 377-388.

HACKING I., *The Social Construction of What?*, paperback, 2000.

HAMILTON W., "The evolution of altruistic behavior", *American Naturalist*, 97, 1963, p. 354-356.

———, *The Narrow Roads of Gene Land*, Oxford, W. H. Freeman/Spektrum, 1996.

HEIDMANN T., CHANGEUX J.-P., "Molecular model of the regulation of chemical synapse efficiency at the postsynaptic level", *C. R. Acad. Sc. III*, 1982, 295, p. 665-670.

HEIN G. e SINGER T., "I feel how you feel but not always: The empathic brain and its modulation", *Current Opinion in Neurobiology*, 2008, 18, 2, p. 153-158.

HOLLOWAY R., "Toward a synthetic theory of human brain evolution", in J.-P. CHANGEUX e J. CHAVAILLON (éd.), *Origins of the Human Brain*, Oxford, Oxford University Press, 1995, p. 42-60.

JACKENDOFF R., *Consciousness and the Computational Mind*, Cambridge, MIT Press, 1990.

JACOBSEN T., SCHUBOTZ R., HOFEL L. e CRAMON D. Y., "Brain correlates of aesthetic judgement of beauty", *NeuroImage*, vol. 32, 1, 1, 2006, p. 276-285.

JAMES W., *The Principles of Psychology*, Nova York, Dover Publications, 1957.

JOUVET M., *Le Sommeil et le rêve*, Paris, Odile Jacob, 1992.

KANDEL E. R., SCHWARTZ J. H. e JESSELL T. M. (éds.), *Principles of Neural Science*, Nova York, McGraw-Hill, 2000.

KANT E., *Histoire générale de la nature et théorie du ciel*, Paris, Vrin, 2000.

KEPLER J., *Paralipomènes à Vitellion*, Paris, Vrin, 1980.

_____, *Dioptrique*, Paris, Blanchard, 1990.

KERSZBERG M. e CHANGEUX J.-P., "A model for motor endplate morphogenesis: Diffusible morphogens, transmembrane signalling and compartmentalized gene expression", *Neural Comput.*, 5, 1993, p. 341-358.

_____, "A model for reading morphogenetic gradients: Autocatalysis and competition at the gene level", *Proc. Natl. Acad. Sci. USA*, 91, 1994, p. 5823-5827.

_____, "Partners make patterns in morphogenesis", *Curr. Biol.*, 4, 1994, p. 1046-1047.

_____, "A simple molecular model of neurulation", *BioEssays*, 20, 1998, p. 758-770.

KERSZBERG M., DEHAENE S. e CHANGEUX J.-P., "Stabilization of complex input-output functions in neural clusters formed by synapse selection", *Neural Networks*, 5, 1992, p. 403-413.

KOCH C., "The neuroanatomy of visual consciousness", 2004, *Advance in Neurology*, vol. 77, p. 234.

_____, *À la recherche de la conscience*, Paris, Odile Jacob, 2006.

KREBS A., EDWARDS P. C., VILLA C., Li J. e SCHERTLER G. F. X., "The 3 dimensional structure of bovine rhodopsin determinated by electron, cryomicroscopy", *J. Biol. Chem.*, 2003, 278, p. 50217-50225.

KROPOTKINE P., *L'Éthique*, Paris, Stock, 1979.

_____, *L'Entraide. Un facteur de l'évolution*, Paris, Écosociété, 2005.

LAMARCK J.-B. de, *Philosophie zoologique*, Paris, Flammarion, "Garnier-Flammarion", 1999.

LAND E. H., "Experiments in color vision", *Sci. Am.*, 1959, 200 (5), p. 84-94, p. 96-99.

LAND E. H. e MCCANN J.J., "Rightness and retiner theory", *J. Opto Soc. Am.*, 61, 1971, p. 1-11.

LAUREYS S., "The neural correlate of (un)wareness: lessons from the vegetative state", *Trends in Cogn. Sc.*, déc. 2005, vol. 9, n° 12.

LÉVI-STRAUSS C., *Race et histoire*, Paris, Gallimard, "Folio", 1987.

LI G.-D., CHIARA D. C., SAWYER G. W., SHAUKAT HUSAIN S., OLSEN R. W. e COHEN J. B., "Identification of $GABA_A$ receptor anesthetic binding site at subunit interfaces by photolabeling with an etomidate analog", *J. Neurosci.*, 2006, 26, p. 11599-11605.

LIVINGSTONE M., *Vision and Art. The Biology of Scing*, Nova York, Harry N. Abrams Publ., 2002.

LLINAS R. R., *I of the Vortex. From Neurons to Self*, Cambridge, MIT Press, 2001.
LLINAS R. R. e PARÉ D., "Of dreaming and wakefulness", *Neuroscience*, 44, 1991, p. 521-535.
LLINAS R. R., RIBARY V., CONTRERAS D. e PEDROARENA C., "The neuronal basis of consciousness". *Phil. Trans. Roy. Soc. Lond. B*, 353, 1998, p. 1841-1849.
LLINAS R. R. e STÉRIADE M., "Bursting of thalamic neurons and states of vigilance", *J. Neurophysiol.*, 2006, 95, p. 3297-3308.
LOCKE J., *Essai philosophique concernant l'entendement humain*, Paris, Vrin, 2000.
MARR D., *Vision*, São Francisco, W. H. Freeman, 1982.
MONOD J., *Le Hasard et la Nécessité*, Paris, Seuil, 1968.
MONOO J., CHANGEUX J.-P. e JACOB F., "Allosteric proteins and cellular control systems", *J. Mol. Biol.* 6, 1963, p. 306-329.
MONOO J., WYMAN J. e CHANGEUX J.-P., "On the nature of allosteric transitions: A plausible model". *J. Mol. Biol.*, 12, 1965, p. 88-118.
NAKAMURA K., DEHAENE S., JOBERT A., LE BIHAN D. e KOUIDER S., "Subliminal convergence of kanji and kana words: Further evidence for functional parcellation of the posterior temporal cortex in visual word perception" *Journ. Cogn. Neurosci.*, 2005, 17, p. 954-968.
ONFRAY M., *Archéologie du présent*, Paris, Grasset & Fasquelle, 2003.
PARÉ D. e LUNAS R. R., "Conscious and preconscious processes as seen from the standpoint of sleep-walking cycle neurophysiology", *Neuropsychologia*, 1995, vol. 33, n° 9, p. 1155-1168.
PAVLOV L., *Réflexes conditionnels et inhibitions*, Paris, Gonthier, 1963.
PEIRCE C., *Écrits sur le signe*, Paris, Seuil, 1978.
PENROSE R., *The Emperor's New Mind, Oxford*, Oxford University Press, 1999.
PHILIPPE J., CHARLES Le Brun, *l'Expression des passions*, Paris, Édition Dédale-Maisonneuve et Larose, 1994.
PILES R. de, *L'Idée du peintre parfait*, Paris, Le Promeneur, 1993.
PLATON, *La République*, Paris, Flammarion, "Garnier-Flammarion", 2002.
_____, *Le Banquet*, Paris, Flammarion, "Garnier-Flammarion", 1999.
POINCARÉ H., *Science et Méthode*, Paris, Flammarion, 1908.
POPPER K., *La Logique de la connaissance scientifique*, Paris, Payot, 1982.
_____, *La Connaissance objective*, Paris, Flammarion, 1998.
PREMACK D., "The infant's theory of self-propelled objects", *Cognition*, 36, 1990, p. 1-16.
PREMACK D. e PREMACK A., "Intention as psychological cause", in D. SPERBER, D. PREMACK e A. PREMACK (éd.), *Causal Cognition*, Oxford, Clarendon, 1995, p. 185-200.
PREMACK D. e PREMACK A., *Le Bébé, le Singe et l'Homme*, Paris, Odile Jacob, 2003.
PREMACK D. e WOODRUFF G., "Does the chimpanzee have a theory of mind?", *Behavioral and Brain Sciences*, 4, 1978, p. 515-526.

PRINS H. H. T., "Ecology and behaviour of the African buffalo. Social inequality and decision-making", *The Journal of Animal Ecology*, vol. 65, n° 3, mai 1996, p. 399-400.

RIBARY U., "Dynamics of thalamo-cortical network oscillations and human perception", in LAUREYS S., *Progress in Brain Research*, 2005, 150, p. 124-142.

RICCEUR P., *Soi-même comme un autre*, Paris, Seuil, 1990.

SAUVANET P., *Le Rythme et la Raison*, Paris, Kimè, 2000.

SABOURAUD O., *Le Langage et ses maux*, Paris, Odile Jacob, 1995.

SAUSSURE F. de, *Cours de linguistique générale*, Paris, Payot, 1979.

SEARLE J., "Consciousness", *Ann. Rev. Neurosci.*, 23, 2000, p. 557-578.

SHALLICE T., *Symptômes et modèles en neuropsychologie*, PUF, 1988.

SKINNER B. F., *The Shaping of a Behaviorist*, Nova York, Knopf, 1979.

SPENCER H., *Les Premiers Principes*, Paris, Alcan, 1890.

_____, *Principes de psychologie*, Paris, L'Harmattan, 2007.

SPERBER D. e WILSON D., *La Pertinence*, Paris, Minuit, 1989.

SPINOZA, *L'Éthique*, Paris, Gallimard, "Folio", 1994.

SUKHOTINSKY I., ZALKIND V., LU J., HOPKINS D. A., SAPER C. B. e DEVOR M., "Neural pathways associated with loss of consciousness caused by intracerebral microinjection of $GABA_A$-active anesthetics", *Eur. J. of Neurosci.*, 2007, 25, p. 1417-1436.

TURING A. M., "The chemical basis of morphogenesis", *Phil. Trans. Roy. Soc. B*, 237, 1952, p. 37-72.

UNWIN N., "The Croonian lecture 2000. Nicotinic acetylcholine receptor and the structural b", *Philos. Trans. R. Soc. Lond. B. Biol. Sci.*, 2000, 355, p. 1813-1829.

VENTER et al., "The sequence of human genome", *Science*, 2001, vol. 291, iss. 5507, p. 1304-1351.

VINCENT J.-D., *Voyage extraordinaire au centre du cerveau*, Paris, Odile Jacob, 2007.

VYGOTSKY L., *Thought and Language*, Cambridge, Mass., MIT Press, 1962.

WATSON J. B., *Behaviorism*, Nova York, Norton, 1980.

WILSON D. S. e SOBER E., "Reintroducing group selection to the human behavioral sciences", *Behavioral and Brain Sciences*, 1994, 17(4), p. 585-654.

YOUNG J. Z., *A Model of the Brain*, Oxford, Oxford University Press, 1964.

ZEKI S., *A Vision of the Brain*, Oxford, Blackwell, 1993.

_____, *Inner Vision. An Exploration of Art and the Brain*, Oxford, Oxford University Press, 1999.

ZIGMOND M. (dir.), *Fundamental Neuroscience*, San Diego, Academic Press, 1999.

Índice remissivo

acetilcolina, 14, 19, 20, 126, 157, 199, 306, 343, 353, 357, 358, 360, 361, 363, 365, 366-373, 375-377, 391, 393, 402, 403, 412, 427, 428, 437, 452, 458
adrenalina, 19, 357
afasia, 145, 238-245, 270, 285, 291
agnosia, 145, 187, 238, 259, 260
agrafia, 241, 285, 288, 289
Alberti, L. B., 103
alexia, 285, 286, 288, 289, 450
Alhazen (Ibn al-Haytam), 107
alosteria, 14, 20, 21, 111, 212, 213, 333, 361-364, 366, 368-370, 374-378, 391-394, 397, 409, 410, 412, 413, 428, 455
altruísmo, 62, 73, 74, 78, 81, 125
alucinação, 102, 130, 131, 146, 184, 192, 193, 403, 405, 453
Alzheimer, 418
amígdala, 126, 201, 229, 264
amusia, 145, 146
analgesia, 404, 405
anarquismo, 70
Anaximandro, 27, 28, 298, 323
anestesia, 192, 404-409, 413, 428, 457
anfetamina, 402
aplísia, 346, 392, 394, 395, 397
Arcy Thompson, W. d', 117, 327

Aristóteles, 25, 28-33, 42, 53, 54, 56, 60, 65, 73-75, 93, 100, 106-108, 121, 139, 159, 160, 223, 224, 248, 256, 299, 324-327, 381, 400
Asperger, H., 193
Atlan, H., 93, 209
atomistas, 29-32, 54, 56, 229, 323, 324, 425
autismo, 51, 193, 194, 451
Axelrod, R., 79, 80, 227

Baars, B., 200-205, 214, 220, 456
bacteriorodopsina, 376, 377
behaviorismo, 184, 185, 232, 386-388, 436
Bell, C., 128
Bentham, J., 58, 75
benzodiazepínicos, 375, 376, 403, 410, 412
Bergson, H., 239, 382, 383, 400
Bernard, C., 18, 25, 60, 160, 181, 355-357, 406, 433, 456
Berthoz, A., 37, 55, 461
bipedia, 309
Blair, R. J. R., 51, 90
Bourdieu, P., 22, 154, 158
Bourgeois, J.P., 75, 358
Bourgeois, Léon, 71, 75
Bourgeois, Louise, 137

Bourgeron, T., 193, 451,
bricolagem, 133, 212, 419
Broca, P., 128, 177, 226, 230, 237, 238, 240, 242-245, 258, 261, 262, 270, 285, 287, 289, 291, 310, 312, 435, 437
Brodmann, K., 226, 284, 446
Buda, 44, 93
Buffon, G. L. de, 160, 164, 300, 381, 415

campo receptor, 106, 116
Canguilhem, G., 59, 106
Castel (padre), 121, 122
cercopiteco, 46, 257, 258, 264
Charcot, J. M., 182, 183, 239-241, 317,
Cheney, D. L., 46, 257
chimpanzé, 45, 47, 48, 128, 173, 235, 236, 251, 308-313, 317, 335, 350, 388, 443-446
Chomsky, N., 38, 207, 233, 256, 337, 380, 436
Churchland, P., 190
cibernética, 34, 36, 168, 185, 306, 336, 386, 435, 436
clorofórmio, 405, 406
clorpromazina, 374, 375, 407
cóclea, 142-145, 449
Comte, A., 60-65, 73-75, 87, 125, 184, 236, 278, 384
Condillac, E. B. de, 247
Condorcet, N. de, 60, 278
Connes, A., 38
consciência, 13-17, 22, 35, 58, 59, 70, 71, 91, 92, 96-98, 126, 142, 155, 158, 173, 177, 179-212, 219-223, 227, 231, 291, 295, 297, 305, 380, 386, 399, 400, 404, 405, 408, 411, 413, 415, 420, 422, 425, 428, 431, 434-437, 453-457

contrato social, 56-58
cor, 49, 55, 102, 106, 108, 110-125, 134, 136, 139-142, 163, 168, 174, 190, 191, 192, 209, 218, 221, 243, 244, 259, 264, 274, 384, 458
Courrège, P., 21, 235, 252, 390, 447, 454
criacionismo, 297, 298, 301, 314
Crick, F., 200, 206-208, 453-456
Crisipo, 54
cuneiforme, 277-279, 282-284, 354
curare, 344, 355, 356, 366
Cureau de La Chambre, M., 168

Damasio, A., 56, 188, 262, 421, 422
Danchin, A., 21, 235, 252, 390, 447, 448, 454
Darwin, C., 30, 33, 63, 66, 67-69, 72, 73, 87, 90, 106, 169-171, 236, 299, 301, 302, 314, 324, 382, 384, 390, 460
darwiniano, 37, 43, 65, 67, 74, 130, 131, 133-135, 173, 174, 213, 232, 235, 278, 283, 284, 291, 292, 299, 304, 362, 381, 448
darwinismo, 21, 37, 64, 70, 132, 200, 232, 327, 391
Dawkins, R., 42, 43, 304
De Waal, F., 46-48, 67
débito sanguíneo cerebral, 152, 407
Dehaene, S., 14, 205, 212-214, 216, 217, 219-221, 228, 229, 391, 393, 454-457
Demócrito, 29, 30, 56, 295, 299, 323, 383, 425
Denton, D., 155
descarga corolária, 192
Descartes, R., 32, 62, 103, 108, 109, 127, 140, 168, 170, 185, 324, 380, 3823, 383, 386
dessensibilização, 361, 371, 372-374, 393

ÍNDICE REMISSIVO

Diderot, D., 25, 30, 59, 62, 65, 99, 103, 106, 121, 160, 300, 324, 382, 449, 450, 463
Dioscórides, 355
dislexia, 286, 287, 451
Dissanayake, E., 125
Dretske, F., 35
Durkheim, E., 249, 423, 425

Edelman, G., 21, 88, 158, 192, 200, 201, 204-211, 220, 235, 390, 453, 456
Ehrlich, P., 356, 359
empatia, 46, 49-51, 91, 125, 126, 129, 174, 257, 422, 458, 461
Empédocles, 28-30, 298, 323, 381
empirismo, 381, 384
envoltório genético, 36, 88, 98, 174, 236, 253, 256, 290, 390, 417, 427, 451
Epicuro, 56, 57, 73, 90, 106, 300, 381, 383, 425
epigênese, 14, 35, 37, 41, 42, 59-61, 73, 74, 133, 177, 247, 249, 251-259, 261, 267, 323, 325, 331, 332, 342, 387, 390, 427, 428, 447-449, 451, 452, 454
epilepsia, 30, 146, 193, 211, 405
espaço de trabalho neuronal consciente, 22, 96, 105, 131, 148, 150, 151, 156, 166, 191, 198, 207, 212, 214, 216-221, 237, 241, 348, 408
estabilização seletiva de sinapses, 14, 21, 252-255, 258, 269, 270, 290, 291, 447, 451
estoicos, 54, 55, 59, 73, 103
evolucionismo, 42, 72-75, 174, 181, 278, 297, 300, 433
éxon, 316, 317, 439, 441

Fagot-Largeault, A., 74-75
Fechner, G. T., 141, 383, 384

Fodor, J., 185, 201, 220, 381, 436, 448
fonologia, 233
Fontenelle, B. de, 60, 61, 74
Foucault, M., 72
frenologia, 41
Freud, S., 30, 126, 183, 184, 187, 238, 400
Frith, C., 129, 206, 207, 227, 229, 421
Frith, U., 50, 193, 194, 227
funcionalismo, 185
Fuxe, K., 306

GABA, 256, 375, 376, 403, 404, 407, 409, 410, 412
Gall, F. J., 63, 128, 185, 238
gene, 18, 42, 43, 77, 88, 99, 111, 112, 124, 141, 252, 295, 297, 313, 315-321, 328-337, 343, 347, 351, 353, 370, 418, 419, 427, 438-447, 451-453
genoma humano, 98, 295, 313-318, 321, 332, 418, 433, 437, 439, 440, 444
genoma, 21, 73, 99, 305, 316-320, 335, 418, 427, 438, 440, 443, 445
gerador de diversidade, 37, 96, 213, 284, 292, 381, 455
glicina, 375, 376
glutamato, 111, 401, 412
Godelier, M., 304
Goldman-Rakic, P., 284
Gombrich, E., 132, 133, 134, 161, 163, 304
grade de Hermann, 114-116
Gregório (abade), 154

Habermas, J., 95
Hacking, I., 154
Hadamard, J., 133, 162
Hagège, C., 237
Hamilton, W., 79

harmonia, 54, 58, 93, 97, 103, 121, 122, 138, 140, 146, 151, 161, 423, 460-463
Hebb, D., 89, 212, 389, 391, 437
heminegligência, 188
hemoglobina, 361, 375
Heráclito, 28, 29, 44
hereditariedade dos caracteres adquiridos, 33, 69, 300
hieróglifos, 60, 279, 280, 283, 284
hipocampo, 147, 201, 264, 308, 311, 340, 397
Hipócrates, 75, 325
histamina, 402, 403
homeótica, 315, 318, 327, 328, 330, 418, 439, 445
Hubel, D., 21, 115, 117, 200, 448
Hughlings, Jackson J., 34, 181, 185, 239, 456
Hume, D., 25, 40, 55, 58, 87, 90, 303, 381, 382

ideograma, 277, 278-280, 282-284, 288
imagem cerebral, 50, 52, 105, 117, 126, 128, 129, 131, 151, 152, 173, 174, 217, 221, 226, 228-230, 261, 262, 290-292, 437, 450
inconsciente, 91, 162, 184, 185, 187, 188, 202, 205, 208, 211, 304, 386, 388, 400, 407
Ingvar, D., 289
inibidor de violência, 51, 56, 73, 90, 91, 94, 129, 461
intencionalidade, 42, 126
isomorfismo, 117, 144, 277, 281, 327

Jackendoff, J., 207, 208
Jacob, F., 18, 20, 212, 304, 332, 336, 337, 362, 419, 438

James, W., 181, 182, 188, 190, 191, 201, 202, 224, 248, 259, 380, 382, 456
Janet, P., 182, 183
Jasper H., 211
jogos cognitivos, 264, 273
jogos de linguagem, 264, 265, 267, 269, 273,
Jouvet, M., 194, 349, 401

Kandel, E., 392, 394-397
Kant, I., 39, 59, 68, 73, 75, 95, 179, 187, 201, 380, 384
Kimura, M., 43
Koch, C., 119, 200, 206-208
Koshland, D., 362
Kropotkine, P., 59, 70, 71, 73, 95
Kuhl, P., 265, 267

Lamarck, J. B., 32, 33, 63-69, 164, 180, 256, 300, 301, 304, 362, 384, 456
Land, E., 123, 124
Langley, J. N., 19, 356, 359
Laureys, S., 217, 408, 457
Lazdunski, M., 411
Le Brun, C., 127, 128, 166-171
Lefkowitz, R., 377
Leroi-Gourhan, A., 158, 274
Leucipo, 29, 56
Levi-Montalcini, R., 344
Lévi-Strauss, C., 72, 74, 130, 133, 278, 297
Lichtheim, L., 238, 239, 258
linhagem germinal, 417-420
linhagem somática, 417, 418
Linnaeus, C., 159, 164, 299
Livingstone, M., 112, 114, 115, 200
livre-arbítrio, 182
Llinas, R., 194-199, 206, 456

Locke, J., 60, 141, 381
luminância, 112-114
Luria, A., 97, 130, 234, 437

Maffei, L., 256, 448
Malinowski, B., 39
Malthus, T., 66
mapa mental, 84, 155
Marx, K., 60, 65, 102
mascaramento, 190, 216, 457
Maupertuis, P. L., 111, 300, 381
Mayr, E., 66, 299, 300, 314
medicina racional, 354, 464
Mehler, J., 265, 436
memória de trabalho, 91, 200, 237
Merleau-Ponty, M., 130, 186
Meslier, J. (padre), 433
Meyerson, I., 153, 158
microcefalia, 308, 442, 443
Mo Tseu, 45
modafinil, 402
Monod, J., 14, 18, 20, 21, 212, 332, 362, 363, 374, 378, 433, 438
Moore, G. E., 45, 47, 58
moral, 25
morfina, 404, 407
morfogene, 332, 333-335, 447
morfogênese, 74, 236, 253, 331, 332, 333, 418, 427, 445
Morton, J., 127, 194, 239, 436
Moruzzi, G., 400, 401

Nachmansohn, D., 357, 365
narcolepsia, 402
Neher, E., 371
neurogênese, 251, 253
neurônio, 17-19, 36, 37, 74, 88, 89, 93, 116, 117, 125-128, 134, 142, 144, 145, 155-158, 164, 180, 184, 188, 195, 196-200, 203, 205, 207, 209, 211, 213-215, 218, 220, 221, 225-229, 253, 256, 265, 295, 305, 306, 308, 309, 340-346, 349- 351, 389, 391-397, 399, 401-403, 411-413, 421, 427, 428, 433, 436, 441, 452, 454-458
neurônios espelhos, 128, 225, 226, 228, 421
neuropeptídio, 306
neurossemântica, 257, 291
neurotransmissor, 14, 19, 126, 252, 253, 295, 306, 313, 342, 353, 357, 361, 371, 373, 393-397, 401, 403, 410-413, 427, 428
Newton, I., 108-111, 120, 121, 139, 303
nicotina, 356, 365, 402, 448
nível de organização, 22, 35, 37, 88, 89, 188, 291, 391, 443, 454, 455
nível de organização hierárquica, 18, 180
Numa, S., 375

Onfray, M., 137, 162, 458,
orexina, 402

Paabo, S., 444
Panksepp, J., 56, 73, 126, 458
parcimônia, 138-140, 162, 163, 321, 386, 460
Parmênides, 28, 29
Pascal, B., 154, 435
Pasteur, L., 13, 20, 71, 72, 356, 433
Pavlov, I., 46, 185, 234, 326, 385-389, 396, 397
Peirce, C. S., 248, 249, 258, 272
Penfield, W., 146, 242,
Penrose, R., 188, 189
pentobarbital, 403, 405, 409, 411, 412
Peretz, I., 145-147

Perutz, M., 362
pictograma, 276-281, 283
Piéron, H., 400
Pitágoras, 146, 147, 323, 327
plasticidade, 98, 174, 177, 236, 252, 271, 290, 390
Platão, 30, 31, 40, 54, 99, 100, 103, 106, 138, 162, 189, 323, 327, 380, 382, 458, 463
Poincaré, H., 162, 163, 304
Popper, K., 35, 138, 185, 302-305
pré-formação, 60, 323, 324, 331
Premack, D., 45, 46, 49, 50, 90, 436
Prigogine, I., 182, 345
programa genético, 253, 327, 335, 336, 427
propofol, 407, 412
proteoma, 317, 319, 320, 321, 439, 445
protóxido de azoto, 404
Putnam, H., 256

Rameau, J.-Ph., 121, 122
reaferência, 192, 449
receptor de acetilcolina, 14, 19, 20, 353, 358, 360-378, 391-394, 412, 427, 428, 437, 452
receptor NMDA, 412
recompensa, 22, 79, 80, 152, 157, 158, 164, 173, 205, 213, 220, 227-230, 254, 265, 269, 385, 389, 402, 423, 455, 458
refletância, 123
reforço, 46, 69, 73, 85, 97, 152, 232, 326, 335, 385, 388, 455
retinol, 111-113, 124, 376, 377
Ricoeur, P., 41, 45, 53, 73, 90, 92-94, 421
Rizzolatti, G., 128, 225, 226, 421
rodopsina, 111-113, 124, 376, 377

rosto, 48, 51, 52, 90, 118, 119, 126-128, 162, 164, 169, 171, 188, 226, 228, 262-264, 268, 458
Rousseau, J.-J., 58, 247

Sabouraud, O., 242-245
Saint-Simon, C. de, 65, 87, 236
Sakmann, B., 371, 375
Saussure, F. de, 224, 231, 232, 236, 248, 249, 250, 258, 272, 273
Searle, J., 206
Sejnovski, T., 256
seleção de grupo, 69, 74, 77, 81-83, 85, 95, 96, 174, 205, 419, 460
seleção natural, 33, 67, 81, 301-304, 322, 382
seleção parental, 69, 74, 77, 79
seleção sexual, 67, 106, 301, 460
semântica, 37, 87, 124, 125, 150, 220, 230, 233, 237, 238, 257, 261, 262-264, 268, 269, 278, 285, 287, 290, 291
serotonina, 157, 343, 375, 376, 396, 397, 402, 403
sexualidade, 416, 419,
Seyfarth, R., 46, 257,
Shallice, T., 220, 241, 260, 285, 436, 455
Shannon, C., 223, 435
Sherrington, C., 386
simpatia, 41, 46, 47, 49-51, 54-56, 59, 62, 63, 67, 68-70, 72-74, 90, 91, 94, 125, 126, 129, 174, 461
sinapse, 14, 17, 19, 21, 91, 133, 184, 212, 213, 251-255, 267, 291, 306, 334, 340, 350, 358, 364, 365, 390-397, 447, 451-455
sinestesia, 139, 141, 142, 174
Singer, W., 52, 200,
sistema límbico, 96, 98, 126, 166, 201, 310, 403, 458, 460

Skinner, B., 232, 385
sociobiologia, 42
solidarismo, 71, 72
sonho, 31, 130, 131, 134, 137, 194, 298, 349, 399, 400, 403, 448
sono, 194-196, 200, 206, 349, 399-404, 413, 425, 453
sono lento, 195, 197-200, 349, 400-403, 428
sono paradoxal, 194-199, 347, 349, 401-404, 427, 428
Spencer, H., 34, 60, 63-66, 68, 70, 180, 236, 239, 384, 456
Sperber, D., 37, 42, 43, 224, 225, 304
Spinoza, B., 30, 62, 88, 89, 93
Stent, G., 336, 437
Stériade, M., 194, 197, 199
Stroop, 141, 221
subconsciente, 183

Taine, H., 186, 382,
tálamo, 124, 150, 152, 194-196, 198, 199, 201, 203, 206, 207, 209, 210, 229, 257, 401, 403, 407, 408, 425
Tales, 27, 323
Tanaka, I., 127
tarefa da Torre de Londres, 220
teoria da informação, 209, 274
teoria da mente, 43, 45, 47, 49-51, 56, 126, 128, 173, 227, 228

teste (tarefa) Wisconsin de classificação de cartas, 205, 213, 218, 219, 455, 456
teste da Torre de Londres, 455
Thesleff, S., 371, 374
Thorndike, E., 385, 386
Tolman, E., 388, 389, 436
Tomasello, M., 268
transmissão química, 306, 343, 357
Turing, A., 332, 435

utilitarismo, 68, 75

Vico, G., 60, 61, 74, 177, 247, 278
visão cega, 187
Vygotsky, L., 224, 234

Warrington, E., 259, 260
Watson, J., 84, 184, 185, 232, 385, 386, 436
Weiskrantz, L., 187, 206
Wiesel, T., 21, 115, 117, 448
Wilson, A.C., 304, 313, 341
Wilson, D. S., 69, 77, 81, 84-85, 95, 224-225
Wilson, E. O., 42, 43, 78, 81
Wittgenstein, L., 185, 264, 265, 272

Zeki, S., 118, 120, 124, 206, 457

Índice das ilustrações

FIGURA 1 – O Collège da France por Jean-François Chalgrin (1739-1811). Coleção do Collège de France   18

FIGURA 2 – Retrato de Confúcio ensinando a seus discípulos. Pintura sobre seda assinada por Li Tang (1050-1130) (fragmento). Qufu, Direção do patrimônio e dos vestígios culturais. © The Cultural Property Promotion Association of China.   44

FIGURA 3 – Um jovem chimpanzé brinca com o reflexo de seu rosto batendo na água com a mão. Em *Peacemaking among Primates*, F. de Waal, Harvard University Press, 1989, p. 84. © 1989, F. de Waal.   48

FIGURA 4 – Teste utilizado pelos Premack para avaliar empatia e simpatia na criança. Fig. 1.2 em D. e A. Premack, *Le Bébé, le Singe et l'Homme*, Odile Jacob, 2003. © 2003, Odile Jacob.   50

FIGURA 5 – Ressonância magnética funcional da avaliação da dor sofrida por si e pelo outro. G. Hein e T. Singer, "I feel how you feel but not always: The empathic brain and its modulation", *Current Opinion in Neurobiology*, 2008, 18, 2, p. 153-158. © 2008, Elsevier Ltd.   52

FIGURA 6 – *A mimesis* na arte. "Episódio da corrida dos cavalos livres" por Théodore Géricault, Museu de Belas-Artes de Rouen. © Museu de Belas-Artes, Rouen/Tragin/Lancien. Fotografias da "decomposição do movimento de um cavalo a galope", em Eadweard Muybridge, *Animal Locomotion*, 1872-1885.   101

FIGURA 7a – Teste do "julgamento de gosto". Fig. 1, em T. Jacobsen, R. Schubotz, L. Hofel e D. Y. Cramon, "Brain correlates of aesthetic judgement of beauty", *NeuroImage*, vol. 32, 1, 1, 2006, p. 276-285. © 2005, Elsevier Inc.   104

FIGURA 7b – Imagens cerebrais do "julgamento de gosto". Fig. 1, em T. Jacobsen, R. Schubotz, L. Hofel e D. Y. Cramon, "Brain correlates of aesthetic judgement of beauty", *NeuroImage*, vol. 32, 1, 1, 2006, p. 276-285. © 2005, Elsevier Inc.   105

FIGURA 8 – O olho instrumento de óptica. René Descartes, *Dioptrique*, 109
impresso em 1637, Paris, col. J.-P. Changeux.

FIGURA 9a – Transdução do raio luminoso em resposta fisiológica pelos 112
receptores retinianos. Fig. 4.9, em P. Buser e M. Imbert, *Neurophysiologie fonctionelle*, t. 4, Vision, Paris, Hermann, 1987. © 1987, Hermann.

FIGURA 9b – Estrutura cristalográfica da rodopsina em nível atômico. Fig. 113
6, em A. Krebs, P. C. Edwards, C. Villa, J. Li e G. F. X. Schertler, "The 3 dimensional structure of bovine rhodopsin determined by electron, cryomicroscopy". *J. Biol. Chem.*, 2003, 278, p. 50217-50225. © 2003, Inc. ASBMB.

FIGURA 10a – Ilusão de óptica da grade de Hermann. Fig. p. 55, em M. 114
Livingstone, *Vision and Art: The Biology of Seing*, Nova York, Harry N. Abrams Publ., 2002. *Vision and Art: The Biology of Seing* © 2002, Margaret Livingstone. Publicado por Harry N. Abrams, Inc.

FIGURA 10b – Células centro-periferia da retina. Fig. p. 57, em M. Livingstone, *Vision and Art: The Biology of Seing*, Nova York, Harry N. Abrams Publ., 2002. *Vision and Art: The Biology of Seing* © 2002, Margaret Livingstone. Publicado por Harry N. Abrams, Inc. 115

FIGURA 11a – Organização paralela e hierárquica das vias visuais envolvidas 119
na contemplação de uma obra de arte. Colorplate 2, em C. Koch, "The neuroanatomy of visual consciousness", *Advance in Neurology*, 2004, vol. 77, p. 234. © 2004, Lippincott, Williams & Wilkins.

FIGURA 11b – Ressonância magnética funcional ilustrando a especialização 120
do córtex cerebral na visão das cores e do movimento. Fig. 7.5, em S. Zeki, *Inner Vision. An Exploration of Art and the Brain*, Oxford University Press, 1999. © 1999, Semir Zeki.

FIGURA 12 – "Cravo ocular" do padre Castel. Col. part. 122

FIGURA 13 – *Guerreiro sobre um cavalo empinado*, desenho preparatório 135
de Katsushika Hokusai (1760-1849). Museu Guimet, Museu Nacional das Artes Asiáticas. © RMN/Thierry Ollivier.

FIGURA 14 – *Evasão do limbo e do purgatório*, Luca Cambiaso. Museu do 140
Louvre, departamento das artes gráficas. © RMN/Madeleine Coursaget.

FIGURA 15 – Mecanismo de transdução do sinal sonoro em resposta fisiológica pelas células ciliadas do ouvido interno. Fig. 24.33, em M. Zigmond, *Fundamental Neuroscience*, San Diego, Academic Press, 1999. © 1999, Academic Press Inc. 143

ÍNDICE DAS ILUSTRAÇÕES

FIGURA 16 – Correlatos eletrofisiológicos da consonância e da dissonância na música, registrados no símio desperto (acima) e no homem (ao lado). Fig. 2 e 11, em Y. Fishman, I. Volkov, M. Noh, P. Garell, H. Bakken, J. Arezzo, M. Howard e M. Steinschneider, "Consonance and dissonance of musical chords: Neural correlates in auditory cortex of monkeys and humans", *J. Neurophysiol.*, 2001, 86, p. 2761-2788. © 2001, The American Physiological Society, Stanford University. — 148

FIGURA 17 – Imagens cerebrais que ilustram a especialização do córtex cerebral ao ouvir música. G. Avanzini, L. Lopez, S. Koelsch, M. Majno (eds.), *The Neuroscience and Music*, vol. II, 2006, Annals, New York Academy of Sciences. © 2006, New York Academy of Sciences. — 151

FIGURA 18 – Charles Le Brun, *Étude d'yeux et de sourcils du tigre et du loup-cervier* [Estudo de olhos e sobrancelhas do tigre e do lobo-cerveiro]. Museu do Louvre, Departamento das artes gráficas. © RMN/Madeleine Coursaget. — 170

FIGURA 19 – Retrato de Pierre Janet (1859-1947). D. R. — 183

FIGURA 20 – Teoria de Rodolfo Llinas sobre as relações talamocorticais e os estados de consciência. A) Fig. 2, U. Ribary, "Dynamics of thalamocortical network oscillations and human perception", em S. Laureys, *Progress in Brain Research*, 2005, 150, p. 124-142. © 2005, Elsevier BV. B) Fig. 4, R. R. Llinas e M. Stériade, "Bursting of thalamic neurons and states of vigilance", *J. Neurophysiol.*, 2006, 95, p. 3297-3308. © The American Physiological Society, Stanford University. C) D. Paré e R. R. Llinas, "Conscious and preconscious processes as seen from the standpoint of sleep-walking cycle neurophysiology", *Neuropsychologia*, 1995, vol. 33, n° 9, p. 1155-1168. © 1995, Elsevier Science Ltd . — 196

FIGURA 21 – Modelos do espaço de trabalho global de Baars. Fig. 2.3 e 3.1, B. J. Baars, *A Cognitive Theory of Consciousness*, Cambridge, Cambridge University Press, 1988. © 1988, Bernard J. Baars. — 203

FIGURA 22 – Teoria do espaço de trabalho neuronal consciente: premissas biológicas. A) S. Dehaene, M. Kerszberg e J.-P. Changeux, "A neuronal model of a global workspace in effortful cognitive tasks", 1998, PNAS, 95, p. 14529-14534. © 1998, National Academy of Sciences, USA. B) J. Déjerine, *Anatomie des centres nerveux*, 1895. Col. J.-P. Changeux. — 214

FIGURA 23a – Teoria do espaço de trabalho neuronal consciente: simulações   216
   teóricas e dados experimentais. S. Dehaene, C. Sergent e J.-P. Changeux, "A
   neuronal networkmodel linking subjective reports and objective physioló-
   gical data during conscious perception", PNAS, 2003b, 100, p. 8520-8525.
   © 2003, National Academy of Sciences, USA. A. Del Cul, S. Baillet e S.
   Dehaene, "Brain dynamics underlying the nonlinear threshold for access
   to consciousness", *Plos Biology*, 2007, vol. 5, n° 10. © 2007, Plos Biology.
FIGURA 23b – Teoria do espaço de trabalho neuronal consciente. S. Deha-   217
   ene, J.-P. Changeux, L. Naccache, J. Sackur e C. Sergent, "Conscious,
   preconscious, and subliminal processing: A testable taxonomy", *Trends
   in Cognitive Sciences*, 2006, 10, p. 204-211. © 2006, Elsevier Ltda.
FIGURA 23c – Imagens cerebrais obtidas em diversos estados de consciência   217
   ilustrando uma diminuição da atividade dos circuitos do espaço de trabalho neuronal consciente. Fig. 1, S. Laureys, "The neural correlate of
   (un)wareness: Lessons from the vegetative state", *Trends in Cogn. Sc.*,
   dez. 2005, vol. 9, n° 12. © 2005, Elsevier Ltd.
FIGURA 24a – Teoria do espaço de trabalho neuronal consciente: evolução   218
   da superfície relativa do córtex frontal dos mamíferos inferiores ao homem. G. N. Elston, "Cortex, cognition and the cell: New insights into
   the pyramidal neuron and prefrontal function", *Cerebral Cortex*, 2003,
   13, p. 1124-1138. © 2003, Oxford University Press.
FIGURA 24b – Teoria do espaço de trabalho neuronal consciente: desenvolvi-   219
   mento no homem. Fig. 3, J. Dubois, L. Hertz-Pannier, G. Dehaene-Lambertz, Y. Cointepas e D. Le Bihan, "Assessment of the early organization
   and maturation of infants' cerebral white matter fiber bundles: A feasibility
   study using quantitative diffusion tensor imaging and tractography",
   NeuroImage, 2006, 30, p. 1121-1132. © 2006, Elsevier Inc.
FIGURA 25 – Modelo de aprendizagem da linguagem por recompensa par-   229
   tilhada. Fig. 35, J.-P. Changeux, *L'Homme de vérité*, Paris, Odile Jacob,
   2002. © 2002, Odile Jacob.
FIGURA 26 – Modelo do "sino" de Charcot (1885). Fig. 2, T. Shallice, *Symptômes*   240
   et modèles en neuropsychologie, PUF, 1988, p. 174. © 1988, PUF.
FIGURA 27 – O signo linguístico de Saussure.   250
FIGURA 28a – Epigênese por estabilização seletiva de sinapses. T. Gisiger, M.   254
   Kerszberg e J.-P. Changeux, "Acquisition and performance of delayed-
   response tasks: A neural network model", *Cerebral Cortex*, 2005 15(5),
   p. 489-506. © 2005, Oxford University Press.
FIGURA 28b – Epigênese por estabilização seletiva de sinapses. Fig. 47, em   255
   J.-P. Changeux, *L'Homme de vérité*, Paris, Odile Jacob, 2002. © 2002,
   Odile Jacob.

ÍNDICE DAS ILUSTRAÇÕES

FIGURA 29a – Os circuitos da escrita de acordo com Déjerine: dados lesionais.   286
Fig. 80, J. Déjerine, *Anatomie des centres nerveux*, 1895. Col. J.-P. Changeux.

FIGURA 29b – Os circuitos da linguagem segundo Déjerine: dados anatô-   287
micos. Fig. 249, J. Déjerine, *Anatomie des centres nerveux*, 1895. Col.
J.-P. Changeux.

FIGURA 30 – Ressonância magnética funcional do cérebro na leitura do kanji   290
e do kana. K. Nakamura, S. Dehaene, A. Jobert, D. Le Bihan e S. Kouider,
"Subliminal convergence of kanji and kana words: Further evidence for functional parcellation of the posterior temporal cortex in visual word perception".
Journ. Cogn. Neurosci., 2005, 17, p. 954-968. © 2005, MIT Press Journals.

FIGURA 31 – Ilustração de Benjamin Waterhouse Hawkins (1807-1889) para o   302
livro *A origem do homem*, de Charles Darwin (1871). Benjamin Waterhouse
Hawkins, em Charles Darwin, *La Descendance de l'homme*, 1871. Col. part.

FIGURA 32 – Origens evolutivas das áreas da linguagem do cérebro humano.   310
F. Aboitiz e R. Garcia, "The evolutionary origin of language areas in
human brain. A neuroanatomical perspective", *Brain Research Reviews*,
dez. 1997, vol. 25, iss. 3, p. 381-396. © 1997, Elsevier Science BV.

FIGURA 33a – Genoma humano. Fig. 15, em Venter et al., "The sequence of   318
human genome", *Science*, 2001, vol. 291, iss. 5507, p. 1304-1351.

FIGURA 33b – Proteoma da drosófila. Fig. 4, em Giot et al., "A protein interaction   319
map of *Drosophila melanogaster*", *Science*, 2003, vol. 302, p. 1727-1736.

FIGURA 34 – Analogia do desenvolvimento do sistema nervoso na drosófila   329
e no camundongo. Fig. 3, D. Arendt e K. Nübler-Jung, "Comparison of
early nerve cord development in insects and vertebrates", *Development*,
1999, 126, p. 2309-2325. © 1999, The Company of Biologists Ltd.

FIGURA 35a – O modelo de morfogênese associado a um gradiente de morfogene   333
difusível. Fig. 1, em M. Kerszberg e J.-P. Changeux, "A model for reading
morphogenetic gradients: autocatalysis and competition at the gene level",
PNAS USA, 1994, 91, p. 5823-5827. © 1994, Academia Nacional de Ciências.

FIGURA 35b – Simulação da evolução no tempo da expressão de genes suscetí-   334
veis de formar fronteiras e faixas de formas variadas. Fig. 1, em M. Kerszberg e J-P. Changeux, "Partners make patterns in morphogenesis", *Current Biology*, 1994, vol. 4, iss. 11, p. 1046-1047. © 1994, Elsevier Science Ltd.

FIGURA 36 – Atividade espontânea de um recém-nascido prematuro (25 sema-   348
nas de gestação) registrada por ressonância magnética funcional. Fig. 1, em
P. Fransson, B. Skiöld, S. Horsch, A. Nordell, M. Blennow, H. Lagercrantz
e U. Aden, "Resting-state networks in the infant brain", PNAS USA, 2007,
104, p. 15531-15536. © 2007, National Academy of Sciences, USA.

FIGURA 37a – A placa motora: sinapse entre nervo motor e músculo esquelético. Fig. 29, em R. Couteaux, *Recherches morphologiques et cytochimiques sur l'organisation des tissus excitables*, Paris, Robin et Mareuge, 1978. D. R. 358

FIGURA 37b – Localização do receptor nicotínico e da placa motora. Fig. 5, em J-P. Bourgeois, A. Ryter, A. Menez, P. Fromageot, P. Boquet et J-P. Changeux, "Localization of the cholinergic receptor protein in Electrophoorus electroplax by high resolution autoradiography", *FEBS Letters*, 01/09/1972, 25(1), p. 27-133. © 1972, Elsevier Science BV. Fig. 2, em J. Cartaud, E. L. Benedetti, J. B. Cohen, J-C. Meunier e J-P. Changeux, "Presence of a lattice structure in membrane fragments rich in nicotinic receptor protein from the electric organ of Torpedo marmorata", *FEBS Letters*, 15/06/ 1973, 33(1), p. 109-113. © 1973, Elsevier Science BV. 358

FIGURA 38a – Sítios alostéricos e transições alostéricas. Fig. 7, J.-P. Changeux, "The feedback control mechanims of biosynthtic L-threonine deaminase by L-isoleucine", *Cold Spring Harbor Symp. Quant. Biol.*, 1961, 26, p. 313-318. © 1961, The Cold Spring Harbor Laboratory Press. J.-P. Changeux, "Sur les propriétés allostériques de la I-thréonine déaminase de biosynthèse VI. Discussion générale", *Bull. Soc. Chim. Biol.*, 1965, 47, p. 281-300. © 1965, Sociedade de Química e de Biologia. 363

FIGURA 38b – Extensão do modelo alostérico ao receptor da acetilcolina. J-P. Changeux, "Remarks on the symmetry and cooperativity of biological membranes", em A. Engstrom e B. Strandberg (eds.), *Symmetry and Function of Biological Systems at the Macromolecular Level*, Nobel Symposium 11, Wiley & Sons, 1969, p. 235-256. © 1969, Wiley & Sons Inc. 363

FIGURA 38c – Receptores alostéricos membranários. J-P. Changeux, "Remarks on the symmetry and cooperativity of biological membranes", em A. Engstrom e B. Strandberg (eds.), *Symmetry and Function of Biological Systems at the Macromolecular Level*, Nobel Symposium 11, Wiley & Sons, 1969, p. 235-256. © 1969, Wiley & Sons Inc. 364

FIGURA 39a – Estrutura do receptor da acetilcolina em nível atômico. Fig. 8, em N. Unwin, "The Croonian lecture 2000. Nicotinic acetylcholine receptor and the structural b", *Philos. Trans. R. Soc. Lond. B. Biol. Sci.*, 2000, 355, p. 1813-1829. Reproduzida com a autorização da Royal Society. J.-P. Changeux e A. Taly, "Nicotinic receptors, allosteric proteins and medicine", *Trends Mol. Med.*, 2008, 14(3), p. 93-102. © 2008, Elsevier Ltd. 368

FIGURA 39b – Sítio receptor da acetilcolina. Fig. 7.2, em J.-P. Changeux e S. J. Edelstein, *Nicotinic Acetylcholine Receptors*, Paris, Odile Jacob, 2005. © 2005, Odile Jacob. 369

ÍNDICE DAS ILUSTRAÇÕES

FIGURA 39c – Modelo de transição alostérica por "torção quaternária". J.-P. Changeux e A. Taly, "Nicotinic receptors, allosteric proteins and medicine", *Trends Mol. Med.*, 2008, 14(3), p. 93-102. © 2008, Elsevier Ltd. — 369

FIGURA 40a – Estados conformacionais múltiplos do receptor da acetilcolina. J.-P. Changeux, "Functional architecture and dynamics of nicotinic receptor: An allosteric ligand-gated ion channel", *Fidia Research Foundation Neuroscience Award Lectures*, 1990, 4. © 1990, J.-P. Changeux. — 373

FIGURA 40b – Receptores alostéricos e aprendizagem. Fig. 1, T. Heidmann, J.-P. Changeux, "Molecular model of the regulation of chemical synapse efficiency at the postsynaptic level", *C. R. Acad. Sc. III*, 1982, 295, p. 665-670. © 1982, Academia de Ciências. — 392

FIGURA 40c – Modelo molecular proposto por Kandel para o condicionamento clássico na aplísia. Fig. 65.8, em E. R. Kandel, J. H. Schwartz e T. M. Jessell (eds.), *Principles of Neural Science*, Nova York, McGraw-Hill, 1991. © 1991, The McGraw-Hill Companies. — 392

FIGURA 41 – Claude Bernard e a anestesia geral. Fig. 3, em C. Bernard, *Leçons sur les anesthésiques et sur l'asphyxie*, 1874. Col. J.-P. Changeux. — 406

FIGURA 42a – Área da anestesia geral do mesencéfalo (MPTA) no rato. Fig. 13, 1. Sukhotinsky, V. Zalkind, J. Lu, D. A. Hopkins, C. B. Saper e M. Devor, "Neural pathways associated with loss of consciousness caused by intracerebral microinjection of $GABA_A$-active: anesthetics", *Eur. J. of Neurosci.*, 2007, 25, p. 1417-1436. © 2007, Wiley-Blackwell. — 409

FIGURA 42b – Sítio dos anestésicos gerais sobre o receptor $GABA_A$. fig. 6, em G.-D. Li, D. C. Chiara, G. W. Sawyer, S. Shaukat Husain, R. W. Olsen e J. B. Cohen, "Identification of $GABA_A$ receptor anesthetic binding site at subunit interfaces by photolabeling with an etomidate analog", *J. Neurosci.*, 2006, 26, p. 11599-11605. © 2006, Sociedade para a Neurociência. — 410

FIGURA 43 – A morte dançando a cavalo. Xilogravura de *La grande danse macabre de Troyes*, 1486. Col. J.-P. Changeux. — 424

FIGURA 44 – O cérebro do homem, síntese de múltiplas evoluções. © J.-P. Changeux. — 434

FIGURA 45 – *O homem brincando com seu futuro*. Coleção J.-P. Changeux. © S. Carcassone. — 459

*O texto deste livro foi composto em Sabon,
desenho tipográfico de Jan Tschichold de 1964
baseado nos estudos de Claude Garamond e
Jacques Sabon no século XVI, em corpo 11/15.
Para títulos e destaques, foi utilizada a tipografia
Frutiger, desenhada por Adrian Frutiger em 1975.*

*A impressão se deu sobre papel off-white
na Markgraph.*